国学
修身课

孟子直解

上

（明）

张居正

- 编著 -

龙建春
董露露

- 校注 -

人民东方出版传媒
People's Oriental Publishing & Media
东方出版社
The Oriental Press

图书在版编目（CIP）数据

孟子直解 /（明）张居正编著；龙建春，董露露校注 . — 北京：东方出版社，2023.4
ISBN 978-7-5207-3036-5

Ⅰ.①孟… Ⅱ.①张… ②龙… ③董… Ⅲ.①儒家②《孟子》– 研究
Ⅳ.① B222.55

中国国家版本馆 CIP 数据核字（2023）第 014620 号

孟子直解
（ MENGZI ZHIJIE ）

编　　著：（明）张居正
校　　注：龙建春　董露露
责任编辑：邢　远
特约策划：慧新时间
特约编辑：龙若飞　周莺莺
出　　版：东方出版社
发　　行：人民东方出版传媒有限公司
地　　址：北京市东城区朝阳门内大街 166 号
邮　　编：100010
印　　刷：北京文昌阁彩色印刷有限责任公司
版　　次：2023 年 4 月第 1 版
印　　次：2023 年 4 月第 1 次印刷
开　　本：710 毫米 ×1000 毫米　1/16
印　　张：33.5
字　　数：480 千字
书　　号：ISBN 978-7-5207-3036-5
定　　价：168.00 元（全二册）
发行电话：（010）85924663　85924644　85924641

凡例

一、《明史》记载："凡亲王出阁读书，内阁官提调检讨等官讲读，拟定经书起止，所习仿字，每日送看。"明隆庆六年（1572），皇太子朱翊钧即位，年仅十岁，也是出阁读书的年龄，身为太傅的大学士张居正与翰林院讲官开始为朱翊钧讲解《四书》《五经》等。明代皇子读书有两种形式：一是日讲，二是经筵。张居正和翰林院为了小皇帝能听明白所讲，采用了当时明代的白话，深入浅出，通俗易懂，且结合了历代典故和政治伦理，并撰写成讲章放在皇帝前面的御案之上，以便皇帝省览，如此便成了这一系列直解读本。

二、本书以明天启元年《重刻辩真内府原版张阁老四书直解》为底本，结合清康熙十六年《四书集注阐微直解》，逐一点校，更正市场上流传版本错讹。

三、本书所采用的《孟子圣迹图》，根据清代画家孔继尧所绘版画着色；《养正图》，为元代画家王振鹏所绘；《纯孝图》，为明代画家仇英所画。有些画与所展示的历史时期场景及人物着装、发饰等细节存在一些出入，但因其但它们能传神地反映历史和人物事迹，并且本身也是中华文化的一部分，因此我们并未作大的修改，基本保留了原貌。

四、本书对疑难字作了补充注释，有助于读者排除阅读障碍；生僻字的注音主要依据《汉语大字典》（崇文书局、四川辞书出版社，1999 年袖珍本第二版），个别字注音和繁简字使用与通行本有分歧者，以《汉语大字典》为准。

五、本书有阙漏、讹误者，尚祈方家惠予指正，并俟来日补苴罅漏。

推荐序

　　孔子兴学以养成士君子，士君子有治国平天下之志，经数百年尝试，汉武帝立五经博士，兴办学校，建立察举制，士君子进入政府的渠道得以制度化，形成"士大夫群体"，形成士大夫与皇权共治天下的政治格局。张居正正是士大夫，活动于如许政治格局中，且为两千年最为成功者。

　　张居正生而颖敏绝伦，读书如有神助，十五岁为诸生，二十二岁高中进士。

　　张居正少年得志，仕途顺利，入仕之后仅历二十年即入内阁为次辅，相当于今日副总理，年仅四十二岁。

　　因为学问卓越，张居正两为帝王之师：先于嘉靖时在裕王府中为侍读，裕王继位为隆庆帝，又受命为太子少傅、太师；隆庆帝崩，万历帝年幼，张居正仍担负教导之职，养其为天子。

　　张居正连续执掌两朝之大政，先于隆庆帝时为次辅；万历初年，更以帝师身份担任首辅，独揽大权，乃有机会全面实施自己的治国纲领：行"一条鞭法"，整顿财税；整饬武备，任用名将李成梁、戚继光等，安定边塞；严考绩之法，整肃吏治。已经衰败的大明政治，于此竟然焕发出一些活力。而张居正改革之全面与力度之大，于宋、元、明、清四代中，唯王安石可比拟之。

所谓士大夫者，"学而优则仕"，仕而优则学；故张居正毕生为政，而不妨其勤学，惟其宗旨，则在治世，故其所谓者士大夫之学也，而非学士书斋之学，其大略可见于《张太岳文集》，其中对于政治之见识，远非一般书斋学者、亦非一般官僚所可比拟。

又，张居正教养天子，发展了帝王养成之学，此即本系列所收之诸经"直解"。自孔子删述六经，尤其是汉武帝立五经博士以来，历代为经书作传、注、疏者，层出不穷。然其书多出于学士，旨在养成平民子弟为士君子；张居正之"直解"则不然，系为教养天子而作，故以养成天子之德为宗旨。读其书，可见古帝王之学之风采。

今日已无皇帝矣，然德行本无分乎身份之尊卑，以庶人之身而可以成就天子之德，亦是今人之幸。

本书诸经直解，语虽寥寥，而其用心之勤苦已然深蕴于其中。张居正独特的诠释方式，非搜求于各家注疏、牙签满屋，而悟之于山川云物、鸢飞鱼跃于当下生命，而遇之于道阻水长。足见其独与天地精神相往来之独立人格的文字见证。

又，张居正接中国之文脉，正与其自身及其时代风格精神相接。因此，本书诸经解读，所呈现出来的基本面貌，无论其思想意趣、解释路向，极富历史气象。然因时代不同，阅读习惯有异，今人读来，或颇见扞格。为使之合于今人阅读，以领会其思想，在语言形式上予以"现代转换"，并配之以情景相合之图，实为必要之方便门。

　　随着本诸经直解的出版，则张居正将为更多人所熟知，其独特的经典解读，加之今人别具创意之配图，将在现代语境之下为读者带来新的生命启迪，而为今日涵养士君子之功，是则可跂而望者也。

蒲城姚中秋　庚子初秋

目　录

孟子，名轲，字子舆，一字子车，邹人也。生于战国时，受业于孔子之孙子子思。道既通，历聘列国。适齐，位虽为上卿，而道则未行。这书，是与列国诸侯讲论治道，及与万章、公孙丑之徒相问答的说话。其大指述唐、虞、三代之道，辨义理之微，崇王贱霸，明性善，辟邪说，发明孔氏之遗教，分为上下七篇。后卒，葬邹县四基山，历朝封邹国亚圣公。

梁惠王章句　上

1.1 孟子见梁惠王^①。

解　梁惠王，名罃，本魏侯，都大梁，僭称王，谥曰惠。孟子在当时，以道自重，不见诸侯。适梁惠王卑礼厚币以招贤者，乃是一个行道的机会，因往见之。

王曰："叟^②！不远千里而来，亦将有以利吾国乎？"

解　叟，是长老之称，如今称老先生一般。惠王一见孟子，即说："叟，你自邹至梁，不惮千里之远而来，有何计策，可以利益寡人之国乎？"

孟子对曰："王！何必曰利？亦有仁义而已矣。"

解　孟子对说："王欲图国事，何必开口就说个'利'字？治国之道，亦有仁义而已矣。"仁者，心之德，爱之理；义者，心之制，事之宜。这是人君君国子民、立纲陈纪的大道理。舍此不言而言利，岂予千里见王之心哉！

"王曰：'何以利吾国？'大夫曰：'何以利吾家^③？'士庶人曰：'何以利吾身？'上下交征利而国危矣。万乘之国^④，弑^⑤其君者，必千乘之家；千乘之国，弑其君者，必百乘之家。万取千焉，千取百焉，不为不多矣，苟为后义而先利，不夺不餍。"

解　这一节是说求利之害。征，是取。乘，是车数。万乘，是天子之国，千乘是诸侯之国。千乘之家，是天子的公卿，百乘之家，是诸侯之大夫。餍，是满足的意思。孟子说："我所以谓王不当言利者，盖以王乃一国之主，人之表率。王若惟利是求，说何以利吾国，则此端一倡，人皆效尤。为大夫的，便计算说何以利吾家；为士庶人的，便计算说何以利吾身。上取于下，下取于

【注】

① 梁惠王：即魏惠王，姬姓，魏氏，名罃，"惠"是他的谥号。即位后九年（公元前 361 年），魏国都城由安邑（今山西省运城市夏县）迁往大梁（今河南省开封市），所以又叫梁惠王。在位的最初二十几年内，使魏国在战国诸侯中最为强大，后国力逐渐衰弱。

② 叟：《方言》："东齐、鲁、卫之间，凡尊老谓之叟。"

③ 家：古代卿大夫的采邑叫作家。

④ 万乘（shèng）之国：兵车一辆叫一乘。春秋战国时以兵车的数量来衡量国家的强弱。战国七雄为万乘，宋、卫、中山、东周、西周为千乘。

⑤ 弑：以下杀上，以卑杀尊。

上，上下交相征利，而弑夺之祸起，国从此危矣。将见万乘之国，弑其君者，必是千乘之家；千乘之国，弑其君者，必是百乘之家。盖地位相近，则凌夺易生，必然之势也。夫公卿于天子，万乘之中，十取其一，而得千乘焉。大夫于诸侯，千乘之中，十取其一，而得百乘焉。所得不为不多矣。若以义为后，而以利为先，则纵欲贪饕，何有止极！不弑其君而夺之，其心固未肯自以为餍足也，国岂有不危者哉！夫求利之端，一开于上，而弑夺之祸，遂成于下，则利之为害，甚可畏焉！王岂可以此为言乎？”

“未有仁而遗其亲者也，未有义而后其君者也。”

解　这一节是说仁义未尝不利。遗，是弃。后，是不着紧的意思。孟子又说：“我谓治国之道，在仁义者，盖以仁义有自然之利故也。今夫人君治国家，不过欲人皆孝于亲，忠于君而已。人而不仁，固有遗弃其亲而不顾者。诚能好仁，则天性之爱，自笃于所亲；凡所以承颜顺志，左右就养者，皆其情之不容已者也。几曾见有仁之人，而肯遗弃其亲者乎？人而不义，固有背慢其君而不敬者。诚能好义，则敬事之念，自先于所尊；凡所以舒忠尽力，奔走服役者，皆其分之无所逃者也。几曾见有好义之人，而肯背慢其君者乎？夫使举国之人，个个是忠臣孝子，都来亲戴其上，国家之利，孰大于此。而皆自仁义中得之，则仁义曷尝不利乎？王欲图治，固不必舍此而他求矣。”

“王亦曰仁义而已矣，何必曰利？”

解　孟子重言以结上文两节之意。说道：“求利有莫大之害，行仁义有莫大之利。则天理人欲之间，关系治乱安危，非细故矣。王欲为国，亦惟曰仁义而已矣，何必言利以启危亡之祸哉！”按当时王道不明，人心陷溺，列国游士，争以功利之说，阿顺时君，干进苟合。而孟子独举仁义为言，所以遏人欲之横流，存天理于既灭，其有功于世道大矣。七篇之中，无非此意，读者宜详审焉。

1.2 孟子见梁惠王。王立于沼上，顾鸿雁、麋鹿，曰："贤者亦乐此乎？"孟子对曰："贤者而后乐此，不贤者虽有此不乐也。"

解 沼，是池。鸿，是雁之大者。麋，是鹿之大者。孟子见梁惠王，正遇王在苑囿中游赏，立于池沼之上。忽见孟子，有惭愧的意思。因看着那鸿雁麋鹿，问孟子说："吾闻贤德之君，修身勤政，不事佚游，岂亦以此台池鸟兽为乐乎？"孟子对说："遇景赏玩，人之常情；虽贤德之君，亦曷尝不以此为乐。但惟贤者而后能乐此。盖君有贤德，则民心欢感，和气流通，故能享此台池鸟兽之乐。若夫不贤之君，民心离而国势蹙，虽有此台池鸟兽，不能享其乐也。是好乐虽同，而有能享与不能享之异，惟视民心之得失何如耳。"孟子此言，既以释惠王之惭，亦欲因其机而引之于当道也。

"《诗》云：'经始灵台①，经之营之，庶民攻之，不日成之。经始勿亟，庶民子来②。王在灵囿，麋鹿攸伏。③ 麀鹿濯濯，白鸟鹤鹤。王在灵沼，於牣鱼跃。④' 文王以民力为台为沼，而民欢乐之。谓其台曰灵台，谓其沼曰灵沼，乐其有麋鹿鱼鳖。古之人与民偕乐，故能乐也。"

解 《诗》，是《大雅·灵台》之篇。经，是量度。营，是谋为。攻，是治。亟，是速。麀（yōu）鹿，是牝鹿。伏，是驯伏。濯濯，是肥泽。鹤鹤，是洁白的模样。牣（rèn），是充满。古之人，指文王说。偕乐，是同乐。孟子承上文说："我谓贤者而后乐此，惟周文王为然。《诗·大雅·灵台》之篇说，文王始作灵台，方经度营谋，众百姓每⑤，已都来攻治，不数日之间，就完成

【注】

① 灵台：古台名，故址在今陕西西安。

② 子来：像儿子为父亲做事般一起赶来。

③ 攸：所。攸伏：所伏之处，指灵囿。囿：古代帝王畜养禽兽以供游玩的园林。《周礼》中有"囿人"一职，掌囿游之兽。

④ 灵沼：池沼名。於（wū）：叹词，下同。

⑤ 百姓每：百姓们；每，古同"们"，宋、元、明时口语，下同。

了。在文王之心，惟恐劳民，每戒令不要急速。而民心自然乐于供役，竭力争先，如子趋父事一般。其台既成，台下有囿。文王在于灵囿，则见麀鹿驯伏而不惊，濯濯而肥泽。白鸟鹤鹤而鲜洁，若是其可爱焉。囿中有沼，文王在于灵沼，则但见鱼之跳跃者，充满于池中，若是其众多焉。诗之所言如此。夫文王用民之力，为台为沼，宜乎百姓劳而生怨矣。今乃不惟不以为劳，而反欢乐之，称其台叫做灵台，称其沼叫做灵沼。言其成就之速，恰似神灵之所为一般。又乐其囿中有麋鹿，沼中有鱼鳖，而叹美之无已。夫民乐、文王之乐如此，其故何哉？盖由文王平日能施行仁政，爱养下民，使百姓每都饱食暖衣，安居乐业。所以百姓每都欢欣爱戴，亦乐其有此台池鸟兽，而文王因得以享其乐也。此非贤者而后乐此之明征哉！"

"《汤誓》曰：'时日害丧，予及女偕亡。'民欲与之偕亡，虽有台池鸟兽，岂能独乐哉？"

解　《汤誓》，是《商书》篇名。"时"字，解做"是"字。"害"字，解做"何"字。孟子又说："我所谓不贤者，虽有此不乐，观于夏桀之事可见。昔桀尝自言，吾有天下，如天之有日，日亡吾乃亡耳。民怨其虐，因就其言而指日说：'此日何时亡乎？若亡，则我宁与之俱亡。'盖欲其亡之速也。夫为君者，独乐而不恤其民，致使下民违怨诅咒，欲与之俱亡；当此之时，一身且不能保，虽有台池鸟兽，安能晏然于上而独享其乐哉？此我所以说，不贤者虽有此，不乐也。"抑游观之乐，圣王不废；然至于游于佚，则又切切戒之。故台沼虽设，而文王方且视民如伤，不遑暇食，则其忧勤之心可想矣。夏桀荒于宴乐，遂至琼宫瑶台，竭天下之财力以自奉，丛民之怨，不亦宜乎？明主所宜深念也。

1.3 梁惠王曰："寡人[1]之于国也，尽心焉耳矣[2]。河内凶，则移其民于河东，移其粟于河内；河东凶亦然。[3]察邻国之政，无如寡人之用心者。邻国之民不加少，寡人之民不加多，何也？"

【注】

[1] 寡人：寡德之人，古代王侯的谦称。

[2] 焉耳矣：由语气词"焉""耳""矣"组成，表示肯定、强调的语气，可译为"了啊"。

[3] 河内：魏国属郡，在今山西省运城市一带。河东：魏国属郡，在今河南省济源市一带。

解 河内、河东，都是魏地。凶，是年岁饥荒。昔梁惠王自负其恤民之政，因夸示于孟子说："人君治国，以恤民为先，而恤民以救荒为急。若寡人之治国也，其于恤民之事，可谓竭尽其心而无以加矣。有时河内饥荒，河东收成，则使河内之民，少壮者都移居河东地方就食。却将河东的粮食，转运于河内，以养赡那老幼之不能迁移者。或遇河东饥荒，河内收成，则移民于河内，移粟于河东，也照依前法而行。我遍察邻国之政，非无岁凶的时节，然皆漫无料理，未有如寡人这样用心者，宜乎民之去邻国而归寡人也。乃今邻国之民，较之于我，不见其加少；寡人之民，较之于彼，不见其加多。其故何哉？"夫移民移粟，虽荒政之所不废，不过一时权宜之术而已。惠王遽以是为尽心，欲求胜于邻国，其所见者小矣。

孟子对曰："王好战，请以战喻。填然鼓之，兵刃既接，弃甲曳兵而走；或百步而后止，或五十步而后止，以五十步笑百步，则何如？"曰："不可。直不百步耳，是亦走也。"曰："王如知此，则无望民之多于邻国也。"

解 喻，是比喻。填然，是鼓声。"直"字，解做"但"字。孟子因惠王以恤民自负，乃设喻以晓之说："王平素好战斗之事，请即以战为比喻。夫战者，两军相当，填然鼓之；兵刃既接，胜败分矣。那败的抛弃了甲胄，拖曳着兵器，脱身逃走。或有走到百步之远而后止者，或有走到五十步而后止者。那走到五十步的，就笑那百步的人，以为无勇，则王以为何如？"惠王说："不可。这走五十步的，但未至于百步耳，同一败走也，乌可以近而笑远乎！"孟子遂就其明而通之说："王若知五十步不可以笑百步，则无望民之多于邻国矣。盖治国以王道为要，犹战者以克敌为能。今邻国不恤其民，而吾王能行小惠，固为差胜；然不能行王道，则一而已矣。比之战者，特五十步之走耳，乌可以此而笑彼哉。王诚能力行王政，则民不求多而自多，国不期富而自富矣。"

"不违农时，谷不可胜食也；数罟不入洿池，鱼鳖不可胜食也；斧斤以时入山林，材木不可胜用也。谷与鱼鳖不可胜食，材木不可胜用，是使民养生丧死无憾也。养生丧死无憾，王道之始也。"

解　农时，是耕耘收获之时。罟（gǔ），是鱼网。数罟，是密网。洿池，是洼下聚水的去处。"憾"字，解做"恨"字。孟子又说："治国莫要于王政，而王政必先于养民。为治之初，法制未定，且因天地自然之利，而尽撙节爱养之宜。如农时乃五谷所自出，必爱惜民力，勿妨其务农之时，则民得尽力于农亩，而五谷不可胜食也。洿池乃鱼鳖所聚，必禁绝密网，勿使入于洿池之中，则川泽不竭于渔，而鱼鳖不可胜食也。山林乃材木所生，必限制斧斤，直待草林零落之时，方许其入，则萌蘖得有所养，而材木不可胜用矣。谷与鱼鳖不可胜食，材木不可胜用，则饮食宫室有所资，而民之养生者，得遂其愿。祭祀棺椁有所备，而民之丧死者，得尽其情。是使民养生丧死，两无所憾也。养生丧死无憾，则民心得而邦本固，法制自此而可立，教化自此而可兴矣。王道之始事如此。"

【注】

① 鸡豚狗彘（zhì）：豚，小猪；彘，成年猪。

"五亩之宅，树之以桑，五十者可以衣帛矣。鸡豚狗彘①

之畜，无失其时，七十者可以食肉矣。百亩之田，勿夺其时，数口之家，可以无饥矣。谨庠序之教，申之以孝悌之义，颁白者不负戴于道路矣。七十者衣帛食肉，黎民不饥不寒，然而不王者，未之有也。"

解　树，是栽种。庠（xiáng）、序，俱是学名。申，是丁宁反覆的意思。颁白，是老人头发半白半黑者。背上驮着叫做负，头上顶着叫做戴，皆用力劳苦之事。黎民，是少壮黑发之民。孟子又说："因天地自然之利，而行撙节爱养之政，不过王道之始事耳。兹欲使百姓家给人足，各遂其生，各复其性，须定为经制。一夫受田百亩，外又有五亩宅舍。宅舍周围墙下，都叫他种植桑树，以供蚕事，则丝帛有出，而五十非帛不暖者，可以衣帛矣。鸡豚狗彘之畜，不可误了他孕字之时，则生息繁盛，而七十非肉不饱者，可以食肉矣。百亩之田，不妨碍他耕耘收获的时候，则民得尽力农亩，一家数口，都有养赡，可无饥馁之患矣。这都是养民之事，民得其养，则教化可施行，必着实行那庠序中的条教，就中所教有孝悌两端，尤为紧切。又丁宁告语，以致其申重之意，则民知爱亲敬长，乐为代劳，那年高颁白之人，无有负戴于道路者矣，这是教民之事。夫教养兼举，而治化大行，以至于七十者衣帛食肉，黎民不饥不寒，则人心无不爱戴，四方无不归往。如是而不能一统天下，以至于王者，理之所未有也。"此是王道之成，人君必如是而后为尽心耳，彼一时之小惠，岂足道哉？

"狗彘食人食而不知检，途有饿莩^①而不知发；人死，则曰：'非我也，岁^②也。'是何异于刺人而杀之，曰：'非我也，兵也。'王无罪岁，斯天下之民至焉。"

解　检，是节制。莩，是饿死的人。发，是发仓廪以赈济。孟子又说："王不举行王道，既无常产与民，又使狗彘得以食人之食，

【注】

① 莩（piǎo）：通"殍"，饿死的人。

② 岁：收成，年景。

而不知爱惜减省；至于途有饿莩，又不知急发仓廪，以行赈贷。如是而民饥以死者，乃王之罪，非关凶岁也。王乃曰：'非我也，岁也。'是何异以兵器刺人而杀之，乃曰：'非我也，兵也。'夫操兵在人，杀人乃操兵者之罪；养民在君，民不加多，乃君失政之罪也。王诚不归罪于岁凶而勉行王道，则天下之民，皆将闻风而来归矣，岂但加多于邻国而已哉？夫天灾流行，国家代有。惟平时有三年、九年之蓄，临时有议赈蠲（juān）租之政，则水旱不能为灾，而移民移粟，可无用矣。"此孟子告惠王之意也。

1.4 梁惠王曰："寡人愿安承教。"

解　梁惠王因孟子说行小惠不若行王道，宜罪己不宜罪岁凶，有感于心，遂虚己以请说："寡人愿安心以受教。"盖望其尽言而无隐也。

孟子对曰："杀人以梃与刃，有以异乎？"曰："无以异也。"

解　梃，是杖。孟子因梁惠王有求教之诚，遂因其机而先问之说："杀人者，或用梃杖，或用兵刃，这两件有以异乎？"王说："梃之与刃，其器虽不同，而同一致人于死，无以异也。"

"以刃与政，有以异乎？"曰："无以异也。"

解　孟子又问说："杀人者，或以虐政，或以兵刃，这两件有以异乎？"王又说："政之与刃，其事虽不同，而同一致人于死，无以异也。"

【注】
① 厩（jiù）：《说文》："厩，马舍也。"

曰："庖有肥肉，厩①有肥马，民有饥色，野有饿莩，此率兽而食人也。"

解　孟子因梁惠王说，虐政之杀人，同于兵刃，遂直言以匡正之说："今王厚敛于民，以养禽兽，只见得庖厨中有肥肉，厩房中有肥马，而穷民有饥馁之色，野外有饿死之人，此何以异于驱禽兽而食人乎？然则王以虐政杀人，直与兵刃无异矣，何不反求而亟图之乎？"

"兽相食，且人恶之。为民父母，行政不免于率兽而食人，恶^①在其为民父母也？"

解　孟子又承上文说："率兽食人，乃虐政之大者，其失人心而促国脉，皆在于此，不可不急改也。且如兽本异类，其自相吞噬，与人无预，人之见者，尤且恶之。况人君乃民之父母，民皆赖以为生者。乃今恣行虐政，至于率兽而食人，其视赤子之躯命，反兽类之不如矣。残忍如此，何在其为民之父母也？"

"仲尼曰：'始作俑者，其无后乎！'为其象人而用之也。如之何其使斯民饥而死也？"

解　俑，是从葬的木偶人。"古之葬者，束草为人，以为从卫，叫做刍灵，略似人形而已。中古更易以俑，则有面目机发，能转动跳跃，如活人一般。故孔子恶之说：'始初作俑以从葬者，此人不仁甚矣，其无后乎？'夫仲尼所以深恶作俑之人者为何？盖因其用生人之形，为送死之具，意涉于残忍故也。夫象人以从葬，非真致人于死也，而仲尼犹且恶之如此。况实以虐政残民，使民饥饿而死，其为不仁，尤甚于作俑者矣。如之何其可哉？"孟子之意，盖欲启发惠王不忍人之心，而引之以志于仁，故其言之激切如此。然由此章而观，人君之所自奉者，不过庖肉厩马而已。而其弊遂至于率兽食人，使厚敛之虐，同于操刃；不仁之祸，浮于作俑，则奢欲之为害，岂不大哉！明主能以此言而体察民情，必且恻然动念，凡所以约己裕民者，当无所不至矣。

1.5 梁惠王曰："晋国①，天下莫强焉，叟之所知也。及寡人之身，东败于齐，长子死焉②。西丧地于秦七百里③，南辱于楚④。寡人耻之，愿比死者一洒之⑤，如之何则可？"

解　梁惠王问孟子说："吾晋国在先世时，地广兵众。论其强盛，天下诸侯之国，无过之者，这是叟之所明知也。及传至寡人之身，则东与齐战，兵败而长子被杀。西为秦人所侵，丧失河内外之地，凡七百里。南又为楚人所辱，不能与抗。是寡人贻辱于晋国之先君也，寡人耻之。今欲为先人一洗此辱，不知作何样经画乃可，愿明以告我也。"

孟子对曰："地方百里而可以王⑥。"

解　孟子对说："王莫说丧师之后，国势弱小，不足有为。若还有志自强，就是地方百里之小国，亦可以王于天下，岂但雪耻而已哉。"

"王如施仁政于民，省刑罚，薄税敛，深耕易耨；壮者以暇日修其孝悌忠信，入⑦以事其父兄，出以事其长上⑧，可使制梃以挞⑨秦楚之坚甲利兵矣。"

解　易，是用功到。耨（nòu），是耘草。孟子又说："所谓百里可王者如何？王若施行仁政以及于民，于刑罚则省之，而用法以宽；于税敛则薄之，而取民有制。使百姓每得安其生业，尽力于农亩，春而深耕，布种得好；夏而易耨，锄治得到。那少壮的百姓，又以闲暇的时候，讲明孝悌忠信的道理，入以此事其父兄，出以此事其长上。衣食既足，礼让自兴。那百姓每戴上恩德，人人都有个亲上死长的意气。遇着敌国外患，必能出力报效，敢勇当先。虽以秦、楚之强国，坚甲利兵，天下莫能当者，可使斩木为梃以挞之，而取胜于万全矣，况其他乎？臣所谓百里可王者，以此。王能勉行仁政，又何弱小为患哉？"

"彼夺其民时，使不得耕耨以养其父母。父母冻饿，兄弟妻子离散。"

解 彼，指敌国而言。孟子又说："我谓制梃可以挞秦楚之坚甲利兵者，非恃我能胜彼，彼固有可乘之衅也。彼国烦刑重敛，行政不仁，把百姓每务农的时候，都被他妨误了，使不得深耕易耨，尽力农事，以养其父母。致使其父母冻饿，而衣食无所仰给（jǐ）；兄弟妻子离散，而室家不能相保。此惟救死而恐不赡，何暇修孝弟（tì）忠信之行哉？"

"彼陷溺其民，王往而征之，夫谁与王敌？"

解 承上文说："彼国暴虐其民，使之冻饿离散，就如陷之于阱、溺之于水的一般，其结怨于民也深矣。吾王趁着此时，率吾尊君亲上之民，往正其罪。彼民方怨恨其上，一闻王师，都欣然乐归于我，谁肯为他出力用命而与王拒敌者哉？此我所以说，可使制梃以挞秦楚之坚甲利兵也。"

"故曰：'仁者无敌。'王请勿疑。"

解 孟子又总结上文说："王能发政施仁，则天下之人莫不归心。不仁者陷溺其民，则虽本国之民，不为用命。是以古语有云：'仁者无敌。'盖言民心所归，则强弱大小非所较也。我所谓百里可王，制梃可挞秦楚之甲兵者，亦有见于此耳。王请勿以予言为疑，而断然以发政施仁为务，虽以梁，王可也。尚何先人之耻不可雪哉？"按，此章惠王之志，在于报怨；而孟子之论，在于救民。盖能救民，则不必报怨，而自足以克敌；不能救民，而徒志于报怨，将兵连祸结，而丧败滋多矣。是以帝王之道，贵在自治，不以小忿而忘远图，正此意也。

【注】

① 梁襄王：即魏襄王，名嗣，"襄"是谥号，战国时期魏国第四任国君，公元前318年—前296年在位。

② 语（yù）：告诉。

③ 卒（cù）：同"猝"。

④ 恶（wū）：何。

⑤ 一：一统。

⑥ 引：伸长。

⑦ 由：通"犹"，如同。

1.6 孟子见梁襄王①，出，语②人曰："望之不似人君，就之而不见所畏焉。卒③然问曰：'天下恶④乎定？'吾对曰：'定于一⑤。'"

解 梁襄王，是梁惠王之子。卒然，是急遽的模样。孟子见梁襄王，知其不足与有为，乃出而告人说道："容貌词气，乃德之符。我今见王，远而望之，不似为人君的气象；近而就之，不见有可畏之威。且卒然而问我说：'当今天下诸侯，纷纷战争，何时平定？'我对说：'必待天下一统，则自然平定，无有战争矣。'"

"'孰能一之？'对曰：'不嗜杀人者能一之。'"

解 嗜，是心所好尚。孟子又述其问答之言说道："王问我说：'今之诸侯，各君其国，各子其民，谁能一统天下？'我对说：'今天下惟争地争城，日以战斗为事，所以四分五裂，不能相一。惟是仁德之君，不好杀人者，则四方之民归之，而天下可一矣。'夫天以好生为德，人君奉天子民，惟在常存好生之心而已。创业之君，常存此心，则可以结人心而成混一之功。守成之君，常存此心，则可以寿国脉而保无疆之祚。"孟子此言，真万世人君之要道也。

"'孰能与之？'对曰：'天下莫不与也。王知夫苗乎？七八月之间旱，则苗槁矣。天油然作云，沛然下雨，则苗浡然兴之矣。其如是，孰能御之？今夫天下之人牧，未有不嗜杀人者也；如有不嗜杀人者，则天下之民，皆引⑥领而望之矣。诚如是也，民归之由⑦水之就

下，沛然谁能御之？'"

解 与，是归往。周时七八月，即今之五六月。槁（gǎo），是枯槁。油然，是云盛的模样。沛然，是雨盛的模样。浡（bó）然，是忽然兴起。"御"字，解做"止"字。牧，是牧养。君以养民为职，故叫做人牧。领，是颈。梁襄王又问孟子说："当今列国，分土而治，民各有主，谁肯舍其主而来归乎？"孟子说："当今天下的百姓，无不愿得所依赖而归往之也。王知夫禾苗乎？当夫七八月之间天气亢旱，禾苗枯槁，正是望雨之时，天忽油然作云，沛然下雨，将见苗之枯槁者，随即浡然兴起，发生甚速，谁得而御止之乎？方今天下之君，以牧民为职者，都只以争地争城为事，驱民战斗，忍视其肝脑涂地，略无顾惜，未见有不嗜杀人者也。如有不嗜杀人之主，出于其间，则天下之民，欣然向慕，就如旱苗之望雨一般，莫不延颈举首，都倾戴之以为君矣。望之如此其切，则其相率归附，不远千里而至，其势迫如流水之就下，沛然奔赴，谁得而拦阻之哉？"此所以说"天下莫不与也"。夫好生恶死，人心所同。战国之君，虽至不道，岂有嗜杀人者？特以甘心战斗，视民之死而不恤，故孟子以嗜杀人警之。盖凡淫威虐政，可以戕民生者，皆嗜杀人者也。君人者能省刑薄敛，务以厚民之生，则民心归而治平可常保矣。

1.7 齐宣王①**问曰："齐桓、晋文**②**之事，可得闻乎？"孟子对曰："仲尼**③**之徒，无道桓、文之事者，是以后世无传焉，臣未之闻也。无以，则王乎？**④**"**

解 齐桓公、晋文公，皆春秋时霸诸侯者，能尊周室，攘夷狄，后世称其功。然先诈力而后仁义，圣贤所不道也。齐宣王有志于伯⑤功，乃问孟子说："在先五伯，惟齐桓、晋文为盛，二君所行

【注】

① 齐宣王：妫姓，田氏，名辟彊，"宣"是谥号，前319年—前301年在位。孟子离开魏国便来到齐国，大约在公元前319年。

② 齐桓、晋文：齐桓公名小白，晋文公名重耳，皆为春秋五霸之一。

③ 仲尼：孔子，字仲尼。

④ 以：通"已"，停止。王（wàng）：指王道，即用施行仁政的方式统一天下，与"霸道"相对。

⑤ 伯（bà）：同"霸"。

⑥ 之：到，往。

⑦ 就：走向。

⑧ 与：同"欤"，语气词，相当于"吗"。

⑨ 识：知道。

⑩ 郤（xì）：同"隙"。

之事，可使寡人得闻其概乎？"孟子对说："臣所受学，传自仲尼。仲尼之徒，羞称五霸，无有言及桓、文之事者。所以后世之人不传其事，臣无从而闻之。既无所闻，则无可言矣。王若必欲臣言不已，其惟王天下之道乎？盖王道乃圣门常言，而臣得之传闻者也。王若能取法王道，则霸不足道矣。"

曰："德何如，则可以王矣？"曰："保民而王，莫之能御也。"

解 齐宣王又问说："人君之德如何，则可以王天下？"孟子对说："天之立君，惟欲其保养斯民而已。若能修德行仁以保安百姓，使之得所，则天下之民，皆爱之如父母，而戴之为君师，其王天下也，孰得而御之哉？"

曰："若寡人者，可以保民乎哉？"曰："可。"曰："何由知吾可也？"曰："臣闻之胡龁曰，王坐于堂上，有牵牛而过堂下者，王见之，曰：'牛何之⑥？'对曰：'将以衅钟。'王曰：'舍之，吾不忍其觳觫，若无罪而就⑦死地。'对曰：'然则废衅钟与⑧？'曰：'何可废也？以羊易之。'不识⑨有诸？"

解 胡龁（hé），是齐臣。新钟铸成，杀牲取血以涂其衅郤⑩，叫做衅钟。觳觫（húsù），是恐惧的模样。齐宣王因孟子说保民可以致王，遂将自己问说："若寡人者，也可以保安百姓否乎？"孟子对说："可。"齐宣王问说："你何由知道我可以保民？"孟子对说："臣曾闻王之臣胡龁说，王一日坐于堂上，有人牵牛行过于堂下。王看见问说：'牵这牛将欲何往？'牵牛者对说：'新铸钟成，将杀此牛，取血以涂其衅郤也。'王说：'舍之，我不忍见此牛这样战惧觳觫，其状恰似无罪而往就死地一般，诚可怜也。'牵牛者说：'王既不忍杀这牛，则将废衅钟之事乎？'王说：'衅钟也是国之大事，何可废也？但取个羊来换他，则钟得以衅，而牛亦可全矣。'臣所闻胡龁之言如此，不知果有此事否也？"

曰："有之。"曰："是心足以王矣！百姓皆以王为爱也，臣固知王之不忍也。"

解 爱，是吝惜的意思。齐宣王因孟子述胡龁之言，乃承认说："以羊易牛，诚有此事。"孟子遂就善念而开导之说："王天下之道，不必他求，即王这一点不忍杀牛之心，便可以怀保万民，兼济四海，而成兴王之业矣。但百姓每识见短浅，只见王爱此一牛，都道是吝惜财费而然。臣却知王之心，乃由觳觫之状，触目有感，一念恻怛（dá）之发，全出于不忍也。能由此一念而遂充之，于致王何有哉？"夫宣王爱牛之心，偶发于一时之感，而孟子遂许其可以保民而王者。盖此一念骤发之仁，最为真切。若推之于民，则凡以利用厚生，拯灾恤患者，将无所不至，而四海皆其度内矣。有保民之责者，能识此不忍之端而扩充之，则仁不可胜用矣。

王曰："然。诚有百姓者。齐国虽褊小，吾何爱一牛？即不忍其觳觫，若无罪而就死地，故以羊易之也。"

解 褊（biǎn），是狭。齐宣王以羊易牛，其心出于不忍，而其迹有似于吝惜。闻孟子之言，乃遂应以为然。说道："以羊易牛，其迹似吝，诚有如百姓之所讥者，但我之心实不如是。齐国虽褊小，一牛之费能有几何，吾何爱焉？只为见其觳觫之状，若无罪而就死地，心中不忍，故以羊易之耳。此心惟夫子知之，而百姓不知也。"

曰："王无异于百姓之以王为爱也。以小易大，彼恶知之？王若隐其无罪而就死地，则牛羊何择焉？"王笑曰："是诚何心哉？我非爱其财，而易之以羊也，宜乎百姓之谓我爱也！"

解　异，是怪。隐，是痛。择，是分别。孟子欲宣王察识其不忍之心，乃反复诘问之说："百姓以王为爱，王亦无怪其然也。盖羊小而牛大，以小易大，迹本可疑，百姓何足以知之？王若果是不忍牛之觳觫，若无罪而就死地，则牛羊一般有生，一般无罪，何所分别，而以羊易牛乎？诚有难于自解者矣。"孟子设此难王，正欲使之反求诸己而得其本心也。宣王亦无以自明，乃笑而应之，说道："是诚何心哉？我非爱惜一牛之费，而胡为易之以羊也。不忍于牛而独忍于羊，即我亦有不能自知者。百姓之以我为爱，不亦宜乎！"

曰："无伤也。是乃仁术也，见牛未见羊也。君子之于禽兽也，见其生，不忍见其死；闻其声，不忍食其肉，是以君子远庖厨也。"

【注】
① 燕飨（xiǎng）：以酒食祭神。
② 说（yuè）：同"悦"。

解　孟子因宣王不能自得其本心，又为之分解说道："以小易大，虽难解于百姓之疑，然亦无伤也。盖仁虽无所不爱，而见闻感触之时，亦自有斟酌变通之术。今王既能全觳觫之牛，而又不废衅钟之礼，于难处之中，得善处之法，是乃仁之术也，何也？盖时当见牛，则此心已发而不可遏；时未见羊，则其理未形而无所妨；故以羊易牛，得以两全而无害，所谓仁术者如此。大凡君子为仁，莫不有术。其于禽兽也，见其生，则不忍见其死；闻其声，则不忍食其肉。此固其恻隐之真心。然祭祀燕飨①，礼亦不可废者，则身远庖厨，使其死不接于目，声不闻于耳，固所以预养不忍之心，而广其为仁之术也。吾王以羊易牛，正合于君子之道。若能察识此心而扩充之，何不可保民之有哉？"

王说②，曰："《诗》云：'他人有心，予忖度之。'夫子之谓也。夫我乃行之，反而求之，不得吾心；夫子言之，于我心有戚戚焉。此心之所以合于王者，何也？"

（解）《诗》，是《小雅·巧言》之篇。夫子，指孟子说。戚戚，是心中感动的意思。齐宣王因孟子之言，有感于心，乃欢喜说道："人藏其心，不可测度。我闻《诗经》有云：'他人有心，予忖度（cǔnduó）之。'这两句说话，正夫子之谓也。夫以羊易牛，乃我所行的事；及反之吾心，求以小易大的缘故，自家茫然也，不知是何念头。夫子乃能推究来由，说是见牛未见羊之故。将我前日不忍的初心，不觉打动，戚戚然宛如堂下觳觫的形状，复在目前一般。此非夫子能忖度之，则我亦何自而得其本心哉？然这一点心，自我看来，极是微小，能济甚事？夫子却说足以致王，不知其所以合于王道者，果何在乎？"

曰："有复于王者曰：'吾力足以举百钧①，而不足以举一羽；明足以察秋毫之末②，而不见舆薪。'则王许之乎？"曰："否。""今恩足以及禽兽，而功不至于百姓者，独何与？然则一羽之不举，为不用力焉；舆薪之不见，为不用明焉；百姓之不见保，为不用恩焉。故王之不王，不为也，非不能也。"

【注】

① 钧：三十斤。

② 秋毫之末：朱熹注："毛至秋而末锐，小而难见也。"

（解）复，是禀白。秋毫，是毛之冗细而难见者。舆薪，是以车载着薪木。"今恩"以下，是孟子之言。孟子因宣王未知爱牛之心可以保民，乃设辩以提省之说道："今人有禀白于王者说：'我有力能举三千斤之重，而于一羽之轻却不能举；明能察见秋毫之末，而于舆薪之大却不能见。'王亦将信其言而许之乎？"齐宣王答说："不然。人未有举重而不能举轻，见小而不能见大者也。"孟子遂晓之说："王既知此，则知保民而王，无难事矣。盖物与人异类，用爱颇难；民则与我相亲，加恩甚易。今王不忍一牛之死，是恩足以及禽兽，就如能举百钧，察秋毫一般。而德泽乃不加于百姓，是一羽之不举，舆薪之不见也。恩能及于所难，而独不能及于所易，其故何与？然则一羽之不举，只是不曾去用力，一用力，则举之何难？舆薪之不见，只是不曾去用明，一用明，则视之何难？百姓之不见保，只是不曾去用恩，一用恩，则保之何难？夫既不用恩保民，何由能成王业？故王可以王而不王者，乃能为而不为，非欲为而不能也。若肯为之，则取诸爱牛之心，推广之有余矣。保民而王何难哉？"孟子于宣王，既发其爱物之心而使之察识，又示以仁民之术而望其扩充，所以引之于王道者，意独至矣。

【注】

① 北海：渤海。

曰："不为者与不能者之形何以异？"曰："挟泰山以超北海①，语人曰：'我不能。'是诚不能也。为长者折枝，语人曰：'我不能。'是不为也，非不能也。故王之不王，非挟泰山以超北海之类也；王之不王，是折枝之类也。"

解 形，是形状。以物夹腋下，叫做挟。超，是越过。齐宣王问孟子说："夫子谓我之不王，是不为，非是不能。这不为与不能的形状，如何分别？"孟子对说："泰山至大，北海至广，挟着泰山，去跳过北海，乃天下所必无之事，以此与人说我不能，这个真是不能，非不为也。奉长者之命，而折取草木之枝，有何难事？以此与人说我不能，这个是不肯为耳，非不能也。不为者与不能者之形，其不同如此。今王有不忍之心，自可以保民而王天下。然而不王者，非挟泰山以超北海之类，而阻于不能。王之不王，乃折枝之类，而由于不为也。"盖恩由仁达，患无此心耳。有是心以及物，则物蒙其爱；有是心以及人，则人被其泽，夫何难哉？有保民之任者，亦在察识此心而扩充之耳！

"老吾老，以及人之老；幼吾幼，以及人之幼，天下可运于掌。《诗》云：'刑^①于寡妻，至于兄弟，以御于家邦。'言举斯心加诸彼而已。故推恩足以保四海，不推恩无以保妻子。古之人所以大过人者，无他焉，善推其所为而已矣。今恩足以及禽兽，而功不至于百姓者，独何与？"

【注】
① 刑：同"型"，示范。

解 老，是尊事的意思。吾老、人之老，都指父兄说。幼，是抚育的意思。吾幼、人之幼，都指子弟说。运于掌，是说近而易行，如运动手掌一般。《诗》，是《大雅·思齐》之篇。刑，是法。寡妻，是谦称寡德之妻。"御"字，解做"治"字。孟子又告齐宣王说："我谓王不难于致王者无他，亦有见于推恩之甚易耳。且如我有父兄，我能尊事之，即推这老老之心，以及于民，使百姓每都得以尊事其父兄；我有子弟，我能慈爱之，即推这幼幼之心，以及于民，使百姓每都得以慈爱其子弟。如此，则举天下之老者幼者，无一人不被我之恩泽。以之措置一世，就如运动手掌一般，何难之有？《诗·大雅·思齐》之篇说：'文王之德，为法于寡妻，施及于兄弟，又能统御乎家邦。'盖言文王能以仁心，施之于家而家齐，施之于国而国治，总不外于此心之运用而已。故为人君者，诚能推此心以施恩，则包含遍覆，虽四海之大，可以保之而无难；不能推此心以施恩，则众叛亲离，虽妻子至近，亦不可得而保矣，况四海乎？考之上古帝王，其功业隆盛所以大过人，而非后世所能及者，别无他道，只是善推此心。由亲亲推之以及于仁民，由仁民推之以及于爱物，施为先后之间，能不失其当然之序而已矣。今王恩足以及禽兽，而功乃不至于百姓，则是倒行而逆施，与古人之善推所为者，大相反矣。是果何为也哉？王其反求诸心可也。"

"权，然后知轻重；度，然后知长短。物皆然，心为甚，王请度之。"

解　权，是秤锤，所以称物之轻重者。度，是丈尺。度，是称量的意思。孟子因宣王昧于推恩，要他心里自家裁度。复晓之说道："物有轻重，必须用秤称之而后可知。物有长短，必须用丈尺量之而后可知。凡物皆是如此，未有舍权度而能知轻重长短者也。若人之一心，万理毕具；于凡应事接物之际，尤不可无权度以称量之，更有甚于物者。盖物无权度，不过一物之差而已。设使心无权度，则事到面前，茫然不知是非利害之所在，其颠倒错乱，有不可胜言者，岂但一物之失而已哉！今王不忍一牛而忍于百姓，是其爱物之心，反重且长；仁民之心，反轻且短，差谬甚矣。王请自家称量民与物，孰重而孰轻；爱民与爱物，当孰长而孰短；庶吾之权度不差，而施恩必自有其序矣，尚何百姓之不可保哉？"此可见人君一心，万化之原，必权度不差，而后能推行有序。凡斟酌治道，鉴别人才，以至于赏罚举错，皆当以此心之权度为准，而审察之也。

"抑王兴甲兵，危士臣，构怨于诸侯，然后快于心与？"王曰："否！吾何快于是？将以求吾所大欲也。"

解　士，是战士。构，是两相构结。孟子诘问齐宣王说："吾王爱物之心重且长，而爱民之心反轻且短，则此心之权度，必有所由蔽而失其准者。岂是要兴动甲兵，驱战士武臣于危亡之地，而构结仇怨于诸侯，然后快足于心与？不忍一牛之死，而忍万民之命，王试度（duó）之，则其长短轻重，较然可知矣。"齐王对说："不然。这三件都不是好事，吾何为求快于此？所以不得已而为之者，将用以战胜攻取，求得吾心中所大欲也。"

曰："王之所大欲，可得闻与？"王笑而不言。曰："为肥甘不足于口与？轻暖①不足于体与？抑为采色②不足视于目与？声音不足听于耳与？便嬖不足使令于前与？王之诸臣，皆足以供之，而王岂为是哉？"曰："否！吾不为是也。"曰："然则王之所大欲可知已，欲辟土地，朝秦楚，莅中国而抚四夷也③。以若④所为，求若所欲，犹缘木而求鱼也。"

解　便嬖，是近习嬖幸之人。居上临下，叫做莅。缘，是攀缘。孟子闻宣王求大欲之言，因探问之说："王之所大欲如何，可使臣得闻之与？"齐王有难于自言者，但笑而不言。孟子又设问说："王所大欲，岂为肥甘之味不足于口与？轻暖之衣不足于体与？抑或为华采之色不足观视于目与？声音之美不足听闻于耳与？近习嬖幸之人不足备使令于前与？凡此数者，王之诸臣皆足以供应之而不缺，王岂为是而汲汲以求之耶？"齐王应之说："不然，这几件都是小事，吾不为是而求之也。"孟子说："王所欲既不在是，则王之所大欲可知已。王必是要开广土地，朝服秦楚，临御中国，安抚四夷，使天下一统，然后王之大欲始遂耳。然求是大欲，必有大道。乃兴兵结怨以求之，以如是之所为，求如是之所欲，譬如攀缘树木而求水中之鱼，岂有可得之理哉？"

王曰："若是其甚与？"曰："殆有甚焉！缘木求鱼，虽不得鱼，无后灾；以若所为，求若所欲，尽心力而为之，后必有灾。"曰："可得闻与？"曰："邹⑤人与楚⑥人战，则王以为孰胜？"曰："楚人胜。"曰："然则小固不可以敌大，寡固不可以敌众，弱固不可以敌强。海内之地，方千里者九，齐集有其一，以一服八，何以异于邹敌楚哉？盖亦反其本矣。"

【注】

① 轻暖：既轻又暖和的衣服。

② 采色：即"彩色"。

③ 莅（lì）中国而抚四夷也：莅，临。中国，这里指中原地区。抚，安抚，安定。四夷，古代华夏族对四方少数民族的统称，具体指东夷、西戎、南蛮、北狄。

④ 若：指示代词，如此。

⑤ 邹：又称邾国，史称邾子国，是鲁国的附属国，国君为曹姓，其地在今山东邹城境内。

⑥ 楚（？—前223）：先秦时期位于长江流域的诸侯国，国君为芈姓，鼎盛期的疆土西起大巴山、巫山、武陵山，东至大海，南起南岭，北至今河南中部、安徽和江苏北部、陕西东南部、山东西南部，核心区域大致在今湖南、湖北两省。

解　邹、楚，是二国名。齐宣王因孟子说他兴兵以图大欲，如缘木求鱼，疑其过当，乃问说："缘木求鱼乃必不可得之事。今我兴甲兵，求大欲，虽未可遽得，岂至如此之甚乎？"孟子对说："王疑我所言为甚，不知以此较彼，则王之所为，比那缘木求鱼，更加甚焉。盖缘木求鱼，虽不能够得鱼，后来却无灾祸；使以那兴兵构怨之所为，求遂那霸王之大欲，尽心竭力为之，到后来非惟无功，且将召灾取祸，有必不可免者矣。"宣王因问后灾之说："可得而闻之乎？"孟子说："这个事理甚明，但王未加察耳，且如邹国与楚国交战，以王评论他两家，那（nǎ）家取胜？"宣王说："楚人必胜。"孟子说："王既知此，则可见战之胜败，不在兵刃既接之后，比权量势，有可预推者矣。盖以国之小者与大国战，其势固不敌也；以兵之寡者与夫众战，其势固不敌也；以力之弱者与强国战，其势固不敌也；此其事理，岂不彰彰较著哉？今海内之地，大约以每方千里计之，凡有九区。集合齐地而算之，不过千里。余皆列国所有，是于天下九分之中，才得其一分耳。今王欲以齐千里之一分，而服海内之八分，其强弱众寡小大，势不相当，就如以邹敌楚一般，必不能胜矣。岂不可为之寒心哉？我所谓必有后灾者如此。王必欲臣服海内，何不反其本而求之，以仁心而行仁政乎！盖能反其本，则小大众寡皆所不计，而所欲者，将不求而自至矣。"

"今王发政施仁，使天下仕者皆欲立于王之朝，耕者皆欲耕于王之野，商贾皆欲藏于王之市，行旅皆欲出于王之途，天下之欲疾其君者，皆欲赴愬①于王。其若是，孰能御之？"

解　商、贾（gǔ），都是做买卖的人，居则为商，行则为贾。愬（sù），是告诉。孟子告齐宣王说："我所谓反本者，不可他求，在行仁政而已。今王诚能推爱物之心，以行保民之政，为之兴利远害，为之厚生正德，凡法制品节之施，皆根之至诚恻怛之意，则不但本国之民，被其泽而心悦，将见风声所达，无远弗届。使天下做官的，皆欲立于王之朝以行其道。务农的，皆欲耕于王之野以安其业。商贾知关市之不征，皆欲藏于王之市。行旅知道途之无滞，皆欲出于王之途。天下有苦其君之暴虐，而求解倒悬之苦者，皆欲来告诉于王。民之归仁，其不约而同如此，其势殆犹水之就下，沛然不能御之。由是而土地可辟，秦楚可朝，莅中国而抚四夷，无不遂王所欲矣。何必兴兵结怨为哉？"

王曰："吾惛不能进于是矣。愿夫子辅吾志，明以教我，我虽不敏，请尝试之。"曰："无恒产而有恒心者，惟士为能。若民则无恒产，因无恒心。苟无恒心，放辟邪侈^①，无不为已。及陷于罪，然后从而刑之，是罔民也。焉有仁人在位，罔民而可为也。"

【注】
① 放辟（pì）：放，恣纵，不约束；辟，同"僻"，邪僻，不老实。邪侈（chǐ）：侈，放纵，无节制。

解　惛（hūn），是昏昧。恒产，是百姓每常久的产业。恒心，是人所常有的善心。不知而误堕其中，叫做陷。罔，是欺罔。齐宣王闻孟子发政施仁之言，有感于心，遂诚心以求教说："王天下之大道，诚不外于仁政。但我资质昏昧，无所知识，不能遽进于此道。愿夫子辅导我之志意，凡政如何而发，仁如何而施，明白教我。我虽不敏，请尝试而为之，一一见之于施行，以求不负夫子之教焉。"孟子对说："仁政莫先于养民，养民莫先于制产。盖礼义生于富足，故人惟有衣食之常产，斯有礼义之常心。若不假于常产，而自然能有恒心者，惟是那从事学问、习知礼义的士人，方能如此。若寻常小民，没有常产，便无所资藉，为饥寒所陷溺，因就没有礼义之常心矣。苟无礼义之心，则将恣情纵欲，荡然于礼法之外；凡放纵淫辟，欹（qī）邪侈肆，一切不善之事，无所不为，而犯罪者众矣。为人君者，平时不能制常产以养民，及至陷民于有罪之地，然后从而加之以刑，则是欺愚民无知而陷害之，非罔民而何？若此者不仁甚矣，安有仁人在位，以爱养百姓为心者，而肯为此罔民之事乎？吾王欲行仁政，其于制民之产，诚有不容缓者矣。"

【注】

① 乐岁：丰年。死亡：死去和逃亡。

② 赡：足够。奚（xī）暇：没有空闲时间；奚，何。

"是故明君制民之产，必使仰足以事父母，俯足以畜妻子；乐岁终身饱，凶年免于死亡。①**然后驱而之善，故民之从之也轻。"**

解 畜（xù），是养。驱，是驱使向前。孟子告齐宣王说："民无恒产，因无恒心，以至于无所不为，盖恒产所系之重如此。故明君之为治，必度地居民，计口授田，使一岁所出，上面足以奉事父母，下面足以畜养妻子。丰年收成好，用度有余，可饱食终身；或遇年岁凶荒，也有积蓄糊口，可以免于死亡。盖民之相生相养如此，然后驱使他去为善，他心无所累，从上教化，自然省力。此所谓民有恒产，因有恒心者也。"

"今也制民之产，仰不足以事父母，俯不足以畜妻子；乐岁终身苦，凶年不免于死亡。此惟救死而恐不赡，奚暇治礼义哉？②**"**

解 承上文说："明君之治民如此；如今制民之产，不遵古法，使民不得尽力于农亩，而徒困于征求。上不足以奉事父母，下不足以畜养妻子。虽当丰乐之岁，尚且迫于饥寒，终身受苦；一遇凶年，便转于沟壑而不免于死亡。百姓当这等时候，皇皇然救死犹恐不足，那（nǎ）有闲工夫去讲习礼义哉！此所谓无恒产因无恒心也。"

"王欲行之，则盍反其本矣。"

解 "夫观恒心之有无，系于恒产如此，王若欲发政施仁，而行保民之道，则何不反求其本，以制民常产为先务哉？"夫民生之苦乐系于君，而君身之安危系于民。民乐生，则爱戴归向而君安；民疾苦，则忧愁思乱而君危。是明君治天下，必使家给人足，人人有乐生之心，然后祸乱不作，而治安可永保也。

"五亩之宅，树之以桑，五十者可以衣帛矣。鸡豚狗彘之畜，无失其时，七十者可以食肉矣。百亩之田，勿夺其时，八口之家，可以无饥矣。谨庠序之教，申之以孝悌之义，颁白者不负戴于道路矣。老者衣帛食肉，黎民不饥不寒，然而不王者，未之有也。"

解 这一节是制民常产之法。孟子又说："制民常产之法无他，只是将小民田里树畜之利，与他定个经制而已。如一夫既受田百亩，外又有五亩宅舍。其宅舍周围墙下，叫他种植桑树，以供蚕事，则丝帛有出，而五十非帛不暖者，可以衣帛矣。鸡豚狗彘之畜，不要误了他孕字之时，则孳育蕃息，而七十非肉不饱者，可以食肉矣。百亩之田，不要妨误了耕耘收获的时候，则民得尽力于农亩，而八口之家都有养赡，可无饥馁之患矣。恒产既制，则恒心可生。由是设为庠序，而慎重教化之事。又就其中，把孝悌两端，申重反覆，极其告谕之详，则民知爱亲敬长，乐为代劳，那年高颁白之人，无有负戴于道路者矣。人君定制立法，至使老者得以衣帛食肉，而又无负戴之劳；黎民不饥不寒，而皆知孝悌之义，则教养兼奉，治化大行。由是而土地可辟，秦楚可朝，莅中国而抚四夷，不难矣。谓不能王于天下者，理之所未有也。我所谓保民而王，莫之能御者，正以此耳，区区霸功，何足道哉？"按此章齐宣王问者伯（bà）功，而孟子则告以王道。至论王道之要，则不过推不忍之心，以行保民之政而已。故即齐王不忍一牛之心，反覆发明其可以致王之理，而以制民常产终焉。有志于三代之治者，宜深念也。

梁惠王章句 下

2.1 庄暴见孟子，曰："暴见于王，王语暴以好乐，暴未有以对也。"曰："好乐何如？"孟子曰："王之好乐甚，则齐国其庶几乎！"

解　庄暴，是齐臣。庶几，是可近于治的意思。齐臣庄暴一日来见孟子说道："暴昔者进见于王，王自以其情直告于暴，道己喜好音乐。暴于此时，既不敢谓其所好为是，又不敢谓其所好为非，固未有以对也。不知好乐何如？果有害于治乎，抑无害于治乎？"孟子对说："好乐无伤，特患王好之未甚耳。使王知音乐之理可通于治，能以一念欣喜之情，推而广之，直至于一国和平而后已焉，则齐国骎骎然①有起邦之势，而庶几可望于治矣。汝何不以此而对王乎？"

他日，见于王曰："王尝语庄子以好乐，有诸？"王变乎色曰："寡人非能好先王之乐也，直②好世俗之乐耳。"曰："王之好乐甚，则齐其庶几乎！今之乐由古之乐也。"

解　孟子以好乐之甚启发庄暴，因暴不能，复问以达其意，他日乃入见于王而问之说："王曾语庄子以好乐，有是言乎？"齐王自知其所好之不正，不觉惭愧，乃勃然变色而应之说："乐固不同，有先王之乐，有世俗之乐。寡人之所好者，非能好那《咸》《英》《韶》《濩》③，古先圣王所作之乐也，但好世俗之乐，新声俚曲④，取适一时之听闻而已，何足为夫子道哉？"孟子遂迎其机而导之说："王无谓世俗之乐为不足好，特患王之好乐未甚耳！诚使好之之甚，不徒嗜其音而深会其意，务使欢欣交畅，和气充周，则平心宣化之治，皆由此出，而齐国庶几其可望于治矣。何独古乐之可好也？盖先王之乐，固此声音，此和理也；世俗之乐，亦此声音，此和理也，今乐与古乐，一而已矣。吾王欲审其所好，惟

【注】

① 骎（qīn）骎然：迅疾的样子。

② 直：只。

③ 《咸》《英》《韶》《濩》：皆为古舞乐名。《咸》，《大咸》，相传为尧时的乐舞，又称《咸池》；《英》，《六英》，相传为帝喾或颛顼之乐，亦作《六茎》；《韶》，《大韶》，相传是舜时的乐舞，又作《九韶》；《濩》，同《頀》，又称《大濩》，相传是伊尹所作之乐，用以歌颂商汤。

④ 新声：新作的乐曲。俚曲：世俗的乐曲。

在甚、不甚之间耳。何至以今乐为惭乎？"然今乐、古乐其实不同，孟子之言，特欲开导齐王之善心，而劝之使与民同乐，故其言如此。

【注】

① 乐（yuè）乐（lè）：享受音乐之乐。

② 钟鼓：两种乐器，属于敲击弹奏乐器。

③ 管籥（yuè）：吹奏乐器，类似今之萧笙；籥，同"籥"。

④ 举疾首蹙（cù）頞（è）：举，全部；疾首，头痛；蹙，紧缩，皱缩；頞，鼻梁。

⑤ 羽旄（máo）：旄，牦牛尾；古代旗帜常用羽毛和牦牛尾装饰，因此用羽旄代指旗帜。

⑥ 妻子：妻子和子女。

曰："可得闻与？"曰："独乐乐①，与人乐乐，孰乐？"曰："不若与人。"曰："与少乐乐，与众乐乐，孰乐？"曰："不若与众。"

解 齐王因问孟子说："好乐之所以通于治道者，其说可得闻乎？"孟子欲引之与民同乐，乃先以常情提醒之说："作乐为乐，一也。有独自为乐者，有与人共乐者，王以为孰乐乎？"齐王说："独自为乐，其乐止于一己而已，若要彼此交欢，情意舒畅，固不若与人之为乐也。"孟子又问说："与人共乐一也，有与少为乐者，有与众为乐者，王以为孰乐乎？"齐王说："与少为乐，其乐止乎数人而已，若要人人欢洽，和气流通，固不若与众之为乐也。"夫独乐，不若与人，与少乐，不若与众，此事理之至明者。人惟蔽于己私，是以惟知独乐，而不能推以与人同耳。使齐王能推好乐之心，以及一国之众，则可谓好之甚矣，而齐安有不治者哉？此孟子委曲诱导之深意也。

"臣请为王言乐。今王鼓乐于此，百姓闻王钟鼓②之声、管籥③之音，举疾首蹙頞④而相告曰：'吾王之好鼓乐，夫何使我至于此极也，父子不相见，兄弟妻子离散。'今王田猎于此，百姓闻王车马之音，见羽旄⑤之美，举疾首蹙頞而相告曰：'吾王之好田猎，夫何使我至于此极也？父子不相见，兄弟妻子⑥离散。'此无他，不与民同乐也。"

解 钟鼓、管籥，都是乐器。疾首蹙頞，是愁苦的模样。羽旄，是旌旗之类。孟子开导齐宣王说:"王既知独乐不若与人,与少乐不若与众,则好乐之公私得失,从可知也。臣请为王一一陈之于前,可乎?今王为鼓乐之乐于此,百姓每听得王所击钟鼓之声,所吹管籥之音,举皆疾首蹙頞,私相告诉说:'吾王之好鼓乐,奈何使我辈到这等穷困之地,以父子不得相见,以兄弟妻子离散,其颠连如此而略不动心乎。今王为田猎之乐于此,百姓每闻王车马驰骤之音,见王羽旄缤纷之美,举皆疾首蹙頞,私相告诉说:'吾王之好田猎,奈何使我辈到这等穷困之地,以父子不得相见,以兄弟妻子离散,其流弊如此,而略不体念乎?'夫鼓乐田猎,王之所乐也,百姓每见了却这等嗟(jiē)怨者,岂有他故?良由王独乐其身,而不能推此心以安养下民,使之与己同乐,故其愁苦之情有所感触,自不觉其嗟怨之若此耳。王如好乐,岂可独乐而不恤其民哉!"按此"疾首蹙頞"数语,说小民愁苦情状,宛然可掬[1],人君能以此轸念民瘼[2],常若见其愁痛之色,闻其嗟怨[3]之声,则所以赈救之者,当无不至,而自不忍于独乐矣。

【注】

[1] 宛然可掬:形态逼真明显。

[2] 轸:悲痛。念:牵挂。民瘼:民生疾苦。

[3] 嗟怨:嗟叹怨恨。

"今王鼓乐于此,百姓闻王钟鼓之声、管籥之音,举欣欣然有喜色而相告曰:'吾王庶几无疾病与,何以能鼓乐也?'今王田猎于此,百姓闻王车马之音,见羽旄之美,举欣欣然有喜色而相告曰:'吾王庶几无疾病与,何以能田猎也?'此无他,与民同乐也。"

解 这一节是与民同乐(lè)之事。孟子又告齐宣王说:"吾王独乐而不恤其民,固宜有以致民之怨矣。今王鼓乐于此,百姓每闻王钟鼓之声、管籥之音,举皆欣欣然有欢喜之色而相告说:'吾王庶几身其康强而无疾病与,不然,何以能为此鼓乐之乐(lè)也?'今王田猎于此,百姓每闻王车马之音,见羽旄之美,举皆欣欣然有欢喜之色而相告说:'吾王庶几身其康强而无疾病与,不然．何以能为此田猎之乐（lè）也？'夫一般的鼓乐，一般的田猎，百姓每见了却这等欣幸者，岂有他故？良^①由王能推好乐之心以与民同乐，使之各得其所，故其爱戴亲附，自不觉其欣幸之若此耳。"

【注】

①熙皞：和乐。

"今王与百姓同乐，则王矣。"

解 "夫观民情之忧喜，惟系于好乐（yuè）之公私如此。今王诚能推好乐之心以及于民，使之各安其生，各乐其业，则天下之民皆将引领望之，闻风而来归矣。有不可以统一海内而成王业哉？我所谓好乐甚则齐其庶几者盖如此。今乐、古乐，又何择焉？"由此章而观，民情得所则喜，失所则悲。喜则欣欣相告，有盛世熙皞^①气象；悲则疾首蹙頞，为衰世乱离光景。一念之公私少异，而民情之苦乐，国家之治乱因之。是以古圣王之于民，务生养安全，不使有一夫之不获，诚知所重也。愿治者宜深省于斯。

2.2 齐宣王问曰："文王之囿方七十里，有诸？"孟子对曰："于传有之。"曰："若是其大乎？"曰："民犹以为小也。"曰："寡人之囿方四十里，民犹以为大，何也？"曰："文王之囿方七十里，刍荛者往焉，雉兔者往焉。与民同之，民以为小，不亦宜乎？"

解 囿，是养育鸟兽之所。刍（chú），是草。荛（ráo），是薪。战国之君，习于骄侈，多以宫室苑囿为乐。故齐宣王问孟子说："我闻文王之囿，其周围凡七十里之广，果有之乎？"孟子对说："古书所载，诚有此说。"齐王又问："文王之囿，乃如此其大乎？"孟子说："自王视之，若以为大，当时之民，犹嫌其为小也。"齐王说："寡人有囿，周围仅四十里，比于文王之囿，固甚狭矣。乃百姓每犹嫌其为大，何也？"孟子对说："文王之囿，虽有七十里之广，而未尝以为己私，囿中之草木，不禁民樵采，凡取草的、取薪的都往于其中焉。囿中之鸟兽，不禁民射猎，凡逐雉（zhì）的、逐兔的都往于其中焉。举凡囿中所有，无一物不与百姓同之，是以一国之民，而共此七十里之囿，物之所产有限，民之取用无穷，其以为小，不亦宜乎？"按，《书》称"文王不敢盘于游畋"，其囿必不如是之大，孟子不辨其规制之广狭，而但言其利民之公心，盖能与民公其利，则必不以苑囿为己私，而纵游畋之乐可知矣。

"臣始至于境，问国之大禁，然后敢入。臣闻郊关之内，有囿方四十里，杀其麋鹿者，如杀人之罪。则是方四十里为阱于国中，民以为大，不亦宜乎？"

解 国外百里为郊，郊外有关。阱，是掘地为坑，以掩取禽兽者。孟子又告齐宣王说："文王之囿，惟其公之于民，故民以为小。若王之囿，民以为大者，岂无其故哉？臣始初来到王之境上，不敢遽入，先问了国之大禁，知所避忌，然后敢入。臣闻说国门之外，郊关之内，有囿方四十里，不许百姓每出入；若有人擅入其中，杀伤麋鹿者，就与杀人同罪。夫人之所畏，莫甚于死。今杀一麋鹿，就以杀人之罪加之，则是以方四十里之地，为坑阱于国中，而故陷民于死地也，其为民害如此。民之视此苑囿，就如陷阱一般，其以为大，不亦宜乎？"夫囿一而已，在文王以为民利，而齐王遂以为民害。盖古人之囿，但用为讲武之地，而志不在于从禽，故其利常归之民。后世则专供游猎之娱，故其利擅之于上，而麋鹿为重，民命为轻矣。明主好尚，可不谨哉。

【注】

① 葛：古国名，地在今河南省商丘市宁陵县东北。

② 昆夷：殷周时我国西北部族名。

③ 大（tài）王事獯鬻（xūn yù）：大王，即太王古公亶父，周文王的祖父；獯鬻，我国古代北方少数民族名，夏商时称獯鬻，周时称猃狁（xiǎnyǔn），秦汉称匈奴。

④ 句（gōu）践：春秋时期越国国君，曾被吴国打败，外示弱求和于吴，内取十年生聚、富国强兵之策，卧薪尝胆，最终灭吴。

2.3 齐宣王问曰："交邻国有道乎？"孟子对曰："有。惟仁者为能以大事小，是故汤事葛①，文王事昆夷②。惟智者为能以小事大，故大王事獯鬻③，句践④事吴。"

解　葛，是成汤时国名。昆夷，是西方之夷。獯鬻，即今北虏。句践，是越王名。齐宣王问孟子说："邻国壤地相接，容有以强凌弱，以小谋大者。兹欲交好于邻国，果有道乎？"孟子对说："讲信修睦，国之大事，诚有这个道理。大凡为大国的，多恃其强盛，侵凌小国。惟是那仁者，度量宽洪，诚意恻怛，全无计较尔我之私，他为能以大事小，而尽其抚字之道。求之古人，若成汤是大国，反事葛伯；文王是大国，反事昆夷。虽是他犯上无礼，也都包容，不与计较。这便是以大事小，成汤、文王之所以为仁也。为小国的，多不审己量力，挑衅大国。惟是那智者，通晓义理，酌量时势，有知彼知己之明，他为能以小事大，而尽其恭顺之道。求之古人，太王为獯鬻所迫而至于迁都。勾践为吴所败而请为臣妾，虽被他侵凌役属，也只含忍，不敢抗拒。这便是以小事大，太王、句践之所以为智也。吾王欲交邻国，能自处以仁智之道，则事大恤小，无一之不善矣，邻国安有不睦者哉。"

"以大事小者，乐天者也；以小事大者，畏天者也。乐天者保天下，畏天者保其国。《诗》云：'畏天之威，于时保之。'"

解　天，指"理"说。《诗》，是《周颂·我将》之篇。孟子又告齐宣王说："交邻之道，固在于事大而恤小矣。然大之当事，小之当恤，莫非天理之所当然，在仁智亦惟各尽其道而已。故自以大事小者而言，忘其势之在己，而诚心爱人，这是有优容之大度，而自然合理，能乐天者也；自以小事大者而言，顺其势之在人，而安分自守，这是有敬慎之小心，而不敢违理，能畏天者也。仁者惟其乐天，故其心与天为一，而包含遍覆，无一物之不容，四海虽大，皆在吾怙冒^①之中矣，有不足以保天下乎？智者惟其畏天，故能听天所命，而制节谨度，无一时之敢忽，敌国虽强，而在我无可乘之衅矣，有不足以保其国乎？《诗经》有云：'人能畏上天之威严，不敢违逆，于是可保守天命而不失。'这两句说话，正'畏天者保其国'之谓也；而乐天者保天下，从可知矣。夫以心之所存，不外于一理，而国与天下，由此而可保焉。则交邻之道，诚莫善于此矣。王可不思所以自尽哉。"

【注】

① 怙冒：即"丕冒"，广被、遍及的意思。

王曰："大哉言矣！寡人有疾，寡人好勇。"对曰："王请无好小勇。夫抚剑疾视曰：'彼恶敢当我哉！'此匹夫之勇，敌一人者也。王请大之！"

🔴解　气禀有偏，叫做疾。抚剑，是用手按剑。齐宣王闻孟子之言，有感于心，因叹美之说："夫子论仁智交邻之道，能事大恤小，便可以保国保天下，可谓大哉言矣！寡人也有心向慕，但生来有一件病痛，性气粗暴，偏好刚勇。遇小国不恭，常不能包容；遇大国侵凌，常不能忍耐。如何做得这仁智之事？"孟子对说："好勇无伤，但要知所决择耳。盖勇有小有大，王请勿好那小勇，激于一时之怒，便按剑在手，张目疾视，说：'何人敢与我为敌哉！'这是匹夫之勇，凭恃其血气，仅可以敌一人者也，何足为好？王如好勇，请于帝王之大勇好之，振其天德之刚，发于义理之正，务使气慑万人，威加一世，而不徒恃区区之小忿焉，则仁智皆所优为矣，何致以好勇为病乎？"当是时，列国纷争，率以勇力相尚，未有能除暴救民，倡大义于天下者，故孟子于齐王因其机而导之如此。昔商纣力能格兽，天下咸苦其残；项王举鼎拔山，卒为汉高所蹙。然则匹夫之勇，诚非帝王之所宜尚也。

① 莒（jǔ）：殷末国名。

② 密国：密须国，黄帝的后裔姞姓密须氏所建，在今甘肃灵台。商武丁王时期，密须氏被赐封为诸侯国，后被周文王所灭，姞姓后裔始以国名为姓，称密姓。

③ 阮国：商朝时期由皋陶裔孙阮髡建立的诸侯国，其址在今甘肃省泾川县境内。《古本竹书纪年》记载，在商纣三十二年"密人侵阮，西伯帅师伐密"，阮国灭，国人相约以国名为姓。

④ 共：古国名，此指商代共国，故址在今甘肃省泾川县，后为周文王所灭。

⑤ 厥：其。

⑥ 一人衡行：一人，指商纣王；衡行，横行。

"《诗》云：'王赫斯怒。爰整其旅，以遏徂莒①，以笃周祜，以对于天下。'此文王之勇也。文王一怒，而安天下之民。"

解　这一节是引《诗》而言文王之大勇。赫，是赫然盛怒的模样。"爰（yuán）"字，解做"于"字。旅，是众。遏，是止。徂（cú），是往。"莒"字，《诗经》作"旅"字。文王时，密国②之人，恃强侵凌阮国③，直至共④地，文王因举兵往伐其众，所以说"以遏徂莒"。笃，是厚。祜，是福。对，是答。孟子又告齐宣王说："臣谓吾王当以大勇为好，盖尝观于文王之事矣。《诗·大雅·皇矣》之篇有云，密人违距王命，侵阮而往至于共，王乃赫然奋怒，于是整顿师旅，以止遏密人徂共之众，使不得侵扰邻国。于以抑强扶弱，而笃厚周家之福，于以安抚天下百姓，而答其仰望之心。《诗》之所言如此。这是兴兵伐密，文王之所以为勇也。文王赫然一怒，除了密人之乱，由是四方诸侯，强不敢凌弱，众不敢暴寡，而天下之民，都赖之以为安，其勇何如其大哉！"

"《书》曰：'天降下民，作之君，作之师。惟曰其助上帝，宠之四方。有罪无罪，惟我在。天下曷敢有越厥⑤志？'一人衡行⑥于天下，武王耻之。此武王之勇也。而武王亦一怒而安天下之民。"

解　这一节是引《书》而言武王之大勇。宠，是宠任。"越"字，解做"过"字。衡行，是不顺道理而行。耻，是愤怒的意思。孟子又告齐宣王说："臣所谓大勇不但征之于文王，又尝观于武王之事矣。《周书·泰誓》之篇有云：'天降下民，不能自理，于是立之君，使之主治；不能自教，于是立之师，使之教训。其意但要为君师者，替天行道，以辅助上帝之所不及，故授以至尊之位，而宠异之于四方也。今我既受天之命，作民君师，则凡天下有罪者，惟我得诛之；无罪者，亦惟我得安之。天下何敢有过越其心志，而作乱以虐民者乎？'《书》之所言如此。当时商纣以一人而肆于民上，凶暴淫佚，横行于天下，武王辄引以为己罪，不胜愤耻，因举兵而讨之，这是武王之所以为勇也。武王亦惟一奋其怒，除了商纣之暴，遂能绥定四方，而天下之民，都赖之以为安。其勇又何如其大哉！"

"今王亦一怒而安天下之民，民惟恐王之不好勇也。"

解　"夫观文武之大勇，惟在于除暴安民如此。当今之世，暴虐无道者多矣。吾王诚能法文武之所为，亦奋然一怒，予以除残去暴，而救安天下之民，则天威所加，民皆欣然望救，就如拯己于水火一般，惟恐王之不好勇耳。此正臣所谓帝王之大勇，异于匹夫者也。何可以好勇为病乎？"按此章，前论仁智，主于事大恤小；后论大勇，主于除暴安民。其意若相反者。然究而论之，仁者虽能恤小，必不肯养乱以残民；智者虽能事大，而必思自强以立国。所谓大勇，岂有出于仁智之外哉？宋臣司马光以仁、明、武为人君三大德，盖有见也。

2.4 齐宣王见孟子于雪宫。王曰："贤者亦有此乐乎？"孟子对曰："有。人不得，则非其上矣。不得，而非其上者，非也；为民上而不与民同乐者，亦非也。"

解　雪宫，是齐国离宫名。齐宣王馆孟子于雪宫而就见之，因夸其礼遇之盛，问孟子说道："宫室之乐，在人君则宜有之，贤者亦有此乐乎？"孟子对说："王既以此处臣，是贤者亦宜有之矣。然好乐人心所同，不问贤者与庶民，皆欲得之。盖庶民自有庶民之乐，若使庶民不得其所乐，则以为人君独享其乐，而不恤民穷，皆将非怨其上矣。夫不得其乐而非其君上者，是不安为下的本分，固不是；为民上而独享其乐以致民怨望者，是失其为君的道理，也不是。所以人君当推己之乐，以公之于民，不但当与贤者共之而已。"

"乐民之乐者，民亦乐其乐；忧民之忧者，民亦忧其忧。乐以天下，忧以天下，然而不王者，未之有也。"

解 孟子又说："不与民同乐则民怨，能与民同乐者，民岂有不感乎？且如安居粒食，民之乐也，人君能看得如自己的乐事一般，务为之经营区处，使各遂其有生之愿，则民之得有其乐者，莫不怀感，一见君可乐之事，便欣欣然喜色相告而为君乐之，亦如乐在于己也；饥寒困穷，民之忧也，人君能看得如自己的苦事一般，务为之设法救护，使无有失所之虞，则民之得去其忧者，亦莫不怀感，一见君可忧之事，便戚戚然中心不宁，而为君忧之，亦如痛切其身也。夫乐民之乐，民亦乐其乐，是乐不以一人，而乐以天下；忧民之忧，民亦忧其忧，是忧不以一人，而忧以天下。忧乐相通，上下无间，天下之人，莫不倾心归附于我，其有不成王业而王天下者，有是理乎？"可见，人君之于民，语其势，则尊卑悬绝；论其情，则休戚相关。人君欲常享其乐，而不致有可忧之事者，其必加意于民而已。三代而后，若汉文帝议赈民之诏曰："方春和时，草木群生之物，皆有以自乐；而吾民鳏（guān）寡孤独 ① 穷困之人，或阽于危亡而莫之省忧 ②，为民父母其何如？斯庶几与民同忧乐者矣。"

"昔者齐景公 ③ 问于晏子曰：'吾欲观于转附、朝儛 ④，遵海而南，放于琅邪 ⑤，吾何修而可以比于先王观也。'"

解 景公，是齐之先君。晏子，是景公之臣，名婴。转附、朝儛，都是山名。遵，是循。放，是至。琅邪，是齐东南境上邑名。孟子劝齐宣王与民同乐，因举其先世行事以告之说："臣谓公乐可以致王，不敢远徵诸古，即齐之先君，亦有行者。昔日齐景公问于其臣晏子说：'省方观民，先王所重。我今欲观于转附、朝儛二山，遵海滨而南行，直至琅琊境上，思昔先王游观，当时以为盛典，后世以为美谈，吾当何修何为，而可以比于先王之行事也。'"

"晏子对曰：'善哉问也！天子适诸侯曰巡狩；巡狩者，巡所守也。诸侯朝于天子曰述职；述职者，述所职也。无非事者。春省耕而补不足，秋省敛而助不给^①。夏谚曰："吾王不游，吾何以休？吾王不豫，吾何以助？一游一豫，为诸侯度。"'"

【注】
① 给：丰足。
② 黜陟：罢免和升迁。

解 适，是往。省，是巡视。敛，是收获。夏谚，是夏时俗语。豫，是行乐的意思。度，是法则。晏子因景公之问，遂赞美之说道："游观之典，不行久矣。吾君独有志于复古，欲法先王之所为，善哉问也。试以先王之法言之。天子十二年一适诸侯之国，叫做巡狩；谓之巡狩者，是巡察诸侯所守之境，政事之修废也。诸侯五年一朝于天子之国，叫做述职；谓之述职者，是谓述自己所受之职业，以待天子之黜陟^②也。天子诸侯，一往一来，都有事干，未有无事而空行者。而又春秋循行郊野，春焉省民之耕，察其中播种有不足的，则发仓廪以补之；秋焉省民之敛，察其中收获有不给的，则发仓廪以助之。天子行此于畿内，诸侯行此于国中，其惓惓为民之心又如此。故夏时谚语有云：'吾王有游豫之乐，然后吾民得蒙休助之泽。若吾王不来郊野一游，则补助之政不行，吾民那（nǎ）得蒙上之休？吾王不来郊野一豫，则吾民之不足不给者，那（nǎ）得蒙上之助？吾王一游一豫，皆有恩惠以及民，而四方诸侯，都来取法，莫敢无事慢游以病其民者。斯世斯民，何其幸乎！'观夏谚所云，则知王者补助之政，为不虚矣。先王游观之善若此，乃吾君今日所当法也。"

"'今也不然。师行而粮食，饥者弗食，劳者弗息。睊睊胥谗，民乃作慝。方命虐民，饮食若流，流连荒亡，为诸侯忧。'"

解 睊（juàn）睊，是侧目而视的模样。"胥（xū）"字，解做"相"字。慝（tè），是怨恶。方命，是违逆上命。诸侯，是附庸之国，县邑之长。晏子告齐景公说："先王之一游一豫，都是为民，固足以为诸侯之法矣。乃今时之国君则不然，但是游观，则军旅随行，既有军旅，便有粮食。是以供给烦难，骚动百姓。百姓每饥者不得食，劳者不得息，皆怒目相视而口出谤言，愁苦不胜而心怀怨忿。夫天子之命诸侯，本欲其上宣德意，下安民生也，今乃上违天子之命，下虐无罪之民。糜费饮食，如水之流，无有穷极。是乃纵于逸乐，流连荒亡，徒为所属诸侯之忧而已。岂若先王之省方观民，可为法则者乎？"

"'从流下而忘反谓之流，从流上而忘反谓之连，从兽无厌谓之荒，乐酒无厌谓之亡。先王无流连之乐、荒亡之行，惟君所行也。'"

解 从流下，是放舟随水而下。从流上，是挽舟逆水而上。无厌，是不知止足。晏子承上文说："所谓流连荒亡者，其义何如？盖人君之为乐，有恣情快意，流荡而无节者，就如放舟随水，顺流而忘返的一般，这叫做流。有拂人从欲，留恋而不舍者，就如挽舟上水，逆流而忘返的一般，这叫做连。以从兽为乐，而不知止足，把几务 ① 都荒废了，这叫做荒。以饮酒为乐，而不知止足，把政事都失误了，这叫做亡。此今时之弊也。若先王之游观，非巡狩则述职，非省耕则省敛，何尝有流连之乐、荒亡之行乎？夫游观一也，在先王如彼，在今时如此。这两件，一善一恶，分明易见，惟在君所行何如耳。若能戒今时之弊，而不致慢游以病民，则何先王之不可及哉？"王能绎思晏子之言，则必能公其乐以得民矣。

"景公说，大戒于国，出舍于郊。于是始兴发补不足。召太师曰：'为我作君臣相说之乐！'盖《徵招》《角招》①**是也。其诗曰：'畜君何尤？'畜君者，好君也。"**

🔴 大戒，是大出命令。舍（shè），是止宿。兴发，是开发仓廪。招，是舜乐名。乐有五声，三曰角为民，四名徵为事，故因以取义。诗，是乐歌。"畜（xù）"字，解做"止"字。尤，是罪过。好，是忠爱的意思。"景公一闻晏子之言，心中感悦。欣然以今时之弊为必可去，先王之法为必可行。乃大申命令，晓告国人，示以更化图新之意。乃不敢安处深宫，出而住居郊外，察问民间疾苦。于是始兴发仓廪，以补助其不足。其于晏子之言，果一一见之行事矣。既乃召太师而命之说：'君臣相得，自古为难，我今喜得晏子而闻其善言，晏子亦喜得我以行其志，君臣相悦如此，尔当把这欢乐之情，宣播于音乐，以彰一时明良之盛焉。'其所作之乐，即今所传的《徵招》《角招》是也。盖徵音属事，而景公料理国事，事已治矣，故被之徵音，叫做《徵招》；角音属民，而景公补助斯民，民已安矣，故被之角音，叫做《角招》。其乐中歌词说道：'畜君何尤。'盖言晏子能畜止其君之欲，不至于招尤而取罪也。夫人臣之罪，莫大于逢君之恶。今能畜止其君之欲，使不至于流连荒亡，正是望其君为尧舜之君，忠爱之至者也。好君如此，且当感悟君心，引之当道，夫何罪过之有哉？观景公能悦晏子之言，遂有事治民安之效如此。王能行臣之言，与民同乐，岂有不足以致王者乎？"按，孟子于齐王，劝之与民同乐，则示以君民一体之情；劝之远法先王，则证以君臣相悦之盛。盖必君臣相得，谏行而言听，然后膏泽下究，政善而民安耳。使或君

【注】

① 徵招：徵（zhǐ），古代五音之一，相当于西乐音阶中的 sol（即简谱"5"）；招（sháo），通"韶"，音乐名。角（jué）：古代五音之一，相当于西乐音阶中的 mi（即简谱"3"）。

臣之间，志意未合，则弊政日积，善言不闻，求以保民致治，岂不难哉！明主所宜深念也。

2.5 齐宣王问曰："人皆谓我毁明堂，毁诸？已乎？"孟子对曰："夫明堂者，王者之堂也。王欲行王政，则勿毁之矣。"

解 明堂，是天子所居，以朝见诸侯之所。昔周天子建明堂于泰山下，在今山东泰安州地方。周室既衰，地为齐有，时人以天子既不复巡狩，而齐为侯国，非所宜居，理当拆毁。故齐宣王问孟子说："人皆谓我毁明堂，果当毁乎？抑且止而不毁乎？"孟子对说："明堂乃王者所居，以出政令之所，则是王者之堂，而非诸侯之堂也。王若有心要行王政，便可王天下；可王天下，便可以居此堂，亦不必毁矣。"此孟子歆动齐王，使行王道也。

王曰："王政可得闻与？"对曰："昔者文王之治岐也，耕者九一，仕者世禄，关市①讥而不征，泽梁②无禁，罪人不孥。老而无妻曰鳏③，老而无夫曰寡，老而无子曰独，幼而无父曰孤。此四者，天下之穷民而无告者。文王发政施仁，必先斯四者。《诗》云：'哿矣富人，哀此茕独。'"

解 岐，是周之旧国，在今陕西凤翔府岐山县地方。九一，是周时井田之制，九分中只取百姓一分。讥，是察问。征，是起税。泽梁，是水泽中取鱼之处。孥（nú），是妻、子。鳏，是鱼名，鱼目不闭，故以比人之忧愁不寐者。告，是告诉。哿（gě），是可。茕（qióng）独，是穷困孤苦之人。齐宣王问孟子说："夫子说寡人能行王政，则明堂可以不毁，不识王政如何，可使寡人得与闻乎？"孟子对说："王政莫善于文王。在先文王之治岐也，于耕田的百姓，则行九一之法，而敛从其薄；于仕者之子孙，则有世禄之赏，而报从其厚；于关市，但盘察奸细，而不征商贾之私货；于泽梁则任民取利，而不为禁令以自专；于犯罪之人，刑法止及其本身，而不以连累其妻子。文王之发政施仁如此，乃其中则尤有加意者。盖人之老年无妻的叫做鳏夫，老年无夫的叫做寡妇，老年无子的叫做独夫，少年无父的叫做孤子。这四样人，艰难困苦，乃天下之穷民而无所告诉者。文王发政施仁，虽于人无所不济，遇此等尤加爱惜，务使之各得其所焉。《诗经》上《小雅·正月》之篇有云：'富人还可，惟茕独之人，情有可哀。'夫惟可哀，此文王所以必先之也。文王之治岐如此。此王政之善，所以开周家之基业者。王欲行王政，可不以文王为法乎？"

王曰："善哉言乎！"曰："王如善之，则何为不行？"王曰："寡人有疾，寡人好货。"对曰："昔者公刘①好货，《诗》云：'乃积乃仓，乃裹糇粮，于橐于囊，思戢用光②。弓矢斯张，干戈戚扬③，爰方启行。'故居者有积仓，行者有裹粮也，然后可以'爰方启行'。王如好货，与百姓同之，于王何有？"

解 公刘，是后稷之曾孙。积，是堆积。糇（hóu），是干粮。橐（tuó）、囊（náng），俱布袋之类，无底为橐，有底为囊。戢（jí），是安集。戚扬，是斧钺。爰，是于。何有，是不难的意思。孟子述文王治岐之政以告齐王，王遂叹美之说："善哉夫子此言，真可谓治国之良图也。"孟子说："闻善贵于能行，王既以为善，则何为不见之行事乎？"齐王说："寡人非不欲行，但天性有一件病痛，好积货财。惟好货，故取民无制，而不能行此王政耳。"孟子对说："好货与王政无妨，昔者公刘也曾好货。观《诗

【注】

① 公刘：古代周族的领袖，相传为后稷的曾孙。曾率部族从邰迁至豳，周族从此兴旺起来。

② 思戢用光：思，发语词；用，因而；光，光荣，显耀。

③ 干戈戚扬：干，盾牌；戚，斧；扬，钺，大斧。

经·大雅·笃公刘》篇有云：'公刘处西戎之间，国势微弱，后来能力行富民之政，其民田有露积，家有仓廪，既富且强。于是裹糇粮于橐囊，而为迁都之计，思以集和其人民，光大其国家；乃张我弓矢与干戈戚扬，启行而往迁于豳焉。'由诗之言观之，可见公刘能推好货之心以及于民，能使民之居者有积仓，行者有糇粮，然后可以爰方启行，而保民立国如此也。王如好货，亦能仿公刘之遗意，而导利以厚下，约己以裕民，与百姓同之，使亦有积仓裹粮之富，则天下之民，皆归向之，其于王天下，何难之有？夫好货一也，私之于一己，则为专利；公之于百姓，则为施仁。然则王之于货，惟审其所好之公私，而不当以之为病矣。"

王曰："寡人有疾，寡人好色。"对曰："昔者太王好色，爱厥妃。《诗》云：'古公亶父，来朝走马，率西水浒，至于岐下。爰及姜女，聿来胥宇。'当是时也，内无怨女，外无旷夫。王如好色，与百姓同之，于王何有？"

解　太王，是公刘九世孙，周武王曾祖，名亶（dǎn）父，号古公，至武王即帝位，始追上尊号为太王。率，是循。浒（hǔ），是水之涯岸。姜女，是太王之妃。聿（yù），是语词。胥，是相。宇，是居。旷，是孤单的意思。齐王自揣不能行王道，又对孟子说："寡人不但好货，更有一件病痛，喜好女色；惟其好色，故心志蛊惑，用度奢侈，不能行此王政耳。"孟子对说："好色亦无妨于王政。昔者太王也曾好色，爱其妃姜女。观《诗经·大雅·绵》之篇有云：'古公亶父，为狄人所侵，不得已欲迁国避难，乃于明朝策马而走，顺着西河的边岸，径到岐山之下。爰及其妃姜女同来，与之相择地方，建造城邑，以为居止之所。'由诗之言观之，可见太王也喜爱那姜女，而以配匹为重也。但太王不独自有配匹而已，当这时节，举国中之女子，都得嫁其夫而内无怨女，男子都得娶其妇而外无旷夫。盖由太王能推好色之心以及于民，故能使男女各遂其愿，婚姻各及其时如此也。王如好色，诚能仿太王遗意，而与百姓同之，保全其室家，完聚其夫妇，使无怨女、旷夫之叹，则天下之民，皆将乐归于我，于王天下，何难之有？夫能推好色之心，便可以王天下，则好色又何足为病乎？"按此章孟子于齐王，因其毁明堂，而劝之以行王政；因其好货色，而劝之体民情。盖货财妻子之念，人心所同。但在上者，知有己而不知有民，于是有府库充盈，而闾阎^①不免于空竭；嫔嫱众盛，而妇子不免于流离者矣。诚体民情，则必能行王政；能行王政，则自可以朝诸侯而王天下矣。此明堂之所以不必毁也。

【注】

① 闾阎：阎，指里巷的门；古代以二十五家为闾。后泛指平民百姓。

2.6 孟子谓齐宣王曰："王之臣有托其妻子于其友而之^①楚游者，比^②其反也，则冻馁其妻子，则如之何？"王曰："弃之。"

解 馁，是饿。齐宣王怠于政事，孟子欲劝王有为，先引起他事以发问说道："朋友有相周之义，设使王之臣，有以其妻子寄托于所厚之友，而自往游于楚国者。及至回还之日，始知其妻子一向冻馁，衣食不足，王之臣当何如以处其友耶？"齐王说："受人之托而负义如是，非可交之友也，当弃绝之。盖朋友以义合，不义则当绝也。"

【注】

① 之：往。
② 比：及，等到。
③ 已：罢免。

曰："士师不能治士，则如之何？"王曰："已^③之。"

解 士师，是掌刑之官。士，是士师的属官。孟子又问说："士师以明刑为职。设使为士师者，不能统理其所属之士，使刑狱不当，职业不修，王当何如以处之耶？"齐王说："立人之朝，而瘝旷如是，非可用之臣也，宜罢去之。盖人臣各有职任，失职则当去也。"

曰："四境之内不治，则如之何？"王顾左右而言他。

解 孟子又问说："如今四境之内，皆王之所统理，乃政教不修，人民不宁，是谁不任？又当何如以处之耶？"孟子此言，盖欲齐宣王反己自责，虚心下问，以讲求治国之道，其望之者深矣。王乃耻于闻过，而顾视左右以释其愧，更言他事以乱其辞，其不足以有为可知矣。此齐之所以止于齐，而不能成一统之业也。

2.7 孟子见齐宣王曰："所谓故国者，非谓有乔木之谓也，有世臣之谓也。王无亲臣矣，昔者所进，今日不知其亡①也。"

解 乔木，是高大之木。世臣，是累世勋旧之臣。亲臣，是君所亲信之臣。昔者，是昨日。亡，是走失。孟子因齐宣王待下疏薄，一日进见而讽之说："大凡人君继世而有国，其基业相承，历年久远，如高大的树木，累世的旧臣，都是有的。但故国所以见称，却不是为着有这乔木，便叫做故国，正以有累世旧臣之谓耳。盖乔木有无，何足为轻重，惟是那老成故旧之臣，世受国恩，义同休戚，国运托之以匡扶，人心赖之以系属，这才是故国之所重，而人主不可一日无者也。然他日之世臣，本是今日之亲臣，以今观之，王已无亲臣矣。盖亲臣日在左右，视如腹心，时刻少他不得。王昨日所进用的人，今日有走去而尚不知者，则无亲信之臣可知。既无亲臣，安望他日有世臣乎？然则齐何以保其国也？"

王曰："吾何以识其不才而舍之？"曰："国君进贤，如不得已，将使卑逾尊，疏逾戚，可不慎与？"

解 舍，是舍置。不得已，是势不能已的意思。逾，是逾越。"戚"字，解做"亲"字。齐王因孟子讥己无亲臣，自家解说：

"此等亡去的都是不才之人，我始初不知而误用之，故不以其去为意耳。我今当何如可以预知其不才，遂舍之而不用，使所用皆贤乎？"孟子对说："人君用人，与其悔之于后，莫若谨之于始。是以国君进贤，当那将用未用之际，其难其慎，审之又审，恰如势之所迫，不得不用他一般，其谨如此。所以然者，盖以尊尊亲亲，乃国家体统之常。设使今日所尊者未必贤，日后必别求那卑而贤者用之，是使卑者得以揍越①尊者，失尊卑之序矣；今日所亲者未必贤，日后必别求那疏而贤者用之，是使疏者得以揍越亲者，失亲疏之序矣。一举措之间，而所关于国体者甚大，是安可以不慎乎？始进能慎，则所进皆贤，而不才者不得以幸进，自可以无后日之悔矣。王何以不知人为患哉。"

【注】
① 揍越：超出本分。

"左右皆曰贤，未可也；诸大夫皆曰贤，未可也；国人皆曰贤，然后察之，见贤焉，然后用之。左右皆曰不可，勿听；诸大夫皆曰不可，勿听；国人皆曰不可，然后察之，见不可焉，然后去之。"

解 孟子告齐宣王说："国君进贤，固所当慎，而慎之何如？盖人才之用舍，不可徇一己之私情，当付之众人之公论。且如有人于此，左右近侍，俱道其贤，吾未敢遽以为然也。举朝大夫，俱道其贤，吾未敢遽以为然也。何也？诚恐其有私誉也。至于通国之人，俱以为贤，宜若可信矣。但世间有一等的，同流合污，为众所悦，以致虚誉者，原来不是好人，安知国人之所谓贤，非此之类与。于是又从而察之，或听其言，或观其行，必看得真真实实，是有才德的人，然后进而用之，其不肯轻用如此。又或有在我左右的人，都说道此人不贤，不遽信也。众大夫每也都说此人不贤，不遽信也。何也？诚恐其有私毁也。至于通国之人俱谓不贤，宜若可信矣。但世间又有一等的，特立独行，与世不合，以招谤毁者，终不失为好人，安知国人之所不可，非此之类与。于是又从而察之，或探其心术，或考其行事，必看得的的确确是不贤的人，然后从而去之。其不肯轻去如此。夫其一用舍之间，既遍访于人，又精察于己，虽或跻之尊亲之列，而能从容详审，筹处迟疑，真若有万不得已者。如此乎慎之至也，又安有不才而误用之者耶？王欲知用人之当慎，则宜以是为法矣。"

"左右皆曰可杀，勿听；诸大夫皆曰可杀，勿听；国人皆曰可杀，然后察之，见可杀焉，然后杀之。故曰国人杀之也。"

解　孟子又告齐宣王说："人君进退人才，固当审察公论以求至当矣，至于用刑，也不可不谨。有人于此，左右都说他可杀，不要遽然听信；众大夫每都说他可杀，也不要遽然听信。何也？诚恐其有私怨也。至于通国之人俱以为可杀，其言宜可信矣。但世间也有一等的人，无罪无辜，而虚被恶名者，安知国人之所谓可杀者，非此之类与。于是又从而察之，或验其罪状，或审其情实，必看得情真罪当，是可杀的人，然后从而杀之。决断虽在于君，而公论实出于国人，所以说是国人杀之。明其犯众人之公恶，而非一己之私也。以此用刑，也就如不得已而然者，又何其慎之至乎！"

"如此，然后可以为民父母。"

解　承上文说："人君用舍刑杀，一惟决于众论之公如此。则是民之所好好之，民之所恶恶之，就如父母之于赤子，求中其欲，而惟恐拂其情的一般。不可以为民之父母乎？民心得，则邦本固，而宗社其永安矣。尚何故国之不可保哉？"此可见人君用人行政，当以公论为准。内不专任一己之独见，外不偏徇一人之私情。至虚至公，无意无必，然后好恶之私不作，而爱憎之说不行，贤者必用，而政无不举矣。明主宜致审于斯焉。

2.8 齐宣王问曰:"汤放桀,武王伐纣,有诸?"孟子对曰:"于传有之。"曰:"臣弑其君,可乎?"曰:"贼仁者谓之'贼',贼义者谓之'残',残贼之人,谓之'一夫'。闻诛一夫纣矣,未闻弑君也。"

解 贼,是害。残,是伤。齐宣王问孟子说:"世传汤放桀于南巢,武王伐纣于牧野,果有此事否乎?"孟子对说:"南巢之放,载在《汤誓》;牧野之战,纪于《武成》,传记盖有此说矣。"齐宣王又问说:"桀、纣,君也;汤、武,臣也,以臣弑君,于理可乎?"孟子对说:"君臣大分,岂可逾越?但汤武乃奉天伐暴,与称兵犯顺之事不同。盖天生民而立之君者,为其能尽仁义之道,以为斯民共主也。惟害仁之人,其存心凶暴淫虐,灭绝天理,故谓之贼;害义之人,其行事颠倒错乱,伤败彝伦,故谓之残。残贼之人,天命已去,人心已离,只是一个独夫,不得为天下之共主矣。所以《书经》上说独夫纣。盖纣自绝于天,故天命武王诛之,为天下除残贼。吾闻诛一夫纣矣,未闻其为弑君也。观于武王,则汤之伐桀,亦犹是耳。"《易》曰:"汤武革命,应乎天而顺乎人。"正谓此也。

2.9 孟子见齐宣王曰:"为巨室,则必使工师求大木。工师得大木,则王喜,以为能胜其任也。匠人斫而小之,则王怒,以为不胜其任矣。夫人幼而学之,壮而欲行之,王曰'姑舍女所学而从我',则何如?"

解 巨室,是高大的宫室。工师,是匠作之长。胜,是担当得的意思。斫,是斫削。夫(fú)人,指贤人说。孟子因齐宣王不能任贤图治,一日进见而讽之说:"人君任贤以治国,就如用木以治室一般。王欲建造高大的宫室,谓非大木不可,则必遣命工师,多方采取以充其用。假如工师采得大木,则王欣然而喜,说道可以做梁做柱,能胜巨室之任了。倘或匠人误加斧斤,斫削短小，则王艴（fú）然大怒，怪他损坏了这美材，不能胜巨室之任矣。是王之用木，惟欲其大，不欲其小如此。至于贤人为国家之桢干，当其幼时，诵读讲明，都是圣贤的道理，帝王的事功，正欲待其壮年，遭时遇主，一一见之施行，以其不负其所学也。吾王不思大用以尽其材，却乃教他说：'你且舍置汝之所学，而从我所好。'夫贤人所学者，乃修齐治平之具，而王之所好者，不过权谋功利之私而已。今要他舍所学以从王，则是贤人之学甚大，而王顾欲其小之也。夫不忍斫小一木之材，而乃欲贬损大贤之用，则何其任贤不如任木也哉。王诚比类而观之，则知任贤图治之要矣。"

"今有璞玉于此，虽万镒，必使玉人雕琢之。至于治国家，则曰'姑舍女所学而从我'，则何以异于教玉人雕琢玉哉？"

解　玉在石中，叫做璞。镒，是二十两。孟子讽齐宣王说道："王任贤而欲小用之，使贤者不得行其志，岂是治国家的道理？且如今有璞玉于此，虽价值万镒，十分爱重的，也不能自以己意为之雕琢，必求惯能治玉的人使雕琢之。盖玉必雕琢而后能成器，亦必良工而后能雕琢，故治玉者，未有不付之人者也。至于国家之当治，就如万镒之玉。贤者之能治国家，能如玉人之能治玉一般。王如得贤而用之，则必举国而听之可也。今乃说'姑舍汝之所学，而从我之所好'，则何王之治国家，乃异于教玉人雕琢玉哉？盖国家机务繁多，责任重大，一切要整顿料理，兴起治功，非是涵养有素、抱负不凡的贤人，岂能胜任？既得其人，尤须推心委任，一一付托于他，使得展布发摅[1]，乃能致理。今以玉则一听于玉人，以国家则不肯专听于贤者，是爱国家不如爱玉也，王亦未之思乎？"大抵用贤之道，惟在纯心。必人君专心求治，

【注】
① 发摅：宣扬。
② 昧爽：指拂晓就起来处理政务。不显：英明。旁求：四处征求。俊彦：指商汤时大臣伊尹。
③ 恭默思道：指商高宗武丁在守孝时庄敬少言，静思立国之道。梦赉良弼：梦中见上帝赐予良臣辅佐，此指梦见大臣傅说。

念念在于国家，然后能虚心任贤，事事付之能者。成汤昧爽丕显，旁求俊彦②；高宗恭默思道，梦赉良弼③。此所以登于至治，而逸于得人也，人君欲用贤以治国家者，宜三复于斯。

2.10 齐人伐燕，胜之。①宣王问曰："或谓寡人勿取，或谓寡人取之。以万乘之国伐万乘之国，五旬而举之，人力不至于此。不取，必有天殃。取之，何如？"

解 昔燕王哙让国于其相子之，国人大乱，齐人因乘其衅而伐之。燕士卒不战，城门不闭，遂大胜燕。宣王乃问计于孟子说："燕国既破，其土地人民，尽当为我所有矣。或言利不可贪，劝寡人说莫取；或言机不可失，劝寡人说取之。众论不一，莫知适从。自寡人论之，齐与燕共一万乘之国也。以万乘之国伐万乘之国，势均力敌，乃不待旷日持久，只五十日内，就收战胜之功。纵使将勇兵强，人力众盛，未必成功之速，遽至于此。殆天意有在，阴助而默相之耳。夫既以燕与我，我反弃而不取，必受其殃。兹欲从而取之，可与不可，夫子以为何如？"齐王本意在于取燕，特欲借孟子一言以自决耳。

孟子对曰："取之而燕民悦，则取之。古之人有行之者，武王是也。取之而燕民不悦，则勿取。古之人有行之者，文王是也。"

解 孟子对说："天意之予夺难知，民心之从违易见。王欲取燕，亦惟决诸民心而已。诚使取燕而燕民喜悦，都欣然归附，则自天之所废，不可兴也。王其顺民心而取之，亦可。古之人有行此事的，是周武王。盖武王当纣恶贯满盈之后，人心皆已归周，所以有牧野之师，可取而取，武王无容心也。王能如是，是亦武王而

【注】
① 此事发生于齐宣王五年（公元前 315 年），燕王哙把君位禅让给相国子之，国人不服，将军市被、太子平攻打子之，结果被子之所杀。齐宣王派匡章趁机攻打燕国，燕国士兵主动打开城门迎接齐军，齐国因此速胜。燕国在今河北北部和辽宁西部。

已矣。使或取燕而燕民不悦，犹思恋故主，则是天命未改，未可图也。王其顺民心而勿取，乃可。古之人有行此事的是周文王。盖文王当纣恶未稔之初，人心犹不忘商，所以执事殷之节。不可取而不取，文王亦无容心也。王能如是，是亦文王而已矣。然则燕之可取与否，君王但当视民心之向背何如耳。众论纷纷，何足据乎？"

【注】
①运：迁徙，奔走离开。

"以万乘之国伐万乘之国，箪食壶浆以迎王师，岂有他哉？避水火也。如水益深，如火益热，亦运①而已矣。"

解 箪（dān），是竹器。食，是饭。汤酒之类，都叫做浆。运，是转动的意思。孟子告齐宣王说："民心可以仁感，而不可以威劫。今齐与燕俱万乘之国也，以万乘之国，而伐万乘之国，若使并力固守，其势足以相抗。乃燕之百姓，一闻齐师之来，便不战而服，都盛着箪食壶浆迎犒王师，这岂有他意？特以燕政暴虐，民被其害，如在水火中一般，忍受不过，故避之而望救于齐耳。王如发政施仁以慰其望，则燕人之心始安矣。若恃其强力，更为暴虐，如水之深者益深，火之热者益热，则燕民愈不能堪，今之望救于齐者，将转而望救于他人矣。齐岂得而强取之哉？可见得国有道，惟在得民，而民罔常怀，怀于有德。王欲取燕，亦求其所以安民者而已。"

2.11 齐人伐燕，取之。诸侯将谋救燕。宣王曰："诸侯多谋伐寡人者，何以待之？"孟子对曰："臣闻七十里为政于天下者，汤是也。未闻以千里畏人者也。"

解 齐人前欲取燕，孟子告以当顺民心，齐人不听，竟乘燕国破败，利其有而取之。于是列国诸侯，皆有不平之心，相约起兵，将谋伐齐以救燕。宣王闻而恐惧，乃问计于孟子说："自寡人取燕之后，诸侯多谋举兵来伐寡人者，事势至此，有何计策，可以设备而预待之乎？"孟子对说："臣曾闻古之帝王，有以七十里之小国，遂能伐暴救民，行政于天下，而万邦无不归服者，商王成汤是也。今齐国地方千里，堂堂一大国，乃惧怕诸侯伐己，则是以千里而畏人，怯亦甚矣，臣实未之闻也。王何不以之自反乎？"

"《书》曰：'汤一征，自葛始。'天下信之，东面而征，西夷怨；南面而征，北狄怨，曰：'奚为后我？'民望之，若大旱之望云霓也。归市者不止，耕者不变，诛其君而吊其民，若时雨降。民大悦。《书》曰：'徯我后，后来其苏。'"

解 这一节正是成汤为政于天下的事。葛，是国名。"奚"字，解做"何"字。霓，是虹霓，云合则雨，虹见则止，以比民望王师之切的意思。吊，是抚恤。徯（xī），是等待。苏，是复生。孟子说："臣谓汤以七十里为政于天下，观于《书》之所言可见矣。《书经·仲虺之诰》有云：'汤初与葛为邻，葛伯无道，汤乃举兵伐之，是汤之征伐，自葛国始。'那时天下之人，都信其志在救民，不是为暴。汤若往东面征讨，则西夷之人怨望；若往南面征讨，则北狄之人怨望。都说道：'我等受害一般，王何为不先来征我之国乎？'这时节，百姓每冀望王师之来，又恐其不来，就如大旱之时，望着云合而雨，又恐虹见而止也。其望之之切如此。及王师既至，商贾各安于市，而交易者不止；农夫各安于野，而耕耘者不变。但诛戮其有罪之君，抚安其无罪之民，就如大旱之后，甘雨应时而降，民皆喜色相庆，欣然大悦。《书经》上载着百姓之言说：'吾等困苦无聊，专等我君来救；我君一来，我等方得苏息，真是死而复生一般。'观《书》所言，则知成汤能以七十里而王于天下者，惟其行仁政以救民，而有以慰斯民之望耳。王今伐燕，未能行仁政以慰民心，则所以致诸侯之兵者，岂无自哉？"

"今燕虐其民，王往而征之，民以为将拯己于水火之中也，箪食壶浆，以迎王师。若杀其父兄，系累其子弟，毁其宗庙，迁其重器，如之何其可也？天下固畏齐之强也，今又倍地而不行仁政，是动天下之兵也。"

解 拯，是救。系累（léi），是执缚的意思。重器，是宝器。畏，是忌。孟子告齐宣王说："汤以七十里为政于天下，而齐乃以千里畏人者，何耶？盖燕国无道，暴虐其民，如在水火中一般。王兴师征伐，以正其罪，燕之百姓，以为将救我于水火之中，欣然以箪食壶浆，以犒王师，亦不异'大旱之望云霓'矣。王必如汤之伐罪吊民，发政施仁乃可。今乃残杀其父兄，系缚其子弟，拆毁他祖先的宗庙，搬取他珍宝的重器，如水益深，如火益热，使燕民大失所望，如之何而可以如此也？夫天下诸侯固已忌齐之强，而欲并力以图之，特未有可乘之衅耳。今并取燕国，增了一倍之地，又不能举行仁政，以慰燕民之望，而服诸侯之心，故诸侯之忌愈深，伐齐之谋遂合。是天下之兵，王实有以鼓动之也，能不以千里而畏人乎？"

"王速出令，反其旄倪，止其重器，谋于燕众，置君而后去之，则犹可及止也。"

解 旄（mào）①，是老人。倪（ní），是小儿。置，是立。孟子说："王既已动诸侯之兵矣，为今之计，将如之何？王须是急发号令，晓谕国人，将虏掠的老小，尽数遣还，将欲迁的重器，即便停止。子哙已死，燕国无君，则谋于燕之群臣百姓，择一贤者以为君，而后引兵而去之。如是，则燕国已定，诸侯不得以救燕为名。齐不为暴，诸侯不得以伐暴为名。虽已兴师，尚可以及其未发而使之中止也。王欲求所以待诸侯者，其惟如是而已。"夫当战国之时，皆急功利，尚权谋，而孟子之所为齐王言者，一出于正，可以观圣贤之学术，与王政之大端也。

2.12 邹与鲁哄。穆公问曰："吾有司死者三十三人，而民莫之死也。诛之，则不可胜诛；不诛，则疾视其长上之死而不救。如之何则可也？"孟子对曰："凶年饥岁，君之民老弱转乎沟壑，壮者散而之四方者，几千人矣。而君之仓廪实，府库充，有司莫以告，是上慢而残下也。曾子曰：'戒之，戒之！出乎尔者，反乎尔者也。'夫民今而后得反之也。君无尤焉。"

解 哄（hòng），是战斗之声。穆公，是邹君。转，是饥饿展转而死。残，是残虐。尤，是怪责的意思。昔邹国与鲁国交兵战斗，为鲁所败。穆公因问于孟子说："民以用命为顺，不用命者，国有常刑。今我国与鲁接战，众有司对敌而死者三十三人，乃百姓每曾无一人赴救有司而死者。此等顽民，将欲杀之，则人众不可尽诛；将要不诛，是这等怨恨长上，疾视其死而不救，法令何由而行乎？或诛或宥，将何如处之而为当也？"孟子对说："民不用命，不当责之于民，惟当反之于己。盖凶年饥岁，君之百姓，老弱不能动移的，则饥饿展转倒死于沟壑。其少壮的就食他邦，散走于四方者，不知其几千人矣。这时节，人人都望救于君上，如死中求生一般。而君之仓廪有余粟，府库有余钱，有司曾不肯告之于君，散财发粟以赈救之。是君与有司暴慢不仁，而残虐下民也。上既虐下，下有不疾怨其上者乎，曾子有言：'为民上者，当戒之，戒之！施恩得恩，施怨得怨，出自尔身者，即反报尔身者也。'由此言观之，君与有司，视民之死而不救，民怨久矣，到如今才得还报，所以视有司之死而不救也。一施一报，乃理之常，君何可归咎于民，亦反求诸己而已。"

孟子（约前372—前289）

《史记·孟子列传》云："孟轲，驺人也，受业子思之门人。道既通，游事齐宣王，宣王不能用。适梁，梁惠王不果所言，则见以为迂远而阔于事情。当是之时，秦用商君，富国强兵；楚、魏用吴起，战胜弱敌；齐威王、宣王用孙子、田忌之徒，而诸侯东面朝齐。天下方务于合从连衡，以攻伐为贤，而孟轲乃述唐、虞、三代之德，是以所如者不合。退而与万章之徒序《诗》《书》，述仲尼之意，作《孟子》七篇。"

三迁择里

　　孟子生三岁丧父激公宜，母氏有贤德，始舍墓，次舍市，三迁学宫之傍，嬉戏乃设俎豆，揖让进退，母喜，遂居之。

断织励学

　　孟子少长就学而归，孟母方织，问曰："学所至矣？"曰："自若也。"母以刀断织，勉励其学。孟子惧，勤学不息，遂成大儒。

恪咨治道

　　孟子问子思:"牧民之道何先?"曰:"先利。"对惠王言仁义而不言利,仁义正所以利之也。推本言之,传自尧舜至孔子、曾、思、孟子而止焉。

礼聘适梁

梁惠王以礼聘孟子而问利国，孟子告以行仁义以救其弊。

规君同乐

梁惠王立沼上，顾鸿雁、麋鹿问曰："贤者亦乐此乎？"孟子对以贤者而后乐此，一言之间，理欲判矣。

扩充仁心

　　齐宣王欲问齐桓、晋文之事，孟子既卑之，而告以王道。复指以羊易牛之心，可以保民。欲其扩充以行王道也。

止毁明堂

　　齐宣王因孟子止毁明堂而问王政。孟子举文王治岐与货色之好，虽天理人情所有，但能公同乎民，为尽善也。

"君行仁政，斯民亲其上，死其长矣。"

解 承上文说："民心疾怨，虽有司不恤其民，亦由君之不行仁政也。若君能以爱民为心，而举行仁政，务恤其饥寒，救其疾苦，则有司皆体君之心为心，而无有不爱其民者矣。有司既爱其民，则为之民者，自然情义相关。居常则亲其上，爱戴而不忘，遇难则死其长，捐躯而不悔矣。何至疾视其死而不救哉？此君所以当反己，而不可过责于民也。"大抵君民之情，本同一体。民有财，则当供之于君；君有财，则当散之于民。丰凶敛散，上下相通，故虽水旱灾荒，不能为害，而国与民常相保矣。后世人主，以府库为私藏，有司以聚敛为能事，民心一散，不可复收，虽使积藏如丘山，何救于败亡之祸乎？明主不可不鉴也。

【注】

① 滕（téng）文公：滕，周朝一小国，姬姓。在今山东省滕州市一带。滕文公是孟子所游说众多诸侯国君中唯一践行"仁政"主张的一位。孟子游滕在公元前322年。

② 池：护城河。

2.13 滕文公①问曰："滕，小国也，间于齐楚，事齐乎，事楚乎？"孟子对曰："是谋非吾所能及也。无已，则有一焉：凿斯池②也，筑斯城也，与民守之。效死而民弗去，则是可为也。"

解 滕，是国名，在今山东兖州府地方。文公，是滕国之君。滕文公问于孟子说道："小国势孤力弱，必须依托大国，乃能自安。今滕国方五十里，乃至小之国也。又夹在齐楚二大国之间，分当事之，而力不能以兼事，欲就中决择，则将事齐乎？抑事楚乎？不知孰可依托以安吾国也，夫子其为我谋之。"孟子对说："凡事若靠他人的，不可取必；而惟主张在我的，乃可自尽。齐楚皆大国也，事齐则见怒于楚，事楚则见怒于齐，必不能两全而无害，这计策非吾所能及也。若必欲言之而不已，则别有一说，惟是自守而已。夫高城深池，所以卫国。必凿斯池也，筑斯城也，与民守之。而为之民者，亦感君平日之恩，出力报效，虽至于危亡困迫，亦舍死而不肯去。上下相依，患难相保，庶几可以自全，此则事理之可为者耳。若事齐事楚，岂吾所能必哉？盖保国资乎地险，守险在乎人和，而固结人心之道，则又在于施仁之有素。惟平时不知恤民，则人心离散，一遇患难，皆委而去之矣。欲知有国之长计者，宜致审于斯焉。"

2.14 滕文公问曰："齐人将筑薛[①]，吾甚恐。如之何则可？"孟子对曰："昔者大王居邠[②]，狄人侵之，去之岐山之下居焉。非择而取之，不得已也。"

【注】

① 薛：周朝小国名，任姓，后被齐国所灭。地在今山东省滕州市南。

② 邠（bīn）：同"豳"，在今陕西省咸阳市旬邑县西南。

解　薛，是国名，与滕相近。邠，即今陕西邠州。岐山，在今陕西凤翔府地方。时齐欲取薛，滕文公恐其逼己，因问计于孟子说："滕与薛同处于齐之西境，势相依倚，就如唇齿一般。今齐人恃其强大，将要取薛之地，筑以为城。薛亡，则滕之势益孤，而齐之侵凌益迫，此诚危急存亡之秋，寡人深以为惧，不知当如之何而可免于吞并之患也？"孟子对说："敌国外患，从古有之。昔者太王居邠，与北狄为邻，狄人时来侵扰，太王力不能御，遂弃了邠地，去到岐山之下，重建都邑而居之。这时候，仓皇迁徙，非谓邠地不如岐山之美，有所选择而取之也，盖由迫于狄人之难，无可奈何，只得迁徙以图存耳。今滕迫近齐患，诚不得已而图自全之策，则法太王之所为可也。"

"苟为善，后世子孙必有王者矣。君子创业垂统，为可继也。若夫成功，则天也。君如彼何哉？强为善而已矣。"

解　创，是造。统，是统绪。继，是继续。彼，指齐说。强，是勉强。承上文说："太王迁国于岐，虽出一时避难之权，而周家兴王之业，实由此起。使为君者，果能修德行仁，如太王之所为，则虽暂时失国，后来子孙，必有应运而兴，如周之文、武，为王于天下者，此天理之必然者也。然人君创基业于前，垂统绪于后，但能为所当为，而不失其正，使后世子孙，可继续而行耳。若夫兴起王业，而成一统之功，则上天自有主张，岂人力之可必乎？今齐强滕弱，势固不敌，君将奈彼何哉？为君计者，只宜勉强为善，尽其在我，听其在天而已矣，此外则非意虑之所能及也。"夫滕文之意，在免祸于目前，而孟子却教以为善，使之积德于身后。盖目前之计，止可侥幸于一时，而积善以贻子孙，乃所以为国家长远之虑也。小国尚然，而况处全盛之世者，可不务增修其德，以绵宗祀于无穷也哉。

【注】

① 皮币：皮，动物毛皮制成的裘衣；币，缯帛。古代用作聘享之礼的贵重礼物。

② 属（zhǔ）其耆（qí）老：属，集合；耆老，老年人，《礼记·曲礼上》："六十曰耆，指使。七十曰老，而传。"

2.15

滕文公问曰："滕，小国也；竭力以事大国，则不得免焉，如之何则可？"孟子对曰："昔者大王居邠，狄人侵之。事之以皮币①，不得免焉；事之以犬马，不得免焉；事之以珠玉，不得免焉。乃属其耆老②而告之曰：'狄人之所欲者，吾土地也。吾闻之也：君子不以其所以养人者害人。二三子何患乎无君？我将去之。'去邠，逾梁山，邑于岐山之下居焉。邠人曰：'仁人也，不可失也。'从之者如归市。或曰：'世守也，非身之所能为也，效死勿去。'君请择于斯二者。"

解　属，是会集。逾，是过。梁山，在今陕西西安府乾州地方。滕文公问孟子说："滕乃小国，间于齐楚之中，虽致敬尽礼，竭力以事奉之，犹不免于侵陵之患，不知何以为计，而后可免乎？"孟子对说："寡不敌众，弱不胜强；为今日计，惟当避难以图存耳。昔周太王住在邠国，与狄为邻，狄人时来侵犯。初奉之以皮币，

不得免焉；再奉之以犬马，亦不得免焉；又奉之以珠玉，亦不得
免焉，必欲攻取其国而后已。 太王乃会集邠民中的耆老而谕之
说：'我今奉事狄人，亦已至矣，犹不得免其侵凌之患，是狄人所
欲者，不在吾皮币犬马珠玉，而在吾土地也。 夫土地本生物以养
人，今为争地以战，杀人盈野，是反以养人的害人矣。 我闻说君
子以爱人为心，不以所养人者害人，吾固不忍与之争地，害及尔
等。 尔二三子莫谓我去之后，便无君长，以为忧患；但使有人抚
安尔等，即是尔之君长也。 我今要舍去此地，迁于他方，以图免
患矣。'乃离了邠地，经过梁山，至岐山之下，作邑而居，以避狄
难焉。 此时邠民感太王平日之恩，相与说道：'吾君乃仁人也，我
辈赖以为安，何忍舍之。'于是相率从之，迁于岐下，就如赶集做
市的一般。 土地虽失，人民如故，此乃迁国以图存者，固一计也。
或又说，国家土地，原是先代传来，贻与子孙世守的，非我一身
所得专主。 纵遭患难，只宜尽力守死，不可舍而他去，使先人基
业，自我不传。 此谓守正以徇国者，又一计也。 夫此二者，在太
王所处，是一时的权宜；在或人所言，是正经的道理。 为君今日
之计，只宜看自己力量，做得那（nǎ）一件，便于此二者之间，
拣择而取之。 尽其在我，而听天所命，事理可为，不过如此。 若
夫侥幸苟免之计，岂吾所能及哉？"

2.16 鲁平公^①将出，嬖人臧仓者请曰："他日君出，
则必命有司所之。 今乘舆已驾矣，有司未知所之，敢
请。"公曰："将见孟子。"曰："何哉，君所为轻身以先
于匹夫者？ 以为贤乎？ 礼义由贤者出，而孟子之后丧逾
前丧。 君无见焉！"公曰："诺。"

解 平公，是鲁君。 嬖（bì）人，是亲幸之臣。 臧（zāng）仓，

【注】
① 鲁平公：名叔，"平"是
他的谥号。 公元前322年
至前303年在位。 公元前
322年孟子游历鲁国。

是人姓名。国君所乘的车辇（niǎn），叫做乘（shèng）舆。驾，是驾马。之，是往。逾，是过。诺，是应词。当时乐正子仕于鲁国，曾于平公面前，称道其师孟子之贤。一日孟子至鲁，平公将要出朝而往见之。时有嬖幸之臣臧仓，请问平公说："人君举动，关系匪（fēi）轻，往常吾君驾出，则必传命有司，示以所往之地，使知向导。今乘舆已驾马将行，有司未知何在，敢此请命。"平公说："我将往见孟子。"臧仓遂间阻说道："吾君乃千乘之尊，孟子一匹夫而已，何故吾君不自尊重，而轻身以先加礼于匹夫，岂道他是有德之贤人乎？夫贤者举动必循乎礼，作事必合乎义，这礼义宜从贤者身上做将出来。我闻孟子前时丧父，其礼甚简；后来葬母，却极其丰厚。过于前丧，则是厚母薄父，不知有礼义之大道，何得为贤？君勿轻身而往见也。"于是平公惑于其言，应之曰："诺。"遂止而不往见焉。夫往见孟子者，乃平公一念好贤之心，只因臧仓阻之，遂以不果。可见谗说易行，君心易惑，此明主任贤不可不专，听言不可不审也。

【注】

① 三鼎、五鼎：祭礼，天子九鼎，诸侯七，卿大夫五，元士三。

② 棺椁衣衾（qīn）：内棺为棺，外棺为椁；衣衾，装殓死者的衣被。孟子厚葬其母，可参看4.7。

乐正子入见，曰："君奚为不见孟轲也？"曰："或告寡人曰'孟子之后丧逾前丧'，是以不往见也。"曰："何哉，君所谓逾者？前以士，后以大夫；前以三鼎，而后以五鼎与？①"曰："否。谓棺椁衣衾之美也②。"曰："非所谓逾也，贫富不同也。"

解　乐正子，是孟子的门人。鼎，是调和五味之器，古时祭祀燕飨皆用之。鲁平公既惑于嬖人臧仓之言不见孟子，乐正子乃入见平公而问之说："君今欲往见孟轲，乘舆已驾，何故忽然中止？"平公说："我初间仰慕其贤，所以欲见。今有人告寡人说，孟子后丧母，前丧父，其治母之丧，胜过父丧。夫父母之恩，同一罔极，今乃厚母薄父，此是不知礼义之人，恶得为贤，所以不见。"

乐正子又问说："君所谓后丧逾前丧者，指他那一事说。莫不是谓其前葬父用士礼，后葬母用大夫之礼；前祭父用三鼎，后祭母用五鼎，如此之厚薄不同与？"平公说："吾所谓逾者，不谓是。谓其葬母之棺椁衣衾，美过其父也。盖礼数厚薄，乃朝廷之名分，固不可强同，而棺椁衣衾，则人子于父母，皆得以自尽。于此而有厚有薄，所以为逾耳。"乐正子又分解说："这不是逾，是贫富不同也。盖孟子前为士，其家贫，贫则力不能厚，故不免于薄。后为大夫，其家富，富则力能从厚，故不以俭其亲。丧具厚薄，称家有无，乃所谓礼，非所谓逾也。君以此谓其非贤，不亦过乎？"夫孟子之贤，闻于天下，乃嬖人一言，遂能沮平公用贤之意，而使鲁不得为善国，则谗言之为害甚矣。人君听言，其尚知所辨哉。

乐正子见孟子曰："克告于君，君为来见也。嬖人有臧仓者沮[1]君，君是以不果来也。"曰："行，或使之；止，或尼之。行止，非人所能也。吾之不遇鲁侯，天也。臧氏之子焉能使予不遇哉？"

解 克，是乐正子的名。尼（nì），是阻。乐正子因臧仓谮孟子于鲁君，既已辩白其诬，乃遂往见孟子说："昔日我以夫子之贤，荐于鲁君，鲁君以我之言为然，已是命驾出朝，来见夫子。被嬖人臧仓造为谮毁之言，阻住鲁君，君以此遂不果来也。小人之能害正如此，奈何？"孟子说："这也不是臧仓之过。凡人之遇主而行者，或有人在君前称道其贤，使之见用。其不遇而止者，或有人在君前阻遏其进，使之不通。这行止虽系于人，而主张实在于天；行固非人所能使，止亦非人所能尼也。我今不遇鲁侯，你道是臧仓阻之；自我看来，还是时衰运否，天意不欲平治鲁国，故使我不遇也。彼臧氏之子，不过一嬖人而已，安能以人力害我，而使我不遇于鲁君乎？然则我今不遇，但当安命可也，岂可归咎于人哉？"此可见圣贤出处，关时运之盛衰，盛则明良合而为泰[②]，衰则上下不交而为否[③]。否泰之分，乃国运治乱兴亡。所以君子、小人进退，都有天数，非人力也。但士君子可以言天，而人主则不可以言天。人主以造命为职，惟尊用贤才以挽回气数，则国家之泰运，可常保矣。

3.1 公孙丑问曰："夫子当路于齐，管仲[①]、晏子之功，可复许乎？"孟子曰："子诚齐人也，知管仲、晏子而已矣。"

【注】

① 管仲：名夷吾，字仲，齐桓公之相，辅佐齐桓公成为春秋第一个霸主。

② 辟：驳斥。

解 公孙丑，是孟子的弟子。当路，是官居要地。公孙丑问孟子说："先年齐国贤相，桓公时有管仲，景公时有晏子，都能致君泽民，功业显著，后来无有能继之者。设使夫子今日得居要路，而秉齐国之政，似他这等功业，还可复自期许，克继前人否乎？"盖战国之世，崇尚伯功，多推尊管、晏，故公孙丑之言如此。孟子答说："自古豪杰之士，以道德功业，显闻当世者，岂止是管仲、晏子二人。惟二人相齐有功，故齐国之人，习于闻见，多有称道之者。今子亦以管仲、晏子为言，子真齐人也，但知有管仲、晏子而已。岂知圣贤经纶康济之业，光明俊伟，有高出于管、晏之上者乎？然则子之期待我者亦浅矣。"夫伯（bà）者之佐，非不有高世之才，时其志于功利，而不纯乎道德，是以见小欲速，规模狭隘，而为圣门之所羞称如此。故论治者，宜以唐、虞、三代为法。

"或问乎曾西曰：'吾子与子路孰贤？'曾西蹴然曰：'吾先子之所畏也。'曰：'然则吾子与管仲孰贤？'曾西艴然不悦，曰：'尔何曾比予于管仲？管仲得君如彼其专也，行乎国政如彼其久也，功烈如彼其卑也；尔何曾比予于是？'"

解 曾西，是曾参之孙。蹴（cù）然，是不安的模样。先子，指曾参说。畏，是敬畏。艴（fú），是怒色。孟子又辟[②]公孙丑说："汝但知齐有管仲、晏子，不知管仲事功，固圣门弟子所羞称者也。昔者或人问曾西说：'圣门有子路者，吾子自度与他孰为高下？'曾西蹴然不安说：'子路在圣门，闻过则喜，见义必行，学已造乎正大高明之域，乃吾先祖所敬畏而推让者也，我何敢与之比方乎？'或人又问说：'汝既不敢比子路，然则自度与管仲孰为高下？'曾西艴然不悦说：'你何乃比我于管仲？凡人出而用世，有做不成功业的，多因得君不专，行政不久。管仲辅相桓公，桓公委心信任，君臣之间，志同意合，其得君那等样专；独操国柄四十余年，大小政务，都出其手，其行政那等样久。若是有大抱负的，乘此机会，便须有大功业做将出来。今考其功业，不过九合诸侯，假仁义以成霸功而已，其功烈则那等卑陋，而无足观也。管仲之为人如此，固我之所深鄙者，你何乃比我于此人乎？'"盖有圣贤之学术，斯有帝王之事功，管仲识量褊浅，不知有圣贤大学之道，故其功业所就，止于如此，所以曾西鄙之而不为也。

曰："管仲，曾西之所不为也，而子为我愿之乎？"曰："管仲以其君霸，晏子以其君显。管仲、晏子犹不足为与？"曰："以齐王，由①反手也。"

解 以，是赞成的意思。霸，是诸侯之长。反手，是转手。孟子又答公孙丑说："观曾西与或人问答之言，则管仲之功烈，乃曾西之所不屑为者也。曾西既所不为，而子乃为我愿之，岂以我为不及曾西乎？其待我亦浅矣。"公孙丑犹未之达也，复辩之说："管仲相桓公，尊周攘夷，以为盟主，而诸侯皆奉其命，是能致其主以为霸于天下也；晏子相景公，布德缓刑，以修内治，而一时盛称其贤，是能致其主以显名于当世也。二子之功烈，卓然如是，而夫子犹以为不足为，不知更何以加于此乎？"孟子答说："管仲辅君以霸，晏子辅君以显，虽亦有功于齐，然未能致主于王道也。如使我当路于齐，而得君行道，则将使天下之民举安，而以齐王（wàng）于天下，如转手之无难矣。岂特以其君霸，以其君显而已哉！此吾之所以卑管、晏而不为也。"

曰："若是，则弟子之惑滋甚。且以文王之德，百年而后崩，犹未洽于天下；武王、周公继之，然后大行。今言王若易然，则文王不足法与？"曰："文王何可当也？由汤至于武丁，贤圣之君六七作①，天下归殷久矣，久则难变也。武丁朝诸侯，有天下，犹运之掌也。纣之去武丁未久也，其故家②遗俗，流风善政，犹有存者；又有微子、微仲、王子比干、箕子、胶鬲，皆贤人也，相与辅相之，故久而后失之也。尺地，莫非其有也；一民，莫非其臣也。然而文王犹方百里起，是以难也。"

解 滋，是加益。洽，是溥遍。武丁，即高宗。微子、微仲，是纣之庶兄。比干（gān）、箕子，是纣之叔父。胶鬲（gé），是纣之贤臣。公孙丑因孟子说齐王犹反手，疑其自许太过，遂辩说："夫子说管、晏不足为，弟子已不能无疑，乃复说齐王犹反手之易，信如此言，弟子之惑转益甚了。且以周文王有大圣之德，又在位寿考百年而后崩，其施泽于民，不为不久，然三分天下，才得其二，其德泽尚未遍及于天下也。直待武王伐暴救民，周公制礼作乐，克继其后，然后九州一统，教化大行。则王业成就，固若此之难矣。今乃说齐王如反手之易一般，则虽圣如文王，也不足法与？"孟子晓之说："文王是有周基命之主，其德至盛，何可当也。但古今时势，难易不同，文王适遭其难耳。盖商家之天下，自成汤开创以至于武丁中兴，中间如太甲、太戊、祖乙、盘庚，贤圣之君凡六七作，其累世德泽，深入于人，天下之归殷久矣。久则人心固结，难以遽变。故当武丁之时，国运虽衰，王业未改，一加振作，遂能朝诸侯而有天下，如运掌一般。及纣之时，去武丁年代未久，其世臣故家，礼义遗俗，与夫前哲之流风，保民之善政，尚有存者。又有微子、微仲、王子比干、箕子、胶鬲，这都是有才德的贤人，相与同心戮力，匡正其缺失而辅相之，故纣虽无道，国不遽亡，必待日久而后失之也。是文王所遇之时，其难如此。况当时天下大势，尚然一统，无尺地不是商家之土，无一民不是商家之臣。然而文王谨守侯伯，由方百里之地而起，安能与商为敌？是文王所处之势，其难又如此。惟其时势皆难，故虽以文王之德，而终身不能成一统之功者，以此故耳。若今之时势，则异乎是矣。岂可谓文王不足法哉？"

"齐人有言曰：'虽有智慧，不如乘势；虽有镃基，不如待时。'今时则易然也。"

解 慧，是聪明。镃（zī）基，是锄田的器具。时，是耕种的时候。孟子又答公孙丑说："吾谓以齐王犹反手者，岂真以文王为不足法哉？盖以时势而论，则文王处其难，而齐处其易耳。齐人尝有言说道：'人虽有才智聪明，足以办事，然势有未便，则智慧亦无所施，不如乘着可为之势，因而展布，可以建立功业。人虽有镃基，可以治田，然时有未至，则镃基亦无所用，不如待到耕种之时，因而力作，可以成就稼穑。'观齐人之言，则知王天下者，必有资于时势矣。兹以齐之势当今之时，与文王之所处不同，欲图兴王之业，真有至易而无难者，所以说以齐王犹反手也。"

"夏后①、殷、周之盛，地未有过千里者也，而齐有其地矣；鸡鸣狗吠，相闻而达乎四境，而齐有其民矣。地不改辟②矣，民不改聚矣，行仁政而王，莫之能御也。"

解 孟子指齐国之势，以明其易王。说道："昔夏后、殷、周之盛时，王畿之地，不过千里，今齐地亦方千里，则固已有其地矣。且民居稠密，鸡鸣犬吠之声，自国都以至四境，处处相闻，则齐已有其民矣。夫土地不广，须更开拓，今地方千里，则不待改辟而地已广矣。人民不众，须更招集，今民居稠密，则不待改聚而民已众矣。地辟民聚，泽可远施，以之鼓舞人心，兴起事功，最为容易。若乘此而行仁政，则人民之归附益众，土地之开辟益广，其一统而王天下，谁得而禁止之哉？"盖齐有可乘之势，故易于致王如此也。

"且王者之不作，未有疏于此时者也；民之憔悴于虐政，未有甚于此时者也。饥者易为食，渴者易为饮。"

解 疏，是稀。憔悴，是困苦的模样。孟子又告公孙丑说："我谓齐之易王者，不但以其有可乘之势，而且幸其当可为之时。盖自文武造周以来，至今七百余年，没有个圣君出而抚世，是王者之不作，未有稀阔于此时者也。今之诸侯，恣行残虐，流毒百姓。百姓每财尽力竭，不得安生，其憔悴于虐政，未有甚于此时者也。当此之时，若能行仁政，以收拾人心，则民之感戴，就如那饥饿的人，但得食，便以为美，而易为食；枯渴的人，但得饮，便以为甘，而易为饮。其于致王，何难之有哉？"是时之当为又如此。

"孔子曰：'德之流行，速于置邮而传命。'"

解 马递叫做置，步递叫做邮，即如今驿递铺兵^①一般。孟子又说："得时乘势，固易于行仁，而况仁政之行，本自速者。孔子有云：人君之德政，出乎身而加乎民，其流行之机，速于置邮而传命。盖置邮传命，虽是甚速，尚须论其道里，责以程期，而后可至；若德之流行，则沛然旁达，一日而遍乎四海，比之置邮传命，岂不更速矣乎？观于此言，则德之感人，有不赖时势而裕如者，而况时势之可乘乎？此我所以决齐之易王也。"

【注】

① 驿递：旧时供传递公文的人中途休息、换马的地方，即驿站；也指用驿站传递公文。铺兵：古代驿站中负责递送紧急公文的兵士。

"当今之时，万乘之国行仁政，民之悦之，犹解倒悬也。故事半古之人，功必倍之，惟此时为然。"

解　倒悬，是形容困苦至极的模样。古人，指文王。孟子又答公孙丑说："德之流行固为甚速，然未有背时违势而能成功者。乃当今之时，乱极思治，时则易矣。齐国万乘，地广民稠，势又易矣。于此而一行仁政，以慰民心，则民心欢悦，就如替他解救下倒悬的一般，其感人之速，入人之深，又不但如饥食渴饮而已。夫古人如文王积德百年，而犹未洽于天下，只为虑时势之难故也。其在今日所行之事，不须全学古人，但行得他的一半，即可以长驾远驭，其成功加倍于古人矣。此惟在今时为然。盖其时势既易，而德行自速，是以用力少而成功多也。吾谓以齐王犹反手者以此。而子以管、晏之功为我愿，岂为知我者哉？"

3.2 公孙丑问曰："夫子加齐之卿相，得行道焉，虽由此霸王，不异矣。如此，则动心否乎？"孟子曰："否，我四十不动心。"

解　异，是怪异。公孙丑因孟子说霸王事业太容易了，恐其力不能任，又设问说："论天下之事易，当天下之事难。以夫子之道德，诚使遇合于齐，加以卿相之位，得志行道焉，虽从此而建功立业，小则以霸，大则以王，皆所优为，而无足怪矣。但这等地位，其任至大，其责至重，夫子处此，也容有所疑惑恐惧而动其心否乎？"孟子答说："否，我从四十岁的时节，道明而无所疑，德立而无所惧，此心久已不动了。若今日加我以大任，固将从容运量而有余，夫何动心之有？"这"不动心"三字，是孟子生平学问得力处，而其大本大原，却从知言养气中来，盖善学孔子而有得者也。

曰："若是，则夫子过孟贲远矣。"曰："是不难，告子先我不动心。"

解　孟贲（bēn），是齐之勇士，力能生拔牛角者。告子，名不害，是当时辩士。公孙丑说："人心难制而易动，夫子当大任而能不动心如此，则其气力足以负荷一世，比之孟贲之勇，仅能举一器一物之重者，相去远矣。"孟子说："心能不动，这也不足为难。即如告子为人，虽其见道未真，他未及四十岁，已能先我不动心了。则此果何足为难哉？"大凡人心有所管摄，则不动甚易，无所管摄，则不动甚难。告子未为知道，而能强制其心，尚能使之不动，况以道义管摄之乎？此事心者所当知也。

曰："不动心有道乎？"曰："有。"

🔴 公孙丑又问孟子说："夫子之不动心与告子之不动心，则既闻之矣。敢问心之不动，亦有道乎？"孟子答说："人以一心而应天下之事，若心中没个主张，则卒然临之，未有不惊，纷然而来，未有不扰者。惟其中有定主，然后能无所恐惧疑惑而动其心，此可见不动心之有道也。"

"北宫黝之养勇也，不肤挠，不目逃。思以一豪挫于人，若挞之于市朝①。不受于褐宽博②，亦不受于万乘之君。视刺万乘之君，若刺褐夫。无严诸侯。恶声至，必反之。"

🔴 北宫黝，是个勇士。肤挠、目逃，都是退缩恐惧的模样。挫，是挫辱。挞，是捶挞。褐，是毛布。宽博，是宽大之衣。严，是畏惮。反，是还。孟子又说："所谓不动心之有道者，且不论当大任的，只观那勇士每亦自可见。勇士中有北宫黝者，其养勇也，挺身而斗，其肌肤不畏刺而挠屈；怒目而视，其目睛不畏刺而逃避；盖自恃其勇而不肯示怯于人也。推其心，不必大有挫辱，才不肯受，纵使一毫之微受挫于人，看来就似挞之于市朝一般，有不胜其愧耻之甚者。不论事之大小，人之贵贱，一味要求胜，不惟不肯受辱于褐宽博之夫，亦不肯受辱于万乘之诸侯。视刺万乘之诸侯，便与刺褐夫的一样容易，外不见有诸侯之可畏惮者。如以恶声加之，则必以恶声报之。身可杀而志不可挫，盖以必胜人为主也。惟其主于必胜，此其心之所以不动耳，吾所谓不动心有道者，此其一也。"

"孟施舍之所养勇也，曰：'视不胜犹胜也。量敌而后进，虑胜而后会，是畏三军者也，舍岂能为必胜哉？能无惧而已矣。'"

解　孟施舍（shě），是古人姓名。会，是合战。孟子又告公孙丑说："我谓不动心有道，不但于北宫黝见之，又闻古之勇士有孟施舍者。其人之养勇也，尝自负说，战胜非难，敢战为难。我之于敌，莫说既胜了他才能不惧，便遇着劲敌在前，战不能胜，自我看来，也如胜了他的一般，更不计较强弱胜败而有惧心也。设使度量敌人之强弱而后敢进兵，计虑在己之能胜而后敢合战，这是逡巡退缩，畏怕三军之众者也。一有畏心，虽胜不足以为武矣。观舍此言，岂是他有百战百克之勇，能保得自家必胜哉？只是他胸中胆气素足，不见得三军为众，一身为寡，而勇往直前，能无恐惧而已矣。惟其无惧，则生死利害皆不足以挠其中。此以无惧为主，而能不动心者也。"

"孟施舍似曾子，北宫黝似子夏。夫二子之勇，未知其孰贤，然而孟施舍守约也。"

解　贤，是胜。约，是简要。孟子说："北宫黝、孟施舍之养勇，固皆能不动其心矣，若论其所守，则亦有不同。盖孟施舍以无惧为主，是专务守己者，看他气象却似曾子，平日凡事反求诸己的一般。北宫黝以必胜为主，是专务敌人者，看他气象却似子夏，平日凡事笃信圣人的一般。然此特其气象之相似耳。若论二子之勇，都是血气用事的，他两人不相上下，也定不得谁胜，但就中较量，则孟施舍之所守，为得其要焉。"盖黝务敌人，是求在人，则有时而不可必；舍专守己，是求在己者也，求在己则无往而不自由。此舍之所守为得其要，而非黝之所能及也。若进而求诸义理之勇，则舍与黝又何足道哉？

"昔者曾子谓子襄曰：'子好勇乎？吾尝闻大勇于夫子矣，自反而不缩，虽褐宽博，吾不惴焉；自反而缩，虽千万人，吾往矣。'"

🔴解　子襄，是曾子弟子。夫子，指孔子说。"缩"字，解做"直"字。惴（zhuì），是恐惧的意思。孟子又告公孙丑说："孟施舍之勇，虽似曾子，然但以气胜，非以理胜也。昔者曾子因子襄好勇，教他说道：'子好勇乎？勇有大小，那血气之小勇，何足为好？我尝闻义理之大勇于夫子矣。夫子有言，人之所恃以常伸而不屈者，莫过于理。设使自家反己，理有不直，就是衣褐宽博至微之人，也敌他不过，岂得不惴然恐惧乎？使或自家反己，其理本直，纵有千万人之众，我也理直气壮，当奋然而往，与之相抗而不惧矣。这乃所谓大勇，而为子之所当好者也。'观于此言，则曾子之勇，比之于孟施舍，又自不同矣。"

"孟施舍之守气，又不如曾子之守约也。"

🔴解　承上文说："孟施舍之勇，所以能无惧者，只是守得自家一身之气，比于北宫黝为差胜耳。却又不如曾子之反身循理，所守尤得其要也。"盖气有时而或屈，理则无往而不伸。此曾子之勇，所以不可及耳。孟子之不动心，其原盖出于此。

曰："敢问夫子之不动心与告子之不动心，可得闻与？""告子曰：'不得于言，勿求于心；不得于心，勿求于气。'不得于心，勿求于气，可；不得于言，勿求于心，不可。夫志，气之帅也；气，体之充也。夫志至焉，气次焉，故曰：'持其志，无暴其气。'"

🔴解　帅，是主将。充，是充满。无暴，是善养的意思。公孙丑又问孟子说："北宫黝、孟施舍与曾子之所以不动心者，则既闻之矣；敢问夫子之不动心与告子之不动心，其道亦可得闻与？"孟子答说："欲知告子之不动心，只观其所言，便见他主意所在。他尝说：'人于言语间，理有不达，却要用心思索以求通解，是心以言而动也，必舍置其言，而不必反求其理于心。人于处事时，心有不安，却可用力修为，以求妥当，是心又以气而动也。必制住此心，而不必更求其助于气。'观告子之言，则其所以先我不动心者可知矣。然自我言之，心为本，气为末，彼谓不得于心，勿求于气者，是专以根本为急，而末在所缓，犹之可也。至如理寓于言，而言发于心，不得于言，正宜反求于心也。他却说勿求于心，则不惟所言之理，终有不通，而吾之本心，亦如槁木死灰，自丧其虚明之体，内外胥失之矣，夫岂可乎？何也？盖志以主宰乎一身，而役使乎气，是气的将帅；气以充满乎一身，而听命于志，是志的卒徒。虽有本末缓急，而其实不可偏废。是志固第一紧要，而气即次之矣。所以说，人固当持守其志，使卓然于内，以为一身之主宰；亦当善养其气，使充满于身，以为吾志之运用。此内外本末，交相培养之道也。彼谓不得于心，勿求于气者，但知强持其志，岂能无暴其气乎？其为不可则一而已。然则告子先我不动心，亦岂知制心之要者哉？"

"既曰'志至焉，气次焉'，又曰'持其志，无暴其气者'，何也？"曰："志壹则动气，气壹则动志也。今夫蹶者、趋者，是气也，而反动其心。"

解 蹶（jué），是跌倒。趋，是快走。公孙丑未达志至、气次之义，又问说："天下之理，分数有轻重，则工夫有缓急。夫子既说志为至极，气为次之，则志重于气，人但当持守其志可矣；却又说无暴其气，而气亦在所当养者，何也？"孟子说："志气本是相须，持养不可偏废。如志之所在专一，则四肢百骸，皆随其运用，固足以动乎气。然使气之所在专一，则心思意念，或不及管摄，而志亦反为其所动矣。何以见得气能动志？今夫人之步履至于倾跌，奔走至于急遽，这蹶者、趋者，都是仓卒之间，气失其平所致；若与心无干，而反能震动其心，使之惊惕而不宁，这岂非气一动志之验乎？夫志壹动气，可见志为至极；而气壹能动志，可见气即次之矣。此所以既持其志，又必无暴其气也。子何以此为疑哉？大抵志动气者理之常，气动志者事之变。志固难持，而气亦未易养也。且如溺声色，则耳目易荒；嗜盘游，则精力易耗。喜怒过当，则和平之理易伤；起居不时，则专一之度或爽。诸如此类，皆谓之暴其气，不但一蹶一趋，足以摇动其心而已。养气者不可不知。"

"敢问夫子恶乎长？"曰："我知言，我善养吾浩然之气。""问何为浩然之气？"曰："难言也。"

解　长（cháng），是高过乎人的意思。浩然，是盛大流行的模样。公孙丑又问孟子说："夫子之不动心，所以异于告子者，有何所长而能然乎？"孟子答说："我之所以异于告子者，只是两件学问。告子说不得于言，勿求于心，是不能知言也。我能穷究天下之言，而于是非得失之指归，能悉知其一定之理。告子说不得于心，勿求于气，是不能养气也。我能善养吾身之气，而于盛大流行之体用，能复全其本然之初。惟知言，则遇事有真见，而心无所疑。惟养气，则临事有担当，而心无所惧。吾之所以异于告子而能不动心者，如此。"公孙丑又问说："气便是气，如何叫做浩然之气？夫子既善养之，必有可得而名言者，请试言之。"孟子说："凡物之有形有声者，便可指其形声而言之。惟这浩然之气，充满于身，而听命于志，无形可见，无声可闻，有难以言语形容者。我虽能善养之，不能为子言之也。"观此，则孟子之实有是气可知矣。不然，亦何其体验之真切如此哉。

"其为气也，至大至刚，以直养而无害，则塞于天地之间。"

解　大，是宏大。刚，是坚劲。直，是顺其自然。塞，是充满的意思。孟子说："浩然之气，虽是难言，然求之赋予之初，验之扩充之后，则其体段亦有可见者。盖这气在人，不是狭小柔弱的。自其舍弘而言，则浑浑融融，太和之内，无物不容，而非形骸所能限量，何如其至大乎！自其强毅而言，则凛凛烈烈，奋激之下，百折不回，而非物欲所能屈挠，何如其至刚乎！这等样刚大，乃人有生之初，所得于天地之正气，其体段本自如此，但人不能善

【注】

① 帝德广运：出自《书经·大禹谟》："益曰：'都。帝德广运，乃圣乃神，乃武乃文。皇天眷命，奄有四海，为天下君。'"

养之耳。诚能顺其自然，以直养之，而不使有一毫作为之害，则刚大之本体无亏，而磅礴之真机自运。上际乎天，下蟠乎地，盈天地之间，无非此气之充塞矣。"夫以天地之大，而此气充满于其间，其浩然为何如哉？盖吾身之气，本与天地之气相为流通，故养而无害，则塞乎天地。若一为私意所累，便觉得狭小柔弱，充拓不去了。《书》称"帝德广运"①，其功业至于格上下，光四表，何莫而非此气之运用乎？

"其为气也，配义与道，无是馁也。"

🔴解　配，是合。义，是人心之裁制。道，是天理之自然。馁（něi），是气不充体，如饥饿的模样。孟子又告公孙丑说："人能善养刚大之气，而塞于天地之间；则是气也，岂空虚汗漫，无所附着者哉？乃与道义相辅而行者也。盖道义虽具于人心，而不能自行。惟养成此气，则见义所当为的，便奋然必为，而吾心之裁制，因之以果决；见道所当行的，便挺然必行，而天理之自然，得之以深造。气因道义而发愤，道义得气而赞成；两相配合，无所疑惮，而凡利害祸福，出于道义之外者，皆不足以动其心矣。若是无气，则体有不充，索然自馁，纵欲行夫道义，也都逡巡退缩，且疑且惧，而不足以有为矣，其何以配之哉？夫天地间莫大于道义，而此气有以配之，则其所谓浩然者可见矣。功用之大如此，人可无善养之功哉？"

"是集义所生者，非义袭而取之也。行有不慊于心，则馁矣。我故曰，告子未尝知义，以其外之也。"

🔴解　集，是积聚。袭，是不由正道，掩袭于外的意思。慊（qiè），是快足。孟子说："浩然之气养之固足以配道义矣，然方其养之之始，这气何由而生？必由平日工夫，事事合义，日复一

日，积聚既多，则心无愧怍，而此气自然发生于中。是乃集义所
生者，不是一事偶然合义，便可感激奋励，掩袭于外而取之也。
若平时无集义之功，只是一事偶合，则行出来的，必有亏欠，心
中岂能快足。心既不慊，则气亦从此不振，而索然馁矣。是岂可
掩袭而取乎？夫心之慊与不慊，由于义之集与不集，则是义本心
中自有之理，而不在于外明矣。我故说告子不曾识义，正为他说
义在于外而不在于心故也。既以义为外，则必不能集义以生气，
其先我不动心者，不过悍然不顾，以袭取之而已，岂真不动心者
哉？"按孟子所谓集义以生气，正曾子所谓自反而缩，则千万人吾
往。盖人能事事合义，自反常直，则此气自然充拓得去，而浩然
塞于天地之间。古之圣贤，以大勇称者，其工夫正在于此。

"必有事焉，而勿正，心勿忘，勿助长也。无若宋人
然。宋人有闵①其苗之不长而揠之者，芒芒然②归，谓
其人曰，'今日病矣！予助苗长矣！'其子趋而往视之，
苗则槁矣。天下之不助苗长者寡矣。以为无益而舍之
者，不耘③苗者也；助之长者，揠苗者也。非徒无益，
而又害之。"

解 事，是用功。正，是预期其效。助长，是作为以助气之长。
闵，是忧。揠（yà），是拔。芒芒，是昏昧无知的模样。病，是
疲倦。孟子说："气由集义而生，非由义袭而取。则欲气之充
者，其用功当何如？必须从事于集义，孜孜汲汲，专一在义上做
工夫，庶几功深力到，自然充足。切不可预先期必，一面用功，
一面便欲取效，使进修之志，或杂于谋利之私也。如或未充，亦
是集义之功未至。但当勿忘其所有事，心心念念，到底在义上做
工夫，庶几优游餍饫④，自然生长。切不可躁进欲速，作为以助
其长，使正大之体，反害于矫揉之力也。夫有事勿忘，则气得所

养。勿正而勿助长，则气又无所害。集义养气之节度如此。善学者但当循此而行，慎无若宋人的模样乃可耳，盖宋人有忧其苗之不长，而拔起其根，使之骤长者，却乃芒芒然归，对家人说，今日我疲倦矣，苗之不长者，我助之长矣。其子信以为然，趋向田间视之，则见苗已枯槁矣。是宋人自谓助苗以长，而反为苗害也。今天下之养气者，类先有个期必的心，都去做助长的工夫，其不若宋人之助苗长者少矣。不知助之为害，有甚于忘。彼以气为无益而舍之不养者，就如不耘苗的一般，虽无所益，未甚为害。惟是助气之长，正如揠苗的一般，非惟为无益于气，又从而害之矣。盖其忽然而长，既勇猛粗暴，而不能以自制；忽然而馁，则又消沮退怯，而不复能以有为，其害可胜言哉？此可见义可集而不可袭，气可养而不可助。"孟子一生学问，皆从集义中来，其源固出于曾子之大勇；而告子强制其心，正蹈宋人之害者也。养气者其慎辨之。

"何谓知言？"曰："诐辞知其所蔽，淫辞知其所陷，邪辞知其所离，遁辞知其所穷。生于其心，害于其政；发于其政，害于其事。圣人复起，必从吾言矣。"

解 诐（bì），是偏曲。淫，是放荡。邪，是邪僻。遁，是逃躲。这四件都是言语之病。蔽，是遮隔。陷，是沉溺。离，是叛去。穷，是困屈。这四件都是人心之病。公孙丑问说："夫子之不动心，由于知言养气，养气之说，既闻命矣，如何谓之知言？"孟子答说："人之言语，皆本于心，其心明乎正理而无蔽，然后其言平正通达而无病。若是任其偏曲之见，说着一边，遗了一边的，叫做诐辞；必其心中见理不透，为私欲之所障蔽故也；我则因其诐辞，而知其心之所蔽焉。又有高谈阔论，放荡而无所归宿的，叫做淫辞；此其心中蔽锢已深，为私欲之所迷陷故也；我则因其淫辞，而知其心之所陷焉。又有好为异说，新奇诡怪，与正论相背的，叫做邪辞；此必其心中惑于他歧，与正理判然离异故也；我则因其邪辞，而知其心之所离焉。又有说得不当，却支吾躲闪，屡变以求胜的，叫做遁辞；此必其心屈于正理，自觉其穷理而难通故也；我则因其遁辞，而知其心之所穷焉。这四者之病，不但有害于人心而已。既生于其心，则施之礼乐刑政，俱失其中，而有害于政；既发于其政，则凡一举一动，皆不当理，而有害于事。其机相因，断断乎决然而不可易。虽圣人复起，他见得道理分明，不过如此，我知其必从吾言矣。夫既知其发言之所自，而又知其贻害之无穷，吾所谓知言者如此。若告子不得于言，勿求于心，所以冥然罔觉而已，何足以语此哉？此我不动心，所以异于告子也。"此可见言出于心，其发于是非邪正之端甚微，而关于理乱安危之机甚大。古之圣王，惟虚心以观理，据理以察言，是以权度不差而聪明不眩也。然则知言之学，图治者岂可忽哉？

"宰我、子贡善为说辞^①，冉牛、闵子、颜渊善言德行^②。孔子兼之，曰：'我于辞命，则不能也。'然则夫子既圣矣乎？"

解　说辞、辞命，都是言语。夫子，指孟子说。公孙丑闻孟子知言养气之言，乃疑而问说："当初孔子弟子，如宰我、子贡这两人说的言语，皆能合道理，当事情，而善为说辞。如冉牛、闵子、颜渊这三人素有德行，故说着身心上的道理，便亲切有味，而善言德行，数子各有所长如此。然在宰我、子贡兼不得德行，在冉牛、闵子、颜渊兼不得说辞，惟孔子则言语德行都兼有之。然犹不敢自任，尝说我于辞命之事，则不能。今夫子既说我能知言，便是长于言语，又说我善养气，便是长于德行，以众贤所不能兼，而夫子兼之，以圣人所不敢任，而夫子任之，然则夫子岂不既圣矣乎？"

曰："恶！是何言也？""昔者子贡问于孔子曰：'夫子圣矣乎？'孔子曰：'圣则吾不能，我学不厌而教不倦

【注】

① 宰我、子贡善为说辞：宰我（宰予）、子贡（端木赐），皆为孔子弟子。善为说辞，善于言辞。说辞，即孔门四科之一的"言语"。《论语·先进》："言语：宰我，子贡。"

② 冉牛、闵子、颜渊善言德行：冉牛（冉耕，字伯牛）、闵子（闵损，字子骞）、颜渊（颜回，字子渊），亦皆为孔子弟子。善言德行，即长于德行之意。《论语·先进》："德行：颜渊，闵子骞，冉伯牛，仲弓。"

也。'子贡曰：'学不厌，智也；教不倦，仁也。仁且智，夫子既圣矣。'夫圣，孔子不居。是何言也？"

解　恶（wū），是惊叹辞。孟子不敢当公孙丑之言，乃惊叹说："圣人岂能容易说的，子不察我之言，便轻以圣人许之，是何言也？"盖孟子知言养气，虽得之圣学，而亦不敢自比圣人如此。孟子因公孙丑尊己为圣，既责其失言，又引子贡之言以晓之说："圣人之名，莫说我不敢当，就是孔子也不敢以自任。昔子贡问于孔子说：'夫子道高德厚，天下莫及，其殆圣人矣乎？'孔子答说：'圣者大而化之之称，岂易到得，此非我所能也。我所能者，只是将圣人之道，学习于己，汲汲敏求，而不敢有厌斁（yì）之意。将圣人之道，教诲他人，循循善诱，而不敢有倦怠之心。此则我之所能而已，岂可谓之圣乎？'然孔子虽不自任，而实有难掩者。子贡乃赞美之说：'常人为学，始初或能奋励，久则厌心生矣。夫子学而不厌，正是聪明天纵，深知义理之无穷，故能深造而不已，乃夫子之智也。常人设教，始初多能启发，久则倦心生矣。夫子诲人不倦，正是仁心自然，不见物我之有间，故能曲成而不遗，乃夫子之仁也。既仁且智，则是体用兼备，道大德宏，既已优入圣人之域矣，虽欲辞其名，岂可得乎？'子贡之言如此。可见圣人之名，虽实有圣德如孔子者，尚不敢居，况我之学，远不及于孔子，而子轻拟以为圣，是何言也？"大抵古之圣人，皆有望道未见之心，虽圣而不自以为圣；惟不自圣，此所以益成其圣也。学圣人者，诚不可有自足之心矣。

"昔者窃闻之，子夏、子游、子张，皆有圣人之一体，冉牛、闵子、颜渊，则具体而微，敢问所安。"曰："姑舍是。"

解　一体，是一肢。具体，是具有全体。微，是不广大的意思。安，是处。公孙丑见孟子不敢以圣自居，又问说："昔者丑尝窃有所闻，孔门弟子个个都学圣人，但其学力不同，所得亦异。如子夏、子游得圣人的文学，子张得圣人的威仪，都是圣人的一体。如冉牛、闵子、颜渊则气质不偏，义理完具，已得圣人之全体了，但局于形迹，尚未广大，不若圣人大而化之，无限量之可言。且今夫子既不敢比孔子，不知于这数子，欲何所处乎？"孟子答说："立志要大，取法要高，这数子虽贤，且都置之而勿言，此非我之所欲处也。"夫以颜、闵之徒，犹非其所安，则孟子虽不敢当圣，而愿学圣人之意，固有在矣。

曰："伯夷、伊尹何如^①？"曰："不同道。非其君不事，非其民不使；治则进，乱则退，伯夷也。何事非君，何使非民；治亦进，乱亦进，伊尹也。可以仕则仕，可以止则止，可以久则久^②，可以速则速^③，孔子也。皆古圣人也，吾未能有行焉，乃所愿，则学孔子也。"

（解）公孙丑又问说："夫子之学，既不欲以孔门诸子自处也，进而求之，若伯夷、伊尹，都是有道德的人，夫子以之自处何如？"孟子答说："伯夷、伊尹之道，与我不同，试以其出处之大节言之。如上则择君而事之，非可事之君则不事；下则择民而使之，非可使之民则不使。世治便进而仕，世乱便退而隐，超然独立，有高世绝俗之行，此伯夷之道也。如以为得君则事，那一个事的不是我君；得民则使，那一个使的不是我民；世治也进而仕，世乱也进而仕，慨然自任，以救世安民为心，此伊尹之道也。若夫出处不系于一偏，行藏惟安于所遇，时可以仕，即仕而用世；时可以止，即止而洁身；时可以久留，即久留而不可以为迟迟；时可以速去，即速去而不可以为悻悻；浑然无迹，无意必固我之私，此则孔子之道也。这三人之所造，皆不思不勉，从容中道，都是前古圣人，我岂能全体而遂行之哉？但我之心，只愿学孔子。盖伯夷虽圣之清，然偏于清，则不免于窄狭。伊尹虽圣之任，然偏于任，则不免于迁就。惟孔子员神不滞，变化无方；未尝不清，而不泥于清；未尝不任，而不倚于任；乃万世道德之宗，我之所愿学者也。伯夷、伊尹，道既不同，岂吾之所愿学哉？"夫孟子虽

【注】

① 伯夷、伊尹（yǐn）：伯夷，与其弟叔齐为商末孤竹国之子，二人互相让位，逃往他地。遇武王伐纣，二人谏，不听。周既统一，伯夷、叔齐耻食周粟，饿死首阳山。事见《史记·伯夷列传》。伊尹，商汤之相。

② 可以久则久：久，滞留，指的是 14.17 中"孔子之去鲁，曰：'迟迟吾行也'"，迟迟不愿离开。

③ 可以速则速：指的是 10.1 中"孔子之去齐，接淅而行"，快速地离开。

不迳以圣人自居，而尤必以学孔子为愿，可见趋向贵正，立志贵高。 为学者当以仲尼为师，图治者尤当以尧舜为法也。

"伯夷、伊尹于孔子，若是班乎？"曰："否。 自有生民以来，未有孔子也。"曰："然则有同与？"曰："有。 得百里之地而君之，皆能以朝诸侯，有天下。 行一不义，杀一不辜而得天下，皆不为也。 是则同。"

解 班，是齐等。 公孙丑又问孟子说："伯夷、伊尹于孔子，既皆古之圣人，则其人品，果有齐等，而无高下否乎？"孟子答说："伯夷、伊尹，岂可比于孔子？ 盖凡行造其极，皆谓之圣，而分量大小不同。 若孔子之道德事功，就是从古到今，许多圣人，都未有如此之盛者，非伯夷、伊尹所得而班也。"公孙丑问说："孔子虽称独盛，然与夷、尹皆谓之圣人，不知也有同处否？"孟子说："也有同处。 盖谓之圣人，则其根本节目之大，自异于人。 假如得百里之地而君临之，这三圣人都有经天纬地之才，济世安民之略，能朝服诸侯，而一统天下。 盖其德既盛，则天与人归，自能得众而得国也。 然虽有君天下之德，而初无利天下之心，若使他行一不义之事，杀一无罪之人，而可以得天下，这三圣人必不肯为。 盖其心既正，则内重外轻，必不苟取而贪得也。 此其根本节自之大，三圣人无有弗同者。 于此不同，则乌在其为圣哉。"然观孟子以辅世长民自任，以仁义劝时君而岩岩气象，虽万钟千驷不可夺，非其所造几于圣人，安能言之亲切如此？

曰："敢问其所以异？"曰："宰我、子贡、有若，智足以知圣人，污不至阿其所好。"

解 污，是卑下。 阿（ē），是私曲。 公孙丑又问说："夷、尹之与孔子，其根本节目之同，则既闻之矣，敢问孔子之所以异于夷、尹者何如？"孟子答说："孔子异于群圣，非我一人之私言，比先孔子弟子己有言之者矣。 昔宰我、子贡、有若，这三人识见高明，学力至到，其智足以深知圣人，凡所称扬，一一都有的据。假使他自处卑下，故欲推尊其师，亦必实有所见，不致阿私所好而空誉之也。吾谓孔子之尤异，盖亦取信于三子之言耳。"

"宰我曰：'以予观于夫子，贤于尧舜远矣。'"

🄰 予，是宰我的名。贤，是胜过的意思。孟子引宰我之言说："'自古圣人，必以尧舜为称首，以予观于夫子，胜于尧舜远矣。盖尧舜以道治天下，其功业在一时。夫子又推其道以删述六经，垂教万世，则其功业在万世。以一时之功，较诸万世之功，夫子其不贤于尧舜乎？'宰我之推尊孔子如此。"

"子贡曰：'见其礼而知其政，闻其乐而知其德，由百世之后，等百世之王，莫之能违也。自生民以来，未有夫子也。'"

🄰 孟子又引子贡之言说："'自古圣王，世代久远，其所行之政，与其所存之德，固不得见而知之，然亦有可知者。盖礼所以饰政，观其所制之礼，则其所行之政可知。如礼之尚质者，其政亦简；礼之尚文者，其政亦详，是也。乐所以彰德，听其所作之乐，则其所存之德可知。如乐之尽善者，必性之之德，乐之未尽善者，必反之之德，是也。我持此以论前代，由今百世之后，而差等以前百世之王，其政其德，宛在目前，莫能逃吾之见者。然自生民以来，作者虽多，未有如吾夫子之盛者也。盖吾夫子虽生于百世之后，而能聚群圣之大成。其政则绥来动和，与天地而同流；其德则祖述宪章，与天地而同大。此所以远过百王，而莫之能及也。'子贡之推尊孔子又如此。"

"有若曰：'岂惟民哉？麒麟之于走兽，凤凰之于飞鸟，太山之于丘垤，河海之于行潦，类也。圣人之于民，亦类也。出于其类，拔乎其萃，自生民以来，未有盛于孔子也。'"

🄰 垤（dié），是蚁穴上土堆。行潦（hánglǎo），是路上无源之水。萃，是聚。孟子引有若推尊孔子之言说道："'天地间岂惟民有同类哉？凡物亦皆有之。如麒麟与走兽，一般是走；凤凰与飞鸟，一般是飞；泰山与丘垤，一般是山；河海与行潦，一般是水。其类未尝不同也。至若圣人之于凡民，一般有形有性，亦同类而已。但圣人能践其形，能尽其性，虽与人同类，而卓然高出于人类之上，虽与众聚处，而挺然超拔于群聚之中，此圣人所以异于凡民耳。然圣人固异于凡民，而孔子尤异于群圣。自生民以来，非无出类拔萃的圣人，而孔子道冠百王，德超千古，实未有如其盛者，岂非出类拔萃之尤者哉？'由宰我、子贡及有若之言观之，则孔子之圣，虽自古帝王皆莫能及，而况于伯夷、伊尹乎？此吾所以愿学之也。"按《孟子》此章，始言知言、养气，以明不动心之原，末复推尊孔子，以申愿学之意。盖当时霸功甚盛，圣学不明，管、晏之术大行，孔子之道不著，故孟子直以其学于孔子者告公孙丑，所以辨王霸之大端，而扩前圣所未发也。有志于圣学者，宜潜心焉。

3.3 孟子曰："以力假仁者霸，霸必有大国；以德行仁者王，王不待大。汤以七十里，文王以百里。"

解 霸，是诸侯之长，言其势力强大，足以把持天下，如齐桓公、晋文公是也。孟子说："古今论治道有二端：一是霸道，一是王道。欲知王霸之异道，亦观其心术而已。若恃其土地甲兵之力，而假托于救世安民之事，其事虽公，其心实私，这等的叫做霸。霸者必据有大国，然后威势足以制人，名号足以动众，天下皆畏而服之，此所以能合诸侯而成霸业也。苟非大国，则无所凭籍以立功名，何以成其霸乎？若以大公至正之德，而行其救世安民之仁，心皆实心，政皆实政，这等的叫做王。王者则至诚自足以感动，善政又足以招徕，不待土地之广，甲兵之强，而人心自然悦服，可以朝诸侯而王（wàng）天下。如成汤起于亳（bó）都，地不过七十里而已；文王起于岐周，地不过百里而已。惟以德行仁，遂建有商、周之王业，何待于大国乎？夫王霸之所为皆仁也，顾出于假即为霸，出于诚即为王。心术之诚伪甚微，而治道之纯驳顿异，如此。"

"以力服人者，非心服也，力不赡也；以德服人者，中心悦而诚服也，如七十子^①之服孔子也。《诗》云：'自西自东，自南自北，无思不服^②。'此之谓也。"

解　赡，是足。《诗》，是《大雅·文王有声》之篇。孟子承上文说："王霸之心术不同，故人之服之者亦异。霸者以力假仁而人服之，虽爱而顺从，却不是真心爱戴；特屈于力之不足，寡不敌众，弱不敌强，故不得已而服之耳。若王者以德行仁而人服之，非是勉强顺从，乃其中心爱慕喜悦，有发于至诚而无所强者，就如七十子之于孔子一般。非有名位势力以联属之，而流离困苦，相从不二，其服之诚如此。《诗·大雅·文王有声》之篇说道：'王者之化，自西自东，自南自北，无所思而不服。'夫服尽于东西南北，则德之所被者广。服出于心思，则诚之所结者深；此正王者以德服人，而心悦诚服之谓也。彼霸者何足以语此哉？"按此章论王霸之辨，只在诚伪之间，同一施仁也，而以力假之则霸，以德行之则王；同一般人也，而以力服之则霸，以德服之则王。其事功之纯驳，感人之浅深，不可同日而语。此论王道者，所以必本之诚意也。图治者其审所尚哉！

【注】

① 七十子：《史记·孔子世家》："孔子以诗书礼乐教，弟子盖三千焉，身通六艺者七十有二人。"通称为"七十子"。

② 无思不服：郑玄注："心无不归服者。"赵岐注："无思不服武王之德，此亦心服之谓也。"思，心思。

3.4 孟子曰："仁则荣，不仁则辱。今恶辱而居不仁，是犹恶湿而居下也。如恶之，莫如贵德而尊士。贤者在位，能者在职。国家闲暇，及是时，明其政刑，虽大国，必畏之矣。"

解　孟子说："人情孰不好荣而恶辱，然荣辱无常，惟人所召，在仁与不仁而已。诚使为人君的修德行善，事事皆出于仁，则身尊名显，不期荣而自荣矣。若是骄奢淫泆，事事皆出于不仁，则身危国乱，不期辱而自辱矣。今之人君皆有恶辱之心，而所为的都

【注】

① 五刑五用：见《尚书·皋陶谟》："天命有德，五服五章哉；天讨有罪，五刑五用哉。"

② 孳孳汲汲：形容勤勉不懈的样子。

③ 彻彼桑土（dù）：彻，剥取；土，通"杜"，树根；桑土，这里指桑根之皮，可作绳索用。

是不仁之事，虽欲去辱，势必不能；就如恶湿之人不能移居高敞，而仍处卑下之地，岂能免于湿乎？故人君惟不恶辱则已，如诚恶辱，则莫如去不仁而为仁，不自挟其贵也，而贵重道德，不自恃其尊也，而尊礼贤士。士之贤而有德的，则使之布列有位，以正君而善俗；士之能而有才的，则使之分任众职，以修政而立事，斯则有治人而可与图治道矣。如幸而国家闲暇，无敌国外患之忧，可以从容有为，次第整理，则趁这时节，务与贤能之臣，修明其政事，而使大纲小纪秩然不乱；修明其刑法，而使五刑五用① 咸适其宜。似这等用人行政，孳孳汲汲②，惟务修德以自强，则可谓仁矣。由是人心悦而邦本安宁，国势张而天下无敌，虽强大之国，亦翕然畏服而听命之不暇矣。何荣如之？吾所谓仁则荣者如此。"

"《诗》云：'迨天之未阴雨，彻彼桑土③，绸缪牖户。今此下民，或敢侮予？'孔子曰：'为此诗者，其知道乎！能治其国家，谁敢侮之？'"

解 《诗》，是《豳风·鸱鸮》篇。迨（dài），是及。彻，是取。桑土，是桑根之皮。绸缪（móu），是缠绵补葺的意思。孟子说："人君欲强仁以求荣，则当及时以图治。昔周公作《鸱鸮》之诗，托为鸟言说道：'我之为巢，将以蔽风雨而御患害。然使既雨而后为之，则无及矣。必趁此天未阴雨之时，先取那桑根来，补葺巢之牖（yǒu）户，使坚好完固，则他日虽遇阴雨，亦不动摇，在下之民，宁或有侮我而击射之者乎？'诗人托为鸟言如此。孔子读而赞之说：'为此诗者，其知治国之道乎！盖凡有国家者，其平居无事，正如天未阴雨之时，若能乘其闲暇，汲汲然简任贤才，励精治理，纪纲紊乱的，及时整顿；法度废弛的，及时修补，使事事周密，无一些罅漏，亦如鸟之绸缪牖户一般。则内政修明，根本牢固，那敌国自将畏服不暇，谁有肆其侵侮者乎？'此诗之言所以为知道也。

由诗及孔子之言观之，我所谓仁则荣者，益可信矣。"

"今国家闲暇，及是时，般乐怠敖①，是自求祸也。"

解 般乐，是乐而忘返，盘旋不已的意思。 怠，是惰慢。 敖，是恣肆。 孟子又说："人君图治，不在于扰攘多故之日，而在于安宁无事之时，时固难得而易失也。 但今之诸侯，都没有忧深虑远未雨绸缪之意，见得国家闲暇，无敌国外患之忧，便谓可以久安长治；乃及是时，般乐以纵欲，怠敖以偷安，把政事刑法，全不整理。 致使国本摇动，人心离散，内忧外患，纷然并起，而败亡随之矣。 这祸患却是自己求来的，又将谁咎哉？ 我所谓不仁则辱者如此。"

"祸福无不自己求之者。《诗》云：'永言配命，自求多福。'《太甲》曰：'天作孽，犹可违；自作孽，不可活。'⑤此之谓也。"

解 永言，是常常思念的意思。 孟子承上文说："人君当国家闲暇之时，而修德自强，则必受兴隆之福；苟般乐怠敖，则必受败亡之祸；是祸与福，无不自己求之者。 求祸得祸，求福得福，皆所自取，岂可诿于偶然之数哉！《诗·大雅·文王》之篇说：'为人君者，若知天命至重，不可以易承，或修德行仁，或反身克己，长思与之配合，而不敢违背，则天心降鉴，福祚无疆，多福之来，乃其所自求者矣。'《商书·太甲篇》说：'凡祸孽之来，若是天之所作，如水旱灾眚之类，出于气数者，犹可以人力挽回而去之。 若自作不善而致祸孽，则为恶得祸，乃理之常，必至于死亡而不可救矣。'夫福曰自求，则非无因而得福；孽曰自作，则非无因而致祸。《诗》《书》之言如此，正祸福无不自己求之谓也。 吾所谓仁则荣，不仁则辱，岂不信哉！" 按孟子此章论祸福之说甚明，而其大旨以及时修德为要。 盖天命无常，惟德是辅，未有修德而反受祸者，亦未有丧德而反获福者。祸福之机，天人之际，明主宜致思焉。

3.5 孟子曰："尊贤使能，俊杰在位，则天下之士皆悦，而愿立于其朝矣。市，廛而不征，法而不廛，则天下之商皆悦，而愿藏于其市矣。"

解 俊杰，是才德出众之人。廛（chán），是市上的房税。法，是市官的法禁。孟子说："王政之要，在得人心。而人心之向背，亦视其行政之得失何如耳。且如贤能之士，乃国家所赖以辅治者，使弃而不用，则豪杰解体，而人心失矣。必于贤而有德者，隆礼以尊敬之；能而有才者，分任而器使之。使才德出众之俊杰，皆济济在位，而不肖者不得参于其间，则野无遗贤，朝无倖位。天下之士，凡以俊杰自待的，皆自庆其遭逢之不偶，中心喜悦，而愿立于其朝矣。至于日中为市，亦国家所资而通财用者，使征求太过，则商贾不行，而人心失矣。必于逐末者多，则量取其市地之廛而不征其货。若逐末者少，则但治以市官之法，而不税其廛，则上不废法，下不病商。天下之商，凡以有无相易的，皆不苦于征求之害，中心喜悦，而愿藏于其市矣。天下之士归之，则上不劳而政自理。天下之商归之，则赋不加而用自足。此用人理财之大端，王政之首务也。"

"关，讥而不征，则天下之旅皆悦，而愿出于其路矣；耕者，助而不税，则天下之农皆悦，而愿耕于其野矣；廛，无夫里之布，则天下之民皆悦，而愿为之氓矣。"

解 讥，是盘诘。借民之力以耕公田，叫做助。夫，是夫家之征，即今粮差等项。里之布，是一里二十五家之布，即今布绢等项。周制，民无常业的，罚他出一夫百亩之税、一家力役之征。不种桑麻的，罚他出一里二十五家之布。氓，是民。孟子说："王政非止一端，如关隘去处，乃行旅之所往来，恐有奸细诈冒，固当盘诘，若因而抽取货物，岂不失了远人之心？必定为关市之法，但讥察异言异服之人，而不征其税，则天下之旅，皆悦吾柔远之政，更相传告而愿出于其途矣。农夫乃王政之本，国家经费，多出其力。若又妄取以竭其资，岂不失了农夫之心？必修井田之法，但使通力合作以助耕公田，而不复税其私田，则天下之农，皆悦吾恤农之政，更相传告，而愿耕于其野矣。至于夫家之征与一里之布，皆先王所以罚游惰之民者。若市宅之民，已出了廛税的，使之安其常业，不复征其夫里之布，则天下之民皆悦吾厚民之政，更相传告，而愿为我之民矣。凡此三事，皆王者恐失天下之人心，而曲为之体念；恐竭天下之财力，而曲为之撙节；宁损上以益下，勿瘠人以肥己，真天覆地载之心也。以此致王，不亦宜乎！"

"信能行此五者，则邻国之民，仰之若父母矣。率其子弟，攻其父母，自生民以来，未有能济者也。如此，则无敌于天下。无敌于天下者，天吏也。然而不王者，未之有也。"

🅢　天吏，是奉行天讨之君。孟子承上文说："王者之政，能使士农商贾、行旅居民，无不归心，其明效大验，有如此者。特患今之人君，不能着实举行耳。诚能以实心行实政，将这五件一一见诸施行，则政事修明，德泽周遍，不但本国之民，欢忻鼓舞，戴以为君，即邻国之民，亦皆心悦诚服，仰之若父母矣。夫既仰之若父母，则邻国之民，就是我之子弟一般。那邻国之君，欲率其民以攻我，是率其子弟，以攻其父母，谁肯替他出力用命。自生民以来，未有如此而能济事者也。这等样人心归服，则人不能制我，而我常可以制人，天下谁能敌之。无敌于天下者，是乃奉天命而为天吏者也。谓之天吏，则凡逆天害民之国，皆得而诛伐之。可以抚安万民，宰制六合，而王于天下矣。借曰①不王天下，岂有是理哉？"按《书经》上说："抚我则后，虐我则仇。"盖民心无常，抚之，则邻国之民皆为子弟；虐之，则邦域之内尽为仇雠。其废兴存亡之机，甚可畏也。战国之君，率以诈力相敌，而不知人心一失，为敌滋多。故孟子特举王政之无敌者，谆谆言之，诚有国者所当鉴也。

3.6 孟子曰："人皆有不忍人之心。先王有不忍人之心，斯有不忍人之政矣。以不忍人之心，行不忍人之政，治天下可运之掌上。"

解　孟子说："天地以生物为心，人各一天地之心以为心，故可矜可怜之事，一触于外，而恻怛好生之意，遂动于中，这叫做不忍人之心。是心也，人皆有之。但众人每为物欲所蔽，故不能察识此心，而推之政事之间耳。惟古先圣王，私欲净尽，天理流行，满腔子都是不忍人之心，所以随感而发，行出来的，无非不忍人之政。如不忍人之失养也，便为之制田里，教树畜，以厚其生。不忍人之失教也，便为之设学校，明礼义，以复其性。皆真心自然，不由矫强。夫有是心而继之以政，则非徒善；行是政而本之于心，则非徒法。由是老吾老以及人之老，幼吾幼以及人之幼。天下虽大，以此心治之而有余矣。岂不如运之掌上而无难哉！夫不忍人之心一也，众人徇（xùn）欲，则此心愈消而愈微；圣人无欲，则此心愈推而愈大。愈微，则违禽兽不远；愈大，则与天地同流。故能察识而扩充之，则可以复天地之初，而与先王同治矣。"

【注】

① 所以："所"是介词"以"的前置宾语。内（nà）交：内，同"纳"；内交，结交。

② 要（yāo）：求取。

"所以谓人皆有不忍人之心者，今人乍见孺子将入于井，皆有怵惕恻隐之心。非所以内交①于孺子之父母也，非所以要②誉于乡党朋友也，非恶其声而然也。"

之心，则知以其所不为，达之于其所为，而扩充之以行义；至于辞让、是非之心，亦莫不然。则本体昭融，真机活泼，引之而即起，触之而即通，其日新月盛之机，就如火之方炽，而不可扑灭；泉之方出，而不可壅遏矣。苟能由此方动之机，而遂充满以极其量，则仁无所不爱，义无所不宜，礼无所不敬，智无所不知，举四海之大，皆囿吾一心之中，自足以保之而无难矣。苟为不充，则仁义礼智，终非己有，性分^①日亏，彝伦攸斁^②，虽至亲若父母，且不足以事之，而况于四海乎！"夫此一心也，充之，则可以横乎海宇；不充，则不能行于家庭。古之先王，所以始于家邦，终于四海者，惟善推其所为而已。齐宣王知爱一牛，而功不加于百姓；梁惠王以土地之故，糜烂其民而战之，皆不能以不忍人之心，行不忍人之政者也。何足以语先王之治哉！

【注】

① 性分：本性。

② 彝伦攸斁（dù）：出自《尚书·洪范》："帝乃震怒，不畀洪范九畴，彝伦攸斁。"指伦常败坏。彝伦，指伦常；攸，语助词，无义；斁，败坏。

3.7 孟子曰："矢人岂不仁于函人哉？矢人惟恐不伤人，函人惟恐伤人。巫、匠亦然。故术不可不慎也。孔子曰：'里仁为美。择不处仁，焉得智。'夫仁，天之尊爵也，人之安宅也。莫之御而不仁，是不智也。"

解 矢人，是造箭之人。函人，是造甲的人。巫，是祈禳的。匠，是造棺椁的。御，是止。孟子说："恻隐之心，人皆有之。那矢人之心，岂不仁于函人哉？其初一而已矣。但矢人造箭，惟恐箭之不利而不伤人；函人造甲，惟恐甲之不坚而至于伤人。术业既殊，故其存心自不能不异耳。不但这两样人，那巫者以祈禳为事，常利人之生；匠者以造棺为业，常利人之死。是匠者之心，亦岂不仁于巫者之心，乃其术业使之然也。故术之在人，关系甚大。习于仁，则有仁人之心，而善端日长；习于不仁，则亦有不仁之心，而恶念日增。人之择术，岂可以不慎哉？孔子曾说：

'习俗移人，贤者不免。里有仁厚之俗，择居者尚以为美；若人之择术而不处于仁，则本心之明已失，安得为智乎？'观孔子之言，则可以见仁之当处矣。夫仁之为道，论其贵，则为天之尊爵，论其安，则为人之安宅。盖凡天所赋予之善，皆为天爵。而仁乃天地生物之心，居五常百行之上，得之最先，而所统最广，就如爵位尊贵，无所不统的一般，所以'说天之尊爵也'。凡人所居止之处，皆谓之宅。而仁则有天理自然之安，无人欲陷溺之危，人当常在其中，而不可须臾离者，就如高堂大厦，住得安稳的一般，所以说'人之安宅也'。这尊爵安宅，是己所自有，人皆可居，本非他人之所能止者；而乃不知择而处之，则取舍之分不明，而是非之心已失矣。故孔子谓之不智也。观孔子之言，则慎于择术者，可不务于求仁哉？"

"不仁、不智，无礼、无义，人役也。人役而耻为役，由弓人而耻为弓，矢人而耻为矢也。如耻之，莫如为仁。仁者如射，射者正己而后发；发而不中，不怨胜己者，反求诸己而已矣。"

🔸 人役，是为人所役使。孟子承上文说："仁义礼智，乃人之四德，本自相因者也。若择术而不处于仁，则物欲日蔽，本心日昏，固为之不智矣。夫既不智，则不复知礼义为何物，而动必越礼，行必乖义，又将无礼无义矣。四者尽无，则人道已丧，自置其身于卑贱之地，而天下之有德有能者，皆得而役使之，岂不为人役乎？既为人役，则虽有愧耻之心，而终不可免，就如业弓之人而耻为弓，业矢之人而耻为矢，虽欲不为弓矢，不可得也。如知人役之可耻，而必求所以免之，岂有他术哉？亦惟反其不仁而为仁耳。所尊者天爵，始可去卑而为尊；所居者安宅，始可易危而为安，自强之计，无出于此。然仁亦岂待于外求哉？求在我而已矣。盖仁者之于仁，就如射者之于射一般。射者必内正其志，外直其体，然后发矢。若发而不中，不怨那胜己的，惟反求诸身，以为吾志容有不正，吾体容有不直，求所以正之直之而已。为仁由己而不由人，何以异此。盖仁本固有，一反求而仁无不在。仁统四端，一为仁而智与礼义无不该矣，何患为人役哉？此择术者，所以必处于仁也。"按战

国之君，不务行仁，而以力相尚，往往小役大，弱役强，至于辱
身亡国而不悟，故孟子谆谆言之。一则曰，不仁则辱，如恶之，
莫如贵德而尊士；一则曰，不仁则为人役，如耻之，莫如为仁。
皆启其羞恶之良，而进之以强仁之事，其旨最为深切。人主所宜
深省也。

3.8 孟子曰："子路，人告之以有过，则喜；禹闻善言则拜；大舜有大焉，善与人同，舍己从人，乐取于人以为善。"

解　孟子说："古之圣贤，其乐善之诚皆同，而分量之大小则异。
昔圣门弟子有子路者，是勇于自修的人，其心唯恐己之不善，失
于不知，而不能改，故人来说他的过失，便欣然喜受，以为幸而
可改也。夏王大禹，是不自满假的人，其心惟恐人之有善，壅于
不闻，而不能行，故一闻善言，便肃然拜受，以为幸而可行也。
一喜一拜，其乐善之心，皆出于诚如此。至于大舜，则又有大于
禹与子路者。盖子路之喜，犹见不善之在己，未能忘己；禹之拜，
犹见善之在人，未能忘人。舜则见得这善，是天下公共的道理，
非是一人的私物，不把做自己的，也不把做别人的，而与人同其
善焉。如有见于己之未善，便舍却自己，而翻然从人，一毫无所
系吝。有见于人之善，便乐取于人，而为之于己，一毫无所勉强。
人己两忘，形迹俱化，这叫做'善与人同'。其心胸何等开豁，
其气象何等浑融，视禹与子路诚有间矣。此舜之所以为大也。然
此二圣一贤，论其分量，则舜优于禹，禹优于子路。论学者所造，
则必繇子路之克己，而后可以希禹；繇禹之下人，而后可以希舜。
不然文过饰非，过将日积，而訑訑之声音颜色 ^①，士止于千里之
外矣，其谁乐告以善哉？此又希圣者所当知也。"

【注】

① 訑訑（yíyí）之声音颜色：
自得、自满的样子洋溢于
说话的声音和脸上的表情。

"自耕稼、陶、渔，以至为帝，无非取于人者。取诸人以为善，是与人为善者也。故君子莫大乎与人为善。"

解　陶，是烧造瓦器。渔，是捕鱼。与，是助。孟子又说："舜之所以大于禹与子路者，固以其取善于人矣。然舜之取于人，不但一时为然，从那侧陋之日，耕于历山，陶于河滨，渔于雷泽，以至登庸而为天子，一生所行，只是取诸人以为善。或闻一善言，或见一善行，不问其出于刍荛，出于岳牧，无不并取而兼用之。其好问好察之心，盖有穷达不移，始终无间者。夫取人之善而为之于己，虽未尝有及物之心，然天下有善的，以见取为荣，自然益励于善；天下有未善的，以不见取为耻，也都勉而为善，是乃助人之为善者也。夫使天下之人，皆劝于为善，则视人惟我，视我惟人，无尔我形骸之隔，真有如天之无不覆，地之无不载者。君子之善，孰大于是哉？此舜之所以大于禹与子路也。盖圣人之心，至公至虚，公则小大不遗，而取善之途广；虚则人己两忘，而取善之心融。舜所以能用中于民而成其大者如此。后世以聪明自用者，视天下若无一足以当其心，其究至于恶闻其过，而昌言且不至矣，何由与人为善乎？"

孟子曰："伯夷，非其君，不事；非其友，不友。不立于恶人之朝，不与恶人言；立于恶人之朝，与恶人言，如以朝衣朝冠坐于涂炭。推恶恶之心，思与乡人立，其冠不正，望望然去之，若将浼焉。是故诸侯虽有善其辞命而至者，不受也。不受也者，是亦不屑就已。"

解　涂，是泥。乡人，是乡里间的常人。望望，是去而不顾的意思。浼（měi），是污。屑，是洁。孟子说："古之人有伯夷者，其平生只是一个'清'字做到极处。上则择君而事，非可事之君，则弗事焉。下则择友而交，非可交之友，则弗友焉。当是时，国君有不善的，必不肯立于其朝。国人有不善的，必不肯与之言。使其立于恶人之朝，与恶人言，则此心踧踖不宁，就如着了朝衣朝冠坐于涂炭的一般，有不能一息安者，其恶恶之严如此。推他这恶恶之心，莫说真是恶人，不肯近他，就是与乡里常人并立，其冠不正，亦失礼之小耳，他也看做不好的人，必望望然去之，若将污累及己，而远之惟恐不速也。莫说是恶人之朝，不肯就他；虽是诸侯有善其词命，卑礼屈节来征聘他，他也必不肯受。所以不受者，盖其心视天下无可事之君，亦无可立之朝，故不以就之为洁，而切切于就也。此其立己甚峻，不肯降志而辱身；待人甚严，不肯和光而同俗。伯夷所以为圣之清者如此。"

"柳下惠不羞污君，不卑小官；进不隐贤，必以其道；遗佚而不怨，厄穷而不悯。故曰：'尔为尔，我为我，虽袒裼裸裎于我侧，尔焉能浼我哉？'故由由然与之偕而不自失焉，援而止之而止。援而止之而止者，是亦不屑去己。"

解 遗佚，是放弃。厄穷，是困穷。悯，是忧。露臂的叫做袒裼（xī），露身的叫做裸裎（chéng），都是无礼的模样。由由，是自得的意思。援，是留。孟子说："昔鲁大夫有柳下惠者，其为人只是一个'和'字做到极处。与伯夷相反，故有君可事，便委身事之，虽污君而不以为羞；有官可居，便安心居之，虽小官而不以为卑。其进而事君居官也，推贤让善，未尝隐人之贤，且直道事人，不肯枉己之道。虽是为人所放弃，而身处困穷，其心亦无入不得。遗弃而无所怨尤，困穷而无所忧患，盖其坦夷平易有超然于进退荣辱之外者如此。其平日尝说：'人生世间，形骸既分，善恶自别；尔自尔，我自我，原不相关；虽袒裼裸裎无礼于我侧，亦尔之自失耳，焉能污浼及我哉？'所以不择交游，不立崖岸，由由然与众人并处，而不自失其正焉。虽当欲去之时，有留住他的，他便住了。这等援而止之而止，则是视天下无不可事之君，无不可居之官，而亦无不可处之众。故不以去为洁，而切切于去也。此其进退绰然，虽降志辱身而不以为屈；人己有辨，虽和光同俗而不以为非。柳下惠所以为圣之和者如此。"

孟子曰："伯夷隘，柳下惠不恭。隘与不恭，君子不由也。"

解 隘，是窄狭。不恭，是不整肃的意思。由，是行。孟子既述伯夷柳下惠之为人，遂从而断之说："君子处世待人，自有个大中至正的道理。才偏着一边，但少了一边，非中道也。如伯夷之清，固是高洁，然却少了和这一边，其弊至于圭角太露，界限太严，看得天下都没一个好人，就是衣冠不正这样小节，也便包容不得了，其度量何等窄狭，是失之隘也。柳下惠之和，固是平易，然却少了清这一边，其弊至于不修廉隅，不循礼度，看得世上没一个不好的人，就是袒裼裸裎这样无礼，也都不计较了。其威仪全不整肃，是失之不恭也。夫伯夷、柳下惠都是圣人，就他身上看来，不至如此。但学了伯夷，其流必至于隘。隘则可以洁身，不可以容众接物；君子但取其清，弗由其隘也。学了柳下惠，其流必至于不恭。不恭则可以谐众，不可以砥行立节。君子但取其和，弗由其不恭也。盖必清而能通，不至于违世而绝俗；和而能介，不至于同流而合污，乃为中正之道，而君子之所当由者耳。学者可不慎哉？"观此言而孟子愿学孔子之意，隐然在言外矣。

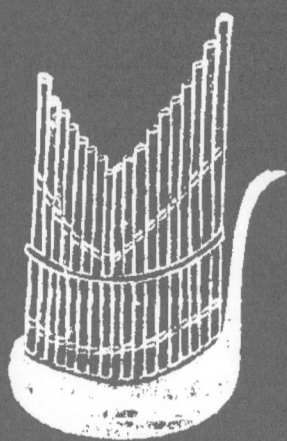

公孙丑章句 下

4.1 孟子曰：“天时不如地利，地利不如人和。三里之城，七里之郭，环而攻之而不胜。夫环而攻之，必有得天时者矣，然而不胜者，是天时不如地利也。城非不高也，池非不深也，兵革非不坚利也，米粟非不多也，委而去之，是地利不如人和也。”

解 环，是围。革，是甲。“委”字，解做“弃”字。孟子说：“守国用兵之要有三：时日支干，吉凶占候，叫做天时；山川城郭，险隘可守，叫做地利；民心归附，上下相亲，叫做人和。三者本不可缺一，然以轻重论之，天时虽足取胜，然其理难测，不如地利之可恃。地利虽足自守，然其险有形，又不如人和之可恃也。如何见得天时不如地利？假如三里之城，七里之郭，乃城郭之至小者，若不足以守国矣；然以其少有凭依，故敌人四面环攻，亦不能克。夫环而攻之，旷日持久，其间岂无干支王相，遇着天时之善的；然而终不能克，此可见天时不如地利也。如何见得地利不如人和？且如敌人来攻，我之城非不高也，池非不深也；兵甲足以御敌非不坚利也，米粟足以养兵，非不饶裕也；然必上下同心，方可固守。假使民心怨叛，不肯效死，将这城池兵粮委弃而去，君亦安得而保有之；此可见地利不如人和也。”要之人和既得，则天时地利，交相为用；人和既失，则天时地利，皆无足赖矣。信乎有国家者，以得人心为本也。

“故曰：域民不以封疆之界，固国不以山溪之险，威天下不以兵革之利。得道者多助，失道者寡助。寡助之至，亲戚畔①之；多助之至，天下顺之。以天下之所顺，攻亲戚之所畔，故君子有不战，战必胜矣。”

解 域，是限制。至，是极处。孟子承上文说：“观地利不如人和，则知国家所重，惟在得民心而已。所以说人君要限制居民，不在封疆境界；要固守社稷，不在山川险阻；要战胜攻取，威服天下，不在兵甲坚利，只看民心向背何如耳。诚能行仁义之道，而恩惠浃洽，则民心有所固结，莫不亲上死长，乐为效顺，而扶助之者多矣。如或失仁义之道，而举措乖方^①，则民心无所系属，莫不幸灾乐祸，涣然瓦解，而扶助之者寡矣。寡助之君，既失了人心，其极必至于众叛亲离，虽亲戚至近，也都知其败亡，相率背而去之矣，况其远者乎！多助之君，既得了人心，其极必至于近悦远来，虽天下至大，也都慕其德教，翕然^②顺而从之矣，况其近者乎！人心之向背相悬，而国家兴废存亡，其机已决于此矣。若以天下所顺之君，攻亲戚所畔之国，则彼之人民，皆为吾用；彼之富强，皆为吾资。不战则已，战未有不胜者。盖由吾得人和，而彼失之也。然则域民固国之道，地利尚不足言，况天时乎！"孟子见当时列国分争，皆以天时地利为重，而不知爱恤其民，故其言深切著明如此。及其论得民之有道，在于所欲与聚，所恶勿施，此又得人和之本也。为民上者，不可不知。

4.2 孟子将朝王。王使人来曰："寡人如就见者也^①，有寒疾，不可以风。朝将视朝，不识可使寡人得见乎？"对曰："不幸而有疾，不能造朝^②。"明日，出吊于东郭氏，公孙丑曰："昔者辞以病，今日吊，或者不可乎？"曰："昔者疾，今日愈，如之何不吊？"

解　王，是齐宣王。昔者，是昨日。孟子于齐处宾师之位，未尝委质为臣。故在齐王当就见，不当召见。在孟子可往朝，不可应召。其礼与臣下自不同也。孟子一日将朝齐王，王初不知，乃使人来召孟子说："寡人初意，本要自来就见夫子，只因偶有寒疾，不可以当风，故不能来；明早将欲视朝，不识夫子肯来使寡人得一见否？"齐王托疾以召孟子，是以臣礼待之，而非能屈己以下贤者也。孟子知其意之不诚，亦托疾以辞之说："我初意本欲朝见，但不幸而有疾，不能造朝。"盖不敢显言其非，而又不欲往应其召。孟子以道自重如此。而又恐齐王不悟而以为真疾，则此意终无以自明矣。故次日便出吊于齐大夫东郭氏之家。公孙丑疑而问说："夫子昨日方以疾辞，今日便以吊出，则是明为托疾矣，无乃不可乎？"孟子答说："昨日有疾，故不能造朝，今日疾愈，可以往吊，如之何不吊乎？"盖孟子之意，正欲使齐王知其非疾，而自悟其召见之非，与孔子不见孺悲取瑟而歌之意相似。惜乎门人弟子，犹有所未喻也。

王使人问疾，医来。孟仲子对曰："昔者有王命，有采薪之忧，不能造朝。今病小愈，趋造于朝，我不识能至否乎？"使数人要于路，曰："请必无归，而造于朝！"

🔴解　采薪，譬如说打草，采薪之忧，是言疾不能采薪，盖谦辞也。要（yāo），是拦阻。孟子既出吊于东郭氏，齐王不知，以为真疾，乃使人问之，又遣医来诊视。是徒谓殷勤仪节之间，可以虚縻[1]贤者，而不知尊德乐道之诚，正不在此也。乃孟仲子不以实告，而又权辞以对之说："昔者以王命来召，适吾夫子有采薪之忧，不能造朝；今病小愈，恐违王命，乃趋造于朝，不识此时能至朝否？"孟仲子既饰辞以对使者，恐孟子不知，乃使数人要之于路，说："请必无归而造于朝。"欲以实己之言也。夫孟子辞疾出吊之意，本欲使齐王知之，有所感悟。乃公孙丑既疑其不可，而孟仲子又从而为之辞，则孟子以道自重之意，虽其门弟子亦不能知，而况齐王乎！此孟子所以不得不曲明其意也。

【注】

① 虚縻：同"虚靡"，指空有待贤才的礼仪，而不任用贤才，等于是白白耗费时间和精力。

不得已而之景丑氏宿焉。景子曰："内则父子，外则君臣，人之大伦也。父子主恩，君臣主敬。丑见王之敬子也，未见所以敬王也。"曰："恶！是何言也！齐人无以仁义与王言者，岂以仁义为不美也？其心曰'是何足与言仁义也'云尔，则不敬莫大乎是。我非尧、舜之道，不敢以陈于王前，故齐人莫如我敬王也。"

解　景丑，是齐大夫。恶（wū），是叹辞。孟子辞疾出吊，本欲感悟齐王。乃孟仲子不以实对，而要其必朝，则尽失孟子之本心矣。孟子既不能显言其意，又不欲趋造于朝，乃不得已而之景丑氏宿焉。盖欲示意于景丑，而使转闻于齐王耳。景丑乃责备孟子说道："人之处心，内而家庭，则有父子；外而朝廷，则有君臣；此是天下之大伦，自有生民以来，不可废也。父子以情相爱，故主于恩；君臣以礼相接，故主于敬；人人各有当尽的道理。今丑见王之待子，可谓致敬尽礼矣，乃未见子之所以敬王，其如君臣大伦何哉？"孟子因晓告之，叹息说道："夫以我为不敬王，是何言也？大凡人臣敬君，不在仪节上周旋，只在大道理上明白。如今齐人都无以仁义告王的，岂是以仁义为不美的事，其心以为，王但知有功利，志趣卑陋，不足与言仁义云尔。这是以常人待其君，轻忽侮慢，不敬莫大乎此。若我则以尧、舜望于王，平日所言，都是仁义，都是尧、舜治天下的道理。若权谋功利，与尧、舜之道不相似的，即不敢陈说于王前，是欲吾王扩充仁义，以致唐虞之盛治也。我不以庸君待王，而以大圣人望于王，则齐臣之中，岂有如我之敬王者乎？子乃以我为不敬王，是不知事君之大道矣。"

景子曰："否，非此之谓也。《礼》曰：'父召无诺[1]；君命召，不俟驾[2]。'固将朝也，闻王命而遂不果，宜与

【注】

① 父召无诺：《礼记·曲礼》："父召无诺，先生召无诺，唯而起。"郑玄注："应辞'唯'恭于'诺'。"

② 君命召，不俟（sì）驾：《论语·乡党》："君命召，不俟驾行矣。"《荀子·大略》："诸侯召其臣，臣不俟驾，颠倒衣裳而走，礼也。"

夫礼若不相似然。"曰："岂谓是与？曾子曰：'晋楚之富，不可及也。彼以其富，我以吾仁；彼以其爵，我以吾义。吾何慊乎哉？'夫岂不义而曾子言之？是或一道也。天下有达尊^①三：爵一，齿^②一，德一。朝廷莫如爵，乡党莫如齿，辅世长民^③莫如德。恶得^④有其一，以慢其二哉？"

【注】

① 达尊：众人所普遍尊重；达，共同，普遍。

② 齿：年龄。

③ 辅世：辅佐当世的国君。长（zhǎng）：抚养，蓄养。

④ 恶（wū）得：怎么能够，怎么可以。

解　慊（qiàn），是心有所不足的意思。孟子以陈善责难为敬，而不以趋走承命为礼，正是以宾师自处之意也。景丑不达，终是以臣礼责备孟子，乃应说："不然，我以子不敬王者，非此之谓也，谓于礼有未尽耳。《礼经》上说：'人子闻父有召命，则唯而无诺；人臣闻君有召命，则不俟驾而行，是急趋君命者，乃礼之当然也。'今子本将朝王，既闻王命，乃称疾不往，此与不俟驾之礼，若有不相似者。我以子为不敬王，盖以此也。"孟子晓之说："闻命则趋，固人臣事君之常礼，而以道自重，乃君子立身之大节。吾今所言，岂谓是与？昔曾子尝说：'晋楚大国，其富诚不可及矣。然彼以其富，我以吾仁当之，不禄而富，是天下之至富者在我也。彼以其爵，我以吾义当之，不爵而贵，是天下之至贵者在我也。在晋楚非有余，在我非不足，吾又何慊乎哉？'曾子之言如此，这岂不合于义而言之乎？是别有一种道理，超乎势分之外者。这道理为何？盖通天下之所尊的，凡有三样：爵位尊贵的，是一样；年齿高大的，是一样；道德完备的，是一样。在朝廷之上，以贵临贱，以卑承尊，那时只以爵为重，名分一定，莫敢僭逾，此爵所以为达尊也。在乡党之间，长者居上，少者居下，那时只以齿为重，先后次序，莫敢违越，此齿所以为达尊也。至如辅佐一世，而成治安之功；长率万民，而致雍熙之化，此惟有仁义之德者能之，那时只以德为重。在朝廷不敢与之论爵，在乡党不敢与之论齿，此德所以为达尊也。今王虽富有齐国，南面称孤，其爵诚尊，然不过达尊之一耳。若论齿、论德，则我有其二，安得以彼之一，而慢我之二哉！然则王之不当召我也明矣。"

"故将大有为之君，必有所不召之臣；欲有谋焉，则就之。其尊德乐道，不如是，不足与有为也。"

解 孟子承上文说："我谓王不当召我者，非故自为尊大也。亦以人君图治之要，只在尊德乐道而已。故自古帝王，将欲兴建太平，而大有为于天下，则必屈己下贤，隆礼待士，而有所不敢召之臣。如其君德治道，欲有所咨询；于民情政事，欲有所商确，则必枉驾就见，而亲访其谋猷，此所谓不召之礼也。夫以王公之尊，岂故屈身于匹夫之贱哉？只为尊敬其德，爱乐其道，欲使仁贤效用，治化有成耳。苟尊德乐道不如是，则任贤之心怠，望治之志荒，乌足与有为哉！此大有为之君，所以有不召之臣也。王乃欲召我，岂未欲其有为于天下耶？"

"故汤之于伊尹，学焉而后臣之，故不劳而王；桓公之于管仲，学焉而后臣之，故不劳而霸。今天下地丑德齐，莫能相尚，无他，好臣其所教，而不好臣其所受教。"

解 丑，是类。尚，是过。孟子承上文说："自古大有为之君，行王道而王者，莫如成汤。行霸道而霸者，莫如齐桓公。这二君都有所不召之臣，伊尹、管仲是也。成汤三聘伊尹，知其志在于觉民，即从而受学焉，然后任之为相，号曰阿衡。故伐夏救民之事，伊尹皆以身任之，七十里而为政于天下，汤遂不劳而王矣。桓公一见管仲，知其才可以托国，即从而受学焉，然后任之为相，称曰仲父。故尊周攘夷之事，管仲皆以身任之，九合诸侯而不以兵车，桓公亦不劳而霸矣。一王一霸，功虽不同，要之尊德乐道，可与大有为则一也。今天下诸侯，以地则相类，以德则相等，莫有能建王霸之业，而超过当时之君者。此无他故，只为列国之君，都以富贵骄人，不肯屈己下士。有一等趋走承顺，为我所教诲的，便喜欢用他，过为亲厚；有一等抱道怀德，我所从受其教诲的，便不喜欢用他，反致疏远。 求如汤之于伊尹，桓公之于管仲者，不可复见矣。 既无不召之臣，又安能成大有为之业，所以地丑德齐，终莫能相尚也。 然则齐王欲大有为，岂可复蹈时君之习，而不以汤、桓为法哉！"

"汤之于伊尹，桓公之于管仲，则不敢召。 管仲且犹不可召，而况不为管仲者乎？"

解 孟子直以不召之臣自任，说道："汤之于伊尹，桓公之于管仲，都是学而后臣，欲有谋焉则就之，未尝敢召之来见也。 夫伊尹为元圣，其不可召，固不待言；至如管仲一霸者之佐耳，尚且不可召，而况不屑为管仲者，顾可召而见之乎？ 盖我所志者，伊尹之志；所学者，曾子之学。 辅世长民之德，无愧于晋、楚；尧舜仁义之道，独陈于王前。 方将卑管仲于不足为，而顾托疾以召之，是待我不若管仲也，我岂可轻于往见哉？"孟子此言，非故自为高亢，盖有见于人君治天下之道，当如是耳。 盖人君与贤者共治，若恃其富贵爵禄，可以奔走天下，则其待士必轻；待士轻，则其任之必不重，士何由行其道乎？故君能降志于其臣，而后士重；士能亢志于其君，而后道行。 上可为成汤、伊尹，下不失为桓公、管仲。 此《易》之泰卦所以有取于上下之交也。

4.3 陈臻问曰："前日于齐，王馈兼金一百而不受；于宋，馈七十镒而受；于薛，馈五十镒而受。 前日之不受是，则今日之受非也；今日之受是，则前日之不受非也。 夫子必居一于此矣。"孟子曰："皆是也。"

解 陈臻，是孟子的门人。 兼金，是好金。 镒，是二十四两。 陈臻见孟子周游列国，辞受不同，遂疑而问说："前日夫子在齐，齐王馈以兼金百镒，乃固辞之而不受；及在宋有七十镒之馈，则受之而不辞；在薛有五十镒之馈，则又受之而不辞；三国之馈同，而夫子之辞受则异。 若以前日之不受齐馈为是，则今日受宋薛之馈，不免为伤廉；若以今日受宋薛之馈为是，则前日之不受齐馈，不免为矫激。此是彼非，不能两立，夫子必有一件不是的去处，臻不能以无疑也。"孟子晓之说："辞受乃君子立身之大节，应辞应受，只看道理上如何，不可苟也。我今辞齐之馈，不是矫激，乃辞所当辞；受宋薛之馈，不是伤廉，乃受所当受。要之皆当于理而已，子乃以异同为疑，是岂知我者哉？"

"当在宋也，予将有远行，行者必以赆，辞曰：'馈赆。'予何为不受？当在薛也，予有戒心，辞曰：'闻戒。'故为兵馈之。予何为不受？"

解 赆（jìn），是送行之礼。戒心，是警备的意思。孟子晓陈臻说："我谓辞受皆当于理，何以明之？盖君子之居人国，若交以道，接以礼，而峻然拒之，则是绝人于己甚，亦不可也。我当在宋时，将去之他国，有远方之行。夫人有远行，则交游之间，每有馈送之仪，以资道途之费，是礼之当然也。宋君致馈之辞，说是为我远行故来馈赆，则馈我为有名矣。彼以礼来，何为却之而不受乎？是我受宋之馈，未为不是也。我当在薛之时，偶遇着军旅之事，方有警戒之心。夫贤人在其境内，则国君当周给之，保护之，使无忧患，是亦礼之当然也。薛君致馈之辞，说是闻我方有戒心，故为兵事来馈，则馈我亦有名矣。彼以礼处我，又何为却之而不受乎？此我受薛之馈，亦未为不是也。夫赐人者，礼得则无愧辞，受人赐者，义得则无愧心，君子盖权之审矣。"

"若于齐，则未有处也。无处而馈之，是货之也。焉有君子而可以货取乎？"

解 "取"字，解做"致"字。孟子答陈臻说："我受宋、薛之馈，皆有所为故耳。若前日在齐，则既无远行之役，可以馈赆为辞，又无不虞之警，可以闻戒为辞，是于交际之礼，未有所据也。无所据而馈之，则是不问其义之当否，惟以财货交之而已。众人见利而动，可以货交者有之。至于守义之君子，立身行己，自有法度，岂可以货结其心，而收致之乎？知君子不可以货取，则齐王百镒之馈，乃义不当受者，此我之不受，亦非以为是也。臻又何疑焉？"盖君子辞受取予，惟义所在，义所当受，固未尝立异以为高。至于义所不可，则虽一介之微，有不轻于取者，而况于百镒乎？孟子处三国之馈，可以为世法矣。

4.4 孟子之平陆，谓其大夫曰："子之持戟①之士，一日而三失伍，则去之，否乎？"曰："不待三。""然则子之失伍也亦多矣。凶年饥岁，子之民，老羸转于沟壑，壮者散而之四方者，几千人矣。"曰："此非距心之所得为也。"

【注】

① 戟：一种长柄兵器，合戈、矛为一体，可以直刺和横击。

解 平陆，是齐邑。大夫，是治邑之官。士，是军士。伍，是行列。去，是诛。距心，是大夫名。孟子在齐，曾到平陆地方，见其年饥岁荒，民多死徙，因问其大夫孔距心说道："事无大小，各有职守。似你这执戟的军士，设若于行师之时，一日之间，三离其伍，则以军法诛之，否乎？"距心答说："失伍离次，法所必诛，一次即不可宥，何待于三乎？"距心未知孟子发问之意，故直以士之职守为言也。孟子因诘之说："士之失伍，罪固当诛矣。然官之有职，就如士之有伍一般。如今看来，子之失废职守，如军士之失伍者亦多矣。盖国家设官分职，本以为民，必使民无失所，方为称职。如今这凶荒饥馑的年岁，看你这境内百姓，饥饿愁苦，生计无聊。有那年老羸（léi）病的，不能动移，辗转僵仆，死在沟壑之中；有那年力强壮的，抛弃家业，流散四方，苟全旦夕之命，这等的不知几千人矣。子为牧民之官，使百姓这等失所，其为失职与军士之失伍何异？若断以国法，不知当以何罪治之也。"距心犹未知其罪，乃答说："民之死徙，距心非不知悯恤，但事有不能自由者。如仓廪府库，非奉命不敢发；赋税征输，非奉命不敢缓。此在君上之轸念何如，距心安得而专之乎！今以失伍罪我，则枉矣。"距心之言，虽盖徒知事权之在上，而不知职任之在己。此孟子所以重责之也。

曰："今有受人之牛羊而为之牧之者，则必为之求牧与刍矣。求牧与刍而不得，则反诸其人乎？抑亦立而视其死与？"曰："此则距心之罪也。"

解 牧之，这"牧"字是指畜养牛羊说。求牧，这"牧"字是指牧放的地土说。孟子因距心诿罪于上，故责之说："子谓仓廪府库，是君上主张，兴发赈济，由不得你，便道不是你的罪，这岂是受人之托、忠人之事者乎？且以畜牧之事譬之。今有人受了人的牛羊，替他牧养，则必问那主人求讨牧放的地土，与那喂养的草料，才好替他牧管。假使求牧与刍而不得，还是把这牛羊交还主人，脱身而去乎？抑亦立视牛羊之死而不顾乎？此必反诸其人，无立视其死之理矣。今子受王命而为之治平陆，就如受人之牛羊一般，遇着凶荒，便当力请于王，设法赈济；若请而不许，就如求牧与刍而不得的一般，便当致其事而去之。今既不能养，又不能去，还守着这官，看着百姓饿死，则与立视牛羊之死者无异矣。是谁之过与？"于是距心惕然省悟，直认其罪说："我以牧民为职，不得其职而不去，何所逃责，此则距心之罪也。"夫朝廷设官养民，凶年饥岁，民方待哺，岂可委之而去；但既不得尽职，又无空食其禄之理，义不容不去耳。然则为民牧者，固不可立视其民之死，而为之君者，亦岂可不深念邦本，使人臣得行其志哉？

他日，见于王曰："王之为都者，臣知五人焉。知其罪者，惟孔距心。"为王诵之。王曰："此则寡人之罪也。"

解 邑中有先君之庙的叫做都。为都，是治邑。孟子既以臣之失职，责备距心，使之服罪矣，又欲因此警悟齐王。故他日自平陆之齐，来见齐王，就对他说："今之居官食禄，为君牧民者未尝乏人，然能尽忠补过者亦少矣。即如王之群臣，为治于都邑者，臣知得五人；五人之中，能自知其罪者，独平陆孔距心一人而已。"于是将前日所以切责距心，与距心所以自责的言语，一一为王诵说。盖欲使王知得外边百姓，这等流离困苦，做有司的，这等掣肘难行，庶几王心有所感悟耳。王果自任其咎说："人君职在养民，为臣者不过行君之令而致之民耳。使寡人能行仁政，那有司自然奉行，何致失职。今百姓不得其所，有司不得其职，皆缘寡人不能兴发补助以至于此，非寡人之罪而谁乎？我今知罪矣。"夫孟子一言，而齐之君臣各任其罪如此。使齐王能扩充此心，务损上以益下；齐之大夫能仰体君心，各修职以养民，则齐国庶几于大治矣。惜乎其"悦而不绎，从而不改"[①]也。

【注】

① 悦而不绎，从而不改：语出《论语·子罕》："子曰：'法语之言，能无从乎？改之为贵。巽与之言，能无说乎？绎之为贵。说而不绎，从而不改，吾末如之何也已矣。'"意思是听到那种委婉的、对你很谦恭的话，很喜悦、很高兴，却不能真正体会人家说话的意思；听了正道的语言，觉得好像挺对，表面上顺从，可是又不肯改自己的行为。

4.5 孟子谓蚔䵷曰："子之辞灵丘，而请士师，似也，为其可以言也。今既数月矣，未可以言与？"蚔䵷谏于王而不用，致为臣而去。齐人曰："所以为蚔䵷，则善矣；所以自为，则吾不知也。"

解　蚔䵷（qí wā），是齐大夫。灵丘，是邑名。士师，是理刑的官。"致"字，解做"还"字。齐臣有蚔䵷者，尝辞灵丘大夫之命，而请为士师，盖职当刑罚而有谏诤之责者也。孟子以职事讽之说道："人臣之义，内外远近，惟君所使。子乃辞灵丘而愿为士师，是岂择官而仕乎？其于道理，亦有近似者。盖人臣在疏远之地，则下情多壅于上闻；为亲近之官，则忠言或易于乘间。子今职专理刑，在王左右，则凡刑罚有失中的，可以随时救正，因事纳忠，当言而言，无所忌讳，子之请为士师，殆为此也。今在位也数月矣，王之用刑，岂能事事皆当，无一可言，子尚未可以进言与？居得言之地，有当言之事，而犹默默无所建明，此吾所未解也。"孟子责重蚔鼃深切如此。蚔鼃因此感动，乃进谏齐王；王不能用，遂致其职事而去，可谓得进退之义者。然蚔鼃之去，实孟子激之。故齐人遂讥孟子说："蚔鼃因孟子之言而进谏，其谏为忠说，谏不行而遂去，其去为明决。孟子为蚔鼃曲成其美，则诚善矣。然孟子道既不行，去又不果，其自为身计，乃不若蚔鼃；明于为人，而暗于自为，吾不知其何说也。"盖孟子以臣道处蚔鼃，而以宾师之道自处，其进退之义，自是不同。齐人何足以知此。

公都子以告。曰："吾闻之也，有官守者，不得其职则去；有言责者，不得其言则去。我无官守，我无言责也，则吾进退，岂不绰绰然有余裕哉？"

🔴 **解**　公都子，是孟子门人。绰绰，是宽裕的模样。公都子闻齐人非议孟子之言，遂述以告孟子。孟子晓之说："君子出处进退，各自有一种道理，齐人岂足以知我哉？吾闻古人有言，人臣分理政事，如礼乐刑罚，各有职掌的，这是以官为守，修其职乃可以居其官耳。若君不信任，事多掣肘而难行，于职业当尽的都不得尽，这等不去，是贪位慕禄而已，所以说不得其职则去。人臣专司谏诤，凡利病得失，皆许直言的，这是以言为责，尽其言乃可以任其责耳。若君不听从，言虽苦口而不入，于议论当行的，都不得行，这等不去，是偷合取容而已，所以说，不得其言则去。蚔鼃为士师，得以进谏，正是有官守言责者，不合则去，乃人臣进退之义当然也。若我于齐，虽在三卿之中，而不受万钟之禄，既不是分理政事，以官为守的，又不是专司谏诤，以言为责的。人固不得以臣下之职事，责望于我，我亦不肯以一身之去就受制于人。道合则留，可以进而进；不合则去，可以退而退，都由得自己主张，岂不绰然宽舒而有余裕哉？齐人安得以蚔鼃之去而议我也。"盖孟子在齐居宾师之位，与为人臣者不同，故其自处之重如此。至于官守言责不得则去，与周任、陈力就列不能者止之说相合，则万世人臣不可易之常道也。

4.6孟子为卿于齐，出吊于滕，王使盖①大夫王驩为辅行。王驩朝暮见，反②齐、滕之路，未尝与之言行事也。

解 盖，是齐邑。行事，是出使的事体。孟子在齐，曾受客卿之职，遇滕国有丧，齐王以孟子为使，往行吊礼。又使盖邑大夫王驩（huān）为副使，辅佐其行。这王驩是一个佞幸之臣，孟子平日所不取者。如何可与共事？以故同行在途，王驩虽朝暮进见，往反齐、滕之路，相接甚久，孟子竟不肯少假辞色，与之亲昵；就是出使的仪文礼节，也不曾与他计议，其待下之严如此。盖惟恐"比之匪人③"，将至于失己，故宁疏之而不敢亲也。

公孙丑曰："齐卿之位，不为小矣；齐滕之路，不为近矣。反之而未尝与言行事，何也？"曰："夫既或治之，予何言哉？"

解 公孙丑不知孟子待王驩之意，乃疑而问说："凡人之相与，若势分悬绝，或周旋不久，则言有不能尽者。今王驩仕为大夫，摄使事以佐夫子，其位不为小矣。自齐至滕，历二国之境，其路不为近矣。名位相次，既非悬隔而不得言；同行日久，又非仓卒而不及言，乃自往至反，终不与之言及行事，此何意也？"孟子于此，有难于明言者，乃托辞答说："我与彼奉命而出，若事有不治，与之共议可也。今出使仪文礼节，既有从行官属，各司其事，治办已停当了，我惟将命而行，自足成礼，何用更与之言哉？"观孟子之言，盖既不肯妄与之交，以流于苟合；又不肯直斥其故，以伤于己甚，可谓不恶而严者矣。

【注】
① 盖（gě）：齐国邑名，在今山东省临沂市沂水县城西北。
② 反：同"返"。
③ 比之匪（fēi）人：语出《易经·比卦》。匪人，不正派之人。意思是和与不正派之人为伍。

【注】

① 自齐葬于鲁：赵岐注："孟子仕于齐，丧母，而归葬于鲁也。"这是孟子第一次仕于齐时的事。赢（yíng）：在今山东省济南市莱芜区西北。

4.7 孟子自齐葬于鲁，反于齐，止于赢。① 充虞请曰："前日不知虞之不肖，使虞敦匠事。严，虞不敢请。今愿窃有请也，木若以美然。"曰："古者棺椁无度，中古棺七寸，椁称之。自天子达于庶人。非直为观美也，然后尽于人心。"

解　赢，是县名，在齐南境上。充虞，是孟子弟子。敦，是督理的意思。严，是急迫。称，是相等。昔孟子为卿于齐，有母之丧，自齐归葬于鲁。既葬，又自鲁而反于齐，到赢县地方止宿。充虞问说："前日夫子有母之丧，不知虞之不肖，把匠作事务，使虞督率办理。那时夫子方在哀痛迫切之中，虞虽有疑，不敢请问。今事毕从容，愿窃有请焉。向者所用的棺木，却似过于华美；恐用不可太侈，礼不可太过，在夫子必自有说，虞不能无惑也。"孟子答说："丧葬之从厚，其来久矣。夏商以前，礼制未备，其棺椁的尺寸，随人制造，原无一定之式。至中古时，周公制为丧葬之礼，才有个制度。棺木许厚七寸，椁亦与之相等。自天子达于庶人，都是一般，不以尊卑为厚薄。这岂是外面装饰，要人看见华美，相与称夸而已哉？盖人子爱亲之心，本是无穷，而送终之礼，尤为大事。于此不厚，则必贻悔于后日，抱恨于终天，此心如何尽得？故欲其坚厚久远，乃可以尽人子之心耳。然则前日之木，稽之古制而合，反之吾心而安，又何嫌于过美哉？"

"不得，不可以为悦；无财，不可以为悦。得之为有财，古之人皆用之，吾何为独不然？"

解　不得，是限于法制。悦，是心里快足的意思。孟子告充虞说："丧葬之礼，人子孰不欲厚于其亲，使其心快足，无所悔恨。然也有不得自尽的，或是限于法制，分有所不得为，只得安守职分，不敢过厚，此不可以为悦也；或是缺于财用，力有所不能为，只得称家有无，不能从厚，亦不可以为悦也。这都是势之所处，不得不然，而原其本心，则有大不能安者矣。若使国家法制，既在得为，自己财力，又足有为，此正人子可以为悦之时，于此不用其情，乌乎用其情？从古以来，皆用厚葬，人人都是如此。我亦有三年之爱于其父母，何为独不如此，而忍于薄待其亲哉？是棺椁之美，非独自尽其心，亦犹行古之道也。虞也何疑之有。"

"且比化者，无使土亲肤，于人心独无恔乎？吾闻之也，：君子不以天下俭其亲。"

解 "比"字，解做"为"字。化者，是死者。恔，是快足的意思。俭，是薄。孟子又答充虞说："吾谓送终之礼，不可不尽者为何？盖人子之于父母，常念其罔极之恩，则必思为无穷之计，要使附于身者，坚厚久远，不使地下土壤，得亲近其肌肤，则死者之体魄安矣。父母既安于地下，则于人子之心，独不快然自足，而无所悔恨乎。若礼所得为而不肯自尽，是爱惜财物而薄于其亲矣。吾闻君子送终之礼，必诚必信，惟恐一有不慎，为终身之悔。岂忍惜世间财物，却在父母身上减省，而不尽其心乎。吾之致美于木，亦不忍俭于亲耳，奈何以过厚为疑耶？"然孟子之葬亲，虽得为而未尝越礼，虽有财而未尝过费，惟反诸心之不可解者，求所以自尽而已。彼墨子之徒，以薄为道，则以天下俭其亲。而战国嬴秦之君，致虚地土之藏以为观美，亦岂君子之所谓尽心者耶？

4.8 沈同以其私问曰："燕可伐与？"孟子曰："可。子哙不得与人燕，子之不得受燕于子哙。有仕于此，而子悦之，不告于王而私与之吾子之禄爵；夫士也，亦无王命而私受之于子，则可乎？何以异于是？"

解 沈同，是齐臣。子哙（kuài），是燕君。子之是燕相。是时燕王子哙惑于邪谋，传位于其相子之，国内大乱。齐之君臣欲乘其乱而伐之。故沈同自以己意私问孟子说："燕国乱矣，举兵伐之可乎？"孟子据理答说："燕之罪可伐也。盖燕国受之天子，传之先君，子哙所当世守而勿失者；若未请命于天子，不该将土地人民，私授与人。子之位在人臣，若未奉天子之命，不该私受国于其主。譬如有仕宦之人，平日你喜悦他，却不请命于王，就将你的禄秩官爵私自与他；那仕宦的人也不曾奉君王命，就私受爵禄与你，于理可乎？盖爵禄虽在子，而黜陟予夺皆出于君，私相授受，皆不可也。燕国君臣之授受，何以异于此。以爵禄私相授受，在有国所必诛；以土地私相授受，在王法所必讨，何不可伐之有？"孟子之意，直谓燕有可伐之罪耳。至于所以伐燕者，又必有道，而惜乎沈同之不能再问也。

齐人伐燕。或问曰："劝齐伐燕，有诸？"曰："未也。沈同问：'燕可伐与？'吾应之曰：'可。'彼然而伐之也。彼如曰：'孰可以伐之？'则将应之曰：'为天吏，则可以伐之。'今有杀人者，或问之曰：'人可杀与？'则将应之曰：'可。'彼如曰：'孰可以杀之？'则将应之曰：'为士师，则可以杀之。'今以燕伐燕，何为劝之哉？"

解　天吏，是奉行天讨之君。孟子答沈同之问，止谓燕国君臣有可伐之罪，而非谓齐之可以伐燕也。及齐人兴师伐燕，或人疑其计出于孟子，乃问说："伐国之事，人所难言。今闻夫子劝齐伐燕，果有是事否？"孟子答说："我实未曾劝齐伐燕。但谓我为劝者，却有个缘故。前日齐大夫沈同，尝来私问我说'燕之无道，可伐与'，当时我应他说'可伐'，盖燕之君臣，把天子付与、祖宗传下的土地，私相授受，这等逆乱纲常，违犯法纪，如何不可伐。彼就以我之言为然，不复再问，而遽伐之也。彼如再问那个可以伐之，则我必将应之说，除非是奉行天命，诛讨有罪的天吏，才可伐之。苟非天吏，是以暴而易暴，亦不可也。譬如今有杀人的，或问说这杀人之人可杀与，则将应之说可。盖杀人者抵罪，如何不可杀。彼如再问，那个可以杀之，则必将应之说，除非是奉行君命、专理刑狱的士师，才可杀之。苟非士师，是以下而专戮，亦不可也。今燕之君臣，不告于天子而私相授受，其悖乱之罪，诚为可伐；然齐非天吏，亦不请于天子而兴兵讨伐，其专擅之罪，也与燕国一般。以齐伐燕，是即以燕伐燕也。我何为而劝之哉？"夫兵以义动，师贵有名，向使齐王能以燕国之乱，告之天子，声罪致讨，无一毫自利之心，庶几称天吏矣。惟其欲乘人之乱，取以自利，全是战国阴谋，此孟子所以甚言其不可也。

4.9 燕人畔^①。王曰："吾甚惭于孟子。"陈贾曰："王无患焉。王自以为与周公孰仁且智？"王曰："恶^②！是何言也？"曰："周公使管叔监殷^③，管叔以殷畔^④。知而使之，是不仁也；不知而使之，是不智也。仁智，周公未之尽也，而况于王乎？贾请见而解之。"

解 畔，是背叛。陈贾（gǔ），是齐大夫。管叔，是周公的兄，名鲜。监，是管理国事。齐人既伐燕而取之，后来燕人不服，共立燕太子平为王，畔了齐国。齐王乃与群臣说："向年我欲取燕，孟子劝我当顺民心。及诸侯将谋救燕，孟子又劝我置君而去。我不曾听他的言语；今燕人背畔，是我不用忠言之过，心甚惭愧，无颜面见得孟子，将如之何？"这是齐王悔悟的良心，群臣若能将顺而诱掖之，亦为善之机也。齐臣有个陈贾，是阿谀小人，乃对齐王说："王何必以此为患，臣且问王，王自家忖度，与古之周公孰仁且智？"齐王惊叹说："这是何言？周公乃古之圣人，我何敢比他。"陈贾便举周公的事来说："王以周公为仁且智，非后世可及，不知周公于仁智，也有不能完全的去处。当时武王克商，立纣子武庚，周公使其兄管叔去监守武庚之国，及成王初年，管叔遂与武庚同谋，以殷叛周。假使周公预知管叔之必叛，故意教他

【注】

① 燕人畔：畔，同"叛"。齐军攻入燕国后，燕王哙死，诸侯另谋立燕王以反抗齐国。站在齐国的角度看，说燕人"背叛"。此事发生在公元前 312 年。

② 恶（wū）：语气词。

③ 周公使管叔监殷：武王灭商，乃封其弟姬鲜于管地，是为管叔；封其弟姬度于蔡地，是为蔡叔。使二人监视纣子武庚，管理殷遗民。

④ 管叔以殷畔：《史记·管蔡世家》："武王既崩，成王少，周公旦专王室。管叔、蔡叔疑周公之为不利于成王，乃挟武庚以作乱。周公旦承成王命伐诛武庚，杀管叔，而放蔡叔，迁之。"以，率领。

去监国，是驱之使陷于罪，忍心害兄，这便是不仁。假使不知管叔之将叛，误教他去监国，是亲兄之恶，尚然不知，这便是不智。这等看来，仁智二字，虽以周公之圣，尚且不能兼尽，而况于王乎？燕人之叛，正不必以此为惭也。贾请往见孟子，以周公为辞而解之，王无患矣。"夫齐王之惭，尚有迁善之机，而陈贾之解，反导之以文过之失。小人逢君之恶，其情状类如此。

见孟子，问曰："周公何人也？"曰："古圣人也。"曰："使管叔监殷，管叔以殷畔也，有诸？"曰："然。"曰："周公知其将畔而使之与？"曰："不知也。""然则圣人且有过与？"曰："周公，弟也；管叔，兄也。周公之过，不亦宜乎？"

解　陈贾欲借周公以释齐王之惭，因往见孟子问说："周公何如人也？"孟子答说："德如周公，乃古之圣人也。"陈贾问说："闻周公封武庚于殷，使管叔往监其国，管叔反与武庚同谋，以殷畔周，不知果有此事否？"孟子答说："史书所载，诚有此事。"陈贾乃故意问说："周公用管叔之时，亦预先知道他将畔而使之与？"孟子答说："周公若知管叔将畔，岂肯使之，以理度之，必是不曾先知耳。"陈贾因借此发问说："不知而使之，是不智也。夫子既以周公为圣人，宜乎尽善尽美，无有过失；乃不免用差了人，则圣人其有过与？"陈贾之言及此，自谓可以为齐王解矣，然不知圣人之所处，与常人不同。孟子答说："圣人岂可轻议，但遇着天理人情照管不到的去处，其迹或涉于过差，而不知其有不得不然者，当谅其身之所处何如耳。周公于管叔为弟，管叔于周公为兄，当初使之监殷，只道他是王室懿亲，故以爱兄之念，诚信而任之，实不料其至于此也。然则周公之过，岂非天理人情之所不能免者乎？若逆料其兄之恶，而以疑贰之心待之，则不宜有此过矣。然岂圣人之所忍哉？"孟子之言，正与孔子观过知仁之意相合。惟其过于爱，过于厚，此所以为圣人也。若世之自陷于有过者，安可借之以自文邪？陈贾乃欲以此释齐王之惭，不惟巧于逢君，抑亦敢于诬圣矣。

"且古之君子，过则改之；今之君子，过则顺之。古之君子，其过也，如日月之食，民皆见之；及其更也，民皆仰之。今之君子，岂徒顺之，又从为之辞。"

解　孟子知陈贾为齐王文过，乃直折之说："凡人不能无过，但所以处过者不同。古之君子应事接物，也有一时意虑不及，偶然差错了的，却能自认其过，改从那好的一边去，不肯护短。如今的人或偶有一误，本出无心，却惮于更改，就顺着那差的一边去，不肯认差。古之君子，当其有过，明白示人，无一毫遮饰，就如那日月方食的一般，天下之人，谁不望见？及其汲汲改图，复于无过，就如日月复明的一般，依旧光明圆满，天下之人，谁不瞻仰？这样心事，何等明白正大，即有一时之过，亦安足以病之。至于今之君子，岂徒顺从其过，不肯改图，又要假借一段说话，弥缝掩饰，以欺人之耳目。此古之君子所以能立于无过，今之君子所以卒归于有过也。自爱其身者，固当以古人自处，爱人以德者，又岂可以今人待之哉？"陈贾之意，本欲借周公之过，以解齐王之惭，是乃为君文过，而不知其陷君于有过也。故孟子正言以斥之如此。夫圣如成汤，而称其改过之不吝；圣如孔子，而幸其有过之必知。圣人亦何尝自谓其无过哉？惟过而能改，不惮舍己从人，以迁于至善，则非常人之所能及耳。齐之君臣，专以文过饰非为事，此国事所以日非，而终至于乱亡也。

4.10 孟子致为臣而归。王就见孟子，曰："前日愿见而不可得，得侍，同朝甚喜。今又弃寡人而归，不识可以继此而得见乎？"对曰："不敢请耳，固所愿也。"

解　孟子为卿于齐，本欲行道，乃久于齐而道不行，无虚受其职之理，故致还卿位而归焉。齐王见孟子要去，乃亲自来见说："前日夫子未至吾国，寡人仰慕道德，愿一见而不可得。及夫子不弃寡人，千里而来，使寡人得侍贤者之侧，莫说寡人喜悦，即同朝士大夫莫不甚喜。今又以寡人不足有为，弃之而去，虽夫子高尚之志已不可回，而寡人愿见之心自不容己，不识此别之后，尚可再来

嬖人沮见

　　鲁平公得乐正子，欲见孟子，后沮于藏仓而不果。及孟子闻之，但诿之于天而不责于
人也。

听天安命

（内容同上）

列国尊贤

　　当时功利说盛，不知圣贤功用之大。彭更见国君尊养之至，故有车从泰多为问。孟子答以事合乎道，不为过也。

气言希圣

公孙丑疑孟子加齐卿相，得位行道以动心。孟子极养气知言之功。盖孔子之圣，不假乎养气知言，孟子必学乎此而至圣也。

简言待辅

孟子为卿，出吊于滕，王使大夫王骧辅行，往返齐滕，未尝与言行事。公孙丑问孟子，答以事既以治，又何言哉？

遇宋见贤

　　滕文公为世子，过宋而见孟子。孟子道性善，言必称尧舜，但众人蔽于欲而不充，尧舜则无欲而充其性耳。

反齐礼葬

孟子自齐葬鲁，反齐止嬴。充虞治棺至此，问曰："木若以美？"孟子答曰："非特观美，在乎得为自尽，以快人子之心而已。"

辞禄万钟

　　孟子致为臣而归，王就见孟子曰："前愿见而不可得，得侍同朝甚喜。"留意诚矣。又言养弟子以万钟，为国人矜式。以利诱之，故拒不受。

使寡人得见否乎？”夫齐王虽不能用，孟子于在国之时，而犹欲见孟子于既去之后，其一念好德之诚，尚有未泯者。孟子乃婉辞以对之，说：“我虽去国，私心惓惓，常在王之左右，继见之期，但不敢预以为请耳，然此心固所愿也。”盖孟子严于守己，而又不欲轻于绝人，其汲汲行道之本心，固已见于言外矣。

他日，王谓时子曰：“我欲中国而授孟子室，养弟子以万钟，使诸大夫国人皆有所矜式。子盍为我言之？”

解　时子，是齐臣。六斛四斗，叫做一钟。矜，是敬。式，是法。孟子虽决于去齐，犹未出境，齐王以为尚可复留。一日，谓时子说：“我待孟子以卿相之位，他不肯留，必谓我尊敬有未至耳。我今欲当国之中，于士民凑集的去处，建造一所房屋，与孟子居住；那从游的弟子众多，特与万钟之禄以赡养之。既有居止之安，又有廪给之富，或者可以复留。使我诸大夫及国中之人，都得以亲炙其光辉，瞻仰其仪范，人人得以尊敬而取法，此我之所大愿也。子何不为我告于孟子，备道所以勉留之故，庶几可以援而止之乎。”夫齐王不能尊德乐道，尽用贤之实，而徒欲以宫室廪禄为虚拘之文，宜孟子之终不留也。

时子因陈子而以告孟子，陈子以时子之言告孟子。孟子曰：“然。夫时子恶知其不可也？如使予欲富，辞十万而受万，是为欲富乎？”

解　齐王欲留孟子，命时子致意。时子难于径达，乃因孟子弟子陈臻传道齐王之语。陈子亦不知孟子欲去之心，即述时子之言以告之。孟子以道既不行，义在必去，却又难于显言，乃姑答陈臻说：“齐王有意留我，其意诚然。然我之当去而不可复留，固自有为，时子岂知之乎？且王以万钟留我，不过以富诱之而已。设使我有欲富之心，则前日位在客卿，常禄十万尚辞之而不受，今乃受此万钟之养，是辞多而受少也，欲富者固如此乎？况我本非欲富，而以是留之，亦非所以待我矣。”盖孟子以道为去就，齐王以禄为优礼，宜不肯复留也。

"季孙曰：'异哉子叔疑！使己为政，不用，则亦已矣，又使其子弟为卿。人亦孰不欲富贵？而独于富贵之中，有私龙断①焉。'"

解 季孙、子叔疑，都是战国以前的人。异，是怪。龙断，是冈垄之高处。孟子又答陈臻说："我今既辞卿位，若复以万钟留齐，是不得于彼，而求得于此也。与子叔疑何异？当时季孙曾说：'怪哉子叔疑之为人。使自己居位为政，不见用于其君，也只是奉身而退便了，却又使其子弟为卿，代之秉政，不过志在富贵而已。世人之情，亦孰不欲富贵，但一得一失，自有义命，何可尽取。乃子叔疑失之于身，复欲得之于子弟，是独于富贵之中，展转营谋，不肯割舍，如登在冈垄高处，左右顾望，惟图专利的一般，不亦怪哉！'今我道既不行，而复受万钟之养，则何以异于此？"盖君子仕止去就，惟视道之行否。其君用之，则忘身殉国，不敢辞难；否则洁己全身，不肯枉己。此圣贤出处之大节也。若乃于富贵利达之中，存患得患失之念，如所谓私垄断者，则乡党自好者不为，岂君子自处之道哉？齐之君臣，不知去就之义，而徒欲以厚禄羁縻贤者，其不知孟子亦甚矣。

"古之为市者，以其所有易其所无者，有司者治之耳。有贱丈夫焉，必求龙断而登之，以左右望，而罔②市利。人皆以为贱，故从而征之。征商自此贱丈夫始矣。"

解 有司，是监市的官。罔，是网罗括取的意思。征，是税。这一节是解上文"龙断"二字之义。孟子说："季孙以龙断比子叔疑，如何叫做垄断？盖古时设立市场，聚集民间的货物，使彼此更换，以其所有，易其所无，两平交易，各得其所。那有司之官，不过替他平物价，理争讼，以法治之而已，初未征其税也。后来有一等贱丈夫，贪得无厌，必求那冈垄最高的去处，登而望之，

【注】
① 龙（lǒng）断：同"垄断"，网求市利之意。
② 罔：同"网"，用作动词，网罗。

左顾右盼，看那一项可以居积，那一处可以兴贩，既欲得此，又欲取彼，把市中财利，一网括尽，不肯放过些须。这等专利的小人，个个都贱恶他，乃征取其税，以示裁抑。后世缘此，遂有商税。是征取商人之法，实自此贱丈夫始矣。季孙所谓垄断之说如此。其意盖讥子叔疑自己不用，又为弟子求官，罔利无厌，与垄断无异也。今我既辞十万之禄，复受万钟之养，不得于此，而求得于彼，是亦一垄断矣，如之何其可哉？"此孟子所以决于去齐，而时子或未之知也。

4.11 孟子去齐，宿于昼。有欲为王留行者，坐而言。不应，隐几而卧。

解 昼，是齐邑名。古人席地而坐，年长者为之设几（jī）。隐（yìn）几，是凭着几案。齐王不能用孟子，孟子以道不得行，辞之而去。行到西南境上昼邑地方，暂且止宿。盖去国不忘君之意也。当时有个齐臣，见孟子行得迟缓，意其可以复留。乃不奉王命，而自以其意来见孟子，欲为王留行，是不知留贤之道矣。及既坐而言，孟子只由他自说，竟不答应，且凭着几案而卧，若不曾听闻者，以示绝之之意焉。盖为国留贤，虽是美意，然平时不能左右齐王，成就他用贤之美；临时又不知遵奉王命，道达他留贤之诚，徒欲以一人之口舌，挽回贤者之去志，多见其不知量已。此孟子所以重绝之也。

客不悦曰："弟子齐宿[1]而后敢言，夫子卧而不听，请勿复敢见矣。"曰："坐！我明语子。昔者鲁缪公[2]无人乎子思之侧，则不能安子思；泄柳、申详[3]无人乎缪公之侧，则不能安其身。"

🔴 解　客，是为王留行的人。因见孟子不应其言，以为慢己，乃忿然不悦说道："夫子之去留，系齐国之轻重，故弟子不敢轻率，斋戒越宿，方敢进言，何等样诚敬。夫子乃卧而不听，明示拒绝，弟子请从此辞，不敢复见矣。"夫齐人不自省悟，而反责望于孟子，是不知留贤之道者。孟子欲晓告之，乃命之坐，说道："子知我之所以不应乎？请明告汝。大凡贤者之去就，视人君之礼遇何如。昔者子思在鲁，穆公深知其贤，以师道尊之，常使人伺候起居，通其诚意，所以能安子思也。若使穆公无人在子思之侧，则其尊贤之意，无由自达，子思必见几而作，不能一日安于其国矣。泄柳、申详二子都是贤者，穆公虽尊之不如子思，然有推贤荐士之臣，常在君侧，为之维持调护，所以能安其身也。若使二子无人在穆公之侧，则其君敬贤之礼，有时而衰，二子亦必洁身而去，不能一日安其身矣。此可见贤者之居人国，其上必有好贤之君，尊崇听信，寄之以腹心，而后可留；其中必有荐贤之臣，弥缝匡赞，通之以情意，而后可留。盖以道自重，当如是也。今子之来，果王之留我，而使子道其诚耶？抑子请留于王，而为之通其意耶？苟为不然，则非所以处我矣。我之不应，岂为过哉？"

"子为长者虑，而不及子思。子绝长者乎？长者绝子乎？"

🔴 解　长者，是孟子自称。虑，是谋。孟子承上文说："观子思与泄柳、申详之事，则留贤之道可知矣。子之留我，诚出自王之诚意，如穆公之于子思，则待我以礼，安敢不答。乃今观子之来，未尝出于君上之命，而欲以一人之私意，决贤者之去留。是子为长者谋画，视穆公之待子思，不及远矣。我之自处，未尝敢轻于子思，而不以子思待我，这是子绝我乎？却是我绝子乎？夫敬人者，人恒敬之，子之留我不以其道，是先绝我矣。我之卧而不应，岂为先绝子乎？"盖孟子于齐，道虽不合，未忍遽去，使留行者能以尊贤之义开导齐王，亦以齐王之诚，勉留孟子，未必不可挽回也。齐人乃欲以己意留之，其见绝于孟子，宜哉！尝即子思、泄柳、申详之事而论之，古之贤士，皆知以道自重，而上亦重之，非其君忘势而下交，则其左右之贤者，秉公而推荐，如三子者是已。战国以后，士习日卑，乃有阿时好以结主知，因君侧以求先容者，则泄柳、申详犹耻为之，而况子思乎？观孟子之言，亦足以维士习之变矣。

4.12 孟子去齐。尹士语人曰："不识王之不可以为汤、武，则是不明也；识其不可，然且至，则是干泽也。千里而见王，不遇故去；三宿而后出昼，是何濡滞也？士则兹不悦。"

解 干（gān）泽，是干求恩泽。濡滞，是迟留的意思。孟子去齐，止于昼邑地方，三宿而后出境。齐人尹士，见孟子去不果决，乃私与人讥议说："出处乃士人之大节，甚不可苟。故进必择君而仕，不为利禄；退必'见几而作，不俟终日'①。这才是难进易退的道理。今齐王之不可为汤、武，人皆知之，使孟子不知而来见，则智不足以知人，是不明也。使知其不可，犹且来见，则志惟在于利禄，是干泽也。且千里而来见王，本欲行道。今不遇而去，便当洁身，却乃迟迟其行，三宿而后出昼，是何其依违于进退之间，若是其濡滞也。以孟子平日的抱负，吾甚敬之，今所为若此，吾甚不悦，不意孟子而有此举动也。"夫尹士之言，似亦知守身之常法者，而圣贤委曲行道之心，则岂硁硁者所能识哉？

高子以告。曰："夫尹士恶知予哉？千里而见王，是予所欲也；不遇故去，岂予所欲哉？予不得已也。"

解 高子，是孟子弟子。高子闻尹士讥切孟子之言，乃述以告孟子。孟子晓之说："君子之出处去就，若只顾自己高洁，这也不难。惟是爱君忧国，委曲从容，尚有出于常情之外者，尹士之言，恶能知我之心哉？我当初千里而见王，非是逆料王之不可为汤、武，而始就之也。以为道在于我，可以辅世长民，若一见之后，有所遇合，或可佐王以成汤、武之业，而吾道庶几可行，是我之所愿欲也。至于不遇故去，岂是我之本心？只为言不见用，吾既不能舍所学以从人；道不得行，吾又不可居其位而食禄。展转思维，实不得已而后去耳。夫向日之来，本欲求伸其素志，故今日之去，犹未忍遽替其初心，始终只要行道济时，使天下被汤、武之泽而已，何害其为濡滞哉？尹士恶足以知此。"

"予三宿而出昼，于予心犹以为速，王庶几改之！王如改诸，则必反予。"

解　孟子答高子说："我之去齐，实非本心，盖有甚不得已者。即三宿而后出昼，于我之心，犹以为过于急速，而有不能悆然^①者焉。何也？盖人情或暂蔽而复明，或始过而终改。王之不能用我，虽是一时迷惑，然犹望其从容悔悟，庶几能改，不至于终迷而不悟也。若使王能知既往之失，痛加省改，则能以王道为必可行，以吾言为必可信，必将追我而反之矣。吾何为而速于去哉？所以三宿出昼而不嫌于濡滞也。"

"夫出昼，而王不予追也，予然后浩然有归志。予虽然，岂舍王哉？王犹足用为善；王如用予，则岂徒齐民安？天下之民举安。王庶几改之！予日望之！"

解　孟子承上文说："我三宿而出昼，犹冀王之追我也。至于出昼之日，已越齐境，而王不见追，则王之心终于不悟，而义不容于不去矣。我到这时节，方才有必归之志，浩然长往而不可复止耳。然我虽决去，亦岂忍悆然而舍王哉？盖王之天资朴实，虽有好勇、好货、好色这三件病痛，然其不忍之心，充之可以保民，好乐之心，公之可以治国，犹足引而为善，以建有为之业者。王如用我，使我之道得以大行，则岂徒齐国之民得安？即天下之民，皆可使被治安之泽；而汤、武之功，亦不难致矣。王诚反而思之，庶几改过迁善，使王为贤君，齐为善国，岂不美哉！故我虽既去，犹日夜望之也。岂忍终舍王哉？尹士乃以濡滞讥我，亦不知我之心者矣。"

"予岂若是小丈夫然哉！谏于其君而不受，则怒，悻悻然见于面，去则穷日之力而后宿哉？"尹士闻之，曰："士诚小人也。"

解　悻悻，是不平的意思。"穷"字，解做"尽"字。孟子承上文说："我之从容去国，而犹有望于王，盖为世道民生计也，岂是那一等规模促狭、不识大体的小丈夫。一有所匡谏于君，不见听从，即心怀愤恨悻悻不平之气，见于面目；去则驰驱道路，尽一日之力，方肯止宿，惟恐其行之不速，涉于濡滞，而无复有所顾恋。这样的人，只管得自家的去就，全无爱君忧国之心，君子忠厚之道，不如是也。我宁受濡滞之名，其忍以小丈夫自处耶！"尹士闻此言，乃自悟其失，说道："士之所言，但见得去就之际，不可不明；岂知贤者行藏济时之心，忠君爱国之念，有如此者，我诚小丈夫也。"然则君子之所为，岂常人所能识哉！盖孟子初至齐国，只望齐王能行其道；及不遇而去，又只望齐王能改其失。其忠爱之心与明哲之见，有并行而不悖者，与孔子迟迟去鲁之意正同，视硁（kēng）硁一节之士，以去就为名者，分量相悬矣。惜乎，齐王竟不能留，而齐终不能治也。

4.13 孟子去齐，充虞路问曰："夫子若有不豫色然。前日虞闻诸夫子曰：'君子不怨天，不尤人。'"曰："彼一时，此一时也。"

解　不豫，是不喜欢的意思。孟子至齐，不遇而去，其忧世之心，有不觉见于颜面者。门人充虞在途间问说："夫子自去齐以来，忧形于色，似有郁郁不乐的模样，虞窃有疑焉。前日虞曾闻夫子说：'君子之心，无入而不自得，就是不得于天，也不怨天，不合于人，也不尤人。'今夫子不遇于齐，便就有怨尤的意思，与前日之言不合，此则弟子所不识也。"孟子晓之说："'不怨、不尤'这两句，是我平日诵法孔子的言语，我何尝有怨天尤人之心？但我今日之不豫，所以异于前日者，亦自有说。盖君子守身之常法，与用世之微权，各自有一种道理，我前日不见诸侯，不曾想着用世，只是居仁由义，不愧于天，不怍于人，便欣然有以自乐，彼固一时也。其在今日，却要得君行道，辅世长民，然而遭际不偶，则上畏天命，下悲人穷，于心自有不能恝然者，此又一时也。时之所值不齐，而心之忧乐亦异，岂可以一律论哉！"

"五百年必有王者兴，其间必有名世者。由周而来，七百有余岁矣。以其数，则过矣；以其时考之，则可矣。"

【注】
① 禹、皋：大禹和皋陶。
② 伊、吕：伊，伊尹；吕，吕尚，即姜太公。

解　名世，是德业闻望可名于一世的贤人。孟子告充虞说："我之所以不豫者为何？盖当此之时，圣王不作，吾道不行，有不能释然者耳。大抵圣君贤相，其遇甚难，其出不偶。自来天地间的气运，到五百年贞元会合，则必有继天立极的圣人，受命而兴，在天子之位，以开一世之太平。如自尧舜以至于汤，自汤以至于文武，都是这等年数。那其间建功立业，也不是一个人做的，又必有德业闻望，超出一世的贤人，出来辅佐他以成王者之治。如尧、舜之有禹、皋①，汤、武之有伊、吕②，也都是这样凑合。此可见天运而人从，君倡而臣和，是乃气数之必然而不可易者也。今自文、武造周以来，到于今，七百有余岁了。以五百年的常数算之，已过二百，王者之不作，未有疏于此时者矣。且天运循环，无往不复，以当今战国之时考之，正是乱极思治，可以有为之日，兴道致治，未有易于此时者矣。于此而不得一佐圣王，以成辅世长民之业，仅见一齐王足用为善，而又不遇而去，虽有名世之具，亦终无以自见矣。忧天命而悲人穷，安得无不豫之色哉！"

"夫天未欲平治天下也，如欲平治天下，当今之世，舍我其谁也？吾何为不豫哉？"

解　孟子又说："当今之世，数过五百之期，时值可为之日，乃使我不遇于齐，或者天意还未欲平治天下故耳。有如世道不可以终否，天心有时厌乱，将使天下平治，复蒙王者之泽，则辅佐于下者，毕竟要有德业闻望可名一世的人，才做得拨乱反正的事业。当今之世，独我一人足以当之耳，舍我其谁用哉？夫天意未定，则平治尚有可望；其具在我，则遭际亦必有期。吾惟藏器于身，待时而动耳。又何为而不豫哉？"是可见孟子自任之重，故去国而不能无忧，自信之深，故处困而不失其乐，圣贤之存心如此，众人固不识也。

4.14 孟子去齐，居休。公孙丑问曰："仕而不受禄，古之道乎？"曰："非也。于崇，吾得见王，退而有去志，不欲变，故不受也。"

解　休、崇，都是地名。孟子虽为齐卿，未尝受禄，以明其志在行道，不为利禄所縻，而公孙丑未之知也。及孟子去齐居休，乃乘间问说："君子居其位，则食其禄，宜无可辞之理。向者夫子仕于齐国，而不受其禄，是岂古人之道当如是邪？"孟子答说："仕不受禄，本非古道，但我之辞禄，盖自有说。当初我来见齐王，本欲行其志也，使王能用我而可以久居于齐，则虽受其禄，亦无不可。顾吾初至齐国，在崇邑地方得见齐王，谈论之间，已知其不能用我，退而有去志矣。彼虽曾有爵位，不过假此暂住，以观王之意向如何，其实欲去之志，不欲变改。若遂受其禄，则为职分所羁，而行止久速，不得自由，故虽仕而不受其禄也。盖禄既不受，则脱然于官守之外，而一进一退，绰然有余裕矣。岂可以古道例之耶？"

"既而有师命，不可以请。久于齐，非我志也。"

解 孟子承上文说："我于齐既有去志，则义不可以复留矣，乃犹迟迟而行，这是为何？盖我自见王之后，适遇着国内被兵，有兴师之命，此时干戈扰攘，上下戒严，若于危急存亡之秋，而但为洁身自便之计，非惟义所不可，抑亦心所未安，故隐忍而不敢请也。然则我之淹留于齐，乃势有所阻，岂我志之所欲哉？"身在齐卿之位，而心怀去国之图，此所以不受其禄也。盖孟子之志，欲行仁义之道，以比隆汤、武；而齐王之志，欲窃富强之略，以效法桓、文，此如方圆之不相入矣。道既不合，而乃欲以万钟之禄縻之，岂所以待孟子哉？可见君子之遭时遇主，惟精神志意之感孚，为足以尽其用，而爵禄名宠之制御，不足以系其心，此又用人者所当知也。

滕文公章句　上

5.1 滕文公为世子，将之楚，过宋而见孟子①。孟子道性善，言必称尧舜。

（解）滕文公，是滕国的诸侯。"之"字，解做"往"字。道，是言。昔滕文公为世子时，将往楚国，修交邻之礼。因平日仰慕孟子，闻得孟子在宋国，乃先过宋而见之。观世子之急于见贤，正是他天性之善，可与入圣的机括。孟子欲从本原上启发他，开口便说个性善。盖人生下来便有个性，乃天所命于人的正理，本有善而无恶。自圣人以至途人，性中个个有仁、个个有义，其有不仁不义者，必是物欲害之，而非其本然之性也。当时性学不明，故孟子特举以告世子，欲其先认得本来真性，然后可励其必为之志，而又恐言之无征，必称尧舜以实之。盖尧舜之德，虽荡荡巍巍，万世莫及，然其所以为圣者，岂是于人之外更有所加，不过由其本善无恶者，充之以造其极耳。称尧舜之仁，便见得性中同有是仁；称尧舜之义，便见得性中同有是义。仁义不假外求，则尧舜可学而至也。世之以不善言性，以圣人为绝德，而自弃者，其亦弗思甚矣。此孟子所以惓惓于世子也。

【注】

① 过宋而见孟子：公元前324年，孟子听说宋君偃欲推行仁政，故从齐国来到宋国。

世子自楚反，复见孟子。孟子曰："世子疑吾言乎？夫道一而已矣！成覸谓齐景公曰：'彼丈夫也，我丈夫也，吾何畏彼哉。'颜渊曰：'舜何人也，予何人也？有为者亦若是！'公明仪曰：'文王我师也，周公岂欺我哉！'"

（解）成覸（jiàn），是古人姓名。彼，指圣贤说。公明仪，是鲁之贤人。战国之时，性学不明久矣，世子骤闻孟子性善之说，未能了然，且望以尧舜之圣，益加疑畏。故自楚国回还，复来见孟子，意以前日之言高远难行，或别有卑近易行之说也。孟子乃告之说："世子此来，得非闻吾之言，而有所疑惑乎？吾言固无可疑也。夫性即是道，道之在人，同出于天，同具于心，无古今，无圣愚，一而已矣。若说人性不皆善，尧舜不易为，则是尧舜一道，众人又一道，道为有二矣。天下岂有二道哉！试以古人的言语一一验之：昔成覸对齐景公说：'今之人见说个圣贤，便怵然畏之，不知他也是个丈夫，我也是个丈夫，其性一也；我若自能奋发，也做得到他的地位，吾何畏彼哉？'颜渊尝说：'古今称圣人必曰虞舜，然舜是何等人，我是何等人，看来性非有二也。我能立志有为，也就和舜是一般，何难之有！'公明仪亦尝说：'周公是文王之子，事事取法文王，曾说文王是我师也。以今观之，人患不为文王耳。吾性中自有文王，人人可以师法，这是明白简易的道理，周公岂故为大言，以欺我哉？'夫此三子之言，正以古今圣贤本无二道，非有高远难行之事，故其说之吻合如此。世子试以三子之言，证吾前日之言，则必有怵然觉悟，慨然奋发者矣，而又何疑哉！"

"今滕，绝长补短，将五十里也，犹可以为善国。《书》曰：'若药不瞑眩^①，厥疾不瘳。'"

解 "绝"字，解做"截"字。瞑眩，是烦乱的意思。瘳（chōu），是病痊。孟子勉世子说："即成覸、颜渊、公明仪之言观之，可见道之无二，而圣贤之必可师矣。世子勿以滕国为小，而惮于有为，今若将滕之地界截长补短，几有五十里之大，建国之规模固尚在也。苟能奋发自强，修身立政，以古帝王为法，犹可以拨乱兴衰，为治安之国。但恐安于卑近，不能自克以从善耳。《书经》上说：'若药不瞑眩，厥疾不瘳。'比喻人君为治，如人有疾病，以苦口之药攻之，必是腹中烦乱一番，方才除得病根。若药不瞑眩，这病如何得好？为人君者若非克己励精，忍人所不能忍；虚心受谏，容人所不能容，则治无由成，而国亦终于不振矣。世子诚有志于圣贤之道，亦在自勉而已，岂以国小为患哉？"夫滕在战国极称褊小，孟子犹以尧舜之道期之，况于君临万国继帝王之统，而能勉强行道，何治之不可成乎？若所引《书经》二语，于治道尤为亲切。盖王者以天下为一身，凡四方水旱兵荒即是人身的病痛；远近内外许多弊端蠹政，即是人身经络脏腑中致病的根源。若能听逆耳之言，怀恻身之惧，将那蠹弊的去处，一一扫除，使阴阳和顺，灾沴^①不作，就如用苦口之药攻去病根，使气血调畅，身体康宁一般。即此推之，尧舜之道，亦不外此。图治者可不勉哉！

【注】

① 沴：灾害。

5.2 滕定公薨^①，世子谓然友曰："昔者孟子尝与我言于宋，于心终不忘。今也不幸至于大故^②，吾欲使子问于孟子，然后行事。"然友之邹^③，问于孟子。孟子曰："不亦善乎！亲丧，固所自尽也。曾子曰：'生，事之以礼；死，葬之以礼，祭之以礼，可谓孝矣。'诸侯之礼，吾未之学也。虽然，吾尝闻之矣。三年之丧^④，齐疏^⑤之服，飦粥之食^⑥，自天子达于庶人，三代共之。"

解 滕定公，是文公之父。世子，即文公。然友，是世子之傅。齐，是齐衰。疏，是粗布。稀粥，叫做飦。滕文公为世子，既得闻孟子之教，有所感悟。已而遭其父定公之丧，因谓送终大事，不当安于世俗之礼，遂与其傅然友说："昔时我因过宋得见孟子，他曾与我论尧舜性善之道，大有启发，我常记念在心，终不能忘。今也不幸有此大变，不知丧葬之礼如何举行，方合于圣人之道。我欲使子往问孟子，求其一一指教，然后行事，庶免于悖礼之失也。"此时孟子在邹，然友即自滕至邹，以世子之言问于孟子。孟子答说："方今王教陵夷^⑦，丧礼废坏，世子此问独有慨然复古之心，不亦善乎！然人子居父母之丧，其哀痛迫切，至情根于天性。举凡送终之礼，只要自己竭尽其心，而不忍一毫亏欠，原非人所

【注】

① 薨（hōng）：古代称诸侯或有爵位的官员之死。

② 大故：重大的事故，此指丧父。

③ 然友之邹：由于宋君偃没有认真推行仁政，孟子在公元前323年回到了邹国。

④ 三年之丧：古代儒家主张的丧服中最重的一种，即臣为君、子为父、妻为夫等要服丧三年。《唐律疏仪》规定："父母之丧，法合二十七月，二十五月内是正丧，若释服求仕，即当不孝，合徒三年。"对于不守丧的处罚也是比较严重的。

⑤ 齐（zī）疏：齐，将丧服下部的边折转缝起来；疏，粗布。

⑥ 饘（zhān）粥：饘，粘稠的粥；粥，稀粥。这里指稀粥。

⑦ 陵夷：衰落。

⑧ 禴（yuè）祠蒸尝：亦作"禴祠烝尝"，出自《诗经·小雅·天保》："禴祠烝尝，于公先王。"指四时祭祀宗庙的名称，夏曰禴，春曰祠，冬曰烝，秋曰尝。

⑨ 湮（yān）：埋没。

能强，亦非人所能沮者，宜乎世子于此有不能自已也。 曾子尝说：'父母在生之时，左右就养，当事之以礼；既殁之后，衣衾棺椁当葬之以礼；祭享之时，禴祠蒸尝⑧，当祭之以礼。 自始至终，礼无不尽，则心亦无不尽，而可以谓之孝矣！' 这是曾子泛论人子之礼，我尝学之。 若夫诸侯的丧礼，则我未之学也。 然我虽未学此礼，而礼之大经有一定而不可易者，吾亦尝闻之矣。 彼子生三年，然后免于父母之怀，故父母之丧，必以三年为定。 所服的必是齐疏之服，所食的必是饘粥之食，此乃居丧之礼。 出于天理人心，不容已的。 上自天子，下至庶人，无贵无贱，都是这等。 从夏、商、周三代以来，未之有改也。 我之所闻大略如此。 世子欲尽其心，亦惟遵行此礼而已。"

然友反命，定为三年之丧，父兄百官皆不欲，曰："吾宗国鲁先君莫之行，吾先君亦莫之行也；至于子之身而反之，不可。 且《志》曰：'丧祭从先祖。'曰：'吾有所受之也。'"

解 反命，是复命。 父兄，是滕国同姓的老臣。 滕与鲁都是文王之后，鲁祖周公为同姓诸侯之长，诸侯皆宗之，故滕以鲁为宗国。 《志》，是记。 然友归到滕国，将孟子所论三年之丧的说话，一一复命于世子。 世子以孟子之言为必可行，遂定为三年之丧。 盖其良心感悟，勇于从善如此。 是时，古礼湮⑨废已久，一旦行之，众心骇异，那父兄百官都哄然不欲，说道："如今称秉礼之国莫如鲁，乃告吾滕之宗国，所当取法者也。 三年之丧，鲁先君不曾行，吾滕之先君亦不曾行，至于子之身顾欲行之，以反先君之所为，是祖制可变，而旧章可废也，断然不可。 且《志书》上说道：'丧祭之礼，当从先祖。'其意盖说上世以来，所行的典礼都有个传受，不是一人创造的，虽或不同，不可改也。 今子遽（jù）自改之，欲行古礼，而先悖古训，如之何其可哉！”夫周公滕叔之时，何尝不行三年之丧。今所称先君者，不考之于开国之初，而考之于教传之后；所称从先祖者，不从之于创礼之日，而从之于坏礼之时，积习所溺其弊至此，何怪古礼之不可复哉。

谓然友曰：“吾他日未尝学问，好驰马试剑。今也父兄百官不我足也，恐其不能尽于大事，子为我问孟子。”然友复之邹，问孟子。孟子曰：“然；不可以他求者也。孔子曰：‘君薨，听于冢宰①。歠粥，面深墨，即位而哭，百官有司②莫敢不哀，先之也。’‘上有好者，下必有甚焉者矣。’‘君子之德，风也；小人之德，草也。草上之风，必偃。’是在世子。”

解　冢宰，是六卿之长。歠（chuò），是饮。深墨，是颜色深黑，乃哀戚之容。君子，指在上的人说。小人，指在下的人说。尚，是加。“偃”字，解做“仆”字。世子欲行三年之丧，见群臣不从，乃反躬自责，谓然友说：“凡人平日所行，人都敬服，然后有所举动，无不信从。若我往日所为，原未尝勤学好问，在道理上究心，只好走马试剑，游戏驰骋，因此不见信于群臣。故今日欲行大礼，内而父兄，外而百官，心里都不满足，说我行不得古礼。这等众志未孚，恐不能尽送终之大事，子为我再问孟子，如何可以压服人心，勉成此礼。”然友乃又至邹，问于孟子。孟子答说：“世子谓群臣不从，由素行之不孚，其言是矣。然送终之礼，实起于哀痛迫切之至情，凡人皆有此心，皆可感动，是不可以他求者，只在世子自尽而已。孔子曾举古礼说：‘君薨之日，为嗣子的，以百官之事听于大臣之长，自己居次守丧，歠饮粥汤，面容毁悴，至有深黑之色，即丧次之位，朝夕哭临，于是百官有司莫敢不哀。所以然者，以在上之哀痛，有以先之也。’‘盖在上之人意有所好，则在下者观感而效法之，必有甚于上者。可见在上的君子，其德能感乎人，譬如风一般；在下的小人，其德应上所感，譬如草一般，草上加之以风，无不偃仆。小人被君子之化，无不顺从，此理之必然也。'孔子之言如此。今世子乃在上之君子，若能自尽其哀，则父兄百官莫敢不哀矣。是丧礼之行，只在世子而已，岂可他求哉！"

然友反命。世子曰："然，是诚在我。"五月居庐①，未有命戒②。百官族人可，谓曰知。及至葬，四方来观之，颜色之戚，哭泣之哀，吊者大悦。

解 庐，是居丧之舍。知，是知礼。然友闻孟子之言，遂复命于世子。世子悟，说："孟子此言极是。送终之礼，在我诚当自尽，以倡率群臣，不必他求也。"于是断然行三年之丧，凡五个月居庐守丧，不发命令。盖古时诸侯五月而葬，谅暗不言，故世子遵照古礼而行。此时百官族人皆已感悟，称其知礼。及至葬期，四方之人皆来聚观，见世子颜色惨戚，哭泣哀痛，凡诸侯宾客来吊于滕者，亦无不喜其尽礼，而相与悦服焉。盖天性至亲，人所同具，故丧礼一行，而远近人情，翕然称服如此。可见人性之善，无间于古今，而良心之触莫切于父子。孟子道性善，以启发文公；文公触善念而遵修古礼，遂使先王久湮之典，一旦行于小国，而足以感动人心。孰谓尧舜之道为高远，而不可行哉？

5.3 滕文公问为国。孟子曰："民事不可缓也。《诗》云：'昼尔于茅，宵尔索绹。①亟其乘屋，其始播百谷。'"

解 民事，是农事。于，是往取。绹（táo），是绳索。"亟"字，就是紧急的"急"字。乘，是升。播，是布种。滕文公嗣位之初，以礼聘孟子至滕，一见孟子便问治国的道理。这是他锐意求治，可与有为之机也。孟子欲以行王政劝之，乃先告之说："国之所重在民，民之所重在食，那农家耕种之事，不要看得轻了，乃国家命脉所关。第一件要紧的事务，当汲汲然为之经画区处，不可缓图也。《诗经·豳风·七月》之篇述农家相劝的言语说道：'当此农隙之时，日间则取茅草，夜间则绞绳索，急忙升屋修盖，趁早完工，到了来春又要从新播种百谷，无暇为治屋之事矣。'夫时方冬月，则预为来春之计。可见农家终岁之间，无一日不勤于畎亩，无一念不在于稼穑，其艰难辛苦，一至于此。人君想着这等情状，可不以民之心为心，而重其事乎！"

"民之为道也，有恒产者有恒心，无恒产者无恒心。苟无恒心，放辟邪侈，无不为已。及陷乎罪，然后从而刑之，是罔民也。焉有仁人在位，罔民而可为也？"

解 恒产，是衣食的常业。恒心，是民所常有的善心。罔民，是说人君陷民于罪，就如张设罗网，掩其不见而取之一般。孟子又说："国家事务甚繁，我独谓民事不可缓者，何故？盖以民之为道也，有这衣食的常产，便能相生相养，不去为恶，而常有之善心以存；无这常产，便朝不谋夕，无暇为善，而常有之善心以亡，此理之必然也。苟无常心，则放荡淫僻，邪妄侈肆者，凡是一切不好的事都做出来，将无所不为，而犯罪者众矣。既陷于罪，岂得不以刑法治之？夫平时不能制民之产，培养他的良心，及其无知犯法，则刑罚必加，无所逃避，就如张设网罗，驱之使入其中一般，非罔民而何？若此者，不仁甚矣。焉有仁人在位，以爱养百姓为心者，而乃为此等罔民之事乎？"然则恒产有无所系甚重，为人君者，诚不可不以民事为急也。

"是故贤君必恭俭礼下，取于民有制。阳虎曰：'为富不仁矣，为仁不富矣。'"

解 阳虎，即阳货，是鲁大夫季氏家臣。孟子承上文说："恒产有无，所系之

重如此。可见民事之当急，而取民不可以无制矣。所以古之贤君
其持己谦恭，不敢以贵而骄；其自奉节俭，不敢以富而侈。惟其
谦恭，故能以礼接下，托之以腹心，视之如手足，惟恐一有侮慢，
至于失臣下之心也；惟其节俭，故取于民有制，赋税无额外之征，
供输无不时之索，惟恐有一烦扰，至于伤小民之生也。此惟贤君
乃能如此。若不恭不俭，则侮人夺人，无所不至，岂复能爱惜小
民，取之必以其制乎？昔阳虎有言：'天下之事理，欲公私不容并
立，若欲为富，必至罔利害民，就行不得仁了；若欲为仁，只得
损上益下，就致不得富了。'"阳虎本是不仁之人，其意主于求富。
然就这两句言语看来，有国家的，若罔民而取之无制，便是为富
不仁。若能制民恒产，取之有法，便是为仁不富。为君者宜知所
择矣。要之为富固甘于不仁，然财聚而民必散，亦不可以为富。
为仁固非以求富，然民足而君亦足，又岂至于独贫？此则不以利
为利，而以仁为利，又孟子未发之指也。

"夏后氏五十而贡，殷人七十而助，周人百亩而彻，其实皆什一也。① 彻者，彻也。助者，藉也。"

解　彻，是通融均一的意思。"藉（jiè）"字，解做"借"字。孟子举三代制产取民之法，以告文公说道："夏家之制，每人一丁受田五十亩，征其五亩之租，叫做贡法。殷家始为井田，其法以田六百三十亩画为九区，每区七十亩，中为公田，其外八家各分一区，使之同治公田，以给国用，而不复税其私田，叫做助法。周家之制，每人一丁受田百亩，近郊乡遂用夏之贡法。十夫共为一沟，远乡都鄙用殷之助法。八家同为一井，耕种则通八家十夫之力在一处合作，收获则计一井一沟之入，算亩数平分，叫做彻法。"三样田制，名虽不同，然究其取民之实，则贡者，取五亩之入于五十亩之中。助者，取七亩之收于七十亩之外。彻而兼之。

都是什分之中取其一分，未尝过重也。然谓之贡者，自下贡上，其为义固易明矣。至于彻与助之义，却是为何？盖彻者，始而通力合作，有通融之义；继而计亩均分，有均一之义，故谓之彻也。助者，借八家之力以助耕公田，故谓之助也。其义不同，而总之则皆取民有制，三代之仁政如此。"夫什一之轻重适均，公私两便，乃三代之良法，而万世不可更易者。自阡陌既开，列国之赋始不止于什一。而后世暴征横敛，使小民终岁勤动，止足以办公家之税，而无一饱之余，视古法又甚远矣。何怪乎民生日困，而国用益诎也。重邦本者尚念之。"

"龙子曰：'治地莫善于助，莫不善于贡。'贡者，校数岁之中以为常。乐岁粒米狼戾，多取之而不为虐，则寡取之；凶年粪^①其田而不足，则必取盈焉。为民父母，使民盻盻然，将终岁勤动，不得以养其父母；又称贷而益之，使老稚转乎沟壑，恶在其为民父母也？"

【注】
① 粪：作动词，施肥。

解 龙子，是古之贤人。狼戾，譬如说狼藉，是多余的意思。培壅田禾，叫做粪。盻（xì）盻，是恨视的模样。称贷，是借债起利。孟子承上文说："贡与助，虽皆什一取民，然贡法不能无弊，又不如助法之善也。龙子尝说：'古来治地之法，莫善于殷人之助，莫不善于夏后氏之贡。'何以见贡之不善？盖年岁有丰歉，则收成有多寡，此天时地利，难以预定者也。今夏之贡法，计算数岁之中多少收获，不管他极丰、极歉的时候，只就中定下规则，年年征收这些。所以法格于难行，民苦于不便。且如遇着丰年，粒米狼藉，百姓每充然有余，便多取些不为虐害，乃寡取之，只够这些常数。遇着荒年收获不多，以此为粪田之费尚且不足，却也要这些常数，必满足而后已。是乐岁之寡取，民不为恩；而凶岁之取盈，民实不堪命矣。夫人君为民父母，当勤恤民隐，如保赤子可也。 今以取盈之故，使民盼盼然怨咨愁恨，把一年辛苦中所得的，尽数输之于官，不得养其父母。 又借贷起利，以足取盈之数，致使官粮私债，上下逼迫，仰事俯育，一无所资，那老稚之民，皆转死于沟壑而莫之救矣。 百姓每这等困苦，上面的人全不爱惜，又恶在其为民父母也？"夫贡法不善，一至于此。 若助法，则随公田所得之多寡而取之，安有此弊哉？即龙子之言观之，可见助法之当行矣。

"夫世禄，滕固行之矣。《诗》云：'雨① 我公田，遂及我私。'惟助为有公田。 由此观之，虽周亦助也。"

解　凡人臣有功于国，子孙世世食禄的叫做世禄。 孟子又告滕文公说："先王之制，有世禄以养君子，有井田以养小人，这两件乃王政之本也。 然世禄取之公田，实与助法相为表里，有不容不并举者。 今世禄之制，滕固见今行之，所以厚君子者，固率由先王之旧矣。 惟是助法未行，得无以商人之法，非我周之故典乎？不知我周初时也用此法，观之于《诗》可验矣。《周诗·大田》之篇小民祝告于天说道：'愿天下雨溉我公田，遂及我私田。'这是小民先公后私之意。 然贡法无所谓公田，惟助法有之。 以公田之名而出于周人之诗。 这等看来，虽我周盛时，实以兼用助法，其公田足以制禄，其私田足以养民，无非由商之旧制也。 周不能改乎商，而滕独可不从周制耶？信乎，助法之善，滕当与世禄并行而不废，可也。"

"设为庠、序、学、校以教之。 庠者，养也；校者，教也；序者，射也。 夏曰校，殷曰序，周曰庠，学则三代共之，皆所以明人伦也。 人伦明于上，小民亲于下。"

解 这一节言三代建学之制。孟子举以告文公说："为国者诚能制民之产，则民有恒心，而教化可兴也。于是设为庠、序、学、校，以施立教之坊焉。然庠、序、学、校四者，其义为何？盖古之建学以教民为主，而乡饮乡射之礼，亦皆举于其中。故谓之庠者，取养老之义为名也；谓之校者，取教民之义为名也；谓之序者，取射以序贤之义为名也。这三样都是乡学。其实本非有二，但三代相继，各举一事为名，所以在夏则谓之校，在殷则谓之序，在周则谓之庠，而各有不同如此。惟学则设于国中，以教成材之士，三代皆同此名，无所损益焉。要之名义虽有沿革，然原其立教之意，都是要讲明人伦之理，以厚风俗而已。盖父子有亲，君臣有义，夫妇有别，长幼有序，朋友有信，这五件是人之大伦，天下古今所同具而共由者。惟教化不明于上，则民志不亲，而争端之乱起矣。所以三代盛王建学立师，将这五伦之理讲解宣示，昭然大明于上，然后天下之民莫不率由于伦理之中，以恩相与，以分相维，而亲睦之俗成于下矣。"然则教化所系岂不大哉！《书经》上说："百姓不亲，五品不逊。"可见彝伦之理，有关于百姓之亲，而不可一日不明者。然立教之法，虽行于学校，而惇伦之本则始于朝廷。盖未有皇极不建，而能敷锡（cì）于庶民者。此又作君师者所当知也。

"有王者起，必来取法，是为王者师也。《诗》云：'周虽旧邦，其命维新。'文王之谓也。子力行之，亦以新子之国。"

解 孟子承上文说："助法，监于商、周；学校，法乎三代，此皆王者之政也。以滕之褊小，一旦能举而行之，虽未必即兴王业，然良法美意足以垂范后来。如有兴王之君受命而起，欲举三代之政，必来取子之所已试者，率而行之，以教养其民。是子之所行，乃王者之师也，况兴王之业未必不基于此乎！《诗经·文王》篇有云：'周虽旧邦，其命维新。'言周家自后稷公刘以来，旧为诸侯之国，至于文王始受天命，而兴王业以新其国。可见修德行仁，不论国之大小，但恐不能行耳。诚能锐然以三代之治为必可复，奋发而力行之，则人心咸悦，天命自归，亦可以建兴王之业，而新子之国矣。岂但为王者师而已哉！子亦何惮而不为也。”按三代教养之法，乃王政之首务，战国诸侯皆不能行，使其民日苦于兵戈、赋敛之中，而不得被安养渐摩之化。故孟子惓惓为文公告如此。

使毕战问井地。孟子曰：“子之君将行仁政，选择而使子，子必勉之！夫仁政必自经界始。经界不正，井地不均，穀禄不平，是故暴君污吏必慢其经界。经界既正，分田制禄可坐而定也。”

解 毕战，是滕大夫。井地，即是井田。经界，是经画田间的界限。滕文公一闻孟子之言，遂以井田为必可行，乃使其臣毕战管理井田之事，又使之来问其详。孟子答之说：“先王仁天下之政，莫大于井田。今子之君将行仁政，特选择于群臣之中，而使子委任责成，可谓专矣。子必勉力从事，不负付托之重可也。夫治地分田，各有个界限。行仁政的必先从这上面做起，如通水道则有沟洫，正阡陌则有道途，定疆塍（chéng）则有封的土堆，有的植树木，一一要经画明白，不可紊乱。若经界不正，则田之在民无一定之分，那豪强的人都得以兼并侵夺，而井地遂不均矣。赋出于田，无一定之法，那贪暴的官都得以多取自利，而谷禄亦不平矣。井地不均，如何养得野人？穀禄不平，如何养得君子？故明君贤臣要行仁政，必从此始。而暴虐之君，贪污之吏，则恶其不便于多取，必欲慢而废之，无怪乎仁政之不行也。诚能知经界之为先务，而汲汲焉正之，则田有定分，虽欲兼并而不敢；赋有定法，虽欲多取而不能。凡分田以养小人，制禄以养君子，皆可不劳而定矣，仁政焉有不举哉。子当是任，亦于此勉之而已。”

“夫滕，壤地褊小，将为君子焉，将为野人焉。无君子莫治野人，无野人莫养君子。”

解 壤，是土。褊，是窄狭。孟子又说：“分田、制禄两件，都是先王之仁政，不论大国小国皆不废也。今滕国之土地，截长补短，仅可五十里，亦甚褊小矣。然其中将必有食禄于朝，而为君子者焉；必有自食其力，而为野人者焉。凡出政令，明法纪，以治野人者，君子之责也。若在上没有君子，则两贱不能相使，谁去立法以治野人。凡供赋税、服力役，以养君子者，野人之分也。若在下没有野人，则两贵不能相事，谁去树薮以养君子。是君子、野人乃国家所必不可无者。知其不可以相无，则知分田、制禄不可以偏废矣，安得不以经界为仁政之首务哉！"

"请野九一而助，国中什一使自赋。"

解 野，是远乡地土。九一，是九分中取其一分。国中，是近城地土。什一，是十分中取其一分。赋，是上纳。孟子承上文说："观君子、野人之相须，则分田、制禄信不可废矣。然其法当如何而后可以通行，且如郊野之外，土地广阔可为井田，则请行九一之法。以一里之地画为九区，中一区为公田，使八家助耕，收其所入，此即殷之助法也。郊关之内，比闾相属，难行井田，则请行什一之法。以百亩之田为一夫之业，使输其十亩之入于公家，此即夏之贡法也。能行此二者，则野人之业，取给于所分之田，而豪强者不得兼并；君子之禄，取足于贡赋之入，而贪暴者不得多取。此分田制禄之常制，而周家之所谓彻者，正此法也。"

"卿以下必有圭田，圭田五十亩。余夫二十五亩。"

解 "圭"字，解做"洁"字。余夫，是余丁。承上文说："田禄之法，固有定分。然又有出于常制之外者，盖因田制禄，固所以厚君子。然卿以下其禄渐薄，不有以优之，将祭享不备，而不足以养廉矣。于是有圭洁之田，使供祭祀，皆以五十亩为额焉，是以济世禄之所不及也。计丁授田固所以厚野人，然一夫之外，有未成丁之余夫，尚未受田，不有以给之，则恒产有限，而不足以相赡矣。于是有余夫之田二十五亩，以待其壮而更授之百亩，是又以济分田之所不及者也。夫有一定之数以制田禄，又有额外之给以示仁恩，于是君子、野人各得其分，而仁政无不行矣。"

"死徙无出乡，乡田同井，出入相友，守望相助，疾病相扶持，则百姓亲睦。"

解　徙，是迁居。守望，是防御寇贼。这是详言井田之善，以见助法当行的意思。孟子说："分田制禄，固惟助法为善矣。诚使助法既行，则一乡之民，各有世业，安土重迁。死而葬者与迁居者，皆不能出其乡矣。盖远乡之田，八家同井，居止既相联属而不可离，情义自相维系而不能已，故出入往来，则道路之中相为伴侣，而无行旅之虞。昼夜防守，则闾里之间相为应援，而无寇盗之忧。遇有疾病，则视其医药，通其有无以相扶助，而无窘乏之虑。如此，则乡井之民，蔼然相与，苦乐患难无往不同，而亲睦之风成矣。井田之制，有以兴民俗如此，不可以见助法之善哉。"按此一段即《周礼·比闾族党》之法，后世保甲乡约，其意多出于此。但古人以分田为务，使其情义相联，自无涣散。后世不均田制产，使有乐生之具，而欲以一切之法束离散之民，宜其徒为文具而不可行也。

"方里而井，井九百亩，其中为公田。八家皆私百亩，同养公田。公事毕，然后敢治私事，所以别野人也。"

解　孟子又告毕战说："井田之法，固所当行矣。然其形体之制何如？盖古者分田制里，先相度地势，每方一里画为九区，其田如'井'字的模样。每田百亩为一区，九区共九百亩，中间一区百亩，是供给国家的，叫做公田；外面八区分与八家百姓，各得田一百亩，是养赡家口的，叫做私田。这公田，就叫那八家百姓同出力以治其事。凡耕耘收获之时，必先治公田，公事已毕，才敢去治私田之事。虽通力合作，而实有公私之分；虽彼此均劳，而实有先后之辨。这是为何？盖以分别君子、野人之分，使在上者食人之食而不为泰，在下者事上之事而不为劳耳。此井田形体之制，殷之所谓助，周之所谓彻，不出乎此。主井地之事者，不可不仿而为之也。"

"此其大略也。若夫润泽之，则在君与子矣。"

解 润泽，是变通圆活的意思。孟子承上文说："井田之法，自诸侯去其旧籍，其详已不可得闻矣。我所言定中外之区，辨公私之等，别君子、野人之分，特其大略如此耳。顾时势之变迁不同，地力之肥硗^①不一；或宜于古而不宜于今，或利于此而不利于彼，又有不可以拘泥者。若夫变而通之，化而裁之，使合于人情，宜于土俗，不泥先王之法，而亦不失先王之意。这等圆活流通，无所胶滞，则在滕君主持于上，吾子协替于下，同心共济，各尽其责而已，岂吾言所能悉哉？"按井田之制，最为良法，成周所以体国经野，厚下安民，皆本于此。时至春秋战国，如李悝之尽地力，商鞅之开阡陌，尽取先王之法而更张之。后虽有明君贤相，慨然欲行古法，亦无自而考其详矣。惟是什一而赋，使百姓足而君亦足，则井田之遗意在焉。善用法者，不师其迹，而师其意可也。

【注】
① 硗（qiāo）：土质不肥。

5.4 有为神农之言者许行，自楚之滕，踵门而告文公曰："远方之人闻君行仁政，愿受一廛而为氓。"文公与之处。其徒数十人，皆衣褐，捆屦、织席以为食。

解 为神农之言，是战国时农家者流。因炎帝神农氏始为耕稼，遂造作一段言语，托为神农遗教，以惑人心，乃异端之学也。踵（zhǒng）门，是足及于门。廛（chán），是民居。氓（méng），是田野之民。"捆"字，解做"扣"字，是造屦之法。昔文公闻孟子之言，即欲分田制禄，以复三代之法，风声传播，远近皆知。那时楚国之人，有习学耕稼，托为神农之说的，叫做许行，要乘此机会，以售其学术。即自楚至滕，叩文公之门告说："吾远方之人，闻君分田制禄，而举行仁者之政，心窃慕之，故不惮遥远，特来归附，愿分与一廛之居，得为滕国的百姓，庶几得沾仁政之泽也。"文公以其慕化而来，不忍拒绝，即与之一廛，以为居止。

但见许行之徒数十人，皆以褐为衣，以明自处于贱；不用尊贵之章服，且捆屦织席，卖之以供食，以明自食其力，不费公家之廪饩也。此不惟言称神农，即一衣一食，已别是一种习尚，实欲以并耕之说，沮坏良法耳。

陈良之徒陈相，与其弟辛，负耒耜而自宋之滕，曰："闻君行圣人之政，是亦圣人也，愿为圣人氓。"

解　陈良，是楚国儒者。耒耜（lěisì），是耕田的器具。文公既行仁政，归者益多，此时楚儒陈良，有弟子陈相与其弟陈辛，负着耕田的耒耜，自宋至滕，来告文公说："分田制禄之法，乃三代圣人经理天下之善政，闻君有志复古，慨然举行之，是即三代圣人复见于今日矣。吾等生于今时，得遇圣君，何胜庆幸，故移家来附，愿受田而耕，为圣人之民，以沾仁政之泽焉。"陈相兄弟是儒者之徒，其闻风归附，本是仁政所感，非若许行欲售其说也。盖夫井田之法，一行于小国，而远方之民，翕然向化如此，足以见王政之可行矣。惜乎为邪说所惑，而使孟子之言，终于不用也。

陈相见许行而大悦，尽弃其学而学焉。陈相见孟子，道许行之言曰："滕君，则诚贤君也；虽然，未闻道也。贤者与民并耕而食，饔飧而治。今也，滕有仓廪府库，则是厉民而以自养也，恶得贤？"

解　饔飧（yōngsūn），是朝夕的熟食。厉，是病。许行托为神农之言，以欺世骇俗，这是异端之学，非先王治天下之正道也。乃陈相一见许行，闻其议论可喜，便大悦而慕之，尽弃其平日所学于陈良者，而学许行之学焉，盖邪说之易以惑人如此。陈相既学其道，便非议孟子分别君子、野人之法。乃来见孟子，称道许行的言语，说："滕君在战国之时，能慨然有志于圣人之政，岂不是个贤君？虽然如此，还未闻古圣人的大道，不足以治国家也。盖所谓贤君者，宁劳己以养民，不劳民以自养，常时与民并耕，自食其力，不曾费了百姓的供给；且朝饔夕飧，自甘淡薄，而兼理治人之事，不曾废了国家的政务，这才叫做贤君。今观于滕，有仓廪以贮谷粟，有府库以藏货财，都是取百姓每的脂膏以自奉养，害及于民，而利归于上，不复知有并耕饔飧之事矣，恶（wū）得谓之贤哉？"许行之言，混君子、野人于无别，正与孟子相反，而陈相顾称道之，以阴坏孟子之法。异端之变乱是非，害人国家，良可恨也。

孟子曰："许子必种粟而后食乎？"曰："然。"曰："许子必织布而后衣乎？"曰："否，许子衣褐。""许子冠乎？"曰："冠。"曰："奚冠？"曰："冠素。"曰："自织之与？"曰："否，以粟易之。"曰："许子奚为不自织？"曰："害于耕。"曰："许子以釜甑爨，以铁耕乎？"曰："然。""自为之与？"曰："否，以粟易之。"

解 釜，是煮饭的。甑（zèng），是炊饭的。爨（cuàn），是燃火。铁，是田器，如锄犁之类。许行之说，欲使人君身亲稼穑，而兼治民事，此理势之所必不能者。孟子将折其非，先就把他服食器用不能兼为者以诘之，因问陈相说："许子必种粟而后食乎？"陈相答以为然。盖许子农家，固必耕而食也。孟子再问："许子必织布而后衣乎？"陈相答以为否。盖许子穿的是褐，不必织而衣也。孟子又问："许子戴冠乎？"陈相答说："戴冠。"又问："许子所戴何冠？"陈相答说："是素冠。"孟子就问："这冠是许子自织之与？"陈相说："否，许子不能自织，以所种之粟易之耳。"孟子问："许子何故不自织？"陈相说："农工各有专务，既要种粟，又要制冠，却不妨了农事，所以不自织也。"孟子又问："熟食必用釜甑，耕田必用铁器，许子也以釜甑爨，以铁耕乎？"陈相说："然。"孟子问："这器物，也是许子自为之与？"陈相说："否，许子恐害于耕，也以所种之粟易之，犹夫冠也。"此可见许子服食器用，多与人同，有无相须，不能独异。一身日用之事，且不可以兼为，况治天下而可以兼农夫之事哉？

"以粟易械器者，不为厉陶冶；陶冶亦以其械器易粟者，岂为厉农夫哉？且许子何不为陶冶，舍皆取诸其宫中而用之？何为纷纷然与百工交易？何许子之不惮烦？"曰："百工之事固不可耕且为也。"

解　械器，即上文釜甑耒耜之属。陶，是治瓦器的。冶，是治铁器的。"舍（shè）"字，解做"止"字。宫中，譬如说是家里一般。孟子因陈相之对，复诘之说："许子以滕有仓廪府库，为厉民以自养矣，今就子之言观之，粟乃农夫之所种，釜甑、耒耜乃陶冶之所为，各治一事而各适于用者也。农夫以粟易械器，正以济陶冶之所无，非有害于陶冶；陶冶亦以其器械易粟，正以济农夫之所无，岂有害于农夫哉？盖有无相通，则彼此俱利，从古以来都是如此。若必以相易为厉，则许子何不自为陶冶。举凡百工之事，如釜甑、耒耜之具，止皆取诸家中而用之，岂不省便，何为纷纷然日以其粟与百工之人交相贸易？何许子之不惮烦如此？"陈相乃答说："天下之事专为则易，兼为则难。许子既种粟而食，则百工之事，固不可以耕兼之也。"陈相至此，固已情见辞穷，而不能自解矣。

"然则治天下独可耕且为与？有大人之事，有小人之事。且一人之身，而百工之所为备。如必自为而后用之，是率天下而路①也。故曰：或劳心，或劳力。劳心者治人，劳力者治于人；治于人者食②人，治人者食于人。天下之通义也。"

解　大人，是在上的人。小人，是在下的人。陈相既知农工之不可兼，故孟子即从而折之说："尔谓百工之事不可耕且为是矣，然则人君之治天下，视百工之制器，烦简劳逸，相去何如？独可耕且为与？盖心无二用，业有专攻，在上的大人，自有大人之事；在下的小人，自有小人之事，固不可得而兼也。且就一人之身计之，服食器用百工之所为，无不具备，如皆出于自为而后用之，则既业乎此，又兼乎彼，是率天下之人，奔走道路，无时休息，势亦有所不能矣，况以大人而兼小人之事乎？所以古语有云：均是人也，或为君子而劳心于上，或为小人而劳力于下。劳心于上者，颁政布教，以治在下之人；若劳力之小人，则惟听君上之治而已。听治于人者，输租纳税，以供在上之食；若治人之君子，则唯受在下之养而已。然则以劳心而易小人之养，本是大人之事；以劳力而易君子之治，本是小人之事，正犹农夫陶冶，以粟与械器相济，而非所以相病也，此乃天下古今通行的道理。自神农、尧舜以来，所不能易者，安有所谓并耕之说乎？"盖许行之术，本欲阴坏孟子分田制禄之法，故此一段指陈君子、野人之分，深切著明，彼之邪说，将不攻而自破矣。

"当尧之时，天下犹未平，洪水横流，泛滥于天下；草木畅茂，禽兽繁殖，五谷不登，禽兽逼人；兽蹄鸟迹之道，交于中国①。尧独忧之，举舜而敷治焉。舜使益②掌火，益烈③山泽而焚之，禽兽逃匿。禹疏九河④，瀹济、漯而注诸海⑤，决汝、汉⑥，排淮、泗而注之江⑦，然后中国可得而食也。当是时也，禹八年于外，三过其门而不入，虽欲耕，得乎？"

🔴解　洪水，是大水。横流，是散漫妄行。泛滥，即水横流的意思。繁殖，是众多。登，是成熟。道，是路。"敷"字，解做"分"字。九河，河流有九之谓。济、漯、汝、汉、淮、泗，都是水名。疏、瀹（yuè）、决、排，都是疏通的意思。孟子辟陈相说："自古圣人，未有与民并耕而治天下者。且以尧之世言之，当尧之时，去洪荒未远，生民之害未尽消除，天下犹未平也。那时洪水滔天，不循着正路而散溢妄行，氾滥于天地之间，于是草木得水而日见长盛，禽兽得草木而日渐众多，五谷为草木所妨都不

【注】

① 中国：上古时代，华夏族建国于黄河流域一带，以为居天下之中，故称中国，而把周围其他地区称为四方。

② 益：即伯益，舜的臣子。

③ 烈：通"裂"，分割。

④ 九河：《尔雅》："九河：徒骇、太史、马颊、覆釜、胡苏、简、絜、钩盘、鬲津。"

⑤ 济（jǐ）：古水名，中国古代四渎之一，发源于今河南济源王屋山太乙池，《尚书·禹贡》记古济水："导沇水，东流为济，入于河，溢为荥，东出于陶丘北，又东至于菏，又东北会于

汉，又北东入于海。"《汉
书・地理志》："过九郡，行
千八百四十里。"漯（tà）：
古水名，在今中国山东。

⑥ 汝：古水名，上游即今
河南北汝河，又称女水，
传说为女娲所居之地。汉：
汉水，长江最大的支流，
源出今陕西宁强。

⑦ 淮：淮水，《尚书・禹贡》：
"导淮自桐柏，东会于泗、沂，
东入于海。"今称淮河，与
长江、黄河、济水并称四
渎，是独流入海的四条大河
之一。泗：古称泗水，为四
渎八流之一，《论语》名句
"逝者如斯夫，不舍昼夜"就
是孔子在观泗河奔流时的感
叹，发源于今山东新泰黑峪
山。江：江水，即长江，古
代四渎之一，中国最长的河
流，源头由北源楚玛尔河、
南河当曲和正源沱沱河组成，
干流流经青、藏、川、滇、
渝、鄂、湘、赣、皖、苏、
沪十一省市区。

【注】

① 契（xiè）：人名，殷人
始祖，高辛氏的儿子，尧
时为司徒，佐禹治水有功，
封于商。

② 翼：保护。

成熟。人民为禽兽所逼，多被伤残，所以人烟稀少，但见兽蹄鸟迹的道路，交杂于中国，这等世界，百姓何得安生，天下何由平治？尧既为天子，劳心治人，不曰洪水方割，则曰下民其咨，其心独以为忧，有不能一日安者。又以天下之患，非可以一人独理，乃访于侧陋，咨于四岳，得一大舜，遂举以为相，而使之分治焉。尧既以天下之忧为忧，而付托于舜，舜遂以尧之忧为忧，而分任于禹。盖此时洪水为害，草木障蔽，禽兽纵横，虽欲治水，而无所施其力也。乃先命伯益掌火，益将山林薮（sǒu）泽所生的草木用火焚烧，使禽兽失其所依，都去逃躲，无逼人之害，然后治水之功可得而施矣。于是命大禹为司空，使他治水。禹于西北，则疏九河以分其势，又通济水、漯水以会其流，使之皆注于海，而北条之水有所归焉。于东南，则决汝水、汉水，排淮水、泗水，使之皆注于江，而南条之水有所归焉。水有所归，自然不至泛滥，而地皆可耕，然后中国民人可得耕而食矣。那时大禹受舜之命，为天下拯溺，随山濬（jùn）川，至八年在外，三过其家门而不入，忘身忘家，这等样劳苦，虽欲与民并耕而食，其可得乎？"观于禹而尧舜之不暇耕，又可知矣。许行并耕之说，何其谬哉！

"后稷教民稼穑，树艺五谷，五谷熟而民人育。人之有道也，饱食、暖衣、逸居而无教，则近于禽兽。圣人有忧之，使契①为司徒，教以人伦：父子有亲，君臣有义，夫妇有别，长幼有序，朋友有信。放勋曰：'劳之来之，匡之直之，辅之翼②之，使自得之，又从而振德之。'圣人之忧民如此，而暇耕乎？"

解 后稷，是劝农之官。树艺，是种植。司徒，是教民之官。放勋，是帝尧称号。劳，是慰勉。来（lài），是引进。"匡"字，解做"正"字。 振，是警省的意思。 德，是加惠。 孟子叙尧舜忧民之事说："水土既平，则民有可耕之地矣。 于是又命弃为后稷之官，使之教民稼穑，习耕耘收获之事，以种植五谷，由是五谷成熟，天下之民家给人足，皆相生相养，而无复阻饥之患矣。 然民莫不有秉彝之性，若使饱食暖衣，居处安逸，而无以教之，又将耽于佚豫，习为邪侈，至于灭性乱伦，而违禽兽不远矣，故圣人又有忧焉。 于是以契为司徒之官，而教民以人伦之道，使天下之人，父止于慈，子止于孝，而有恩以相亲；使臣以礼，事君以忠，而有义以相与；夫妇则有分辨，而不相混淆；长幼则有次序，而不相僭越；朋友则以诚信相交，而无有欺诈。 盖此五者，皆人所固有之伦，必设法以教之，而后民性可复也。 然其立教之方何如？帝尧命契之辞说：'教民之道，因人而施，有勉强修行者，则慰劳以安之；有回心向道者，则引进以来之，所以嘉其善如此；有制行邪僻者，则闲^①之使归于正；有立志回曲者，则矫之使归于直，所以救其失如此；有树立不定者，则扶助而立之；有进修不前者，则诱掖而行之，所以济其不逮如此。 既使之优游厌饫，而自得其本然之性矣，犹恐其放逸怠惰而失之也，又必时时申饬，提撕警觉，以加曲成之惠焉。'这等多方造就，教思无穷，然后人伦可明，而百姓可亲也。 尧之命契如此。 夫水土方平，即思所以养之；衣食既足，又思所以教之，圣人之劳心以忧民，汲汲皇皇，不能一日释如此，而暇于耕乎？"

"尧以不得舜为己忧，舜以不得禹、皋陶为己忧。 夫以百亩之不易为己忧者，农夫也。"

🔴 "易"字，解做"治"字。 孟子承上文说："尧舜之忧民，固不暇于耕矣。 然其所以为民者，亦非事事而忧之也。 在尧则以百揆未叙，四门未辟，思举舜而任之，彼时惟以不得舜为忧耳。 得舜，则尧之忧民者皆付之于舜矣，尧又何忧之有！在舜则以水土未平，五刑未饬，思得禹、皋陶而任之，彼时惟以不得禹、皋陶为忧耳。得禹、皋陶，则舜之忧民者皆付之禹、皋陶矣，舜又何忧之有！圣人之劳于求贤如此，则其所忧，乃知人安民之要务，实皆治乱安危之所关，而未尝屑屑于其小也。若乃躬耕百亩之田，闵闵然忧其不治，乃农夫之所有事耳，岂圣人之忧哉？然而圣人之治天下，不惟不暇耕，而亦不必耕矣。"

"分人以财谓之惠，教人以善谓之忠，为天下得人者谓之仁。是故以天下与人易，为天下得人难。"

解 孟子承上文说："尧舜之忧惟在于得人，诚以得人之所系为甚大也。且如忧人之匮乏，而以财物分之于人，亦有所济，这叫做惠。忧人之愚昧，而以善道教之于人，非不尽心，这叫做忠。然天下至广，百姓至众，安得人人而分之，又安得人人而教之？这所及犹有限也。惟是忧天下之不治，而求得贤才以代理。如尧之得舜，舜之得禹、皋陶，则不必分人以财，而牧养有人，惠之所推者自广；不必教人以善，而敷教有人，忠之所被者无穷。这等才叫做仁，仁则不止于小惠、小忠而已。夫仁覆天下而惟系于得人，则得人岂易言哉？是故天下大器而推以与人，诚若至难，然以圣人之心视之，犹以为易。惟是为天下得人，则必择之至当，选之至公，而后可托以天下，乃为难耳。惟得人之难，此尧、舜所以用心于是，而以不得为忧也。"

"孔子曰：'大哉尧之为君！惟天为大，惟尧则之。荡荡乎[1]，民无能名焉！君哉！舜也！巍巍乎[2]，有天下而不与[3]焉！'尧舜之治天下，岂无所用其心哉？亦不用于耕耳。"

解 孟子承上文说："欲知尧舜用心之大，观诸孔子之所称，则可见矣。孔子尝称帝尧说：'大哉尧之为君！以天道之大，而能与之准则。其德荡荡乎广远，民无得而名焉，真是与天为一者也。'又称帝舜说：'君哉舜也！其德巍巍乎高大，虽富有天下，若与己不相关涉，而惟以治天下为忧，真是克尽君道者也。'夫尧称荡荡，舜称巍巍，自古帝王无有如其盛者。则尧舜之治天下，岂诚漠然于兆民之上，而一无所用其心哉？当其时，民害未除，思得人以除之；民生未遂，思得人以遂之；民行未兴，思得人以兴之，此皆其用心之所在也。但不以百亩为忧，而用之于耕耳，使尧、舜用心于耕，则是以小人之事为事矣，何以成此巍巍荡荡之功哉？然则并耕之说，可谓无稽之甚矣。"

"吾闻用夏变夷者，未闻变于夷者也。陈良，楚产也，悦周公、仲尼之道，北学于中国，北方之学者未能或之先也，彼所谓豪杰①之士也。子之兄弟事之数十年，师死而遂倍②之。"

解 孟子既辟许行并耕之非，至此乃直责陈相说："许行之学，诞妄如此，子乃悦而从之，可乎？夫中国所以异于蛮夷者，为其有圣人礼义之教耳。据我所闻，盖有用中国之教以变蛮夷之俗，而自归于正者；未闻有学于中国，而反为蛮夷所变者也。子之师陈良，生长于楚，本是南夷之人，一旦闻周公、仲尼之道行于中国，悦而慕之，遂来游北方以求周、孔之学。于凡二圣之制作删述，皆心领而身受之，即北方之士素学周、孔者，其所造诣亦未能或出其上也。彼能用夏变夷，而自拔于流俗如此，可谓才德出众之豪杰矣。子之兄弟事之数十年，亦与闻周、孔之道者，乃于师死之日，遂尽弃其学而学于异端之许行，非所谓变于夷者耶？吾未见受变于夷，而可与论先王之道者也。"

① 豪杰：才智出众的人。《淮南子》曰："智过万人者谓之英，千人者谓之俊，百人者谓之豪。"

② 倍：通"背"，背叛。

【注】

① 没（mò）：同"殁"，死。

② 治任：收拾行李。

③ 反：同"返"。

④ 秋阳以暴（pù）之：即"以秋阳暴之"的倒装。秋阳，周历之秋阳，为夏日之阳；暴，同"曝"。

⑤ 尚：同"上"，超过。

"昔者孔子没①，三年之外，门人治任②将归，入揖于子贡，相向而哭，皆失声，然后归。子贡反③，筑室于场，独居三年，然后归。他日，子夏、子张、子游以有若似圣人，欲以所事孔子事之，强曾子。曾子曰：'不可。江汉以濯之，秋阳以暴④之，皜（hào）皜乎不可尚⑤已。'"

解　任，是担负的行李。场，是冢傍之地。秋阳，是秋日。暴，是晒。皜皜，是洁白的意思。孟子责陈相说："子之忍于倍师，亦未闻孔门弟子之尊师者乎？昔者，孔子既没，其门人在鲁，皆服心丧三年，三年之外，各治行装将欲散归乡里，入揖子贡而别，相向而哭，莫不极其哀痛，至于失声，然后归去。门人之追慕其师如此。子贡犹未忍遽去，又反归墓傍，筑室于坛场之上，独居三年，然后归去。子贡之追慕其师又如此。他日子夏、子张、子游思慕孔子，想见其音容，以有若言行气象有似孔子，欲以所事孔子之礼事之，以慰其思慕之意，因曾子不肯，勉强要（yāo）他。曾子说：'不可。我辈尊师，当论其道德，不当求其形似。吾夫子之道德极其纯粹，而无一尘之杂，就如江、汉之水洗濯出来的一般；又极其明莹而无一毫之累，就如秋天日色暴晒出来的一般，皜皜乎举天下之言洁白者，无以加于其上矣，岂有若所能仿佛哉？今乃欲以此尊之，则拟非其伦，而反以卑夫子矣，如之何其可乎？'夫曾子之尊信其师如此，而子之兄弟独忍倍其师，真圣门之罪人也。"

"今也，南蛮鴂舌之人，非先王之道，子倍子之师而学之，亦异于曾子矣。"

解　鴂（jué），是鸟名，南蛮之声与之相似，所以说"南蛮鴂舌"。孟子责陈相，又说："有若虽非圣人，犹与圣人相似，曾子尚不肯以事孔子者事之。今许行乃南蛮鴃舌之人，其所称述皆惑世诬民之术，本非中国圣人相传之道，与子之师陈良正大相反，子乃倍子之师而从其所学，亦异乎曾子之尊其师者矣。"盖圣人之道本不以地而有间，顾人之所从何如。陈良用夏变夷则进而为中国，陈相去正从邪则沦而为夷狄，所谓在门墙则挥之，在夷狄则进之者也。司世教者不可不知。

"吾闻出于幽谷迁于乔木者，未闻下乔木而入于幽谷者。《鲁颂》曰：'戎狄是膺，荆舒是惩。'周公方且膺之，子是之学，亦为不善变矣。"

解　幽谷，是深涧。乔木，是高树。膺（yīng），是搏击的意思。荆，是楚国本号。舒，是楚旁小国。惩，是创。孟子责陈相，又说："子倍陈良之道，而学于蛮夷之人，其于取舍之间，可谓不知所择矣。《诗经·伐木篇》中有云：'鸟鸣嘤嘤，出自幽谷，迁于乔木。'可见鸟虽微物，犹知出于幽暗之中，而迁于高明之处，吾之所闻如此。未闻有自乔木而下，反入于幽谷者也。今陈良诵法先王，如乔木之高明，许行溺于异端，如幽谷之卑暗，子乃倍陈良而学许行，是下乔木而入于幽谷矣，不亦异乎吾之所闻耶？又观《鲁颂篇》中说：'周公辅佐王室，于戎狄则击而逐之，于荆、舒则伐而惩之，其正夷夏之防如此。'今许行蛮夷之人，畔于圣道，乃周公之所击也。子乃舍中国之教而从其学，真所谓变于夷者矣，何其变之不善如此耶？"即孟子之言观之，许行并耕之说必不可从，而陈相倍师之罪诚有不容逭者矣。盖战国之时，邪说横行，故孟子极力辟之，至斥为夷狄，其严如此。后世佛氏之学，自西域流入中国，世之愚民莫不惑于其教，乃至贤智之士亦深入其说，而不可解。视陈相之变于夷，抑又甚矣，岂非周公之所膺耶？

【注】

① 市贾（jià）不贰：贾，价钱，后作"價（价）"；贰，变异，不一样。

② 五尺之童：战国一尺约合今 23 厘米，约合今天 1.15 米。

"从许子之道，则市贾不贰①，国中无伪，虽使五尺之童②适市，莫之或欺。布帛长短同，则贾相若；麻缕丝絮轻重同，则贾相若；五谷多寡同，则贾相若；屦大小同，则贾相若。"

解　孟子辟许行并耕之谬，陈相既无以为辞，乃又举其市不二价之术，称扬于孟子说道："如夫子之言，则许子并耕之说，固不可从矣。然其言亦有可取者，如市价一节，从许子之术，则市中货物皆有定价，而无贵贱之分，一国之人，无所用其诈伪，虽五尺之童，幼小无知，适市贸易，亦无有增减价值以欺之者矣。盖天下之物，惟是分个等级，则其价相悬而争端易起，今皆一概定价，不论精粗，如布帛只论丈尺长短同，则价相等；麻缕丝絮只论斤两，轻重同，则价相等；五谷只论斗斛，多寡同，则价相等；屦（jù）只取其适足大小同，则价亦相等，物价一定，则人情相安，争端尽息，可以还淳返朴，而复上古之治矣。许子之道如此，何为而不可从耶？"陈相之称许行，徒欲以掩其倍师之失，而不知周公、仲尼之道，正不如此，盖亦惑之甚矣。

日："夫物之不齐，物之情也，或相倍蓰，或相什百，或相千万，子比而同之，是乱天下也。巨屦小屦同贾，人岂为之哉？从许子之道，相率而为伪者也，恶能治国家？"

解　倍，是加一倍。蓰（xǐ），是五倍。比，是合。孟子辟陈相说："许子欲市价不二，将谓世间的货物都是一般，更无差别，不知天之所生，地之所长，与人之所为，自是参差不齐。精粗美恶，判然各异，乃自然之情也。故其价之悬绝，或相去一倍，或相去五倍，甚者相去什倍，相去百倍，有多至千万倍者，此乃万有不齐之理，岂可强同。今子乃为一切之法，合而同之，是徒为纷纷扰乱天下而已。何以言之？盖物之有精粗，犹其有大小，就将屡这一件来比方，使大者与小者其价相同，人岂肯为其大者？然则精者与粗者其价相同，人岂肯为其精者哉？若从许子之道，是使天下之人相率为滥恶之物以相欺，本欲除伪，适以长伪；本欲息争，适以启争，如之何可以治国家乎？许子之道固不特并耕为不可从也。"按许行之术，自附于神农，其说有二：因神农始教稼穑，遂造为并耕之说；因神农始为市井，遂造为一价之说。总是假托上古以阴坏三代之法，乃邪说之尤者。使其得行于滕，不惟一国受敝，而其害将及于天下矣。故孟子极力排之如此。后世治天下者，只当以尧舜三代为法，其余百家众技，假托先圣之言，皆不足信也。

5.5 墨者夷之因徐辟而求见孟子。孟子曰："吾固愿见，今吾尚病，病愈，我且往见。夷子不来！"

解　墨者，是治墨翟之道者。夷之，是人姓名。徐辟，是孟子弟子。战国之时，杨朱、墨翟之言，布满天下，这两家学术都是异端，与儒者之道相悖，故孟子辞而避之。彼时有治墨翟之道的，叫做夷之，虽是异端之徒，然平日仰慕孟子，欲来求见，乃因徐辟以自通，此其慕道而来，或亦反正之一机也。然未知他的意思诚否何如？故孟子对徐辟说："夷子之来，我固愿见，只为我尚有疾病，未可以见也，子为我辞夷子，俟吾病愈，吾且往见，夷子不必再来。"这是孟子托辞欲坚其求见之心，以为施教之地也。

他日，又求见孟子，孟子曰："吾今则可以见矣。不直，则道不见，我且直之。吾闻夷子墨者，墨之治丧也，以薄为其道也。夷子思以易天下，岂以为非是而不贵也？然而夷子葬其亲厚，则是以所贱事亲也。"

解　直，是尽言以相正的意思。易天下，是移易天下的风俗。夷之初因孟子托疾，不得相见。他日，又因徐辟求见孟子，孟子谓徐子说："夷子再来求见，其意甚诚，吾今则可以见矣。但吾儒之道与异端不同，苟不尽言以相正，则吾道不明，何以开其蔽锢，救其差失？吾且尽言以规正之。吾闻夷子乃学于墨氏之道者，墨氏之治丧，生不歌，死无服，桐棺三寸而无椁，其为道贵薄，而不贵厚者也。夷子思以墨氏之道移易天下之风俗，岂以其薄葬为非是而不贵尚之哉？夫以薄为贵，则以厚为贱，必无两是之理。然而夷子之执亲丧，于葬埋之礼独厚，则是不以墨氏之所贵者事亲，而以墨氏之所贱者事亲也。学其术而不遵用其教，是诚何心哉？"盖人子无不欲厚其亲者，而墨氏以兼爱之故，反薄于亲，此所以为异端之学也。夷子学于墨氏，固其心之所蔽，而不忍从薄，乃其心之所明，故孟子因而诘之，欲其反之本心，而自悟其所学之非耳。

徐子以告夷子，夷子曰："儒者之道，古之人'若保赤子'，此言何谓也？之则以为'爱无差等'，施由亲始。"徐子以告孟子。孟子曰："夫夷子信以为人之亲其兄之子，为若亲其邻之赤子乎？彼有取尔也，赤子匍匐将入井，非赤子之罪也。且天之生物也，使之一本，而夷子二本故也。"

解 差等，是分别等第。匍匐，是伏地而行的模样。徐子以孟子之言告夷子，夷子犹未悟其非，乃对徐子说："吾墨子之道，主于兼爱，只是看得父母和他人一般，不分厚薄，学者善师其意而行也，与儒道不相悖戾，且儒者之道亦未尝不以兼爱为言。《周书》上说'若保赤子'，是古之人视百姓与赤子也是一般，斯言果何谓也？由此而观，墨子兼爱之说何尝不是。之则以为天下之人皆所当爱，原无厚薄隆杀之等，特其所施有次序，必由亲始耳。故我厚葬其亲，而欲推之以厚天下之人，乃施由亲始之说也，岂以所贱事亲哉？"夷子既援儒入墨，以拒孟子之非己。又推墨附儒，以释己厚葬之意，其辞亦遁矣。徐子以其言告孟子，孟子晓之说道："夷子据'若保赤子'之言，而自信其爱无差等之说，岂以为人之爱其兄子就如爱那邻家之赤子乎？不知兄子甚亲，邻家之子甚疏，用爱岂无分别？《周书》所谓'若保赤子'者，彼自有取义云尔。以为小民无知而犯法，非小民之罪，犹赤子无知，匍匐将入于井，非赤子之罪，欲保民者当如保赤子，不使无辜受戮耳，岂爱无差等之谓乎？且天之生物，受气成形，各本于父母，都使他从这一个根本上发生出来。故爱亲之心，根于天性，非他人所可同耳。如夷子之言，则视其亲与路人略无分别，特其施由亲始，把这根本去处分而为二，此所以溺于兼爱之说，而不自知其非也。若能反求之心，而深知一本之义，则墨氏兼爱之非，不攻而自破矣。"

"盖上世尝有不葬其亲者，其亲死，则举而委之于壑。他日过之，狐狸食之，蝇蚋姑嘬之 ①。其颡 ② 有泚，睨而不视。夫泚也，非为人泚，中心达于面目，盖归反虆梩而掩之。掩之诚是也，则孝子仁人之掩其亲，亦必有道矣。"

解 上世，是太古之时。委，是弃。壑，是山水所聚处。嘬（chuài），是攒食。泚（cǐ），是汗出。睨（nì），是邪视。虆（léi），是土笼。梩（sì），是土畚 ③。孟子晓夷之说："夷子知厚葬之为是，而不知二本之为非，岂亦未之深思耶？殊不知人惟一本，所以无不爱亲；惟爱亲，所以有此葬礼。试以往古之事验之：盖上世丧礼未制之先，尝有不葬其亲者，其亲死，则举而弃之于壑。他日经过其处，见狐狸食亲之肉，蝇蚋嘬亲之肤，于是头额之间泚然汗出，但邪视而不忍正视，有不能为情之甚者。是泚也，岂为他人见之有所掩饰而然，乃其哀痛迫切之情，本诸中心，而发见于面目，其良心感触，有不能自己者耳。当此之时，既悔其前日委弃之非，而又思为后日保全之计，于是归取虆梩反土，以掩其亲之尸，使不至为物所残，为人所见，此后世葬埋之礼所由起也。夫此掩其亲者，若在所当然，则孝子仁人之所以掩覆其亲

【注】

① 蝇蚋（ruì）姑嘬之：蝇蚋，蚊蝇；姑，通"盬"，咀；嘬，叮咬。

② 颡（sǎng）：额头。

③ 畚（yù）：异土器。

者，必有厚葬的道理，而不以薄葬为贵矣。夫葬礼之所自起，皆由不忍其亲之一念发之，非以其一本而然乎？使人非一本，则弃亲不葬者胡为有泚？又胡为而掩之以蕢梩？夷子试反而求之，则知以薄为道之非，而墨氏之说，有不可从者矣。”

徐子以告夷子，夷子怃然为间曰："命之矣。"

解　怃然，是茫然自失的模样。为间，是少顷。命，是教。夷子学于墨氏，而厚葬其亲，其心必有不安于墨者，但溺于其说，不能自拔耳。孟子乃从他良心真切处提醒发明，所以感悟而诱掖之者至矣。徐子以孟子之言，一一告语夷子，夷子遂茫然自失。少顷间说道："始，吾学于墨氏而不知其非也。今闻夫子之言，乃知天亲果无二本，葬亲果当从厚。夫子固已教我矣。"夫夷子之闻言即悟如此，可见爱亲之良心人所同具，而异端之道未有不可反而归正者。故君子之于异端，拒之甚严，而待之亦未尝不恕也。

滕文公章句　下

6.1 陈代曰：“不见诸侯宜若小然；今一见之，大则以王，小则以霸。且《志》曰：‘枉尺而直寻。’宜若可为也。”孟子曰：“昔齐景公田，招虞人以旌，不至，将杀之。‘志士不忘在沟壑，勇士不忘丧其元。’孔子奚取焉？取非其招不往也。如不待其招而往，何哉？”

🔴解 陈代，是孟子弟子。枉，是屈。直，是伸。八尺叫做寻。田，是田猎。虞人，是守苑囿之官。“元”字，解做“首”字。昔战国时，游说之士多干谒诸侯以取功名，惟孟子以道自重，不肯屈己往见。弟子陈代疑其过于自高，乃以己意问说：“君子以行道济时为急，得君而事，乃其本心。今夫子不肯往见诸侯，固为守身之常法，然以我观之，似是小节不必拘也。今若肯往见，诸侯必尊礼而信用之，大则佐其君拨乱反正，行汤武之王道；小则佐其君招集怀远，成桓文之霸功。似这等俊伟光明的事业，只在一见之间，夫子犹不肯委曲就之乎？且古书有说：‘人之处世，若屈的止是一尺，伸的却有八尺，则所失者小，所得者大，在君子宜若可为也。’然则往见诸侯而成王霸之业，是舍小节以就大事，即枉尺直寻之谓也，何为而不可耶？”孟子答说：“我非不欲得君行道，但揆之于义，不当往见耳。不观虞人之于齐景公乎？昔景公出猎，以虞人当有职事，使人持旌节召之。古时人君召见臣下，各有所执以为信，召大夫方用旌节，若召虞人当用皮冠，那虞人见以旌召他，非其官守，不肯往见。景公怒其违命，将欲杀之。孔子见虞人能守其官，因称他说：‘世间有一等志士，常思固守贫穷，就死无棺椁，弃在沟壑，也不怨恨；有一等勇士，常思捐躯殉国，就战斗而死，不保首领，也不顾避。正此虞人之谓也。’夫孔子何取于虞人而称美之若此？为他招之不以其物，而守死不往故耳。夫招之不以其物，在虞人小吏尚且不往，况不待诸侯之招而往见，其如屈己何哉？”故不见诸侯，乃义不当往，非故自为尊大也。

“且夫，‘枉尺而直寻’者，以利言也。如以利，则枉寻直尺而利，亦可为与？”

解 孟子承上文说："君子出处进退之间，不当计较功利，只论义之可否而已。彼谓枉尺直寻在所可为者，乃是在功利上计算，而以所得之多少言之也。一有计利之心，则不论可否，惟利是徇，岂但枉尺直寻甘心为之？虽使枉寻直尺，所屈者多，所伸者少，至于丧节败名，可以邀一时之利，亦将不顾而为之与？不知君子之心，不计其终之直与不直，只论其始之枉与不枉，故惟义之与比，而不肯徇利以忘义也。况利害得失不惟不当计，亦有不可得而趋避者。一有计利之心，则利未必得而害已随之矣，岂但枉寻直尺而已哉？"

"昔者，赵简子使王良与嬖奚乘，终日而不获一禽。嬖奚反命曰：'天下之贱工也。'或以告王良。良曰：'请复之。'强而后可，一朝而获十禽。嬖奚反命曰：'天下之良工也。'简子曰：'我使掌与女乘。'谓王良。良不可，曰：'吾为之范我驰驱，终日不获一；为之诡遇，一朝而获十。《诗》云："不失其驰，舍矢如破。"我不贯与小人乘。请辞。'"

解 赵简子，是晋国大夫，名鞅。王良，是善御的人。嬖奚，是简子幸臣。乘，是御车。范，是法。诡遇，是随便迎射，不循正道的意思。舍，是发。贯，是惯习。孟子承上文说："计利忘义岂特士君子所不当为，即一艺之士亦有不肯为者。昔赵简子使其幸臣嬖奚田猎，命王良与他御车，自朝至暮不能射得一禽。嬖奚复命说：'王良乃天下贱工，不善御车，所以不获。'或以此言告王良，王良恐损了他善御之名，乃请再与之御，以试其能。那嬖奚不肯，强之而后往。自晨至食时，就射得十禽。嬖奚乃复命说：'王良乃天下良工，善于御车，所以多获。'简子说：'我使王良专与汝乘。'遂以此命王良。王良却又不肯，对说：'这获禽之多，非射御之正，乃废法曲徇之所致也。盖御者自有法度，射者自有巧力，原不相谋。前日我以御车之法驰驱正路，嬖奚不能左右迎射，故终日不获一禽。今我不由正道，只看禽所从来，迎而遇之，他才会迎着射去，一朝而获十禽。是嬖奚之射，必使御者废法而后可中也。《诗经·车攻篇》有云："不失其驰，舍矢如破。"是说御车之人不曾失了驰驱之常度，而车中射者发矢必中，就如破物一般，此君子射御之正法也。今必为之诡遇而后获禽，乃小人之所为耳。我不惯与小人乘。请辞。'由此观之，则王良之所以称为善御者，在能循正道，不在诡遇以求获也。射御且然，而况出处大节，其可苟且以就功名之会乎？"

"御者且羞与射者比，比而得禽兽，虽若丘陵弗为也。如枉道而从彼，何也？且子过矣，枉己者未有能直人者也。"

🔴解 比，是阿党。孟子承上文说："王良以御得名，嬖奚以射为事，皆不过一艺之微耳。今使御者与射者私相比合，废其驰驱之法而求获禽之利，犹以为小人之事而羞之。推其心，即使一时阿比，而所得禽兽积如丘陵之多，亦所不为也，其守法而不肯徇利如此。况君子以道自守，乃欲计较得失之多寡，而枉道以见诸侯，反御者之不若矣，何为其然哉？且子以利害计算，亦已过矣。君子一身乃天下之表率，必自处以正，方能正人。夫苟枉己以从人，则轨范不端，本原不正，欲行道济时，以成霸王之功，无是理也。夫使枉尺而可以直寻，君子犹且不为，况枉己必不能以直人乎？"然则不见诸侯乃君子自守之大义，不可以小节视之也。时至战国，士风大坏，纵横游说之徒，惟利是图，不顾礼义，故虽从游于孟子者，亦有枉尺直寻之言，岂知圣贤之道，以出处进退为大节，故宁终身不遇，而不肯一屈其身以求用于世。盖必如是而后可以正天下也。后之用人者，诚以进退出处之际，观其大节，则枉直不淆，而举措无不当矣。

6.2 景春①曰："公孙衍、张仪②岂不诚大丈夫哉？一怒而诸侯惧，安居而天下熄。"孟子曰："是焉得为大丈

【注】

① 景春：与孟子同时代的纵横家。

② 公孙衍、张仪：二人皆为战国时期魏国人，纵横家的代表人物。公孙衍主张诸国合纵抗秦，张仪曾两为秦相，以连横之术破合纵之策。

【注】

① 女（rǔ）家：夫家；女，同"汝"。戒：谨慎。夫子：丈夫。

夫乎？子未学礼乎？丈夫之冠也，父命之；女子之嫁也，母命之。往送之门，戒之曰：'往之女家，必敬必戒，无违夫子！'① 以顺为正者，妾妇之道也。"

解 景春、公孙衍、张仪，都是战国时人。熄，是宁息。顺，是阿谀、苟容的意思。夫子，指女子之夫说。当时列国分争，游说之士往往以纵横之术，窃取权势，震耀一时，公孙衍、张仪尤其著者。故景春羡慕之，问于孟子说道："我观当世之主，如公孙衍、张仪二子，岂不诚大丈夫哉？如何见得？盖方今诸侯力争，天下多事，他若有所愤怒，即能动大国之兵，使诸侯恐惧也；若安居无事，即能解列国之难，使天下宁息。以一人之喜怒，系一世之安危，是何等气焰，非大丈夫而何？"盖景春但见二子权力可畏，遂以大丈夫目之，不知圣贤之所谓大，有出于权力之外者。故孟子晓之说："仪、衍所为如此，安得为大丈夫哉？夫大丈夫之道与妾妇不同，子岂未曾学礼乎？《礼经》上说：'丈夫行冠礼，其父醮而训之；女子出嫁，其母亦醮而训之。'嫁时送之于门，戒之说：'女今归于夫家，必要敬谨，必要戒慎，惟夫子之命是从，无得违悖。'母训若此。可见以顺从为正者，乃是为妾妇的道理。今二子，虽是声势权力炫耀一时，其实有所喜怒，都是揣摩诸侯之好恶而顺从其意，乃妾妇者流耳，岂大丈夫之所为哉？"

"居天下之广居，立天下之正位，行天下之大道。得志，与民由之；不得志，独行其道。富贵不能淫，贫贱不能移，威武不能屈。此之谓大丈夫。"

解 广居，指仁说。正位，指礼说。大道，指义说。淫，是放荡。移，是变易。屈，是折挫。孟子承上文说："吾所谓大丈夫者何如？盖仁，统天下之善，乃广居也，彼则存心以仁，兼容并包，而无一毫之狭隘，是居天下之广居矣。礼，嘉天下之会，乃

"出疆必载质，何也？"曰："士之仕也，犹农夫之耕也；农夫岂为出疆舍其耒耜哉？"

解 周霄闻孟子之言，又问说："三月无君，不得尽奉先之孝，是诚可吊也。乃若一去其国，必载贽以往，这等急于得君，又是为何？"孟子晓之说："士之欲仕，本以行道，犹农夫之耕，本以谋食。见君不可无贽，耕田不可无耒耜，其义一也。农夫虽至他处亦不能不耕；既欲耕，则必用耜器，岂为离了本土，遂舍弃其耒耜而不用哉？士虽至他国，未尝不欲仕，既欲仕，则必用贽以见君，亦岂以出疆而不载贽乎？"盖上下之交，固自有道，而进退之际尤必有礼，士岂有无羔雁之贽，而可以见君者哉？然则君子之欲仕而不轻仕，周霄可以自悟矣。

曰："晋国亦仕国也，未尝闻仕如此其急。仕如此其急也，君子之难仕，何也？"曰："丈夫生而愿为之有室，女子生而愿为之有家，父母之心，人皆有之。不待父母之命，媒妁①之言，钻穴隙相窥，逾墙相从，则父母国人皆贱之。古之人未尝不欲仕也，又恶不由其道，不由其道而往者，与钻穴隙之类也。"

解 晋国，即是魏国，韩赵魏分晋，谓之三晋，所以都称晋国。仕国，是游宦之国。媒妁，是议婚之人。穴隙，是壁间空隙。周霄设词探问，既得君子欲仕之情，至此乃讽之说："据夫子之言，君子之欲仕，可谓急矣。然晋国亦士君子游宦之国，未尝闻有无君则吊，出疆载贽这样急的。仕果如此其急，则君子亦当易于仕矣，乃又不见诸侯而难于出仕，却是何故？"孟子答说："君子之心，岂不欲仕而得位？但出处进退自有正道，不可苟且。且如男女居室，人之大伦，故丈夫生而愿为之有室，女子生而愿为之有家，这是父母之心，人所同有。然在男女必待父母有命，媒妁之

【注】

① 媒妁（shuò）：媒，谓谋合二姓者；妁，谓斟酌二姓者。一说男方曰媒，女方曰妁。

言，才好婚配而成室家。若不待父母之命，媒妁之言，甚至钻穴隙以相窥，逾垣墙以相从，这等污辱苟合，不惟为父母者贱而恶之，举国之人皆贱而恶之矣。是以古之君子未尝不欲仕，亦如为人父母之心，未尝不愿男女之有室家，但必识去就之义，明进退之礼。又以不由其道为耻，若不待诸侯之招而屈己往见，这便是不由其道，与钻穴隙相窥的一般，人之贱恶又当何如？然则士之不见诸侯，正恶不由其道也，岂以欲仕之急而遂轻于仕哉？盖君臣之大义虽一时不容少缓，而出处之大节，则一毫不可或逾。苟以欲仕之急，而贻可贱之名，即终身不仕，君子有甘心自守者矣，况三月无君耶？"世之为君者，知士之欲仕，而遂其致君泽民之心；又知仕之有礼，而全其直己守道之志，斯上下交而德业成矣。

6.4 彭更问曰："后车数十乘，从者数百人，以传食于诸侯，不以泰乎？"孟子曰："非其道，则一箪食不可受于人；如其道，则舜受尧之天下，不以为泰。子以为泰乎？"

解 彭更，是孟子弟子。后车，是随从之车。传，是乘传，即今驰驿便是。"泰"字，解做"侈"字，是过分的意思。孟子在当时历聘列国，车徒甚众，诸侯之廪饩甚丰。弟子彭更疑其过分，乃问说："今有一介之士，周流列国，后车数十乘，从者数百人，乘传而食于诸侯，岂不过于侈泰乎？"孟子晓他说："君子之处世，其辞受取舍，只看道理上如何？如道所不当得，则虽一箪之食，极其微细亦不可受之于人，况传食乎？如道所当得，则虽虞舜以匹夫受尧之禅而有天下，亦不可以为泰。子岂以舜之受尧为泰耶？如不以舜为泰，则士之传食犹其小者，亦不可以泰视之矣。"夫尧、舜之授受，与士人之辞受不同，孟子特举其最大者，以明义之当否耳。

曰："否。士无事而食不可也。"曰："子不通功易事，以羡补不足，则农有余粟，女有余布。子如通之，则梓匠轮舆①皆得食于子。于此有人焉，入则孝，出则悌，守先王之道，以待后之学者，而不得食于子。子何尊梓匠轮舆，而轻为仁义者哉？"

解 事，是事功。羡，是有余。梓匠，是木工。轮舆，是车工。彭更对孟子说："舜受天下于尧，此是他功德隆盛，天与人归，所以有此。吾所谓泰者非谓是也。盖以一介之士，未仕诸侯，上无功于国家，下无功于民庶，而偃然食人之食，略不辞让，则非道之所宜，故疑其泰而以为不可耳。"孟子晓之说："子以士为无功而食，不知士之功固甚大也。试以农工之事观之，且如农人种粟，女子织布，各有所为之功，与所司之事不能相兼。若使子不肯通融交易，以此之有余，补彼之不足，则农夫必有余粟，而不足于布；女子必有余布，而不足于粟，此势之所必不能行也。子如不免于通融，则我之所不能为者，必待人为之。如造室的梓人、匠人，造车的轮人、舆人，虽一艺之微，皆得以其所有事，而易子之食矣。今有士人于此，以先王之道莫大于仁义，而仁义之实不外于孝悌，二者独能入而孝亲，出而悌长。守先王仁义之道于当时，使异端不得淆乱；传先王仁义之道于后世，使后学有所师法。继往开来，有功于世道如此，不特一梓匠轮舆之事也。乃反以为无功，而不得食于子，是何尊重梓匠轮舆，而轻为仁义之士哉？知仁义之不可轻，则士之传食于诸侯，非无事而食者矣。"

曰："梓匠轮舆，其志将以求食也；君子之为道也，其志亦将以求食与？"曰："子何以其志为哉？其有功于子，可食而食之矣。"

解 彭更因孟子之诘，乃变其说以应之，说道："吾非敢尊梓匠轮

【注】

① 梓（zǐ）匠轮舆：一说四种木工。梓，梓人，造器具；匠，匠人，主建筑；轮，轮人，造车轮；舆，舆人，造车厢。

舆而轻仁义之士也。诚以梓匠轮舆乃技艺之流，原其本心固将以艺求食耳，食之可也。若君子为仁义之道，其抱荷甚重，其期待甚高，岂其志亦将以求食与？志非在食，而乃传食于诸侯，此吾所以谓之泰耳，岂可以梓匠轮舆例论乎？"孟子折之说："人之所志固自不同，然子以食与人，何必问其志为哉？惟当计其功之多寡，以为廪饩之厚薄。其人果有功于子，于理当食，即当称其事以食之耳。然则君子之志，固不在食，而其功则可食也。如以其志而食之，是率天下而为利矣，岂尚贤论功之道哉？"

"且子食志乎？食功乎？"曰："食志。"曰："有人于此，毁瓦画墁，其志将以求食也，则子食之乎？"曰："否。"曰："然则子非食志也，食功也。"

解 墁（màn），是墙壁之饰。孟子又诘之说："劳力者食于人，用人之力者食人，此常理也。吾且问子平时以食与人，果以其志在求食，遂食之乎？抑因其有功于子乃食之乎？"彭更之辞已屈，又强应说："食志。盖梓匠轮舆之人，皆有求食之志，吾固因而食之也。"彭更之言，与前所谓无事而食者，已自相背驰矣！故孟子又诘之说："子之食人固因其志矣，设使有人于此毁败子之屋瓦，画坏子墙壁之饰，不但无功，而且有损于子，乃其人之志，却将以此求食，则子亦肯食之乎？"彭更到此再说不得食志了，只得答说："毁瓦画墁无功有害，不可食也。"孟子遂折他说："毁瓦画墁以无功不食，则子之食人，原非为志，还是因其有功而后食之也。既曰食功，则有功于斯道者亦在所当食矣。乃谓其无事而食，岂非尊梓匠轮舆而轻为仁义者乎？"夫孟子抱道德言仁义，使其见用，必可以致帝王之盛治，开万世之太平，其功甚大也。战国之君但知举尊贤之礼，而不能尽用贤之道，使其志不得行已，非孟子之初心矣。更也犹以泰议之，何其待君子之薄耶？

6.5万章问曰：“宋，小国也，今将行王政，齐、楚恶而伐之，则如之何？”

解　当时宋王偃尝灭滕，伐薛，败齐、楚、魏之兵，欲霸天下，诸侯忌而伐之。故万章问孟子说道：“宋，小国也，今兴问罪之师，伸吊伐之举，欲行王政于天下，亦可谓有志于复古者，奈齐、楚之君皆恶而欲伐之，以无道而伐有道，曲直固有分矣。然寡不可以敌众，弱不可以敌强，不知何如而后可乎？”

孟子曰：“汤居亳①，与葛②为邻，葛伯放而不祀。汤使人问之曰：‘何为不祀？’曰：‘无以供牺牲也。’汤使遗之牛羊。葛伯食之，又不以祀。汤又使人问之曰：‘何为不祀？’曰：‘无以供粢盛也。’汤使亳众往为之耕，老弱馈食。葛伯率其民，要③其有酒食黍稻者夺之，不授者杀之。有童子以黍肉饷④，杀而夺之。《书》曰：‘葛伯仇饷。’此之谓也。”

解　葛，是国名。伯，是爵。放，是放纵。遗（wèi）饷，都是馈送。孟子答万章说：“仁者无敌，王不待大，子岂以宋为小国不足以行王政乎？试观成汤之事可见矣。昔成汤为诸侯时，居于亳邑，与葛国为邻，葛伯放纵无道，不祀先祖。汤使人问之说：‘国之大事在祀，尔为何不祀？’葛伯对说：‘祀必备物，吾为无以供牺牲也。’汤乃使人送与牛羊，以供其牺牲之用。葛伯自己食之，又不以祀。汤又使人问之说：‘牺牲既备，何为不祀？’葛伯对说：‘祀宜黍稷，吾为无以供粢盛也。’汤乃使亳邑之民往为之耕，以供其粢盛，其老弱不能耕者，往馈耕者之食，其厚于邻国如此。葛伯乃率其民，看有馈送酒食黍稻的，要而夺之，其不肯与的，从而杀之。有一童子以黍肉来饷，葛伯杀而夺取之。故《商

【注】

① 亳（bó）：旧说亳地在今河南省商丘市区北，但与考古发现不合；据考古发现，亳地在今河南郑州。

② 葛（gé）：古国名，旧说在今河南省商丘市宁陵县北。旧说或不可信。

③ 要（yāo）：拦截。

④ 饷：送饭。

书·仲虺之诰》曰：'葛伯与饷者为仇。'即此杀童子而夺其黍肉之谓也。 是汤固施仁于葛，而葛乃自绝于汤，吊伐之师，诚有不容已者矣。"

"为其杀是童子而征之，四海之内皆曰：'非富天下也，为匹夫匹妇复仇也。'"

解　富，是利。 匹夫匹妇，是指童子的父母。 孟子承上文说："葛伯杀是馈饷之童子，则不惟绝邻国之好，而且戮无辜之民，其罪大矣，汤为是举兵而征之。 四海之内闻汤之征葛，都说道：'汤之心非有所利于天下，只为童子以无辜见杀，其父母含冤无所控诉，故往征之，实为匹夫匹妇复仇耳。'盖惟成汤以吊民伐罪为心，故能取信于天下如此。"

"'汤始征，自葛载'，十一征而无敌于天下。 东面而征，西夷怨；南面而征，北狄怨，曰：'奚为后我！'民之望之若大旱之望雨也。 归市者弗止，芸者不变，诛其君，吊其民，如时雨降。 民大悦。《书》曰：'徯我后，后来其无罚。'"

解　载，是始。 吊，是恤。 徯，是待。 承上文说："当初成汤起兵，征伐无道之国，自葛伯始。 从此讨罪伐暴，凡十一征，而皆无敌于天下。 东面而征，则西夷怨之；南面而征，则北狄怨之，说道：'我等与彼国之民都困于虐政，何不先来征我之国。'民之望汤来征，真若大旱之望雨一般，惟恐其不速至也，其未至而望之切如此。 夫军旅所至，未有不罢市而辍耕者，乃汤师之来，归市者不止，而商安于市；耕耘者弗变，而农安于野，只是诛戮那虐民之君，抚恤那受虐之民。 所以王师一来就如时雨之降一般，民皆幸其复苏，欢然大悦焉。《商书·仲虺之诰》述当时之民说道：'我民向在水火之中，待我君来救久矣。 我君既来，庶几其无罹暴虐之害乎！'观书中所言，则当时之民心可知，其已至而悦之深如此。 夫成汤能行王政，大得民心，自能无敌于天下。 未闻有恶而伐之也？"

"'有攸不惟臣，东征，绥厥士女，篚厥玄黄，绍我周王见休，惟臣附于大邑周。'其君子实玄黄于篚以迎其君子，其小人箪食壶浆以迎其小人；救民于水火之中，取其残而已矣。"

解 绥，是安。篚（fěi），是筐篚。玄黄，是玄色、黄色的币帛。绍，是继。休，是美。大邑周，是商氏尊周室之词。孟子说："行王政而王天下者，不独成汤，至于武王亦是如此。当纣之时，周家王业已盛，八百诸侯皆来归服，其中有助纣为恶，而不为周臣者，武王以其害及士女，而东征以安之。惟其士女，都用筐篚盛着玄黄币帛而来迎，说道：'我民苦商之虐政久矣，今继事我周王，庶得蒙其恩泽而见休美乎！'于是心悦诚服而归附于大邑周。其有位而为君子的，则以玄黄之币帛实于筐篚，以迎周之君子。其在野而为小人的，则盛着箪食壶浆以迎周之小人。这是为何？盖以商纣暴虐，民方陷于水火，武王兴兵征伐，以救民于水火之中，惟取其残民者诛之。除残之外，未尝妄有诛戮，故民怀其德，而以类相迎如此。其与成汤之时，民皆徯后来苏者，何以异哉？"

"《太誓》曰：'我武惟扬，侵于之疆。则取于残，杀伐用张，于汤有光。'"

解 《太誓》，《周书》篇名。扬，是奋扬。凶残，指纣说。孟子引《周书·太誓篇》所载武王誓众之词，说道："我之威武奋扬，侵彼纣之疆界，声罪致讨，取彼凶残而戮之。虽罪止一人，而威加四海，杀伐之功，因以张大。昔成汤尝除暴救民，以安天下，今我亦能取彼凶残，以救民于水火之中，岂不于汤有光乎？是武王行王政而王天下，亦未闻当时之大国有恶而伐之者也。"

"不行王政云尔，苟行王政，四海之内，皆举首而望之，欲以为君，齐，楚虽大，何畏焉？"

解 孟子承上文说："成汤行王政而徯后之民，皆望汤以为之君；武王行王政而见休之众，皆望武王以为之君如此。今宋惟不行王政，而欲以伯术服人，故见恶于大国云耳。苟能以纯王之心，行纯王之政，若成汤吊民于大旱之后，武王救民于水火之中，则四海之内皆举首而望之，欲以为君，而有后我之怨，玄黄之迎矣。齐、楚虽大，必不能率戴我之民以攻我也，又何畏焉。"盖能行王政则民心悦服，而无敌于天下；不能行王政则民心不归，而受制于大国。然则人君欲自强者，亦在于行仁而已。

6.6 孟子谓戴不胜曰："子欲子之王之善与？我明告子：有楚大夫于此，欲其子之齐语也，则使齐人傅诸？使楚人傅诸？"曰："使齐人傅之。"曰："一齐人傅之，众楚人咻之，虽日挞而求其齐也，不可得矣；引而置之庄岳之间数年，虽日挞而求其楚，亦不可得矣。"

解　戴不胜，是宋臣。傅，是教。咻，是喧哗。庄岳，是齐国里名。当时宋国之臣戴不胜者，素有志于正君，而未知荐贤为国之道，故孟子告之说："人臣事君，孰不欲引之于当道。然涵养熏陶，非一日之功，维持匡救非一人之力也。吾观子之事王，岂不欲使王之为善欤？然正君之道，子容有未知者，我明以告子，且将学语一事来比方。假如有楚大夫于此，厌楚语为南蛮鴂舌之陋，而欲使其子学齐人之语，则将使齐人教之乎？抑使楚人教之乎？"戴不胜说："欲学齐语，必使齐人教之耳。"孟子说："学齐语而使齐人教之，诚是矣。倘使居荆楚之地，傅之者止一齐人，而朝夕喧哗咻之者有众楚人，则听闻不专，积习难变，虽日加鞭挞而求其子之齐语，不可得矣。若使引其子而置之齐国，使居庄岳之间，且至数年之久，则所与居者皆齐人，所熟闻者皆齐语，必然化而为齐，虽日加鞭挞而求其子之楚语，亦不可得矣。"由楚大夫教子之事观之，则知人臣之欲正君者，必使直谅多闻之士常接于前，谗谄面谀之言不入于耳，然后可以熏陶德性，变化气质，将日进于善而不自知矣。若小人众而君子独，亦何以成正君之功哉？

"子谓薛居州，善士也，使之居于王所。在于王所者，长幼卑尊皆薛居州也，王谁与为不善？在王所者，长幼卑尊皆非薛居州也，王谁与为善？一薛居州，独如宋王何？"

🔴解　薛居州，是宋之贤臣。长幼卑尊，都指在朝之臣说。孟子告戴不胜说道："子知学语者在于精专，则知正君者成于多助，此非一人之力所能办也。今子谓薛居州宋之善士也，荐举于朝，使之居于王所，诚得以人事君之忠矣。然使在王所的群臣长幼卑尊，都似薛居州之贤，则所闻皆善言，所见皆善行，王所欲为不善，其谁与之为不善乎？如使在王所的群臣长幼卑尊，都不似薛居州之贤，则善言不接于耳，善行不接于目，王虽欲为善，其谁与之为善乎？今尔之所举惟一薛居州，而不如薛居州者甚众，这就是'一齐人傅之，众楚人咻之'也。吾恐群邪必至于害正，孤忠不能以独立，虽有维持匡救之功，终是一暴十寒而已。即欲引君于善，其如宋王何哉？"故古之大臣欲正其君者，必集众思，广忠益，使君之左右前后无非正人端士，而后君德可成也。若夫用贤之道，则又在人君之信任勿疑；苟谏不行，言不听，虽善士盈朝，亦何益之有哉？

6.7 公孙丑问曰："不见诸侯何义？"孟子曰："古者不为臣不见。段干木逾垣而辟①之，泄柳闭门而不内②。是皆已甚；迫，斯可以见矣。"

🔴解　不为臣，是未曾出仕。段干木，是魏人。泄柳，是鲁人。已甚，是太过。迫，是求见之切。孟子不肯往见诸侯，故公孙丑问说："君子以济世安民为心，必得君而事，乃可以行其道。今之不见诸侯，不知果何义也？"孟子答说："古之为士者必委质为

【注】

① 辟：同"避"。

② 内（nà）：同"纳"。

臣，有官守之责，则当奔走其职，以官而见。若未为臣，则无官守可召，无职事可见，惟当高尚其志，不见诸侯，此古之道也。然所谓不见者，只是以道自重，不肯屈身以往见耳。若有尊贤下士之君，自来求见，又岂有终绝之理乎？昔魏文侯时，有个段干木，是未为臣的，文侯来求见他，乃逾墙而避去。鲁缪（mù）公时，有个泄柳，亦是未为臣的，缪公来求见他，乃闭门而不纳。二子之自处如此，是皆立己于太峻，拒人以太严，而为已甚之。"行者也，不知所贵于士者，岂必以隐为高，往而不返，然后为贤哉？惟君无下贤之诚，故士高不见之，节耳。今二君求见之意，既如此其迫切，则二子见之，不为枉道，何必逾垣而避，闭门而不纳哉？是二子者，执礼义而失之太过，君子所不由也。

"阳货欲见孔子，而恶无礼，大夫有赐于士，不得受于其家，则往拜其门。阳货瞰孔子之亡也，而馈孔子蒸豚；孔子亦瞰其亡也，而往拜之。当是时，阳货先，岂得不见？"

解　阳货，是鲁季氏家臣，僭为大夫者。欲见，是欲召见。瞰（kàn），是窥。亡，是出在外。先，是先来加礼。孟子又引孔子之事，以晓公孙丑说道："昔鲁国有阳货者，尝慕孔子之道德，而妄自尊大，意欲召之来见，又恐人说他见贤无礼，乃欲以术致之。他知道《礼经》上说：'大夫有所赐于士，士在家拜受则已，如偶出在外，不曾得拜受于家，必亲往拜谢于大夫之门。'惟时阳货正僭为大夫，孔子为士，因使人探看孔子出外之时，将蒸豚（tún）馈之，正要使孔子不得拜受于家，必然往拜其门，可乘此以相见也。孔子虽不逆诈，亦不堕其术中也，探看阳货外出之时，乃往拜之。既答其礼，又不使他得见，可谓曲而尽矣。夫阳货虽非可见之人，然亦有愿见之意，孔子如何终不见之？盖只为当时阳货欲用术以致孔子之见，而不肯先来加礼故耳。若当是时阳货真能下贤，先加就见之礼，如文侯之于段干木，缪公之于泄柳，则孔子非绝人于太甚者，岂得瞰亡以往，而终不见之哉？盖孔子不当见而不见，与段干木、泄柳之为已甚者不同，此所以为礼义之中正也。"

"曾子曰：'胁肩谄笑，病于夏畦。'子路曰：'未同而言，观其色赧赧然，非由之所知也。'由是观之，则君子之所养，可知已矣。"

解　胁肩，是耸起两肩。谄笑，是强为欢笑，都是勉强媚人的模样。病，是劳。夏畦（qí），是夏月治畦的人。赧（nǎn）赧，是心惭面赤的模样。孟子说："礼义者，立身之大闲；污贱者，士人之深耻。尝闻曾子说：'今有一等人，见人不大礼貌，他乃胁肩谄笑，以求媚悦，这等作伪的情状，不胜劳苦，比那暑月治畦的人更甚。'这是极鄙之之词。子路说：'凡人彼此契合，方可与之谈论，若素日无交，未知他的意向，便要强与之言，却心惭面赤，赧赧然若无所容的模样，这等人品非由所知矣。'这是极恶之之辞。夫由此二子之言观之，他既痛恶这等的人，决不肯干这等的事，其胸中涵养必光明正大，直道不阿。设使诸侯未曾先来加礼，欲要二子去俯首求容，强颜求合，断然不为矣。此可见不为臣不见者，乃士人守身之常法。若世有下贤之君，固不当绝人于已甚，如段干木、泄柳之所为。世无下贤之君，亦必不肯屈己以求容，为曾子、子路之所讥也。"

6.8 戴盈之曰："什一，去关市之征，今兹未能。请轻之，以待来年，然后已，何如？"孟子曰："今有人日攘其邻之鸡者，或告之曰：'是非君子之道。'曰：'请损之，月攘一鸡，以待来年，然后已。'如知其非义，斯速已矣，何待来年？"

解　戴盈之，是宋大夫。什一，是十分中取一分。征，是税。已，是止。攘，是物自来而取之。戴盈之有意革弊而不能决，乃问孟子说道："古时井田之法，什而取一，近乃有厚敛于民者矣。古时关市之法，讥而不征，近乃有并征其货者矣。先王之良法无存，斯民之憔悴日甚，国何由治乎？如今欲要复那什一之旧，去那关市之征，轻徭薄赋与民休息，此吾愿治之本心也。但积习已久，难以骤更，国用所需未能顿革。目前且把这两件稍从轻减，待至明年然后尽罢今之弊政，复行古之良法，夫子以为何如？"孟子告之说："为政在于力行，知过贵于速改。子既有志于革弊，而曰姑待来年，是何异于攘鸡者乎？今有人于此，日日攘取邻家之鸡，或告之说：'攘取邻鸡，苟得无耻，是非君子之道。'其人不能即改，却说道：'子言诚是，只是我一时便止不得，请暂且减损，每月止攘一鸡，以待来年然后已。'这等的人，谓之能改过迁善可乎？今宋之攘取其民，犹攘鸡之不义也。但患不知其非耳，如既知之，便当一旦速除其弊，使百姓早受一日之赐，何故等待来年，如所谓月攘一鸡者哉？"盖为政本以为民，有利于民，则宜速为；有害于民，则宜速去。若曰姑待来年，则必因循怠废，日复一日，终于不能革矣，岂更化善治之道哉？

【注】

① 哓哓然：吵闹的样子。

② 气化：泛指阴阳之气化生万物。

③ 无平不陂（bì），无往不复：出自《易经·泰卦》，意思是初始平者，必将有不正也；初始往者，必将有反复也。

6.9 公都子曰："外人皆称夫子好辩，敢问何也？"孟子曰："予岂好辩哉？予不得已也。天下之生久矣，一治一乱。"

解 公都子，是孟子弟子。生，是生民。当时杨、墨之言充满天下，孟子欲防卫吾道，不得不辞而辟（bì）之，故有疑其好辩者。公都子亦不知孟子之心，乃问说："夫子一言一论，必皆有为而发。然今在外之人，皆说夫子好为辩论，以求胜于人，是必有故矣。敢问夫子何为如此？"孟子答说："君子之处世，岂不欲与之相忘于无言，然义理有当发明，事势有当救正，虽欲不言，有不可得者。若我之于今日，岂故好为辩说，哓哓然① 与人争论哉？乃有不得已于言者耳。所以不得已为何？盖自上古以来，天下之有民生，非一日矣。气化② 人事，相为循环，'无平不陂，无往不复'③，当其气化盛，人事得，则天下为之一治。及其气化衰，人事失，则天下为之一乱。反覆相寻，未有常治而不乱者，其势然也。"夫由治而之乱,虽圣贤不能止其来,然拨乱而反治,在圣贤岂得辞其责?故虽至艰至大之事,亦有不得已而为者,而况于言乎?

"当尧之时,水逆行,泛滥于中国,蛇龙居之,民无所定。下者为巢,上者为营窟。《书》曰:'洚水警余。'洚水者,洪水也。使禹治之,禹掘地而注之海,驱蛇龙而放之菹;水由地中行,江、淮、河、汉是也。险阻既远,鸟兽之害人者消,然后人得平土而居之。"

解 泛滥,是水流横溢。下,是卑地。上,是高地。巢,是架木为居。营窟,是掘地而处。洚水,是无涯之水。菹(jù),是水泽生草之处。江、淮、河、汉,是四水名。险阻,即指洚水说。孟子承上文说:"所谓一治一乱者,何以征之?昔当帝尧在位之时,洪水滔天,都不循正道,倒流逆行,以致横溢弥漫遍于中国,况平陆之地皆为蛇龙所居,天下人民无有定止,地势卑的则架木为巢以居,地势高的则掘地为窟以处,而生民之命急矣。故《虞书》上说:'洚水警余。'言此洪洞无涯之水,乃是天降灾异以示警戒。所谓洚水者,即此洪水是也。此时气化乖沴①,害及生民,便是一乱。于是帝尧忧之,举舜而敷治,舜乃使禹治之,委任而责成焉。禹思水之性必有所归,乃掘去壅塞,疏通河流,将这泛滥之水注之于海,而不使其横决;以蛇龙之性必有所居,于是驱逐蛇龙,放之菹泽之地,而不使其盘据。水既归海,斯下流不壅,得以顺其轨道而行于地中,即今江、淮、河、汉之水是也。此时水患尽平,险阻既远,不但蛇龙已归菹泽,不为民害;而凡鸟兽之害人者皆已消除,然后地平天成②,四隩可宅③。下者不必为巢,上者不必为窟,举天下之民皆得平土而居,以遂其乐生之愿矣,岂非天下之一治哉!"即此观之,可见水旱之灾,虽圣世不

【注】
① 乖沴(lì):反常,怪异。
② 地平天成:《尚书·大禹谟》:"帝曰:'俞!地平天成,六府三事,允治。万世永赖,时乃工。'"本指大禹治水成功,使得地上万物得以自然生长,比喻一切都安排妥帖。
③ 四隩(ào)可宅:出自《尚书·禹贡》:"九州攸同,四隩既宅。"隩,可以定居的地方。

能免，惟当时为君者儆惧于上，为臣者勤劳于下，故能挽回气运，转乱而为治如此。然则救灾拯溺之道，信不可不究心也。

"尧舜既没，圣人之道衰，暴君代作，坏宫室以为污池，民无所安息；弃田以为园囿，使民不得衣食；邪说暴行又作，园囿汙池、沛泽多而禽兽至。及纣之身，天下又大乱。"

🔴**解** 宫室，指民居说。园囿、污池，是君上游观之所。沛，是草木所生。泽，是聚水之处。孟子承上文说："当尧舜之时，禹平水土，天下已治矣。及尧舜既没，圣人仁民爱物之政，湮灭无存。历夏及商，暴虐之君相继而起，都要侈于自奉，不顾民生休戚，将百姓所居之室，毁坏以为池沼，使之无所安息；将百姓所耕之田，荒弃以为园囿，使之不得衣食。虐政既兴，风俗日坏，其在下之臣民又肆为邪诐之说，暴慢之行而害人者众矣。且田土弃为园囿，宫室坏为污池，则凡生民之所聚者，皆化为水草之区。沛泽日多，禽兽因之而至，百姓何得安生，其害抑又甚矣。浸淫不已，以至于商纣之身，愈为不道，毒痡①四海，而天下又大乱焉。乱极思治，非武王、周公，其孰能挽回气化，以安天下也？"

"周公相武王，诛纣伐奄，三年讨其君，驱飞廉于海隅而戮之。灭国者五十，驱虎、豹、犀、象而远之。天下大悦。《书》曰：'丕显哉！文王谟。丕承哉！武王烈。佑启我后人，咸以正无缺。'"

🔴**解** 奄，是东方国名。飞廉，是纣之幸臣。丕，是大。谟，是谋。烈，是功烈。咸正无缺，是正大周密的意思。孟子承上文说："当纣之时，天下大乱，于是武王受命而起，周公为之辅佐，伐暴救民，奉行天讨，以诛独夫之纣。又以奄国之君助纣为虐于外，则兴师伐奄，三年之久，始就诛戮；又以幸臣飞廉，助纣为虐于内，则驱之于海隅而戮之。又灭纣之恶党五十余国，而后人害以息；且驱其园囿之中所畜猛兽，如虎、豹、犀、象皆使之远去，而物害以消。当时天下之民，苦于暴君虐政久矣，一旦睹圣王之泽，莫不欢忻鼓舞，交相庆幸，熙熙然成太平之治焉。故《周书·君牙篇》说道：'丕显哉！文王创业之谟。丕承哉！武王致治之烈。所以建立法制以佑助开迪我后人者，莫非正大之道，尽善尽美，而无一毫之亏缺也。'盖周公于治定功成之后，制礼作乐，以光文武之道如此，一代之王业不由此而兴乎！此又世之一治也。"

"世衰道微，邪说暴行有作，臣弑其君者有之，子弑其父者有之。孔子惧，作《春秋》。《春秋》，天子之事也。是故孔子曰：'知我者，其惟《春秋》乎！罪我者，其惟《春秋》乎！'"

【注】

① 惇（dūn）典庸礼：敦厚其平常的典礼。

解　有作的"有"字，与"又"字同。孟子承上文说："周自文武、周公以来，天下已治。及传世既久，至平王东迁之后，国运渐衰而不振，王道亦湮而不明，于是纪纲紊乱，风俗陵夷，邪说暴行又乘之而作，其大逆无道之极，至于以臣弑君者有之，以子弑父者有之。天理灭绝，彝伦攸斁如此，是世之一大乱也。孔子生当其时，既不得君师之位，操赏罚之权，以施其拨乱反正之术，甚为世道人心忧惧，乃假鲁史旧文，作为《春秋》之书，以教后世。这《春秋》所载皆王者惇典庸礼①、命德讨罪之法。如为善者褒，是法之所必赏；为恶者贬，是法之所必罚，乃天子之事也。所以孔子自说：'《春秋》之作本非得已，世有以心而知我者，谓其以片言之间，而正一王之法，使君臣父子之伦大明于世，其惟此《春秋》乎！世有以迹而罪我者，谓其以匹夫之贱而假天子之

正告充虞

　　孟子去齐，充虞路问曰：“夫子若有不豫色然，尝闻君子不能怨尤。”孟子答以时之不同，与王之期已过，平治之具在我，又何不豫哉？

道承三圣

　　孟子因公都子问好辩，既言不得已，复以治乱迭兴，自尧至周，世道衰，孔子惧，作《春秋》。杨墨盛，孟子惧，正人心，圣贤救世立法，岂得已哉？

子敖不豫

公行子有子之丧，盖大夫王骧以君命往吊，诸臣皆与骧言，孟子独不与骧言。王骧不悦，孟子以朝廷之礼晓之

道喜得行

　　孟子闻乐正子为政，喜而不寐。公孙丑疑其强，有知虑，多闻识。孟子曰："其为人也，好善言，虽治天下，尚有余力也。"

权，使黜陟赏罚之柄托于微言，其惟此《春秋》乎！然则此书之作，使君子有所劝而为善，则知我固所深幸；使小人有所惧而不为恶，则罪我亦所不辞矣。'孔子作《春秋》之意如此，虽不得兴治道于一时，而使致治之法垂于万世，岂非天下之一治乎？"

"圣王不作，诸侯放恣，处士横议。杨朱、墨翟之言盈天下。天下之言，不归杨，则归墨。杨氏为我，是无君也；墨氏兼爱，是无父也。无父无君，是禽兽也。公明仪曰：'庖有肥肉，厩有肥马，民有饥色，野有饿莩，此率兽而食人也。'杨、墨之道不息，孔子之道不著，是邪说诬民，充塞仁义也。仁义充塞，则率兽食人，人将相食。"

解 圣王，指尧、舜、文、武说。处士，是未仕的人。横议，是肆为议论。孟子承上文说："自上古以来，治乱相寻，大略如此。至于今日，则尤有可惧者，盖圣王不作，为日已久，列国诸侯，力政相争，而放恣于法纪之外。于是异端之士，因各以其一家之学，横议于其间，如杨朱、墨翟二人，乃其尤者，故杨朱、墨翟之说，布满天下。天下之论学术者，不归于杨，则归于墨，而去圣人之道远矣。夫杨氏之言，主于为我，自一身之外，治乱安危漠然不恤。如此，则天下国家，谁与共理，是无君也。墨氏之言，主于兼爱，视天下之人远近亲疏曾无差等如此，则天性至亲，何异路人，是无父也。无父无君，则人道灭绝，与禽兽何异。横议惑人，一至于此，其害可胜言哉！昔公明仪曾说：'庖有肥肉，厩有肥马，民有饥色，野有饿莩，此率兽而食人也。'这原是有为而发。乃今观杨、墨之害，则有甚于此者。盖以仁事亲，以义事君，本万世不易之道。自尧舜以来，传之孔子，而杨、墨以无君无父之教乱之，使杨、墨之道流而不息，则孔子之道蔽而不明，是邪说诬惑人心，而充满天下以蔽塞仁义也。仁义蔽塞，则人皆无父无君，陷于禽兽。是杨、墨倡禽兽之教以坏人心，即所谓率兽食人者，其祸至于人相残食，而乱臣贼子之祸，接迹于天下矣。其为生民之乱，岂特如《春秋》之时而已耶？"

"吾为此惧。闲先圣之道，距杨、墨，放淫辞，邪说者不得作。作于其心，害于其事；作于其事，害于其政。圣人复起，不易吾言矣。"

解 闲，是卫。先圣，指孔子说。距，是绝。放，是驱而远之。淫辞、邪说，都指杨、墨之言说。孟子既推异端之害，遂以卫道自任，说："杨、墨流祸之深如此，吾为天下忧之，思欲防卫先圣仁义之道，使之著明于世，不为异端所塞。故于杨、墨之学则深距而痛绝之，以放斥其淫荡无归之辞，使天下之人晓然知其为非，而邪诐之说不得复起以诬民，此所以卫道也。盖邪说之作虽发于言论，实本于心术，既作于其心，则见之一身，凡举动应接必不得其常，而害及于事矣。既害于其事，则措之天下，凡纪纲法度必不得其理，而害及于政矣。其端甚微，而其害甚大，此理之必然，虽圣人复起，亦必不能易吾之言矣。使不距而放之，则圣道何自而明，天下之乱又何时而已乎？此我所以不能已于言也。"大抵异端之害，在于学术之偏，而其本始于心术；心术既坏，则发为言语，皆淫邪之辞；施为政事，皆偏私之举，而天下之乱实基于是矣。孟子之辟杨、墨正为此也。挽回世道者，当以正人心为急。

"昔者禹抑洪水，而天下平；周公兼夷狄，驱猛兽，而百姓宁；孔子成《春秋》，而乱臣贼子惧。《诗》云：'戎狄是膺，荆舒是惩，则莫我敢承。'无父无君，是周公所膺也。"

解 抑，是止。兼，是并。膺，是击。惩，是创。孟子既叙三代圣人维世之功，乃总结说道："由往古之事观之，可见治乱相寻，固有定数。而维持救正则存乎其人。昔大禹排抑洪水，则能拯民之灾，而天下平治；周公兼夷狄，驱猛兽，则能除民之害，而百姓安宁；孔子成《春秋》之书，则明大义于当时，垂法戒于来世，而乱臣贼子有所畏而不敢为恶。是自生民以来天下所以乱而复治者，皆三圣之功也。况今杨、墨之害，不止如洪水猛兽之灾，盖有惨于夷狄乱贼之祸者。《诗经·鲁颂》有云：'戎狄是膺，荆舒是惩，则莫我敢承。'是说周公于戎狄、荆舒之国，膺击惩创使之畏威从化，莫敢拒违，圣人所以正夷夏之防，其严如此。今杨、墨之教，无父无君，坏乱纲常，与夷狄无异，正周公之所击而远之者也。有世教之责者，岂可坐视其害，而不求所以息之耶？"

"我亦欲正人心，息邪说，距诐行，放淫辞，以承三圣者，岂好辩哉？予不得已也。能言距杨、墨者，圣人之徒也。"

解 "邪说"三句，都指杨、墨说。诐（bì），是偏僻。淫，是淫荡。三圣，即大禹、周公、孔子。孟子承上文说："大禹、周公、孔子拨乱之功如此，皆其责之所在，不得已而然也。今我于杨、墨之害，乃不能排而正之，则有负于三圣矣。故当此之时，亦欲讲明仁义之道，以正陷溺之人心，息杨、墨之邪说，距绝其偏僻之行，摈斥其浮荡之辞。如此者，正以承三圣之功，拨乱世而反之正也。然则予之丁宁反覆，而不免于多言者，岂好辩哉？邪说之横流方炽，则斥之不容不严；人心之蔽锢已深，则启之不容不力，诚有所不得已而然耳。若使天下之人，有能立为言论，以距杨、墨之说，而斥其'为我''兼爱'之非者，虽其学之所造，未必有得，然能辟邪崇正，以闲先圣之道，则亦禹、周、孔子之徒也。可见异端之教，人人得而辟之，况予有世道之责者，岂得以好辩自嫌而遂已于言耶？外人之论可谓不谅予心者矣。"当时纵横名法之学害圣人之道者，不知其几？而孟子独辟杨、墨者，盖百家之言，害在政治，浅而易见；杨、墨之说，害在心术，深而难知，使非孟子极力辟之，则世道之沉沦，亦不知其所止矣。后人以孟子之功，不在禹下，正谓此也。

6.10 匡章曰："陈仲子岂不诚廉士哉？居於陵，三日不食，耳无闻，目无见也。井上有李，螬食实者过半矣，匍匐往将食之，三咽，然后耳有闻，目有见。"孟子曰："于齐国之士，吾必以仲子为巨擘焉。虽然仲子恶能廉！充仲子之操，则蚓而后可者也。"

解 匡章、陈仲子，都是齐人。於（wū）陵，是地名。螬螬，是蛴螬，食果的虫。匍匐，是无力难行的模样。将，是取。咽，是吞。巨擘（bò），是手中大指。匡章问孟子说："廉，乃士人之美节，然或有外面矫饰，不由中出者，原因贫贱强自谨守者，这都不是真廉。若陈仲子之在齐，岂不真廉士哉！盖仲子生富贵之家，而甘处淡泊，避居於陵之地，一介不取，至于三日不食，耳无所闻，目无所见，这等样穷苦，未尝求食于人。适然井上有李，螬食其实者已过半矣，这是人之所弃的，乃匍匐往取而食之，三咽之间，然后耳复有闻，目复有见。仲子居食之清苦如此。夫欲洁其身，而至于不顾其生，岂不诚廉士哉？"孟子晓之说："当今齐国之士，溺富贵而贪功利者甚多，仲子独以穷约自守，而不溺于流俗，譬如众小指中之大指，吾必以仲子为齐士之巨擘矣。然仲子虽贤，而所守之操未免有过中失正，不近人情者。仲子亦恶（wū）能自遂其廉哉？盖士君子之处世，当居而居，当食而食，惟义所在不肯苟取，这便是廉，非一无所取之谓也。仲子析义不精，而务为矫激，据他这等的操守，仲子亦必有窒碍而难充者。若要充之以至于尽，除非是似那蚯蚓一无所求于世而后可也。仲子亦人耳，必不能无居，不能无食，又恶（wū）能充其操哉？不能充其操，则亦不得为廉矣。"

"夫蚓，上食槁壤，下饮黄泉。仲子所居之室，伯夷之所筑与？抑亦盗跖①之所筑与？所食之粟，伯夷之所树与？抑亦盗跖所树与？是未可知也。"

【注】
① 盗跖（zhí）：柳下惠的兄弟，春秋时有名的大盗。

解 槁壤，是干土。黄泉，是浊水。树，是种。孟子说："吾谓充仲子之操，必蚓而后可者，为何？盖蚯蚓之为物，上边只吃些干土，不待人而后食；下边只饮些浊水，不待人而后饮。这等才一无所求。若人生世间，岂能如此？仲子居必有室，室必待人而筑；食必以粟，粟必待人而种。这居、食之所从来，岂能逆料其义与不义乎？且今天下之言义者必归之伯夷，言不义者必归之盗跖。今仲子所居之室，其果廉如伯夷者之所筑乎？抑亦贪如盗跖者之所筑乎？所食之粟，果廉如伯夷者之所种乎？抑亦贪如盗跖者之所种乎？如其义即为伯夷，如其不义即为盗跖，其所从来皆未可知也。是仲子既不能无居无食，而又不能必其皆出于伯夷，然则仲子亦恶能成其为廉哉？故欲充仲子之操，必如蚓而后可也。"

曰："是何伤哉？彼身织屦，妻辟纑①，以易之也。"曰："仲子，齐之世家也，兄戴，盖禄万钟。以兄之禄为不义之禄，而不食也，以兄之室为不义之室而不居也；辟兄离母，处于於陵。他日归，则有馈其兄生鹅者；己频顣②曰：'恶用是鶂鶂者为哉！'他日，其母杀是鹅也，与之食之。其兄自外至，曰：'是鶂鶂之肉也！'出而哇之。"

【注】

① 辟（bì）纑（lú）：辟，绩麻，即把麻搓成线；纑，练麻，即漂洗生麻。

② 频顣（cù）：频，同"颦"，皱眉；顣，同"蹙"，缩鼻。

解 辟，是绩。纑，是练麻。世家，是世卿之家。盖（gě），是邑名。频顣，是皱眉不悦的模样。鶂（yì）鶂，是鹅声。哇，是吐。匡章对孟子说："仲子之居食，虽所从来未必尽出于伯夷，是亦何伤其廉洁哉？盖人之处世，只要自己能安贫守约，不取诸人，这便是廉。今仲子之居食，乃是亲身织屦，妻子绩麻以易之，此皆自食其力，非不义而取诸人者，岂必出自伯夷而后为廉哉？"孟子晓之说："尔谓仲子自食其力，遂以为廉乎？不知处仲子之地亦有不必然者。盖仲子素非贫贱之人，乃是齐之世家也，其兄名戴者，食邑于盖，见有万钟之禄，即使同居共食，谁曰不义。仲子顾以兄之禄为不义之禄，而不屑于食也；以兄之室为不义之室，而不屑于居也。乃辟其兄，离其母，挈妻子而处於（wū）陵之地，其于天性之亲，亦既薄矣。及他日归家，偶有馈其兄生鹅者，是亦交际的常礼，岂便是不义之物？何乃频顣而言，指着生鹅说：'这鶂鶂乃不义之物也，要他何用？'又他日归家，其母杀是鹅，与仲子食之。其兄适自外至，见而讥之说：'尔所食的乃是向日所馈鶂鶂之肉也。'仲子一闻兄言，竟出而哇之。"仲子所为，其不近人情如此。夫圣贤所谓廉者，不违亲，不绝俗，未有离人类而自为一道者。仲子欲成一己之小节，而遂废母子、兄弟之大伦，即使能充其操，犹不足道也，况有不能自充其操者乎？

"以母则不食，以妻则食之；以兄之室则弗居，以於陵则居之，是尚为能充其类也乎？若仲子者，蚓而后充其操者也。"

解 孟子既述陈仲子之事，遂总断之说："人生世间，岂能无食无居，至于母之食、兄之居，则尤天性至亲，不待外求者，即食之居之，谁曰不义？今仲子则不然，以母之食，则以为不义而不食；以妻之辟纑所易者，则又从而食之；以兄之居，则以为不义而不居；以於陵之居，则又从而居之，此何为者哉？如以母之食为不义，则凡食之类皆无有义而可食者矣。兄之居为不义，则凡居之类皆无有义而可居者矣。仲子舍此取彼，是尚为能充其不食不居之类也乎？不能充其类，则必不能充其操矣。吾故谓仲子之操，必以那食槁壤、饮黄泉的蚯蚓，然后可以无求自足，而能充满其不食不居之操也。仲子固禀天地之性而为人者，顾可同于蚯蚓乎？"大抵君子制行自有中道，如其非义，虽一介不可苟取；如其义，虽万钟有所不辞。况夫生人之伦莫大于母子、兄弟，必辟兄而后可以为廉，则弃人伦、灭天理，廉不可一日有矣。此学术邪正之辨，故孟子辟之不可不严也。

离娄章句 上

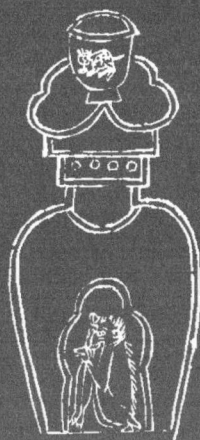

7.1孟子曰:"离娄之明①,公输子②之巧,不以规矩,不能成方员③;师旷之聪,不以六律,不能正五音;尧、舜之道,不以仁政,不能平治天下。"

解 离娄,是古时明目的人。公输子,名班,是鲁国巧人。师旷,是晋国乐师。古时作乐,截竹为十二管以审五音。黄钟、太簇(cù)、姑洗(xiǎn)、蕤(ruí)宾、夷则、无射(yì)为阳,大吕、夹钟、仲吕、林钟、南吕、应钟为阴,阴阳各六,所以叫做六律。五音,是宫、商、角(jué)、徵(zhǐ)、羽。孟子见后世之为治者,每以私智自用,而不遵先王之法,故发此论。说道:"治天下之道,皆本之于心,而运之以法。法之所在,虽圣人有不能废者。譬如制器,以离娄之明,公输子之巧,使之造作,心思目力何所不精,然必取诸规以为圆,取诸矩以为方,而后可以成器;设使不用规矩,则明巧亦无所据,而方圆不可成矣。譬如审乐,以师旷之聪,使之察音,巨细清浊何所不辨?然必以六律之长短,定五音之高下而后可以成乐。设使不用六律,则至聪亦无所施,而五音不可审矣。古称至圣莫如尧舜,如尧舜之治天下,以如天好生之仁运之,何治不成。然其精神心术,必寄之纪纲法度,立为教养之政以正德厚生,然后使天下咸被其仁也。设使尧舜之治天下,而不以仁政,则虽有教养斯民之心,而纲纪未备,规矩未周,欲天下之民皆遂生复性而归于平治,亦不能矣,况不及尧舜者乎?然则为治之不可无法,即器之不可无规矩,乐之不可无六律也。世之求治者,奈何欲废乎?"

"今有仁心、仁闻,而民不被其泽,不可法于后世者,不行先王之道也。"

解 孟子承上文说:"尧舜惟行仁政,所以泽被于当时,法传于后世,至今称善治也。今之为君者亦有爱民之意念,发于由衷,与

【注】
① 离娄之明:离娄,相传为黄帝时目力极好的人;明,目力。
② 公输子:即鲁班,著名巧匠。
③ 员:同"圆"。

夫爱民之名声闻于远近者，似亦可以致治矣。然而德泽不究，治效不臻，当时之民不得沾其实惠，传之后世亦不可以为法则，岂其心不若尧舜哉？由其不能行先王之仁政，以为治天下之法故也。不行仁政，则虽有仁心、仁闻，而无其具以施之，惠亦不及于民矣，欲治之成，岂可得乎？夫先王之道，本无难行，惟后之为君者累于多欲，不能推己及人，安于积习不能修废举坠，故有不忍人之心，无不忍人之政，而治平不可几耳。愿治者其慎思之。"

"故曰：徒善不足以为政，徒法不能以自行。"

解　孟子承上文说："不行先王之道，即仁心、仁闻，不足以成治如此。可见心为出治之本，政为致治之法。政根于心，则法有所主而不为徒法；心达于政，则本有所寄而不为徒善。所以古语有云：徒有仁心，而无其政以继之，则慈祥、恺悌之蕴，何从运用不足以为政也；徒有仁政，而无其心以主之，则纪纲法度之施，只为文具不能以自行也。故治天下者，必有仁心以为治本，有仁政以为治法，而后尧舜之治可庶几矣。彼有仁心、仁闻而不行先王之道，岂能泽当时而传后世耶？"

"《诗》云：'不愆不忘，率由旧章。'遵先王之法而过者，未之有也。"

解　愆，是过差。率由，是遵守的意思。旧章，是先王之成法。孟子承上文说："徒善既不足以为政，则先王之法，信不可不遵矣。《诗经·假乐篇》中有云：'不愆不忘，率由旧章。'是说治天下者于政事之间，能无错误疏失，皆由遵用先王之旧典故也。可见先王之法中正不偏，纤悉具备，后人惟不能守，所以事有愆忘。若能于发号出令，立纲陈纪，皆以先王之法为准，自然有所持循，而不至于错误；有所考据，而不至于疏失矣，乃犹愆过遗忘，而民不被其泽者无是理也。然则尧、舜所行之仁政，宁非后世之所当遵者哉？《书经》上说：'监于先王成宪，其永无愆，正是此意。'盖先王创业垂统，立为法制科条，传之万世，经了多少区画才得明备周悉，为后世治安之具。后人不能遵守，或参以私意，废坠典章；或妄有纷更，轻变成法，天下之乱往往由是而作，岂但不能平治而已哉！守成业者所当知也。"

"**圣人既竭目力焉，继之以规矩准绳，以为方员平直，不可胜用也；既竭耳力焉，继之以六律正五音，不可胜用也；既竭心思焉，继之以不忍人之政，而仁覆天下矣。**"

🔴解　准，所以取平；绳，所以取直，都是制器的式样。孟子承上文说："吾谓先王之法，后世当遵者何也？盖古之圣人，继天立极，开物成务，欲制器以利天下之用，既尝竭其目力，以辨方圆平直之则矣。然一人之目，有所见，有所不及见，使无法以继之，则目力有时而穷，故制之规矩以为方圆，制之准绳以为平直，使天下后世凡有造作的，皆据之以为式，而成器之利，世世赖之，是圣人制器之法不可胜用也。圣人欲作乐以宣天下之和，固尝用其耳力，以察清浊高下之理矣。然一人之耳，有所闻，有所不及闻，使无法以继之，则耳力亦有时而穷，故制之为律。阴阳各六，以正宫、商、角、徵、羽之五音，使天下后世欲审音乐的，皆据之以考验，而声音节奏世世传之，是圣人作乐之法不可胜用也。圣人不忍生民之无主，而欲为之造命，固已竭尽心思，图惟区画，而无所不用其极矣。然使无法以继之，则能施于心思之所及，而不能施于所不及矣，尧、舜之仁亦有时而穷，故必以不忍人之政为之。制田里，教树畜，以厚其生；设学校，明礼义，以正其德，使不忍之心有所寄以不匮，故政行于一时而垂之后世，天下万世无有不被其仁者矣，治之所由成如此。然则不以仁政，岂能平治天下乎？此先王之法所当遵也。"

"**故曰：'为高必因丘陵，为下必因川泽。'为政不因先王之道，可谓智乎？**"

🔴解　下，是卑下。孟子承上文说："先王立法万世无弊，后之为治者诚能因而用之，则不假耳目心思之力，而治功可成矣。所以说欲为高者，必因丘陵，以丘陵之势本高，因而积累之则易成也。欲为下者，必因川泽，以川泽之势本下，因而疏浚之则易深也。可见天下之事有所因而为之，则简而有功；无所据而施之，则劳而寡效。今先王之道著为成法，就是丘陵川泽一般，乃不知所以因之，而欲以一人之聪明，图目前之近效，则是舍丘陵以为高，舍川泽以为下，用力愈多，而功愈不能成矣，这便是不达事理的，岂可谓之智乎？"这一章书自首节至此，都反覆言为人君者，当以仁心、仁闻行先王之道的意思。能行先王之道，则不愆不忘，而仁覆天下；不行先王之道，则虽有仁心、仁闻，亦不足以为政矣。有志于尧舜之治者，其知所从事哉。

"是以惟仁者宜在高位。不仁而在高位，是播其恶于众也。"

解　播恶，是贻患的意思。孟子承上文说："先王之道所以当因者，只以不忍人之政，足以泽当时而传万世耳。是以为人君者，必有仁心、仁闻以行先王之政，则泽及生民，法垂后世，而代天理物之责乃为不亏，以是而居高位固其宜也。苟不仁而在人上，必且纵情肆欲，破坏先王之法而无所顾忌，是播其恶于众，而天下皆受其祸矣。"其视仁者为何如哉？然仁与不仁其几则微，一念顺理充之则为仁，一念从欲极之则为不仁，而治乱安危之效自此分矣。为人上者可不慎哉？

"上无道揆也，下无法守也；朝不信道，工不信度，君子犯义，小人犯刑，国之所存者幸也。"

解　揆（kuí），是量度。工，是百官。度，即是法。君子，是在上的人。小人，是在下的人。幸，是幸免的意思。孟子承上文说："不仁而在高位，则其祸有不可胜言者。盖人君一身，百官万民之统率也，苟上而为君者，施之政事惟任其私意，而不以道理度量，则下而为臣者务为阿顺，亦无所执持，而不以法度自守矣。夫朝廷之上，全凭着道理才能出令以布信，今上无道揆，则迁就纷更，政令不能画一，而道不信于朝廷矣。百官之众，全依着法度才能顺命以成信，今下无法守，则偷惰欺罔，职业不以实修，而度不信于百官矣。朝不信道，则在上之君子必至于肆志妄行，犯名义而不恤。工不信度，则在下之小人必至于放辟邪侈，犯刑法而不顾。一不仁在位，而臣民皆化于邪如此，非所谓播恶于众者乎？如此而国有不亡者，亦侥幸苟免而已。"不仁之祸，一至于此，不亦深可畏哉。

"故曰：'城郭不完，兵甲不多，非国之灾也；田野不辟，货财不聚，非国之害也。上无礼，下无学，贼民兴，丧无日矣。'"

🔴 孟子承上文说："观于不仁之祸，乃知国之治乱，只在仁与不仁而已。所以古语说道：'凡为国者，若城郭不完，兵甲不多，虽是国势不竟，却于根本无伤，还不叫做灾；田野不辟，货财不聚，虽是国储不富，却于元气不损，还不叫做害。惟道揆不立于上，而不知有礼，则教化不行于下而不知有学，由是贼恶之民起于其间，肆为邪说暴行，败纪乱常，而国之丧亡无日矣。'其为灾与害，顾不大哉。然则为人君者，当鉴于不仁之祸，而思取法于先王之仁政矣。"

"《诗》曰：'天之方蹶，无然泄泄！'泄泄犹沓沓也。事君无义，进退无礼，言则非先王之道者，犹沓沓也。"

🔴 《诗》是《大雅·板》之篇。蹶（guì），是颠覆。泄（yì）泄、沓（tà）沓，都是怠缓悦从的模样。孟子承上文说："仁政之行，人君固当任其责矣。然使为人臣者，不以此辅其君，治亦何由而成乎？观《诗经·大雅》篇中说道：'上天方降灾祸，颠覆周室，正上下交儆之时，为人臣者，当夙夜匪懈以救国家之急，不可泄泄然怠缓悦从、苟且旦夕而无所救正也。'这诗之所谓'泄泄'者，就如俗语所谓沓沓一般。如何是沓沓的意思？盖人臣事君有当尽之义也，今以逢迎为悦，而不以匡弼为忠，是无义矣；人臣进退有当守之礼也，今进不能正君，退不能洁己，是无礼矣。人臣告君，当以尧舜为法也，今则有所谋画，皆出于世俗功利之私。至于先王之法，则造言诋毁，以为难行，是先王之治终不可复矣。这等的臣只是因循岁月，顾虑身家，全无体国之诚、急君之念，即时俗之所谓沓沓者也。"诗人所谓"泄泄"何以异此？是岂人臣之道乎？

"故曰：'责难于君，谓之恭；陈善闭邪，谓之敬；吾君不能，谓之贼。'"

🔴 责，是责望。闭，是禁遏的意思。"贼"字，解做"害"字。孟子说："人臣而至于泄泄沓沓，无救于倾覆，国家何赖焉？不知人臣事君自有个道理。古语有云：'人臣若只趋走承顺、外貌恭谨，亦小节耳。惟是尽心辅导，举高远难行之事，责其君以必行，使存心立政，必欲如尧舜而后已。这等的虽是强之以所不堪，然其心却是以圣帝明王的事业期望其君，而不敢以庸常待之，这才是尊君之至。所以"谓之恭"也。人臣只唯诺顺从，外面敬畏，亦虚文耳。惟是尽言规谏，敷陈先王之善道，以禁遏其邪僻之心，即犯颜苦口，或伤于直戆而不辞。这等的虽似投之以所甚忌，然其心却是以防微杜渐的道理，匡救其君，而不敢陷之于有过，这才是为国之诚。所以"谓之敬"也。若谓先王之道非吾君所能行，而不肯责难陈善，以尽开导之方，坐视其有过而不恤，这反是害其君了，不"谓之贼"而何？'夫不以恭敬事其君，而至于贼害其君，正泄泄沓沓之谓也。其何以赞成化理，而行先王之道哉？为人臣者，信不可不任其责矣。"按孟子责难陈善之言，不特明事君之法，即人君受言之道，亦在于此。《书经》上说："有言逆于汝心，必求诸道；有言逊于汝志，必求诸非道。"盖言而逆耳，本人所难受，惟是求之于道，方知其出于恭敬，而不可不从言而顺意。本人所乐闻，惟是求之于非道，方知其反为贼害，而不敢轻听。必如此，然后能听纳忠言，以成德业，而先王之治可几也。有志于尧舜者可不念哉！

7.2 孟子曰："规矩，方员之至也；圣人，人伦之至也。"

🔴 孟子论世之君臣，皆当以圣人为法，先比方说道："古之圣人尚象制器，做下的法式，后世皆遵而用之。如欲为员的必用规以运之，而后员可成；欲为方的必用矩以度之，而后方可成。是天下之方员至于规矩而无以加，所谓'方员之至也'。若夫人之大伦，如父子有亲，君臣有义，夫妇有别，长幼有序，朋友有信，这五件都是个道理。但众人有之而不能由，贤人由之而不能尽，惟圣人则生知安行，察知极其精，行之极其当，于凡贵贱亲疏等级隆杀，都合乎天理人情之极，不可加，亦不可损，所谓'人伦之至也'。不法规矩成不得方圆，不法圣人成不得人道。"三代而后所以世无善法者，惟以圣人之道不明，而彝伦攸斁也。然则为君为臣者，其可不以圣人为法哉！

"欲为君，尽君道；欲为臣，尽臣道。二者皆法尧、舜而已矣。不以舜之所以事尧事君，不敬其君者也；不以尧之所以治民治民，贼其民者也。"

🔴解　孟子承上文说："人伦莫大于君臣，圣人莫过于尧舜。如欲为君而尽人君的道理，欲为臣而尽人臣的道理，二者将何所取法哉？皆法尧、舜而已矣。盖自古非无明君，而惟尧之为君，则放勋格天，光被四表，致治之盛亘古独隆，是能尽君道之极者，故必法尧然后可以为君也。自古非无贤臣，而惟舜之为臣，则玄德在位，历试诸艰，辅相之业，后世莫及，是能尽臣道之极者，故必法舜而后可以为臣也。若为臣的，不以舜之所以事尧者事其君，则虽奔走为恭，不过承事之末节，皆为不敬其君者耳；为君的，不以尧之所以治民者治其民，则虽粉饰治具，终无爱民之实心，皆为贼其民者耳。臣而至于不敬其君，则臣道亏；君而至于贼其民，则君道失。其何以辅理一人君临万姓哉？此为君臣者，所以必法尧、舜而后可也。"

"孔子曰：'道二：仁与不仁而已矣。'"

🔴解　孟子承上文说："世之君臣，所以不法尧、舜，而至于慢君贼民者，无他，盖有畏难之心，则谓尧、舜至圣不可几及；有苟且之心，则谓不法尧、舜亦可小康。此皆暗于大道，而未闻孔子之言者也。孔子曾说：'天下之道有二：只是仁与不仁两端。'一念无私而当理，便是仁，便与不仁为异路；一念徇私而悖理，便是不仁，便与仁为异路。未有出于仁、不仁之外，而判为两途者；亦未有介于仁、不仁之间，而别为一道者。"可见此是则彼非，出此则入彼，能法尧舜则尽君臣之道而为仁；不法尧舜则慢君贼民而为不仁，其几在一念之微，而相去悬绝不啻（chì）天壤，可不审哉！

"暴其民甚，则身弑国亡，不甚则身危国削，名之曰'幽、厉'，虽孝子慈孙，百世不能改也。《诗》云：'殷鉴不远，在夏后之世。'此之谓也。"

🔴 解　幽、厉，都是不好的谥号，动静乱常叫做幽，杀戮无辜叫做厉。孟子说："君道惟在于仁，仁则能以尧之所以治民者治民，而身安国宁，万世称明矣。若不仁之君，暴虐其民，或横征厚敛以穷民之财，或严刑峻罚以残民之命，其为虐政多端。然人心既离，祸患立至，甚则身弑国亡，而不能以自存；不甚则身危国削，而不能以自振。盖恶有大小，则祸有重轻，未有不害于其身，凶于其国者也。然不但身受其祸而已，至于没（mò）身之后，考其行事，定其谥号，或以其昏昧不明，而名之曰'幽'，如周之幽王；或以其残贼无道，而名之曰'厉'，如周之厉王。这等恶谥，定之一时，传之百世，虽有孝子慈孙欲为祖宗掩覆前愆，亦有不能更改者矣。夫一不仁，而生前之惨祸，身后之恶名，至于如此。然则欲尽君道者，可不知所鉴哉。《大雅·荡》之篇有云：'殷之鉴戒不远，即在夏后之世。'盖欲纣之鉴戒于桀耳，纣当以桀为鉴，则今人亦当以幽厉为鉴耳，正此诗之所谓也。夫鉴幽厉之不仁，则能法尧舜之仁，不特荣显当年，而且流芳万世矣，可不谨哉。"

7.3 孟子曰："三代之得天下也，以仁；其失天下也，以不仁；国之所以废兴存亡者亦然。"

🔴 解　孟子说："前代之得失乃后人之法戒，有天下者不可不知也。试以夏、商、周三代言之。其初创业之君奄有天下，如禹如汤如文武，皆能以不忍人之心，行不忍人之政；生之而弗伤，厚之而弗困，事事都以恻怛、慈爱行之，是以民心悦服，而天命自归，其所以得天下者，以其仁也。及其后王，如桀、纣、幽、厉，皆以凶残狠戾之心，行苛刻暴虐之事，民穷而弗恤，民怨而弗知，惟纵欲以肆于民上，是以民心携贰，而天命不保，其所以失天下者，以不仁也。不特天下为然，至于有国之诸侯，若能行仁，则土地人民可以长保，而以兴以存；若流于不仁，则内忧外患相继并作，而以废以亡，其得失亦有然者。"盖与治同道罔不兴，与乱同事罔不亡。人君若一不仁，则土崩瓦解，虽有先世之基业，亦不足凭；虽有祖宗之德泽，亦不足恃。有天下者可不鉴哉！

"天子不仁，不保四海；诸侯不仁，不保社稷；卿大夫不仁，不保宗庙；士、庶人不仁，不保四体。今恶死亡而乐不仁，是犹恶醉而强酒。"

解 孟子承上文说："仁与不仁，而天下之得失与国之兴废存亡，恒必由之。则可见天子所以保四海，诸侯所以保社稷，卿大夫所以保宗庙，士、庶人所以保四体者，皆以其仁也。若天子不仁，则亿兆离心，叛乱四起，四海不能保其有矣；诸侯不仁，则身危国削，众叛亲离，社稷不能保其有矣；卿大夫不仁，则坏法乱纪，必有覆宗绝祀之忧，宗庙不能保其有矣；士、庶人不仁，则悖理伤道，必有亏体杀身之祸，四体不能保其有矣。可见无贵无贱皆因不仁而致死亡，可惧之甚也。今人于死亡无有不知，恶而思逃者；顾于不仁之事，则甘心乐为，不知鉴戒。这样的人就似恶醉而强饮酒的一般，不知强酒而欲无醉不可得也。乐不仁而欲无死亡，又岂可得哉？欲保国家者，信不可不反而求之于仁矣。"

7.4 孟子曰："爱人不亲，反其仁；治人不治，反其智；礼人不答，反其敬。"

解 孟子说："君子处世，但当反求诸己，而不必责备于人，若责人太过，而自治或疏，未有能服人者也。且如仁者切于爱人，人之被其恩泽者，谁不亲而附之？其或爱人而人不我亲，则是吾仁有未至耳，便当自反其仁，务使立不独立、达必俱达可也。智者明于治人，人之受其约束者，谁不顺而从之？其或治人而人不我治，则是吾智有未及耳，便当自反其智，务使知无弗明、处无弗当可也。有礼者敬人，人之被其敬者，岂有施而不报之理？其或礼人而不我答，则是吾敬有未尽耳，便当自反其敬，退让以接之，积诚以动之可也。"若爱人不亲而谓不可以恩结，治人不治而谓不可以德化，礼人不答而谓之不可以诚感，徒以自足自用之心薄待天下，而不以自责自治之学厚待其身，岂君子之道哉？

"行有不得者，皆反求诸己。其身正而天下归之。《诗》云：'永言配命，自求多福。'"

解　"配"字，解做"合"字。天命，是天理。孟子承上文说："君子以一身而酬酢万事，不但爱人、治人、礼人而已。若能以自反之心推而广之，凡所行之事，有窒碍难通不能尽如其愿的，件件都反求诸己，只在身心上讲求，根本处着力，必欲每事尽善而后已。这等的修身克己、严密精详，则一生之中视听言动、好恶取舍，无一不当乎天理、合乎人心，天下皆敬信而归服之矣，岂有不亲、不治、不答者哉？《大雅》之诗云：'永言配命，自求多福。'是说人能常常思念，务合天理，则天心佑助，多福自臻，这福是自己求之，非幸致者。"其即"身正而天下归之"之谓也。如不能正己，而但知责人，徒以权力把持天下，则令之不从，威之不服，欲使天下归心，其可得哉？《大学》论平天下而推本于修身，亦此意也。

7.5 孟子曰："人有恒言，皆曰'天下国家'。天下之本在国，国之本在家，家之本在身。"

解　恒言，是常言。孟子说："天下之言，有平易浅近而至理存焉者，不可不察也。如今人寻常言语，都说是'天下国家'，却不知这句言语有个次序。

夫言天下而继之以国者，为何？盖天下至广，德化难以周遍，须是国都之内，治教修明，则由近及远，可以致万邦之平治，是天下之本乃在于国也。言国而继之以家者，为何？盖国人至众，情意难以感孚，须是一家之中恩义浃洽，则由内及外可以兴一国之仁让，是国之本乃在于家也。至于治家之本又在于身，盖一身之举动乃一家之所视效，必身无不正，而后闺门之内整齐严肃，家自无不齐矣。"是虽恒言之所未及，而根本切要之地乃在于此，能先修其身，则齐家、治国、平天下可以次第而举矣。若其身不正，则岂有本乱而末治者哉？有天下国家之责者，宜深省于斯。

7.6 孟子曰："为政不难，不得罪于巨室。巨室之所慕，一国慕之；一国之所慕，天下慕之。故沛然德教溢乎四海。"

解 巨室，是世臣大家。得罪，是自取怨怒的意思。慕，是向慕。溢，是充满。孟子说："今之为君者，不能反身修德联属人心，而徒以权力相尚，都只说为政甚难。自我言之，为政初无难事，只是要不得罪于巨室而已。盖一国之中，必有世臣大家秉政用事的，其位望隆重，固足以系众庶之观瞻；其势力盛强，亦足以行君上之命令。若人君举动乖错，则巨室心怀怨怒，政教有壅而不行者。诚使言动循理处置得宜，绝无纤毫过失有一取怨而致怒的，则世臣大家皆心悦诚服，翕然而向慕之矣。夫巨室之所慕，则一国之人皆视以为趋向，其诚心爱戴也与巨室一般；一国之所慕，则天下之人皆视以为依归，其倾心悦服也与国人一般。这等的人心向慕，无众寡无远近而皆然，则德教大行，如水之沛然而莫能御，可以充溢于四海而无有滞碍矣。夫德教四溢是称极治，而惟自能服巨室之心，始之则为政又何难之有？"然提纲举要，固在巨室之心服，而端本澄源又在君德之慎修。此为政者尤当反求诸身也。

7.7 孟子曰："天下有道，小德役大德，小贤役大贤；天下无道，小役大，弱役强。斯二者天也，顺天者存，逆天者亡。"

解　役，是为人役使。天，是理势之当然。孟子说："天下之大分有二，非出令以使人，则听命以役使于人，此相临之定体也，然有尚德、尚力之不同。若天下有道，人皆修德，其位之贵贱必称其德之大小，故大德的人则小德者为之役，大贤的人则小贤者为之役；役人者不恃势而自尊，役于人者不畏势而自服，此在尚德之时然也。若天下无道，人不修德，但以势力相为雄长，力小的则为大者所役，力弱的则为强者所役；小固不敢以敌大，弱固不敢以敌强，此在尚力之时然也。世道不同，故其所尚亦异，然合而言之都是理势之当然。度德以为贵贱，则体统正而分义明，是理当如此。量力以为轻重，则心志定而争夺息，是势不得不如此。人岂能悖理而妄行，违势而独立哉？所以说斯二者皆天也。若能度德量力，一敢于理势之当然，而不敢违悖，这便是顺天。顺天则可以保其社稷和其人民，而国以长存矣；不如此便是逆天，逆天则岂有不亡者乎？"观于存亡之机，而有国者当审所尚矣。

"齐景公曰：'既不能令，又不受命，是绝物也。'涕出而女于吴。今也小国师大国，而耻受命焉，是犹弟子而耻受命于先师也。"

解　令，是出令以使人。受命，是听命于人。"物"字，解做"人"字。以女与人，叫做女。师，是效法。孟子说："有道之世，以德相役者，不可得而见矣。至于小役大、弱役强，而顺天以自存者，近时则惟齐景公能之。昔吴以蛮夷会盟上国，最称强大。此时齐国衰弱，不能与之力争，景公乃与群臣谋说：'有国家者，非取威定霸以令诸侯，则审己量力以事大国，只有这两件道理。若既不能出令以使人，又不能事人以听命，这便是与人断绝了的一般，此则挑衅启祸，自取灭亡而已。'于是涕出而以女出嫁于吴。盖情虽有所不忍，而势出于无奈也。齐景公之能顺天保国如此。若今之诸侯国，既弱小，不能修德以自强，其般乐怠敖，皆如效法大国之所为者，乃独以受命为耻，不肯屈己事人，这就是为弟子而耻受命于先师也。身为弟子，岂得不受教于师？国既弱小，岂得不听命于大国？是在勉力自强，求所以免耻者而已矣。"

"如耻之，莫若师文王。师文王，大国五年，小国七年，必为政于天下矣。"

解 孟子承上文说："今之小国，徒耻受大国之命而终不能免者，以其师大国之所为，而不能师文王之德也。如使心诚愧耻，欲免于人役，则莫如反己自强，取法于文王。盖文王起于岐周，为方百里，而当商家全盛之日，其缔造甚是艰难，惟其能发政施仁，使人心悦诚服，故能三分有二，开创成周之王业耳。若能修德行仁，与文王一般，则人心咸服，天命必归。在大国因势乘便，不出五年；在小国积功累仁，不出七年，必然混一四海，统理万民，而为政于天下矣。至是则大国反为吾役，而何有于受命之心哉？"夫能法文王而王业可成，国耻可雪。有国家者亦何惮而不为，是可以深长思矣。

"《诗》云：'商之孙子，其丽不亿。上帝既命，侯于周服。侯服于周，天命靡常。殷士肤敏，裸将于京。'[1] 孔子曰：'仁不可为众也。夫国君好仁，天下无敌。'"

解 《诗》，是《大雅·文王篇》。丽，是数。"侯"字，解做"维"字。肤，是大。敏，是达。灌酒以降神，叫做裸（guàn）。将，是助祭。孟子承上文说："吾谓能师文王，则必为政于天下者，是岂无据而言之？在《大雅·文王》之诗说：'商之孙子众多，其数不止十万。上帝既命周以天下，则凡此商之孙子无不臣服于周。所以然者，天命靡常归于有德故也。天命既已归周，是以商士之肤大而敏达者，都执裸献之礼，助王祭事于京师，是商

【注】

[1] 商之孙子，其丽不亿：孙子，子孙；丽，数量；亿，十万；不亿，不足十万。殷士肤敏：殷士，殷商的诸侯，或认为是纣的庶兄微子；肤，美，德行美好；敏，动作敏捷。裸将于京：裸，古代酌酒灌地以祭；将，帮助；京，周都城镐京。

虽强大，而易姓之后皆服役于周如此。'孔子读此诗而叹之说：'商之子孙，其丽不亿，何其众也。文王能行仁政，而周命维新，商政遂革，则是仁人在位，虽有夫众不能当之，盖难乎其为众矣。若使为国君者，皆能以怀保惠鲜之心，行除暴救民之事，念念都在于仁，则惠泽旁敷，风声远播，天下之民皆亲之如父母，戴之为元后①，以战则胜，以攻则取，虽有强大之国，岂能与之为敌哉？'"由《大雅》之诗与孔子之言观之，则文王我师，仁者无敌，于是为益信矣。有国者，徒耻受命，而不法文王，抑独何欤？

"今也欲无敌于天下，而不以仁，是犹执热而不以濯也。《诗》云：'谁能执热，逝不以濯？'"

解 执，是持。《诗》，是《大雅·桑柔篇》。逝，是语辞。孟子承上文说："观文王之事及孔子之言，则知国君之所以能无敌者，以其好仁也。今之诸侯耻受命于大国，其心岂不欲长驾远驭，无敌于天下？然乃师大国之般乐怠敖，而不师文王之发政施仁，观其所为，都只是严刑重敛、兴兵结怨的事，未有能诚心爱民、力行仁政者。是徒知耻为人役，而不知所以免耻之方，就是手持热物，而不以水自濯的一般，其终不免于热也明矣。《大雅·桑柔》之篇有云：'谁能执热，逝不以濯。'是说持热者必以水自濯而后可以解热，犹立国者必以仁自持，而后可以服人。若不负行仁，而欲无敌于天下，万无是理也。为人君者可不勉哉！"盖战国诸侯，地丑德齐，莫能相尚。如齐宣王欲莅中国，抚四夷，而但知兴兵构怨；梁惠王欲雪先人之耻，而不免糜烂其民。孟子皆以仁政告之，而卒不能用。故设为此论，以儆当时之君者如此。

7.8 孟子曰："不仁者可与言哉？安其危而利其菑^①，乐其所以亡者。不仁而可与言，则何亡国败家之有？"

解　菑（zāi），是灾害。孟子说："有国家者孰不讳言危亡，而恶闻灾害。然祸福之来，皆由自取，惟通达事理者能言之，亦惟乐受忠言者能听之。若那不仁之人，私欲障蔽，将本心之明都丧失了，虽有忠谋谠论，亦必拒之而不从，岂可与之有言哉？且如修德行仁，则可以长久安宁；暴虐不仁，则不免于危亡灾害，此必然之理也。彼则茫然无知，悍然不顾，不以危险为可畏，而反据之以为安；不以灾害为可虞，而反趋之以为利；不以灭亡为可深忧，而反恬然处之以为乐。这等的颠倒错乱，终迷不反，岂不至于亡国败家？假使不仁者而可与言，则必能悔悟前非，改过迁善，虽危急存亡之际尚可挽回，又何亡国败家之有？"大抵天下之事，至险藏于至安，可患隐于可乐，如声色货利、驰骋田猎等事，人只见得目前安乐，未必便是不好，殊不知灾祸危亡之几皆伏于此，将来日积月累，驯至于不可为，虽悔何及哉？若平日常存此心，不敢肆意妄为，或少有过失闻言即悟，则治安之效可期，岂特能免于败亡而已！古称成汤之圣曰："从谏不咈，日改过不吝。"此万世为君者所当法也。

"有孺子歌曰：'沧浪之水清兮，可以濯我缨；沧浪之水浊兮，可以濯我足。'孔子曰：'小子听之！清斯濯缨，浊斯濯足矣，自取之也。'"

解　沧浪，是水名。缨，是冠系。孟子说："不仁之人，迷而不悟，及至败亡，非诿命于天则归罪于人，而不知其皆由于自致也。不观孺子之歌与孔子之言乎？昔有孺子游于沧浪之上，口中歌说：'这沧浪之水，清的可以濯我之缨；这沧浪之水，浊的可以濯我之足。'其言虽若浅近，而其中实有至理。孔子闻之，乃呼门人小子而告之说：'这孺子之歌虽出于无心，然就中玩味，却有个感应自然之理，小子其审听之可也。夫缨之与足，一般是濯，何以有清浊之分？盖缨乃首服，人之所贵也，贵则惟水之清者乃可以致洁，故以之濯缨。足为下体，人之所贱也，贱则虽水之浊者亦可以去垢，故以之濯足。是缨之濯也，由沧浪之清致之；足之濯也，由沧浪之浊致之。有此体质，故有此感召，有非人之所能强者，所以说自取之也。'然则有国家者，仁则荣，不仁则辱，祸福皆自己求之，亦岂人之所能与哉？诵沧浪之歌，可以惕然省矣。"

"夫人必自侮，然后人侮之；家必自毁，而后人毁之；国必自伐，而后人伐之。《太甲》曰：'天作孽，犹可违；自作孽，不可活。'此之谓也。"

解　侮，是慢。毁，是害。《太甲》是《商书》篇名。孽，是祸。违，是避。孟子承上文说："观孔子听沧浪之歌，而发自取之义，则凡天下之事，皆可类推，或祸或福，无不自己求之者。如人之一身，若能敬慎端庄，无一毫过失，则人心自生严惮，谁敢有侮之者。惟是平日不能检身，或举动轻佻，或言词放诞，自己先不尊重了，然后人以为可侮，而耻辱加焉。这不是人能侮我，乃吾自取其侮也。又如一家之中，若能整齐和睦，无一些乖争，则家道自然兴隆，谁敢有毁之者。惟是平日不能治家，或骨肉相戕，或闺门不肃，自家先败坏了，然后人见其可毁，而灾害及焉。这不是人能毁我，乃吾自取其毁也。又如一国之内，若能顺治威严，无一些衅隙，则大国亦将畏之，谁敢有侵伐者。惟是用人行政皆失其道，以致百姓不安，四邻不睦，自己先有可伐之衅了，然后动天下之兵，而身危国削之祸生焉。这不是人敢于伐我，乃我自取其伐也。可见变不虚生，惟人所召。孔子所谓自取者盖如此。《商书·太甲》之篇说：'天降之孽，虽似难逃，然人能修德回天，犹有可避者；若孽自己作，灾殃立至，岂有存活之理乎！'此即自侮自毁自伐之谓也。"有国家者，如绎思自取之义，而深戒自作之孽，则必能听信忠言，而无亡国败家之祸矣。

7.9孟子曰："桀、纣之失天下也，失其民也；失其民者，失其心也。得天下有道，得其民，斯得天下矣。得其民有道，得其心，斯得民矣。得其心有道，所欲与之聚之，所恶勿施尔也。"

解 孟子说："自古国家之兴亡，皆系于民心之向背。我观夏桀、商纣尝君临天下矣，如何便失了天下？以其人民离散，身为独夫无与保守故也。夫桀、纣之民也皆是祖宗所遗，如何便失了人民？以其暴虐不仁，众心怨怒，不肯归向故也。由此而观，可见得天下有个道理，只要百姓每归附，则有人有土，而天下皆其统驭矣。得民有个道理，只要他心里喜欢，则近悦远来，而万民皆其臣妾矣。至于欲得民之心又有个道理，不是智术可以愚之，威力可以劫之者，只看他所欲所恶何如，如饱暖安逸等项，乃民心之所甚欲而不能自遂者，须是在上的人替他多方抚恤，把好事件件都聚集与他，使他遂其生养安全之乐；如饥寒劳苦等项，民心之所甚恶而不能自去者，须是在上的人替他尽力区处，把不好的事，一些不害着他，使得免于怨恨愁叹之声。如此则君以民之心为心，而民亦以君之心为心，岂有不得其民者。既得其民，则保民而王，天下孰能御之。桀、纣惟不知此道，所以失民而失天下也。"有天下者，可不鉴哉。

"民之归仁也，犹水之就下，兽之走圹也。"

解 圹（kuàng），是野外空阔的去处。孟子说："民罔常怀，怀于有仁。惟上无仁君，而民始有离心耳。今所欲与聚，所恶勿施，则是以不忍人之心，行不忍人之政，所谓仁也。由是天下之民，凡求遂其所欲，求免其所恶者，都翕然归向。不但被其泽者莫不欢欣鼓舞，依之如父母，就是闻其风者亦莫不奔走趋附，戴之为我君。譬如那水之就下，兽之走圹一般。盖水之性本自顺下，若导之下流，则沛然而往，莫之能御；兽之性本自放逸，若纵之旷野，则群然而趋，莫之能遏，其势然也。"今民之所欲固在于仁，焉有仁人在上而民心不归者乎？昔成汤救民于水火，则四方之民咸望其来；武王拯民于凶残，则八百诸侯不期而会；汤武惟仁，故能得民而得天下也。所以说三代之得天下以仁。为人君者，当知所取法矣。

"故为渊驱鱼者，獭也；为丛驱爵者，鹯也；为汤、武驱民者，桀与纣也。"

解　渊，是深水。驱，是逼逐的意思。獭（tǎ），是食鱼的兽。丛，是茂林。"爵（què）"字，即鸟雀的"雀"字。鹯（zhān），是食雀的鸟。孟子承上文说："民之所欲在仁，其所畏在不仁，未有不趋其所欲而避其所畏者。譬如鱼在水中，只怕为獭所食，都往那深水去处躲藏，以避獭之害，是鱼之必趋于渊者，獭为之驱也。雀在林中，只怕为鹯所食，都拣那茂林去处栖止，以避鹯之害，是雀之必趋于丛者，鹯为之驱也。至于汤、武之仁，本是人心之所归向，而桀、纣之为君，又暴虐无道，百姓不得安生，把夏、商之民都逼逐将去，使之归于汤、武，就似鱼之归渊、雀之归丛一般，是汤、武之所以得民者，桀、纣为之驱也。"《书经》上说："抚我则后，虐我则仇。"故汤、武行仁，则民皆戴之为君，若或招之使来；桀纣不仁，则民皆疾之如仇，若或驱之使去。仁、不仁之间，而民心向背，国之兴亡皆系于此，可不慎哉。

"今天下之君有好仁者，则诸侯皆为之驱矣。虽欲无王，不可得已。"

解　孟子承上文说："汤、武好仁，而桀、纣为之驱民，则民心之归仁，益可见矣。方今天下特无好仁之君耳，设使诸侯之中有能省刑、薄敛，不嗜杀人，念念都只要爱养百姓，所欲则与之聚，所恶则勿之施也，如汤武之好仁，则天下诸侯暴虐如桀、纣者，皆为驱民以就之矣。民既来归，则亿兆皆我臣妾，土地皆我版图，而可以混一天下，虽欲无王，亦有不可得而辞者矣。"夫君能好仁，而即可以王天下。有国家者，亦何惮而不为哉。

"今之欲王者，犹七年之病，求三年之艾也。苟为不畜，终身不得；苟不志于仁，终身忧辱，以陷于死亡。《诗》云：'其何能

淑，载胥及溺。'此之谓也。"

解 艾，是草名，用以灸病的。《诗》，是《大雅·桑柔篇》。 淑，是善。"载"字，解做"则"字。 胥，是相。 孟子承上文说："好仁之君，必能王天下，则欲王者，惟在强仁而已。 但今之诸侯，都只以富国强兵，虐害生民为事，积患已深，一旦要起敝扶衰，统一天下，如何可得？ 须是及早悔悟，汲汲然举行仁政，以爱养生民，然后人心可收，王业可致，譬如以七年之病，求三年之艾的一般。 盖病至七年，则已沉痼难愈，而艾必三年，然后干久可用，则治病的人须是从今日畜起，犹或可及。 苟不以时畜之，日复一日，便至终身亦不得干久之艾，而病日益深，死日益迫矣。 若今之诸侯不能及时努力，锐然有志于行仁，则与受病已深，而不能畜艾者何异？ 将见国事日非，人心日去，因循至于终身，惟有忧辱相寻，以陷于死亡而已。 岂复有能自振拔之理乎？《诗·大雅·桑柔》之篇说：'其何能淑，载胥及溺。' 是说人不能为善，则相引以及于沉溺而已。 是即不仁之君，终身忧辱，死亡之谓也。" 有国家者，诚能鉴往日之愆，图将来之善，则可以转弱为强，得民而得天下矣，岂特免于忧辱而已哉！

7.10 孟子曰："自暴者，不可与有言也；自弃者，不可与有为也。 言非礼义，谓之自暴也；吾身不能居仁由义，谓之自弃也。"

解 暴，是害。 非，是毁。 孟子说："人性本善，不待外求，须是自家涵养，自家勉励，方能尽得性分中的道理。 如今有一种自暴的人，自以为是，不受善言，就把好言语教他，也拒之而不信，这等的卤莽昏庸，何可与之有言也。 又有一种自弃的人，甘为人下不肯向上，就知道该做的事也绝之而不为，这等的怠惰委靡，何可与之有为也。 如何叫做自暴？ 盖人性中有礼义，但有良心的，谁不知其为美而慕好之？ 彼明以偏诐之私，肆其谬妄之说，不知礼义为何物，反加诋毁，这是颠倒错乱，失其本心，分明把自家坑害了，所以'谓之自暴也'。 自暴者，尚可与之有言乎？ 如何叫做自弃？ 盖人性中有仁义，但有志气的，谁不以为可居可由而勉图之？彼则以柔懦之资，狃于因循之习，只说道自己不能，不肯用力，这样逡巡畏缩画而不进，分明把自己丢弃了，所以'谓之自弃也'。自弃者，尚可与之有为乎？"然天下无不可为之善，亦无不可化之人，若能知自暴自弃之非，而以自责自修为务，则可以变化气质，而为贤为圣，亦不难矣。孔子不拒"互乡之难与言"，而深责冉求之自画，亦此意也。

"仁，人之安宅也；义，人之正路也。旷安宅而弗居，舍正路而不由，哀哉！"

解 "旷"字，解做"空"字。孟子承上文说："自暴自弃之人，不能居仁由义者，岂未知仁义之切于人乎？盖凡人处心，一有私欲，便是危机，如何得安稳自在？惟仁乃天理之公，凝然常定，凡五常百行都由此植立，而无一毫私欲摇撼其中，这是人身上安安稳稳一所的住宅。若能居之则身心泰然，自无从欲之危矣，所以说'人之安宅也'。凡人行事，一有私邪，便为曲径，如何得平正通达？惟义乃天理之宜，截然有制，凡千变万化都由此推行，而无一毫私邪阻塞其间，这是人面前平平正正一条的道路，若能由之，则举动光明，自无冥行之咎矣，所以说'人之正路也'。这安宅正路，本吾所固有，不待外求，人当终身居之由之，不可须臾离者。今乃自暴自弃，不能收其已放之心，奋其必扬之志，虽有安宅，旷之而弗居，虽有正路舍之而不由，这等不仁不义的人，非私欲陷溺，丧其良心，何以颠倒错乱至此，岂不可哀之甚哉？"孟子此言，所以启人愧耻之心，而勉之以自强者，意独至矣。学者其尚深省于斯。

7.11孟子曰："道在尔而求诸远，事在易而求诸难。人亲其亲

长其长，而天下平。"

解　尔，即是迩，古字通用。孟子说："凡人情之所趋，即世道之所系，同则公，异则私；公则治，私则乱，其几不可不察也。彼率性之谓道，一人由之，众人共由之，本至迩也。乃世间别有一种的学问，谓众所共由之道不足为高，务要求之于荒唐玄渺者，这是'道在尔而求诸远'。行道之谓事，一人能之，众人共能之，本至易也，乃世间别有一等的修为，谓众所共能之事不足为奇，务要求之于艰深怪异者，这是'事在易而求诸难'。夫求道于远，求事于难，其初本起于一念之胜心，卒之胜而不已则争，争而不已则乱，天下未有得平者也。以我观之，人无贵贱贤愚，一般有父母，一般有兄长，孩提之童无不知爱其亲者，及其稍长无不知敬其兄者，只这良知良能所在，有何尔我可分？有何门户可立？若使人人为子的都亲其亲，人人为弟的都长其长，这等风俗便是极和气的风俗，这等世界便是极无事的世界。朝廷之上不必繁刑峻法，闾里之间不争我是人非，天下无不平者矣。然则道岂不在迩，事岂不在易，而求道与事者，又何必求之远且难哉？"孟子此章盖为当时惑世诬民之士——杨、墨、仪、秦、许行、告子诸人而发，要之三代而降，学术坏于门户之多，政体隳于聪明之乱。有维世觉民之责者，不可不三复此章之旨，识其渐而亟反之矣。

7.12 孟子曰："居下位而不获于上，民不可得而治也。获于上有道，不信于友，弗获于上矣。信于友有道，事亲弗悦，弗信于友矣。悦亲有道，反身不诚，不悦于亲矣。诚身有道，不明乎善，不诚其身矣。"

解　孟子说："君子以一人之身，事上使下，交友奉亲，件件都有个道理，须在根本切要处讲求。且如居下位而治民，须是君上信任他，才得展布；若不得于君，则情意不通，事多掣肘，何以安其位而行其志？虽欲治民不可得矣。然得君有道，不在谀佞以取容，须是行成名立，朋友间个个称扬，而后能受知于君上。若朋友不信，则名誉不显，上何由知？欲得乎君，不能矣。然信友有道，不在结交以延誉，须是竭力尽孝，使父母常常喜悦，而后能取信于朋友。若事亲弗悦，则素行不孚，人何由信？欲信于友不能矣。然悦亲有道，又在于诚身，盖守身乃事亲之本，若反求诸身，一有亏欠，未能尽得真实无妄的道理，则服劳奉养都是虚文末节，何以能得亲之欢？故思事亲者不可不诚其身也。至于诚身有道，又在于明善，盖择善乃固执之基，若察识之功一有未至，不能真知天命人心之本然，则为善去恶不能实用其力，何以能复于无妄？故欲诚身者，又不可不明乎善也。"君子能明善以诚身，则事亲为实孝，交友为实心，事君为实忠，治民为实政，一诚立而万善从之矣。

"是故诚者，天之道也；思诚者，人之道也。"

解 孟子说："君子欲尽道于君、民、亲、友之间，而必以明善诚身为本，则可以见诚之为贵矣。然诚虽具于人，而其原出于天，盖天生斯民皆有恒性。性中所具之德，即是天之元亨利贞付畀与他的，这道理纯粹真实，无一毫虚假，无一些亏欠，乃天道之本然，所以说'诚者，天之道也'。但在天固无不实之理，在人容有不实之心，必须先明乎善，思以复其诚实之本体，把性中仁、义、礼、智件件都体验扩充，择之欲其精，守之欲其固，必求至于诚而后已，此乃人道之当然，所以说'思诚者，人之道也'。"夫诚曰天道，既为性分之所固有；思诚曰人道，又其职分之所当为。则明善以诚身，尽人以合天，君子不可不知所务矣。

"至诚而不动者，未之有也。不诚，未有能动者也。"

解 孟子承上文说："思诚，为人道之当然，固宜责成于己，而实理乃人心之同然，自足感通乎人。人特患诚有未至耳，若能择善固执，由思诚之功而进，以至于念念皆诚，无一毫虚假，时时皆诚，无一息间断，到那至诚的地位，与天道合一了。将见诚立于此，几应于彼，事亲则亲悦其孝，事君则君谅其忠，交友则友服其信，治民则民怀其仁，有不言而自喻者矣。若谓至诚不能动物，天下岂有是理哉？使诚有未至，则方寸之中便有虚假、间断，何以使精神贯彻，志意交孚？欲求获上治民，悦亲信友，必不可得已。盖天地间只是一个实理，人与我都是这个实心，心相感触，则不戒而自孚，心有间隔则有求而莫应，此必然之理也，君子可不以思诚为先务哉？”按此章论诚明之学，实渊源于孔子，乃子思所闻于曾子，而孟子所受于子思者。学者宜究心焉。

7.13 孟子曰：“伯夷辟纣，居北海之滨，闻文王作，兴曰：‘盍归乎来！吾闻西伯善养老者。’太公辟纣，居东海之滨，闻文王作，兴曰：‘盍归乎来！吾闻西伯善养老者。’”

解 “作”字、“兴”字，都解做“起”字。盍，是何不。文王为西方诸侯之长，得专征伐，故称西伯。孟子说：“今之诸侯莫能定天下于一者，只为仁政不行故也。试以文王观之，昔商纣毒痛四海，播弃老成，此贤人隐伏之时也。那时伯夷避纣之乱，隐于北海之滨，盖非君不事矣，及闻文王起为西伯，奋然而兴说道：‘吾何不归来！吾闻西伯发政施仁，善养老者，归之以就其养可也。’遂自北海而往焉。太公避纣之乱，隐于东海之滨，盖非时不出矣，及闻文王起为西伯，奋然而兴说道：‘吾何不归来！吾闻西伯发政施仁，善养老者，归之以就其养可也。’遂自东海而往焉。夫仁政一施，而避世之贤，遂自穷海相率来归，王道之得人如此。”

“二老者，天下之大老也，而归之，是天下之父归之也。天下之父归之，其子焉往？”

解 二老，指伯夷、太公说。孟子说：“伯夷、太公这二老不是寻常的人，但年齿高天下而已。伯夷求仁无怨，得圣人之清；太公待时而兴，为帝王之佐。齿德俱尊，乃天下之大老也。既曰大老，则其德望所在，人心系属，且将视其向背以为重轻，就如天下之父一般。今皆慕文王之政来自海滨，是天下之

【注】

① 询于黄发：出自《尚书·秦誓》："尚猷询兹黄髪，则罔所愆。"黄发，指老人，因为老人发白，白久则黄。

② 尚有典刑：出自《诗经·大雅·荡》："虽无老成人，尚有典刑。"典刑：即典型，指法则。

③ 三仁：三位仁人，指殷末之微子、箕子、比干。

父归之矣。天下之父已归，为之子者宁有背其父而他往者乎？盖海内之心，方观望于贤者，而贤者之心已趋向于文王，虽欲遏之不归，不可得矣。"自古有国家者，莫难于得贤士，尤莫难于得老成之士。《书》谓"询于黄发"①，《诗》谓"尚有典刑"②，正谓此也。故三仁③播弃，而殷祚以灭；二老来归，而周道以隆，得失之效可睹矣。养贤以及民者尚知所务哉！

"诸侯有行文王之政者，七年之内，必为政于天下矣。"

解 孟子说："文王所以开创成周之业，而为政于天下者，以其得民望而系人心也。今之诸侯惟患不能行文王之政耳，有能取文王之政，如所谓田里树畜之教，鳏寡孤独之养，一一举而行之，则仁心、仁闻达于四海，必有老成贤哲之士相率来归，如伯夷、太公者。那时天下之民，心诚悦服，岂能舍之而他往乎？夫人心戴之，则天命归之，不论国之强弱，大约七年之内，必能统一四海，制御诸侯，而为政于天下矣。有图王之志者，亦何惮而不师文王耶？"盖三代之得天下，皆以施德行仁，固结人心为本，而战国之君，徒欲恃其富强从衡之策兼制天下，故孟子举文王之政以示之如此。万世而后，欲以王道致治者，可不知所法哉。

7.14 孟子曰："求也，为季氏宰，无能改于其德，而赋粟倍他日。孔子曰：'求，非我徒也，小子鸣鼓而攻之可也。'"

解 求，是冉求，孔子弟子。赋，是征税。鸣鼓而攻，是声其罪而责之。孟子见当时列国之君，皆以富国强兵为务，而不知其非，故引此以儆之说："昔孔门弟子冉求，仕于鲁大夫季氏为家臣之长。季氏专鲁国之政，私家之富过于公室，冉求不能匡救，以改正其恶德，反为之聚敛于民，征收赋税较之往时更多一倍，这是剥下以媚上，所谓聚敛之臣也。孔子闻之，对诸弟子说：'求也，游于吾门，而不能以道事人如此，是有负于平日之教，而非吾之徒矣，尔小子于彼有朋友之义，当声其罪以责之，使之省改可也。'"夫国家财用，诚不可阙，然藏富于国，不如藏富于民，若言利之臣，腹民膏血以充公家之赋，始则损下益上，害及于民，其终至财聚民散，而祸亦归于上矣，岂国家之所宜有哉？冉求以从政见称，以足民为志，而所为若此，宜夫子之痛绝之也。

"由此观之，君不行仁政而富之，皆弃于孔子者也。况于为之强战？争地以战，杀人盈野；争城以战，杀人盈城，此所谓率土地而食人肉，罪不容于死。"

解 孟子承上文说："由孔子责冉求之言观之，可见人臣事君，但当引之以志仁，不宜导之以求利。若其君不行仁政，而为之臣者，又厚敛于民以封殖之，乃名教之罪人，孔子所弃绝者也。夫富国犹且不可，而况于为君强战者乎？盖聚敛之臣，夺人之财，犹未伤人之命也。若强战者，只要开疆辟土，战胜攻取，而不顾生民之命，故争地而战，则杀人之多，至于盈野；争城而战，则杀人之多，至于盈城，而不自知其惨也。夫为土地之故，使人肝脑涂地，则是率土地而食人肉矣，其罪之大，虽至于死犹不足以容之，岂特夺民之财者可比乎？"

"故善战者服上刑，连诸侯者次之，辟草莱、任土地者次之。"

解 辟，是开垦。任土地，是竭尽地力的意思。古时井田之法，其余荒闲地土皆以予民，后世废坏井田，开垦荒芜，竭尽地力，而利归于上，这是辟草莱、任土地，富国之术也。孟子承上文说："今列国之君所求于士，与士之效用于君者有三：一是善于用兵，战胜攻取；一是纵横游说，连结诸侯；一是垦田积谷，为国兴利。这三样人，如今都说他有功于国，然以王法论之，皆有必诛之罪。盖善战的人，虽应敌制胜，可以快人主之心，然伤残民命，荼毒生灵，即所谓率土地而食人肉者，有王者兴，必然加以诛戮，而服至重之刑，此罪当首论者也。纵横游说、连结诸侯的人，虽未身亲攻战之事，然挟智用术，把持世主，兴起争端，使天下兵连祸结，不得休息，其罪亦不可赦，比于善战之刑，即其次也。开辟草莱、竭尽地力的人，虽不过为生财富国之计，然掊克聚敛，兼并小民，网罗余利，使天下民穷财尽，不得生养，其罪亦不可逃，比于善战之刑，是又其次也。今之诸侯不以为罪，而反以为功，又何怪乎祸乱之相寻而不已耶？"然就三者论之，纵横之徒，固不必言矣；至于行师理财，虽三代亦所不废，而概以为罪，何也？盖王者之用兵主于定乱，而善战者以多杀为功；王者之制赋，主于惠民，而言利者以多取为富，此义利之辨，而治乱之所由分也。用人者可不审哉。

7.15 孟子曰："存^①乎人者，莫良于眸子，眸子不能掩其恶。胸中正，则眸子瞭焉；胸中不正，则眸子眊焉。"

解　"良"字，解做"善"字。眸子，是目中瞳子。瞭（liǎo），是明。眊（mào），是昏暗的意思。孟子说："观人之法不必远求，即一身之中其最善而可观者，莫如眸子。盖人之善恶生于心，心之精神见于目，意念一起，即形于瞻视之间，故惟眸子之在人，不能掩其心之恶也。如其胸中所存光明正大，无所隐伏，则其神翕聚，而见之眸子者，必然清朗莹彻，瞭然而精明焉；若是胸中所存偏私邪曲，有所迷惑，则其神涣散，而见之眸子者，必然恍惚蒙昧，眊然而昏暗焉。"心之邪正不同，而目之昏明即异，是眸子不能掩其善，亦不能掩其恶也。即此一端，岂不足以观人耶！

"听其言也，观其眸子，人焉廋哉？"

解 "廋（sōu）"字，解做"匿"字。孟子承上文说："世之观人，固有于言语之间，察人心术者，然言犹可以伪为，而惟眸子不能掩其恶，则观人者，岂可徒信其言而已乎？故必听其言语，以考其心之声；又观其眸子，以察其心之神。其言既善，而眸子又极其清明，则其为光明正大之人可知也。其言虽善，而眸子不免于昏眊，则其为回互隐伏之人，未可知也。合二者而观之，则不出容貌辞气之间，而君子、小人之情状已可以得其概矣。人即欲掩匿真情，以逃吾之洞察，恐能掩于言，而不能掩于眸子，亦安得而终匿哉？"此一章当与《论语》"视其所以"一章参看。然孔子之观人，推及心曲之微，方定其善恶；而孟子之观人，欲于辞色之间，即考其邪正。何详略之不同如此？盖人之制行，或能饰于一时，而不能掩于平时，故虚心而察品流乃定。人之存心，或能匿于所勉，而不能不露于所忽，故卒然而验，臧否自明。有观人之责者，兼而用之可也。

7.16 孟子曰："恭者不侮人，俭者不夺人。侮夺人之君，惟恐不顺焉，恶得为恭俭？恭俭岂可以声音笑貌为哉？"

解 孟子说："古今言人君之美德，莫如恭俭。然恭俭不可以伪为，盖谓之曰恭，则心存敬谨，必能下贤礼士，不肯慢视臣下而有所玩侮；谓之曰俭，则志在简约，必能制节谨度，不肯轻用民财而有所侵夺。是不侮不夺者，乃恭俭之实也。今之人君皆知恭俭之为美，但其平日所行都是侮人夺人之事。那侮人之君，自恃尊贵，其心必骄，只要人非礼奉承，顺着他踞傲的意思；夺人之君，惟务贪得，其心必侈，只要人曲意逢迎，顺着他兼并的意思，惟恐人不顺己，不能快其侮夺之心也。恶（wū）有侮人夺人而可谓之恭俭者乎？是可见实心谦让，然后谓之恭；实心撙节，然后谓之俭。若只在声音笑貌之间做出恭俭的模样，而不在于中心，则不过粉饰伪为而已。恭俭美德，岂可以声音笑貌伪为者哉？"盖当时之君，惟务虚名而不修实德，故孟子儆之如此。《书经》上说："位不期骄，禄不期侈，恭俭惟德，无载尔伪。"正是此意。

盖侮生于骄，必克其骄心，方能虚己下人，而无所侮；夺生于侈，必克其侈心，方能约己裕人，而无所夺，此恭俭之所由成也。为人君者不可不知。

7.17 淳于髡曰："男女授受不亲，礼与？"孟子曰："礼也。"曰："嫂溺，则援之以手乎？"曰："嫂溺不援，是豺狼也。男女授受不亲，礼也；嫂溺，援之以手者，权也。"

解　淳于髡（kūn），是齐之辩士。权，是称锤，所以称物之轻重者，故人之处事，称量道理以合于中，也叫做权。昔淳于髡因孟子不见诸侯，故说辞以讽之说道："吾闻男女有别，就是以物相取与，不得亲手交接，果是礼之当然与？"孟子答说："男不言内，女不言外，故授受不亲，正以别嫌、明微，乃礼之所重也。"淳于髡说："男女授受不亲固为礼矣，即如嫂之与叔，礼不通问，亦不可亲相授受者。设或嫂溺于水，生死在仓卒之间，为之叔者亦将引手以救之乎？还是拘授受不亲之礼，而坐视其死也？"孟子答说："嫂叔至亲，溺水大变，于此不救，则忍心害理，是豺狼之类耳。有人心者果如是乎？盖天下之事有常有变，君子处事有经有权，男女授受不亲是礼之常经，固不可越。至如嫂溺援之以手，此乃事势危迫之际，顾得情义，便顾不得嫌疑，故揆度于轻重缓急之间，以求合乎天理人心之正，所谓权也。若但知有礼而不知有权，则所全者小，所失者大矣，岂识时通变者哉？要之'经、权'二字两不相离，礼有常经，如称之有星，铢两各别；权无定主，如转徙以较物，轻重适平，二者交相为用也。"观孟子之言，则可以识权之义矣。

曰："今天下溺矣，夫子之不援，何也？"曰："天下溺，援之以道；嫂溺，援之以手。子欲手援天下乎？"

解　淳于髡闻孟子行权之论，因问说："信如夫子之言，嫂溺则当从权以援之，而不宜拘于授受之礼矣。况圣贤出处为治乱所关，岂可执一？方今列国分争，生民憔悴，就如溺于水的一般，夫子视天下为一家，亦当从权以救之可也，却乃守不见诸侯之义，而不肯一出其身以援天下，这是为何？岂亦拘于常礼而不能通变乎？"孟子答说："援嫂之溺与援天下之溺事势原自不同，盖天下至广，陷溺之患至大，如欲拨乱反正，济世安民，必以先王仁义之道拯之，乃能有济，非如嫂之溺水，但援之以手即可救也。吾能以道自重，然后可以出而有为，今子欲援天下，而使我枉道以求合，则先失其援之之具矣，岂欲我以徒手援天下乎？天下之溺不可以手援，则亦不容轻身往见以枉其道矣。"此可见圣贤出处一本于道，固不欲洁身以为高，亦不容枉道以求合，经权之际，自当有辨也。后世以反经合道为权，遂至有违道以济其私者，不亦悖于孟子之训耶！

7.18 公孙丑曰："君子之不教子，何也？"孟子曰："势不行也。教者必以正，以正不行，继之以怒；继之以怒，则反夷矣。'夫子教我以正，夫子未出于正也。'则是父子相夷也。父子相夷，则恶也。"

解 君子，是尊长之通称。"夷"字，解做"伤"字。公孙丑问说："凡人爱子莫不欲教之以有成，乃君子不亲教其子，这是何故？"孟子答说："父之于子非是不当亲教，但以事势论之，有所难行故也。盖父之爱子必教以正道，不纳于邪，使其视听言动皆有准绳，出入起居无或惰慢，方是教子之法。若教之以正，而子或不肯率从，则不免痛加督责，而继之以怒。夫教子者本为爱其子也，今以怒继之，则反伤其子矣。父既伤其子，子之心又责其父说：'夫子徒知教我以正道，不知己所行未必合于正道。'既不率教，且有后言，则是子又伤其父也。父子以恩为主，若至于相伤，则天性之爱有亏，慈孝之理胥悖，其为不美之事莫甚于此，如之何其可行耶！"

"古者易子而教之，父子之间不责善。责善则离，离则不祥莫大焉。"

解　孟子承上文说："君子之于子，亲教则势有所不行，不教则情有所不忍，所以古人就中斟酌，务求两全，我有子必使之师事他人，人有子亦许之从学于我，恰似相换易的一般，是以教行而德成也。所以然者为何？盖德业相劝，过失相规，这是处朋友的道理。惟父子之间，贵在恩意浃洽，为父的须量其子之才质而善养之，为子的须察其亲之志意而善谕之，切不可强其所难，而互相责望也。若使父子之间至于责善，则父有忿怒之色，子有怨怼之心，父子相夷而情意乖离矣。夫父慈子孝，然后家道兴隆，苟或乖离，则家庭之间失了和气，其为不祥孰大于此。此古人易子之教，所以为善也。"尝观古人教子之法，自孩提有知至于成立，未尝一时失教，既委曲调护不至于伤恩，且习惯自然，不夺于外诱，是以不严而化，不劳而成。盖士庶之家欲爱其子，未有不教者，而况于有天下国家之任者乎！贾谊有云："早谕教，选左右，此今日之急务也。"

7.19 孟子曰："事，孰为大？事亲为大。守，孰为大？守身为大。不失其身而能事其亲者，吾闻之矣；失其身而能事其亲者，吾未之闻也。"

解　孟子说："凡人之于天下，有所敬承而不敢违，叫做事。事，果以何为大？惟善事其亲，凡服劳奉养，无所不尽其心，斯为事之大也。有所保持而不敢失，叫做守。守，果以何为大？惟善守其身，凡言动事为，无所不致其谨，斯为守之大也。然事亲守身，固皆为大，而守身为尤大。盖亲者身之本，身者亲之遗，诚能以道自守不失其身，则显亲扬名，可传于后，如此而能事其亲，吾之所闻也。如或一失其身，陷于不义，则亏体辱亲，乃不孝之大者。而欲以奉养之末，尽事亲之道，吾未闻之也。"欲事其亲者，可不自守身始乎？古人有言："孝莫大于事亲，故孝子不登高，不临深，一出言，一举足，而不敢忘父母，皆守身以事亲之旨也。"推其极，虽放诸四海，通于神明，亦不外此。事亲者不可不知。

"孰不为事？事亲，事之本也。孰不为守？守身，守之本也。"

解 孟子承上文说："事亲何以为大？盖人于尊卑长幼之间，有所敬承，何者不谓之事，然非事之本也，惟能事其亲，则伦理明于家，而百行之原以启矣。由是移以事君则可以作忠，移以事长则可以昭顺，皆事亲之念，为之造端也。非事之本而何？惟其为本，故言事之大者，必归之事亲也。人于家国天下之大，有所保持，何者不谓之守？然非守之本也，惟能守其身则道德备于己，而万化之基以立矣。由是以守家国则齐治之效成，以守天下则均平之化应，皆守身之道为之托始也。非守身之本而何？惟其为本，故言守之大者，必归之守身也。如不能事亲，则大本已失矣，岂有本乱而末治者哉！"

"曾子养曾晳，必有酒肉；将彻，必请所与；问有余，必曰'有'。曾晳死，曾元养曾子，必有酒肉；将彻，不请所与；问有余，曰'亡矣'，将以复进也。此所谓养口体者也。若曾子，则可谓养志也。事亲若曾子者，可也。"

解 曾晳，名点，是曾子之父。曾元，是曾子之子。孟子承上文说道："古人能守其身以事亲者，无如曾子。其奉养曾晳，竭力用劳，每次进食，必有酒肉；及食毕将彻，又必请问于父，将此余者与谁？或父问此物尚有余否，必以'有'为对。盖恐亲意更欲与人，而先体其情，曲为承顺如此。及曾晳既没，曾元奉养曾子，每次进食亦有酒肉；惟至食毕将彻，却不问父所与；或父问有余，又以'无'为对。盖恐其物不继，将留以复进于亲也。此但求甘旨之常充，可以供亲所嗜，能养其口体而已。若曾子者，于一彻食之间，亲未有言，即先其意而求之；亲一有问即顺其情而应之，真可谓能养父母之志，而不忍伤之者矣。夫养口体者非不竭力备物，然不能顺亲之心，未足称也。惟至于养志，则其精神意念常与亲志流通，使其亲欢欣悦适，无不遂之愿。故事亲者必如曾子之养志，方可以称孝也。"自古称孝子者，莫过于曾子，然求其事亲之方，不在用力用劳，而在于养亲之志。可见为人子者必能体父母之心，方可称孝，不但饮食取与之间而已也。有家国者，能因此而推之，则所以养亲之志者，必有道矣。

7.20 孟子曰："人不足与适也，政不足间也，惟大人为能格君心之非。君仁莫不仁，君义莫不义，君正莫不正，一正君而国定矣。"

解 有过失而指摘之，叫做适。有罅隙而非议之，叫做间。格，是救正的意思。孟子说："今之论治者，率以用人行政为急，然忠智之士，或犯颜谏诤，随事箴规，而卒无补于治者，以不知格心之为要故也。夫人君用人，一或不当，岂无过失之可指？然其心不能鉴别人材，而欲人为之辩论，亦不胜其烦矣。吾以为用人之误，不足与之指摘也。人君行政一有未善，岂无罅隙之可议？然其心不能权衡事物，而欲事事为之补救，亦不胜其扰矣，吾以为行政之失，不足与之非间也。盖本原之地，在于君心，君心一有私邪，未有不信用小人妨害政事者。惟盛德之大人其素望足以感孚，其谋猷足以匡济，为能格正其君心之非。当其未发则有薰陶涵养之功，及其将萌则有开导转移之术，必归于仁义之正道而后已。盖君心诚出于仁，则推之何莫而非仁？君心诚出于义，则施之何莫而非义？君心既正，则一举一动何往而不出于正？以之用人而忠邪之鉴别自明，以之行政而是非之权衡不爽，将见群材效用，万机咸理，国自无不定矣。"一正君而国定，则操术甚简，取效甚大，尚何以适且间为哉？汉儒谓："正心以正朝廷，而百官万民莫敢不一于正。"亦是推广孟子之意。然格心之益，惟大人足以当之。可见出治之本固在于正君，而致君之道尤本于正己。此又为人臣者所当知也。

7.21 孟子曰:"有不虞之誉,有求全之毁。"

解 虞,是料度的意思。孟子说:"人之是非固出于众论,然毁誉之言亦有不可凭者。且如有善于己,人从而誉之,此其常也。然亦有存心制行,本无可称而滥叨美誉者。或事机偶会,时论见推;或交游素多,浮名易起,此乃一时过情之誉,于其人之本心实不自料其有此也,这叫做不虞之誉。以此而定人之贤,则浮沉庸众之流,侥幸得志者多矣,岂得谓之公是哉?有不善于己,人从而毁之,此其常也。然亦有立身行道,期为完人,而不免诋毁者。或心无愧怍,而以形迹致疑;或行本孤高,而以违俗取忌,此乃一时不根之谤,于其人之素履实不足以为病也,这叫做求全之毁。以此而决人之不贤,则砥砺暗修之士,无辜受屈者多矣,岂得谓之公非哉?然则修己者当尽其在我,不可以毁誉而遽为忧喜;用人者当观其所由,不可以毁誉而轻为进退矣。"大抵三代直道以善恶为是非,末世颓风以好恶为毁誉,名实混淆,其弊久矣。故必在上者建其有极,无作好、作恶之私,则在下者协于至公,有真是、真非之实。主世教者加之意,可也。

7.22 孟子曰:"人之易其言也,无责耳矣。"

解 易,是轻易。孟子说:"人之言语乃一身之枢机,最所当慎者也。然有出言轻易,失口于人,或于人之善恶妄有褒贬,或于事之得失轻为论断,遂至于偾事失人,兴戎召辱者,此是为何?只因其未遭失言之责,而无所惩创故也。如使曾以失言之故,见尤于人,而有所悔悟,则必知言语之失,所系甚大,当自加儆省,而不敢轻出诸口矣,岂至于易其言耶?"《易经》上说:"出其言善,则千里之外应之;出其言不善,则千里之外违之。"故言出于口,而祸福荣辱系焉,不可轻也,必待责而后悔,则一言既出,驷马难追,虽悔无及矣。此又孟子言外之意。

7.23 孟子曰："人之患，在好为人师。"

解　孟子说："人之为学，莫贵于自修，莫病于自足。如多见多闻，足以待问；有道有德，可以为法，天下之人皆尊而慕之，愿以为师，然后不得已而应之，可也。若乃自己的造诣，未必便是圣贤，却偃然自足，傲然自尊，见得自己有余，别人不足，一心只要做人的师范。如人有不知的来问他讲解，有不能的来求他教导，他心里便十分喜欢。有这等好胜的念头，必不能谦虚以受益；有这等自满的意思，必不能勤励以自强，是终不复有进矣，岂非人之大患乎？"孟子此言不专为传道授业而设，亦戒人不自满假之意。盖人之于道德，若以虚心观之，惟日不足，自不敢以贤智先人；若以满心处之，只见得吾之言动，皆可为法于天下，而非人之所能及矣。《书经》上说道："谓人莫若己者亡。"《大学》说："骄泰以失之。"皆所以深致其戒也。有君师之责者，宜究心焉。

7.24 乐正子从于子敖之齐。乐正子见孟子。孟子曰："子亦来见我乎？"曰："先生何为出此言也？"曰："子来几日矣？"曰："昔者。"曰："昔者，则我出此言也，不亦宜乎？"曰："舍馆未定。"曰："子闻之也，舍馆定，然后求见长者乎？"曰："克有罪。"

解　乐正子，名克，是孟子弟子。子敖，是王骥的字。昔者，是前日。王骥，乃齐王之幸臣，孟子之所深鄙而不与言者，乐正子一日从之至齐，则失身于匪人矣。孟子不直言其所从之失，而先责其来见之迟，故为绝之之词说道："尔今日还来见我乎？"乐正子惊问说："弟子未敢失礼，先生何故出此言以绝之？"孟子说："尔至齐国今已几日矣？"乐正子对说："前日方至。"盖自明其未久也。孟子因问说："尔前日已至，今日方来见我，则我之出此言也不亦宜乎？"乐正子因自解说："克初至齐国，舍馆未定，故来见稍迟，非敢慢也。"

孟子责之说："尔曾闻门人弟子来自远方，必待舍馆既定，然后求见师长乎？盖必以见长者为先，求舍馆为后，方是诚意。今子迟迟来见，恐敬师之道不如是也。"于是乐正子自知其罪，即对说："克也，来见之迟，诚为失礼，已知罪矣。"其勇于受责如此。然孟子发言之意，则犹未之悟也。

7.25 孟子谓乐正子曰："子之从于子敖来，徒铺啜也。我不意子学古之道，而以铺啜也。"

🔴 铺（bū），是食。啜（chuò），是饮。乐正子从王驩之齐，既知见师迟缓之罪，孟子乃正言以责之说："君子之取友最宜慎重，必是志同道合方可相从，今子敖是何等样人品？尔乃从之以来，想亦非有他意，只为其饮食供奉富厚有余，尔但图些铺啜，得遂口腹之欲而已。我不意子学古人之道，以圣贤自期，乃为饮食之微，妄从非类，何其不自爱如此？子亦知其罪否耶？"按，乐正子乃孟子高弟，必不至以铺啜从人，但一时取便相随，不及审慎，孟子恐其失身，故峻词以责之如此。可见士君子立身行己，自有法度，未有纳交权幸，而不辱其身者。孟子于王驩未尝略假词色，即门人弟子少有濡足，必切戒而预远之，若将浼焉。圣贤出处交游，光明正大，真后世所当法也。

7.26 孟子曰："不孝有三，无后为大。舜不告而娶，为无后也，君子以为犹告也。"

🔴 孟子说："古礼相传，凡人不孝之罪有三：一是阿意曲从，陷亲不义；一是家贫亲老，不为禄仕；一是不娶无子，绝先祖祀，犯了一件便是不孝了。然就三者较之，不谏其亲者，止于不能成亲；不为禄仕者，止于不能养亲，其罪未为大也。惟至于无后，则先祖相传的支派绝于一人，而父母之宗祀无主矣，其为不孝孰有大于是乎？所以古之圣人，当事势之难，人伦之变，便有个善处的道理。昔虞舜有鳏在下，帝尧以二女妻之，舜但承尧之命，而不告于父母。以舜之大孝，且以不顺乎亲为己忧，岂不知礼之当告哉？正恐告而不许，则不敢娶，而终于无后也。盖告而后娶，所以禀命于父母，而不敢自专，礼之经也。不告而娶，所以继承其宗祀，而不至无后，礼之权也。故君子以为舜之不告，与告而后娶者，同归于孝而已。向使舜拘禀命之礼，而蹈无后之罪，则是泥于小节，而陷于大不孝矣。君子奚取焉？"夫古今帝王之孝，莫过于舜，乃其所最重者在此。可见子之事亲以承祧为大，以奉养为小，故必宗祊有托，主鬯（chàng）得人，而后祖宗之神灵可慰，父母之心志可悦也。以孝治天下者，其尚体而推之。

7.27 孟子曰："仁之实，事亲是也；义之实，从兄是也。"

解　孟子说："世之言道者，只在枝叶上讲求，而不反之根本切实之地，是以愈难而愈远耳。岂知道莫大于仁义，而其实亦不外于孝弟之间乎？夫仁主于爱，凡济人利物，都是爱之所推，然非其实也，乃其实则在于事亲。盖父子天性有欢然不可解之情，即孩提之童无不知爱其亲者，这一点爱心何等真切。人能孝以事亲，尽得为子的道理，则慈祥恻怛之心不可胜用，以之济人利物，至于无一夫不被其泽，都从这里面生发出来，岂不是仁之实乎？所以说'仁之实，事亲是也'。义主于敬，凡事君尊贤，都是敬之所施，然非其实也，乃其实则在于从兄。盖兄弟天伦，有秩然不可逾之序，即孩提稍长无不知敬其兄者，这一点敬心何等真切！人能顺以从兄，尽得为弟的道理，则谦卑逊顺之意随在皆然，以之事君尊贤，至于无一事不得其宜，都从这里面充拓出来，岂不是义之实乎？所以'说义之实，从兄是也'。"夫事亲从兄，人皆可能，而仁义之道胥从此出，则求道者，当以敦本尚实为务矣。

"智之实，知斯二者弗去是也；礼之实，节文斯二者是也。"

解　斯二者，指事亲、从兄说。孟子承上文说道："良心真切之地，乃百行从出之原，不但仁义之实在于事亲、从兄二者，推之智、礼、乐莫不皆然。盖智以明通为用，虽万事万物都要周知，然其根本切实的去处，只是事亲从兄这两件，见得分明，守得坚定，一心一念只依着孝弟（tì）的道理，不为私欲所蔽，不以外慕而迁，这便是本然之良知，推之可以穷神知化，未有能察人伦而不能明庶物者，此所以为智之实也。礼以秩叙为体，虽三千三百都要精详，然其根本切实的所在，也只是事亲、从兄这两件，限之以品节，饰之以仪文，一举一动只在爱敬上周旋，使有义以相维，有情以相洽，这便是自然之天秩，出之可以安上治民，未有能惇典而不能庸礼者，此所以为礼之实也。知智之实，则不必以博闻多识为能；知礼之实，则不必以繁文缛节为尚。学者惟敦本务实可矣。"

"乐①之实，乐②斯二者，乐③则生矣。生则恶④可已也，恶可已，则不知足之蹈之、手之舞之。"

解 孟子承上文说道："乐，以和乐为主，虽平情宣化功用甚博，然其切近精实之地，也只在事亲、从兄这两件。盖父子兄弟天性至亲，自有喜喜欢欢一段的真乐，吾能孝于亲、弟（tì）于兄，家庭之间浑然和气，则天性之真乐在吾矣。乐则和顺从容，无所勉强，其真机发动就如草木之萌芽一般，将油然而自生矣。既有生意，则发荣滋长，日渐充溢，其生机畅达，就如草木之茂盛一般，盖勃然而不可已矣。生而不已，则随处发见，莫非性真；动容周旋，莫非盛德，其妙至于足之蹈之、手之舞之，而不自知其所以然者，盖晬然、盎然，四体不言而自喻矣。这是吾心自然之和乐，充之以动天地感鬼神，莫不由此，此所以为乐之实也。可见孝弟为五常之首，百行之原，吾性中之仁义莫切于此。而知此之谓智，履此之谓礼，和此之谓乐，天下之道无一不统于斯二者。人人亲其亲，长其长，而道尽矣，何必求之远且难哉？"

【注】

① 乐（yuè）：音乐。

② 乐（yào）：喜好，喜爱。

③ 乐（lè）：快乐。

④ 恶（wū）：语气词。

7.28 孟子曰："天下大悦而将归己，视天下悦而归己犹草芥也，惟舜为然。不得乎亲，不可以为人；不顺乎亲，不可以为子。"

解　顺，谓谕亲于道而不违的意思。孟子说："古之圣人所以有天下而不与者，盖以性分为重，则以势分为轻也。夫天下至大，人心至不齐，今皆欣然喜悦将归服于我，戴以为君，这是非常的遭际，绝盛的事业，人所深愿而不可得者，乃处之泰然略不动意，视天下之悦而归己，就如草芥一般，自古以来惟舜为能如此。夫舜以畎亩之夫而大得人心，终陟（zhì）元后，其位至尊，其势至重，而乃视之若是其轻者，这是为何？盖舜遭顽嚣之亲，处人伦之变，心心念念，只要得亲之欢，而无所乖忤，谕亲于道而无所违逆，方才遂得他的愿。他说是人生世间，道理合当如此。若不得乎亲，不曾修得自己的孝行，则人道有亏，如何可以为人？子事父母，职分合当如此。若不顺乎亲，不曾成得父母的令名，则子道有歉，如何可以为子？其中戚戚不宁，举天下无足以解其忧者，故视天下之归己犹草芥也。"舜惟以此存心，而必欲求尽其道，此所以终能得亲顺亲，而成天下之大孝也！

"舜尽事亲之道，而瞽瞍底豫。瞽瞍底豫，而天下化；瞽瞍底豫，而天下之为父子者定。此之谓大孝。"

解　瞽瞍（gǔsǒu），是舜父名。底（dǐ），是致。豫，是悦乐。孟子承上文说："舜不以人心之大悦为己乐，而但以亲心之未悦为己忧，所以孜孜汲汲只要全尽事亲的道理。观他竭力耕田，负罪引慝（tè），何等的勤苦！且克谐以孝，夔（kuí）夔斋栗，何等的真诚！凡职分当为及用情委曲的去处，无有毫发之不尽者，所以瞽瞍虽顽，至是亦感其诚意而格其非心，毕竟至于欢喜悦乐，则不但得亲之心，而且顺亲于道矣。夫父子天性，精神本自流通，终无不可化者。自瞽瞍底豫则凡闻风而兴起者，知天下无不可事之亲，皆勉于孝；知父子有不可解之情，皆兴于慈，而天下化矣。子孝父慈，伦理本自一定，有不可逾越者，惟天下既化，则凡为子的皆止于孝，为父的皆止于慈，而天下之父子定矣。夫爱敬尽于事亲，而德教加于百姓，至于化行俗美如此，是诚为法于天下，可传于后世，而非止为一身一家之孝矣，谓之大孝，不亦宜乎！"按古之圣王，莫不以孝治天下，而独称舜为大孝者，以其身事顽父，而收厎豫之功；其事为独难，躬修孝德而成天下之化；其治为独盛，此所以万世莫及也。以天下养其亲者，宜以虞舜为法。

孟子直解

下

（明）

张居正

- 编著 -

龙建春
董露露

- 校注 -

人民东方出版传媒
People's Oriental Publishing & Media

东方出版社
The Oriental Press

目　录

离娄章句 下

8.1 孟子曰："舜生于诸冯，迁于负夏，卒于鸣条，东夷之人也。文王生于岐周，卒于毕郢，西夷之人也。"

解　诸冯、负夏、鸣条、岐周、毕郢（yǐng），都是地名。孟子说："天生圣人，以任百王之道统，开万世之太平，非偶然也。试以虞舜、周文王论之，舜生产于诸冯，既而迁居于负夏，其后卒于鸣条，这都是东方夷服的去处，是即东夷之人也。文王生产于岐周，其后卒于毕郢，这都是近西夷的去处，是乃西夷之人也。"夫在常人则生于其地者，即囿于风气之中而不能振拔；若圣人则间气所钟，旷世而一见，有非地之所能限者。孟子欲明二圣之同道，故先发其端如此。

"地之相去也，千有余里；世之相后也，千有余岁。得志行乎中国，若合符节。先圣后圣，其揆一也。"

解　古时篆刻文字于玉，左右两扇，有事则合之以为信验，叫做符节，就如今金牌铁券一般。揆，是度。孟子承上文说："舜与文王，一生于东夷，一生于西夷，其地相距千有余里，可谓远矣。舜兴于虞，文王起于周，其世代之相后千有余岁，可谓久矣。然舜发于畎亩之中，得志而为天子；文王当有商之季，得志而为方伯。一则风动四方，一则修和有夏，都能行其道于中国，使仁、义、礼、乐灿然大明，彼此相较无毫发之差，就如合着符节的一样，何其同也。"由此而推，可见前乎千百世之既往，有圣人崛兴，后乎千百世之将来，有圣人复起。地之相去，世之相隔，虽其迹不能尽同，然以理度之，所存莫非纯王之心，所行莫非纯王之道，其致一而已矣，又岂有不同者哉？盖战国之时，正学不明，异说纷起，如杨、墨、许行之徒，皆托于圣人之道，以自为一家之言，是以师异道，人异学，而圣道为天下裂矣。孟子称圣人之同道，盖所以深辟当时之异说也。

8.2 子产听郑国之政，以其乘舆济人于溱、洧。孟子曰："惠而不知为政。"

解　子产，是郑大夫公孙侨。溱、洧，是二水名。春秋时，有子产者辅佐郑君，凡一国之政事都听他掌管，其位尊，其负重，则凡与百姓兴利除害，当自有经济之大者。乃一日偶过溱、洧之间，见人徒涉，其心不忍，便将所乘的车渡济他，一时小民亦皆感其恩泽，称为盛事。然而甚失政体矣，故孟子讥之说："君子之存心行事，非必欲使泽及于民，然其体统有尊卑，规模有大小，若子产乘舆济人之事，惠则惠矣，其于为政的道理则未之知也。"盖君子驭众临民，自有公平正大之体；修政立事，自有纲纪法度之施。在上的不必要誉于民，在下的亦忘其恩所自出，此乃所以为政也。今子产以煦煦为仁，所及有限，人非不戴其恩，只是私恩；人非不被其利，只是小利。其不知其政体甚矣，何足道哉？夫惠者王政之所不废，但惠施于一人，则虽有所及，而亦有所不及；政行于一国，则能以所爱达之于所不爱。此大小公私之判也。若好行小惠，而不知大体，则违道干誉，有名无实，民何赖焉？盖孔子称管仲之仁，而讥其不知礼；孟子称子产之惠，而病其不知政。皆所以为后世训也。

"岁十一月徒杠成，十二月舆梁成，民未病涉也。"

解　周时十一月即今九月，十二月即今十月。方桥可通人行的，叫做徒杠。大桥可通车行的，叫做舆梁。病，是患苦的意思。孟子承上文说："子产只知徒涉之人为可悯，而不知乘舆之济为有限，是亦不讲于先王之政耳。试以王政言之，每岁天气向寒的时节，凡道路之间有阻水难行的去处，即量起人夫修治桥梁。十一月农事才毕，民力稍暇，那徒杠可通人行的，其功易，就这时便早成了。十二月农事俱毕，工作可兴，那舆梁可通车行的，功虽难就，这时也都成了。是当未寒之时，而已念徒行者之苦；在初寒之候，而已忧车行者之艰。无不先事预图及时为备，所以水潦无阻，道路通行，国中百姓未

闻有病于徒涉者也。"即此一端，可见先王之政，不必人人问其病
苦，而为之捬摩，只须事事立有规模，而贻之安逸。此所谓纲纪
法度之施，而不失为公平、正大之体者也。使子产而知此道，则
郑国之民，自无有病涉者矣，何用以乘舆济之哉？

"君子平其政，行辟人可也，焉得人人而济之？故为政
者每人而悦之，日亦不足矣。"

解 辟（bì），是避除行人。孟子承上文说："先王之政，上不求
赫赫可喜之功，下不为煦煦悦人之术，惟施得其平而已。若君子
之治人，能以仁心、仁闻，行先王之政，百姓每有饥寒的为之厚
其生，有劳苦的为之节其力；一切兴利除害、补偏救敝的事次第
施行，务要均平周遍，使人人各得其所；则所施者博，所济者众，
不见其私恩小利，而百姓自然心悦诚服矣。如此，则虽出入之际，
辟除行人，令他回避，亦自上下之礼宜然，何必以乘舆济人，自
亵居尊之体也。况国中之水，当涉者众，举国之人望济者多，焉
能以所乘之舆，人人而济之乎？若人人而济之，是欲人人而悦之
也。为政者统御万民，总理庶务至为烦劳，必欲每人而求其悦，
岂但曲意徇物，违道干誉，大非为政之体；且恐人多日少，不能
以有限之力，应无已之求，其势必至于穷矣。善为政者固如是
乎？"夫行小惠而伤大体，则理有所不可；穷日力以徇物情，则势
所不能。甚哉，子产之不知为政也。汉臣诸葛亮有言："治世以
大德，不以小惠。"[①] 盖深得孟子之意。欲明治体者，宜究心焉。

【注】
① 治世以大德，不以小惠：
出自《资治通鉴·卷七十五·
魏纪七》："初，丞相亮时，
有言公惜赦者，亮答曰：'治
世以大德，不以小惠，故匡
衡、吴汉不愿为赦。'"

8.3 孟子告齐宣王曰："君之视臣如手足，则臣视君如
腹心；君之视臣如犬马，则臣视君如国人；君之视臣如
土芥，则臣视君如寇仇。"

【注】

① 匪（fēi）躬蹇蹇：见《易经·蹇卦》："六二。王臣蹇蹇，匪躬之故。"指大臣犯颜直谏，都不是为了自身的缘故。

🔴 孟子告齐宣王说："君臣相与之间，各有当尽的道理。然下之报上，亦视上之所以待下者何如？且如君之于臣能隆之以礼貌，推之以至诚，言听计从情投意合，看他就似手足一般，自相倚为用而不可一日少者，则君之待臣厚矣。由是为臣的莫不感恩图报，矢志竭忠，务要爱养君德，使益清明，保护君身，使益强固就似腹心一般，有相依为命而终身同其休戚者矣。这是上下一体恩义兼隆、明良相遇之盛如此。此道既衰，人君有轻贱其臣如犬马者，奔走之而已，豢养之而已，这等的傲慢无礼，则人人自疏，漠然不见其可亲，必将无怨无德，视之如路人一般，尚可望以腹心之报乎？至于衰薄之极，人君有贱恶其臣如土芥者，践踏之而已，斩艾之而已，这等的惨刻少恩，则人人自危，悚然惟恐其不保，至于离心离德，避之如寇仇一般，岂但如国人而已乎？夫尊卑之名分虽殊，而报施之厚薄则常相称，王可以惕然省矣。"盖宣王待士恩礼衰薄，至于昔者所进，今日有亡去而不知者，故孟子儆之如此。若人臣自处之道则不然，夫臣之事君当如子之事父，其得位行道，固当有匪躬蹇蹇①之心，虽去国洁身，亦当有爱君惓惓之意，岂得自处其薄乎？孔子曰："君使臣以礼，臣事君以忠。"此万世不易之常道也。

王曰："《礼》为旧君有服，何如斯可为服矣？"

🔴 这一节是齐王不足孟子寇仇之言。《礼》，是《仪礼》。旧君，是先事去国的君。服，是齐衰三月。王疑孟子的言太甚，故援《礼》问说："夫子言人臣在国，固有寇仇其君者，《礼》有云：去国的臣，或那旧君薨，则为他服齐衰三月。以夫子寇仇的言来较之，则在国者，且有寇仇之报；而去国者，果何以得他三月之服？不知旧君于臣下在国的时节，何如相视，斯可以为之服矣？"

曰："谏行言听，膏泽下于民；有故而去，则君使人导

之出疆，又先于其所往；去三年不反，然后收其田里。 此谓之
'三有礼'焉。如此，则为之服矣。"

解 这一节是言为旧君有服之意。 谏，是规过。 言，是陈善。 行与听，皆是
从。 膏泽，是恩惠。 有故，是为事而不合。 去，是往他国。 导出疆，是防
寇掠。 先其往，是称其贤，使收用的意思。 不反，是不归故国。 收，是取。
田，是所入之禄。 里，是所居之宅。 三有礼，指导之、先之、望之言。 孟
子对说："臣为旧君有服者，以旧君待他甚厚，方他在国政有害民者，或谏其
失，君即行他的谏政。 有利民者，或言当行，君即行他的言。 由是民免其害
而蒙其利己的膏泽得下于民。 及其议论不合，有故而去，则君使人引导他出
疆，防摽掠之患；又先在他所往的国，称其有可用之贤；至去三年之久而不
反，然后收他的田禄里居。 前此犹望他复归。 夫既导他出，又道他贤，又望
他归，这便叫做'三有礼'。 夫旧君于臣去国之后，待他三有礼如此。 则虽
所事不终而恩义犹未绝，故于旧君之没（mò），必为之服。 夫岂无谓也哉？"

"今也为臣，谏则不行，言则不听，膏泽不下于民；有故而去，
则君搏执之，又极之于其所往；去之日，遂收其田里。 此之谓寇
仇。 寇仇何服之有？"

解 这一节是言寇雠之义。 今也，指齐宣王时，谏则三句，只反上节三句看。
搏执，是拘囚的意思。 极，是穷极其所往，是绝其仕进的路。 寇仇，犹言贼
害冤仇。 孟子说："若今之为臣者，君相待则不然。 在国的时节，有谏则君
不行其谏，有言则君不听其言。 由是民被其害，而不蒙其利，膏泽不下于民。
至他日有故而去，则君搏执他，加以拘囚之威，又穷极于其所往，绝他的仕
进之路。 方才去日就收他的田里，不复望其归。 这等则刻薄寡恩，不惟犬马
其臣，且土芥其臣。 故为臣者亦以寇仇视之。 此方叫做寇仇。 既为寇仇，则
与旧君恩义已绝，又何服之有哉。 然则寇仇之报，由君有以先之王，何疑其
言之太甚哉？"

【注】

① 淫刑：滥用刑罚。

② 骎（qīn）寻：渐进貌。

③ 子育：谓抚爱、养育如己子。

④ 草菅：草茅、杂草，比喻微贱。

⑤ 见几而作，不俟终日：出自《易经·系辞下》："几者动之微，吉之先见者也。君子见几而作，不俟终日。"指一看到合适机会就采取行动，不会观望到最后。

⑥ 赵杀二臣，孔子至河而返：指鲁哀公二年，孔子年五十九岁，既不用于卫，往见赵简子，闻窦鸣犊、舜华之死也，乃临河而叹曰："美哉，水洋洋乎！丘之不济，此命也。"乃还，息于陬，作《陬操》以哀之，遂返卫。

8.4 孟子曰："无罪而杀士，则大夫可以去；无罪而戮民，则士可以徙。"

解 孟子说："君子之去就，惟视国家之治乱；国家之治乱，但观刑赏之当否。且如百官庶职皆君之所任用，即陷于罪犹有当宥者。若士犹无罪，而在上者乘一时之怒，妄有诛杀，此淫刑①之渐也。其渐一长，则将视臣如土芥，非惟士不保其首领，而且骎寻②及于大夫矣。为大夫者，度不能救，则宜奉身而去之，盖不可则止，义当然也。如待其祸及于大夫，则欲去而不能矣，岂保身之哲哉？群黎百姓皆君之所子育③，即罹于罪，犹有当恤者；若民本无罪，而在上者用一时之法，轻有刑戮，此滥杀之端也。其端一开，则将杀人如草菅④，不但民无所措手足，而且蔓延及于士矣。为士者知不可留，则宜远徙以避之。盖乱邦不居道当然也，如待其祸及于士，则欲徙而不得矣，岂洁身之智哉？此君子所以'见几而作，不俟终日'⑤也。"夫有国家者，使其大小臣工皆惧祸不安，而至于去且徙，岂不殆哉？昔赵杀二臣，孔子至河而返⑥，正是此意。故明君慎于行法，以保士大夫之心，亦所以为国家计也。

8.5 孟子曰："君仁，莫不仁；君义，莫不义。"

解 孟子说："人君一身万化之原，不正其身未有能正人者。诚于法度号令之颁，一出于慈祥爱利，而无少刻薄，是自处以仁也。由是百官万民奉行德意，莫敢不兴于仁。盖有不令而行者矣，于是用舍举措之间，皆归于正大公平，而无少偏陂，是自处以义也；由是百官万民遵守成式，莫敢不兴于义。盖有不言而喻者矣。夫一国化为仁义，此王道之成也。然其端始于君身，有治民之责者，可不以正身为本哉？"按此二句已见前篇，但前篇指人臣正君说，此章指人君正己说。见仁义乃端本澄源之道，上下交修皆不能外也。

8.6 孟子曰："非礼之礼，非义之义，大人弗为。"

解　孟子说："所贵乎礼义者，谓其中正而不偏也。礼而合乎中，固君子之所履矣。然亦有似礼而非礼者，如礼本尚敬，而足恭则涉于谄；礼贵有文，而文胜则疑于伪。名虽为礼，实非礼之正也。义而合乎中，固君子之所由矣。然亦有似义而非义者，如以执持为义，而止其所不当止；以奋激为义，而行其所不必行。名虽为义，实非义之正也。若盛德之大人，乃礼义之所自出，其进退周旋，无一时不依于礼，却不为非礼之礼以取悦；其酬酢举措，无一事不由于义，却不为非义之义以要名。"此所以为礼义之中正也。有志于立身者，可不知所法哉。

8.7 孟子曰："中也养不中，才也养不才，故人乐有贤父兄也。如中也弃不中，才也弃不才，则贤、不肖之相去，其间不能以寸。"

解　中，是德性中和。养，是涵育薰陶的意思。孟子说："父兄之于子弟莫不愿其贤，而不能、无不肖亦在乎教之而已。如自己有中和之德，而子弟之德性或有所偏，则必抑其过，引其不及，从容涵养，使之自至于中而后已。自己有干济之才，而子弟之才能或有所短，则必开其昏，儆其惰，优游渐渍，使之自成其才而后已。如此，则不中者有变化气质之功，而不伤于骤；不才者有开发聪明之益，而不苦其难。那时德修名立，才知父兄的善教，所以乐其父兄之贤，不独生我、长我，而又能成我也。若为父兄者见子弟之不中不才，则严加督责，以求其速成；及见其难成，遽舍之而不教，是弃之而已。夫天下无不可化之人，君子虽欲与人为善，而家庭之近、子弟之亲，犹且教之无方、养之无术，则所谓中与才者，亦未免过中而不才矣。然则父兄之贤，与其子弟之不肖，相去之间能几何哉？为父兄者，慎不可轻弃其子弟矣。所以古之圣王，早建太子而豫教之，自孩提有识，即使之闻正言、见正事，使习与知长，化与心成，此养之之说也，为宗社长久计者，不可不知。"

8.8 孟子曰："人有不为也，而后可以有为。"

解　孟子说："大凡天下之事，有才能的，才会干济；有力量的，才能担当，非不贵于有为也。然见之不明，守之不确，则或以轻为而取败，或以锐进而无成者，有之矣。故平居之时，有所不肯为，而后于临事之日无所不能为。如道义有所未安，则虽人之所追逐而恐后者，彼独有所退避而不趋；时势有所未便，则虽人之所眩鬻以求庸者，彼独有所敛藏而不露。这等的涵养精深，执持坚定，然后干济自有余才，担当自有全力。见得事理当为，则重大艰难之任，即毅然以身当之，而无所顾忌；遇着事机可为，则祸福利害之冲，即慨然以身赴之，而无所畏缩。真有举世所不敢为、所不能为者，而彼独能为之矣，是其能有为者，乃于能不为养之也。若无所不为，则其识见操持亦小矣，安能有所为耶？"尝观伊尹耕于有莘之野，非其道义，一介不轻取予，及受汤之聘，而尧、舜君民之业，直任之而不辞，其能有为如此。观人者，视其所不为可也。

8.9 孟子曰："言人之不善，当如后患何？"

解　孟子说："君子成人之美，不成人之恶，故人有过失，往往曲为覆蔽，不肯播扬。此忠厚之心，亦远害之道也。若闻人有不善之事，便善谈乐道，以快一时之口；惟务攻发其阴私，不思掩护其瑕玷，于人固有损矣。岂知言悖而出，亦悖而入，不但诬善之言，流传无实，有启衅之端；即嫉恶之言，讥诋过严，亦取祸之道也。其如后患何哉？"要之圣贤之心，与人为善，惟恐其或陷于过，而不能掩。故大舜隐恶，孔子无毁，皆非因虑患而然。孟子之言，为世之轻于毁人者戒也。

8.10 孟子曰："仲尼不为已甚者。"

解 "已"字，解做"太"字。孟子说："天下之道，本有大中至正之则，不但贤、智者不能抗之而使高也，虽圣如仲尼，天下后世所仰望以为不可及者，宜其有高世绝俗之行，以求异于人矣。然观其平日所为也，只是于日用常行之间，求合于天理人情之正；发为言语皆人之所易知，而无过高之谈；见之躬行皆人之所易从，而无过激之行，其不为太甚如此。一有太甚，则是求加于性分之外，而不合乎义理之中矣，何以为圣人哉？孔子尝自言不为索隐行怪，又以道之不行不明，归于贤、智者之太过，正不为已甚之意也。"后世学圣人者，或持论太深，以玄虚为理奥；或处己太峻，以矫激为名高，皆叛于仲尼之道者也，可不戒哉！

8.11 孟子曰："大人者，言不必信，行不必果，惟义所在。"

解 必，是期必。孟子说："君子之于言行，但当随事顺应，不可先有成心。且如言贵于信，使不择是非，而必期于信，则拘泥而不通矣。行贵于果，使不量可否而必期于果，则固执而不化矣。大人则不然，言非不信，而未尝有心于信；行非不果，而未尝有心于果，惟看义理上何如。义所当信，则久要不忘，如揆之义而不宜，则言有所不必践，义所当果则勇往不挠；如质之义而不协，则行有所不必决，是非可否惟义是视，而无所容心，此大人之言行，所以为天下法也。"孔子尝说："君子无适（dí）、无莫，义之与比。"正与此互相发。盖必信、必果便是适、莫，若取裁于义，而无所适、莫，则信果亦在其中。所谓廓然太公，物来顺应者如此。若中无所主，而以不必信、果借口，则又未若小人之硁硁矣。

8.12 孟子曰："大人者，不失其赤子之心者也。"

解　孟子说："世之称大人者，以盛德大业高出于天下，若非人所能及，殊不知大人之所以为大人者，只是不失其赤子之心而已。盖赤子之心，情窦未开，所知所能纯是一团天理，而无一毫物欲之蔽，乃心体之本然也。自知诱物化，然后知识日长，真性日漓，而纯一之心始失矣。大人者，涵养极其精纯，而内不蔽于私欲；操持极其坚定，而外不夺于物诱．故自少至老，时时刻刻，只是这一点纯一无伪之心，不曾少有断丧。虽智周万物，无所不知，实皆赤子之良知；虽道济天下无所不能，实皆赤子之良能，何尝有穿凿之智、机械之巧，加于心体之外者乎？所以说'不失其赤子之心'。欲为大人者，亦反求其本然之心而已。然赤子之心，由于天禀而所以能存是心者，必由于学力。若非涵育薰陶维持调护，使少成若性，习惯自然，则在孩提有识之时，已有攻取雕琢之患矣。何以能不失其初心乎？"《易经》上说："蒙以养正，圣功也。"正是此意。故欲务大人之学者，必端蒙养之功而后可。

8.13 孟子曰："养生者不足以当大事，惟送死可以当大事。"

解　"当"字，解做"为"字。孟子说："人子之于亲，生事死葬，无有不当自尽者。然以缓急较之，朝夕奉养犹为人道之常，纵使尽志尽物，致养无方，皆出于从容暇豫之时。随其分量大小，可以自致，还不叫做大事。惟至于送终之礼，乃人子事亲尽头的时节，自此以后更无可以用情于亲者。设使一有未至，悔将何及，这是为人子的大事。所以先王制礼，于丧葬之际，尤极周详。盖欲为人子者，必诚必信，而不至有后日之悔也。"孟子此言，非以养生为轻，盖见当时墨子之徒，以薄葬之说惑乱天下，至于伤一本之恩，故以此儆之。

8.14 孟子曰："君子深造之以道，欲其自得之也。自得之，则居之安；居之安，则资之深；资之深，则取之左右逢其原。故君子欲其自得之也。"

🔴**解**　造，是造诣。道，是进为的方法。资，是藉。左右，指身两旁，是形容其至近而非一处的模样。原，是本源，心为应事之本，就如水之源头一般，故谓之原。孟子说："天下无心外之道，亦无心外之学，君子为学奋其向往的工夫，致知力行，惟日孜孜而不已。又依着进为的方法，下学上达，循循有序而不骤。似这等深造而必以其道者，欲何为哉？盖欲其有所持循，以俟夫真积力久，默识心通，自然而得此理于己也。夫学非自得，此心与理不相融贯，居之必不能安；既自得矣，则心与理一，理与心会，精神凝定，外物不得而摇夺，居之岂有不安？惟居之安，则一真不挠，众善咸萃，溥博渊泉，自可藉用而不穷，资之岂有不深？资之既深，则事感于外，理应于中，左边事来有应左边的道理，右边事来有应右边的道理，或左或右，无不会逢其应用之本原，天下之事，取之一心而裕如矣。自得之妙至于如此，此君子之学所以务于深造以道，而必欲其自得之也。真见其有益于得，而功不可不继，序不可不循也。向使一暴十寒①，进锐退速，安望其有自得之益哉。"

8.15 孟子曰："博学而详说之，将以反说约也。"

🔴**解**　"约"字，解做"要"字，是简要精切的意思。孟子说："天下之理，不求之于博，则识见浅陋而不能旁通；不反之于约，则工夫汗漫而无所归宿。是以君子为学，于凡天地民物之迹，《诗》《书》、六艺之文，无不旁搜远览，遍观尽识，学之极其博矣。又于那所学的，无一字不究其折衷，无一物不穷其变化，或问于师，

【注】

① 一暴十寒：见《孟子·告子上》："虽有天下易生之物也，一日暴之，十日寒之，未有能生者也。"比喻时而勤奋，时而懈怠，不能持之以恒。

或辩于友，说之又极其详焉。如此者，岂是要夸多而斗靡^①哉？盖以理在吾心，本至约也，但散见于万殊，不能一蹴而会通之耳。今博观于事物，讨论其指归，正欲融会贯通，由支派而穷其本原，由节目而得其要领，反而说到至约之地耳。说至于约，则吾心之理方有真得，而向之博且详者，非徒从事于口耳之末也。"是可见学不可以徒博，又不可以径约，由博以求约，斯为学之全功举矣。

【注】

① 夸多而斗靡：出自唐·韩愈《送陈秀才彤序》："读书以为学，缀言以为文，非以夸多而斗靡也。"夸，夸耀；斗（dòu），竞争；靡，奢华。多指写文章以篇幅多，辞藻华丽夸耀争胜。

8.16 孟子曰："以善服人者，未有能服人者也；以善养人，然后能服天下。天下不心服而王者，未之有也。"

解 服，是取胜。养，是涵育薰陶的意思。孟子说："人君孰不欲服天下，而所以服之者，有公私不同。或见力不足以服人，因欲以善去服人，不知善虽有服人之理，我不可有矜己之心，如己有一善乃即恃此以骄人，则是以善自私，谁肯倾心以服我？纵有服者，不过外貌之矫饰而已，非心服也。其必善不独善，而推以养人，涵育薰陶，务使同归于善而后已。此则以曲成万物为心，以兼善天下为度，若此者乃可以服天下，使之心悦诚服以归于我，而可为天下王矣。苟非以善养人之君，天下未必心服而能致王于天下，岂有是理哉？"夫善一也，以之服人，则人未必服；以之养人，则心服而王。心之公私少异，而人之向背顿殊，王霸之分，其端正在于此。君天下者，可不审其几乎！

8.17 孟子曰："言无实不祥。不祥之实，蔽贤者当之。"

解 蔽，是蔽塞。孟子说道："人之言语有足以召祸启衅者，谓之

不祥之言。然止于一身之吉凶，无关于天下国家之利害，不可的
的确确便谓之不祥也。求其的确为不祥之言，惟是那谗邪小人，
见人之有善，辄媢嫉之，使不得见用于君；见人之有技，辄排挤
之，使不得见用于世。此其言，下拂士庶之公议，上蔽人主之聪
明，真个是巧言足以乱德，利口足以覆邦，贻害深而流毒远，其
为不祥，孰大于是？"夫蔽贤之言，其害如此，听言者诚能明以察
其奸，断以除其祸，则嘉言罔伏，众贤毕进，而可拨乱为治，转
灾为祥，邦其永孚于休矣。

8.18 徐子曰："仲尼亟称于水，曰：'水哉，水哉！'何取于水也？"孟子曰："原泉混混[1]，不舍昼夜，盈科而后进，放乎四海。有本者如是，是之取尔。"

【注】

① 混（gǔn）混：同"滚滚"，水流浩大的样子。

🔴解　徐子，名辟，是孟子的门人。亟，是数。原泉，是有源之
水。混混，是涌出的模样。"科"字，解做"坎"字，是低洼蓄水
之处。放（fǎng），是至。徐子问于孟子说："流水之为物，不过
天地间之一物耳，乃仲尼每观于水而数数称之说：'水哉！水哉！'
若有深契于心，而不觉其屡形于赞叹者。不知仲尼何取于水而亟
称之如此？"孟子答说："欲知水之可取，当观水之原流，盖有原
之泉，方其出于山下则混混然涌出，昼如是而夜亦如是，无止息
也。及其遇坎而止，则盈满于此，而后渐进于彼，无壅塞也。由
是进而不已，则沛然莫御，必至于四海而后有所归宿焉。这等看
来，可见有原之水，其蓄聚者深，故能常出而不竭，其发生者远，
故能渐进而不穷，有本者固如是也。水惟有本则可以渐进而至于
海，如人有实行则亦可以渐进而至于极。其与圣人重本之心，若
有相为契合者，其乐取而亟称之，不以是乎！"知仲尼取水之意，
则知君子务本之学矣。

【注】

① 声闻过情：声闻，名誉；情，实情。

② 躐（liè）等：越级，不按次序。

"苟为无本，七八月之间雨集，沟浍皆盈；其涸也，可立而待也。故声闻过情①，君子耻之。"

解　浍（kuài），是田间水道。涸，是干。"情"字，解做"实"字。孟子告徐子说："有本之水，能渐进不已而至于海者，以其源远而流长也。若水之无本者则不然，当七八月间乃大雨时行之候也，彼时雨水骤至，则沟浍之中莫不盈满，及雨止水退，则沟浍之干涸可立而待，是其来也既非混混而不舍，其流也又非盈科而渐进，忽然而盈，亦忽然而涸，水之无本者固如此，何足取哉？观于水，而君子之为学可以类推矣。故人能反身修德，使养深而蓄厚，然后实大声宏，而名誉随之，这便是有本之水渐进而不已的意思。此君子之所贵也，如道德本无足称而声誉反过其实，则一时虽能掩饰，日久必然败露，就是沟浍之水易盈、易涸的一般。岂非君子之所深耻而不居者乎？"然则仲尼之称水，盖取夫有本之学，而恶夫过情之誉也。彼躐等②于誉者，可以惕然而深省矣。

8.19 孟子曰："人之所以异于禽兽者几希，庶民去之，君子存之。"

解　几希，是些少的意思。孟子说："天地之间人为最贵，与禽兽迥然不同，人皆知之。然其所以异于禽兽者，则未之知也。盖人物之生，其初受形受性也是一般，但禽兽则有偏而不全，塞而不通的去处，惟人心这点虚灵，理会得来，充拓得去，可以尽性而践形，只这些子与禽兽分别，其相去能得几何？此所以谓之几希也。既曰几希则出乎此，入乎彼，其端甚微，而操则存，舍则亡，所关亦甚重矣。乃众人则拘于气禀，夺于物欲，把那几希之理去之而不能存，是以陷于禽兽而不自知耳。惟君子能反观内省，察识扩充其于几希之理，真能存之又存，不敢失坠者，是岂庸人所能及哉？"按孟子所言"几希"，即《虞书》上说"人心惟危，道心惟微"的意思。盖"几希"不存，即入于禽兽，何危如之？"几希"之介，间不容发，何微如之？若择之惟精，守之惟一，则"几希"之理，自能常存矣。此圣学之渊源，而孟子独得其传者也。读者宜究心焉。

"舜明于庶物，察于人伦，由仁义行，非行仁义也。"

解 孟子说："几希之理，君子固能存之矣。自君子而上，又有生知安行自无不存的圣人。盖物有物之理，人有人之伦，而贯彻于伦物之中者，则曰仁曰义，这就是几希的道理，未有不知之真而能行之至者也。惟舜则生而知之，见得世间万物，虽飞潜动植，形性各有不同，然成大成小，未有不待我以立命者。是物之所以异于人，其理既知之极其明矣。又见得人有五伦，虽亲、义、序、别、信施用亦各不同，然立爱立敬未有不如是而能成性者，是人之所以异于物，其理又察之极其详矣。至于吾性中之仁义，则能安而行之，其慈祥恻怛，从心上生发出来，自能无所不爱。是随其所行，无适而非仁；不是以仁为美，而有心以行仁也。其裁制区画，从心上运用出来，自能无所不宜。是随其所行，无适而非义；不是以义为美，而有心以行义也。"夫立人之道，曰仁与义而已。舜惟由仁义行，故能尽物之性，立人之极，而于几希之理毫无亏欠，此所以绍帝尧精一之统，而开万世心学之传也。岂特如君子之能存而已哉？

8.20 孟子曰："禹恶旨酒，而好善言。"

解 旨酒，是甘美之酒。孟子说："古昔圣帝明王，莫不以忧勤惕厉为心。自舜开心学之源，而大禹继之，为能审理欲之几，得

【注】

① 仪狄：大禹时期善于酿酒的官员，相传是我国最早的酿酒人。

好恶之正，故于仪狄①进酒才觉酒味甘美，便惕然深虑说道：'后世必有以酒亡其国者。'遂疏仪狄而绝旨酒。夫饮酒未便至于亡国，禹岂为是过计？其心只恐嗜酒不已，必将沉湎无节，以至于乱性情，妨政事，则亡国之祸皆从此而起矣。所以于旨酒则痛绝之，要以防嗜欲之端，戒荒湛之渐也，其忧勤惕厉之心，见于遏人欲者如此。及其闻一善言，但觉有切君身，有裨治理，便欣然听纳，甚至下拜以致敬，不难屈己以服人，虚怀以受善。夫人言未便加于圣德，禹岂为是过谦？其心只恐取善不广，或致嘉言攸伏，则无以集众思、广忠益，而乐告之诚，皆从此而阻矣。所以于善言则笃好之，要以扩取善之，量为辅德之资也，其忧勤惕励之心，见于崇天理者如此。"夫人主一心，众欲所攻，即其恶旨酒，则凡声色货利，快意滋毒者，无不深虑豫防可知矣。朝廷之上，群贤毕集，即其好善言，则凡百司庶职亮采惠畴者，无不推诚委任可知矣。理欲不淆，好恶克慎，此禹所以得统于舜，而俟后圣于无穷也。

"汤执中，立贤无方。"

🔴**解**　执，是执持。方，是方所，有区别的意思。孟子说："继禹而王者有商汤，汤之心，只是一个忧勤惕励而已。以其行政用人言之，彼中道为揆事宰物之准，或居常守经，或处变行权，随事而应都有定理；若处事而徒任意见，将举措偏颇，上不免于有失政矣。汤则持一中之理，定万化之衡，疑似不能淆，始终不可易；观其制事制心，以建中于天下，则可知矣。贤人为修政立事之资，或近在州闾，或远伏岩穴，随处都有，原无定在。若求贤而拘于方所，则搜罗未广，下不免于有遗才矣。汤则大延访之公广登庸之路，亲疏不问其类，贵贱不计其资，观其三使三聘，求元圣于莘野，则可知矣。夫中以处天下之事，公以用天下之人，而一毫之偏私不得而与焉。推此念也，与大禹之慎好恶，其心一矣。此汤之所以得统于禹，而接道统之传也。"

"文王视民如伤，望道而未之见。"

解 孟子说："继汤而兴者有周文王。文王之心，也只是一个忧勤惕励而已。以其爱民之心而言，文王发政施仁，怀保小民，当时百姓已自安了，乃犹不遑暇食，心里常常念说：'民生甚众，博济甚难，若政教一有未修，刑罚一有未当，不免有妨害民生者。'看着那百姓，恻然常似有伤的一般，所以汲汲孳孳，必欲无一民不得其所，而后其心始慰也。其爱民之深如此。以其求道之心而言，文王敬止缉熙，先登道岸，其于圣域已优入了。然犹不自满足，心里时时念说：'道无终穷，学无止法。若点检一时少疏，进修一日少懈，便有与道背驰者。'望着那道理，歉然常如未见的一般，所以亹亹翼翼^①，必欲无一理不造其极，而后其心始惬也。其求道之切如此。"夫民已安而犹若未安，故圣政益弘，道已见而犹若未见，故圣德益盛，此文王所以得统于汤，而接道统之传也。

"武王不泄迩，不忘远。"

解 泄，是玩忽的意思。迩，是近。孟子说："继文王而圣者，则有武王。武王之心，也只是一个忧勤惕励而已。盖近者易于亵狎，此常情也。武王心思缜密，凡近的所在，耳目之所常接者，不敢一毫轻忽。如侍御仆从必择正士，几杖户牖皆有箴铭，虽寻常日用之间，都有个检束防闲之意，是其敬慎之心，无时或怠也，何泄之有？远者易于遗忘，亦常情也。武王志虑周详，就是远的所在，耳目之所不及者，不敢一些疏略，如封建诸侯，怀远为近，启佑后人咸正无缺。虽天下万世之远，莫不有注措经画之方，是其并包之度无处不到也，何忘之有？夫近而不泄，则修之身心者严以密，可以见其德之盛；远而不忘，则施之政事者公而溥，可以见其仁之至。此武王所以克承丕显之谟，而成永清之治也。"

【注】

① 亹亹：出自《诗经·大雅·崧高》："亹亹申伯，王缵之事。"勤勉不倦的样子。翼翼：出自《诗经·大雅·大明》："惟此文王，小心翼翼。"恭敬谨慎的样子。

"周公思兼三王，以施四事。其有不合者，仰而思之，夜以继日；幸而得之，坐以待旦。"

解　四事，即上文禹、汤、文、武所行的事。孟子说："禹、汤、文、武之后，以圣人而相天下者，则有周公。周公之心，亦只是忧勤惕励而已。盖周公辅相成王，守成业而致太平，可谓盛矣。乃其心日有孜孜，不但近述诸今，觐扬文武之光烈；又欲远稽诸古，通求禹、汤之典型，务要兼着三王，把他所行的四事，件件都措之施行，无所遗失，然后望治之心始慰也。然古今之时势既殊，创守之规模亦异，容有宜于昔而不宜于今，便于此而不便于彼者，其间推移变化，宁无有不合者乎？周公则又反复思惟，求其所以然之故；日不足，则夜以继之，皇皇然真有夙夜匪懈者，何其思之切也。至于思极而通，这道理已融会于心，欣然有得了，则又勇往奋发，即欲见之行事，虽天尚未明，亦必坐以待之，汲汲然殆有不遑宁处者，何其行之决也。夫周公有圣人之德，又有辅佐太平之功，而其兢兢业业劳心焦思，乃至于此，其于禹、汤、文、武之心，岂非先后一揆者乎？"这一章书自禹以至周公，其事虽异，要皆以忧勤惕励为心，故德业并隆于一时，而道统相传于万世。盖敬乃圣学始终之要，不可一息而不存者也。存之则为圣人，不存则几希一失，不免为凡人而已。《书》曰："惟圣罔念作狂，惟狂克念作圣。"希圣者宜绎思焉。

8.21 孟子曰："王者之迹熄而《诗》亡，《诗》亡然后《春秋》作。晋之《乘》，楚之《梼杌》，鲁之《春秋》，一也。"

解　熄，是灭。《诗》有三体，作于列国谓之《风》，作于王朝谓之《雅》，作于宗庙谓之《颂》。这《诗》，指二《雅》说。《乘（shèng）》字，解做"载"字。《梼杌（táowù）》，是恶兽名。孟子说："群圣之道莫备于孔子，孔子之事莫著于《春秋》。《春秋》何为而作也？盖自成周盛时，王道大行，朝廷之所作，列国之所贡，其诗具存，莫非治世之音也。及平王东迁，政教号令不及于诸侯，而王者之迹熄灭无存。由是朝会燕享之乐，不奏于朝廷；规谏纳献之诗，不陈于卿士。《黍离》以后，体制音节与列国无异，而《雅》诗亡矣。此时上下陵夷，名分倒置，天下之乱，将不知其所止。孔子忧之，于是作《春秋》，详述二百四十二年之事，以明一王之法，使王者之政虽不得行于当时，犹可以昭示于来世，此《春秋》之所以作也。然是《春秋》虽孔子所作，亦非始于孔子，乃因《鲁史》之旧而修之耳。盖当时列国诸侯，各有史书，以记一国之事，其取名亦各不同。如晋国之史，叫做《乘》，谓其记述事迹，如车之载物也；楚国之史，叫做《梼杌》，谓以恶兽比凶人，记之以垂戒也；鲁国之史，叫做《春秋》，谓记事者必择年月，故措举四时，以为所记之名也。这三国之史名虽不同，其为记事之书则一而已，使《春秋》不经孔子之笔削，则与晋、楚之史亦何以异乎？"

"其事则齐桓、晋文，其文则史。孔子曰：'其义则丘窃取之矣。'"

解　孟子承上文说："《春秋》虽为鲁国之史，而实足以见圣人经世之心。盖周室东迁之后，五霸迭兴，惟齐桓、晋文二君功业特盛，故《春秋》所纪多是齐桓、晋文征伐会盟的事迹；至于文词之体，亦皆当时史官据列国赴告策书以记于年月之下，原非有褒贬也。及孔子假其旧文，加以笔削，惇典庸礼，命德讨罪，明君臣之义，正夷夏之防，使王者之法灿然大明于世，然后列为六经，而非一国之史也。所以孔子常说：'《春秋》之义，则我尝窃取而裁定之。'其词虽谦，而其断自圣心盖可知矣。此可见《春秋》一书，乃所以继《雅》诗之亡，而存王迹之熄者，所系顾不大哉！"汉臣司马迁有言："为人君者不可以不知《春秋》。"前有谗而不见，后有贼而不知，为人臣者不可以不知《春秋》。处经事而不知其宜，遭事变而不知其权。然则《春秋》之作，不止一代之典章，真万世之权衡也。

8.22 孟子曰："君子之泽，五世而斩；小人之泽，五世而斩。予未得为孔子徒也，予私淑诸人也。"

解　君子，是有位的。小人，是无位的。泽，是流风余韵。父子相承，叫做一世。"斩"字，解做"绝"字。淑，是善。孟子说："贤圣之生，其建立在一时而遗泽在后世，故在上而有位者，其功业闻望传于后人，须至五世而后绝；在下而无位者，其道德声名垂于后人，亦至五世而后绝。盖亲尽服穷，遗泽浸微，此理势之必然也，若在五世之内，则其泽固未亡也。况孔子继群圣之统，可传于万世之远，而我去孔子之时，乃犹在五世之内，故虽不得及门受业为之弟子，然遗泽尚存，微言未绝，渊源所自犹有可承，故得私闻孔子之道于人，以自善其身耳。"向使圣远言湮，则虽愿学孔子，亦不过闻而知之耳，安能如是其亲切哉？孟子历叙舜、禹之事，至于周孔而以是终之。盖尧、舜以来相传之道，孔子集其成，而孟子承其绪，其自任之重，见乎词矣。惜乎，孟子之没不得其传，而道统或几乎息也。继帝王之统者，可不勉哉。

8.23 孟子曰："可以取，可以无取，取伤廉；可以与，可以无与，与伤惠；可以死，可以无死，死伤勇。"

解　孟子说："天下之事，固有一定之理确然可守，然亦有可否涉于两端，而不可不择者。今夫义不苟取者谓廉，人于交际之时，初间见利而动，恰似在所当取；及仔细思之，非其义也，非其道也，却在所不当取，则辞之而勿取可也；乃贪得而竟取之，则是有见于利，无见于义，而廉介之操，不免于损伤矣。如之何其可耶？至如分人以财谓之惠，惠所当施，君子固不吝其有矣，使或爱人利物之情，偶发于一念，似乎当与；而施不必博，济不必众，又似乎不当与，则宁勿与可也；乃市恩而竟与之，此其沾沾利泽之微，不惟不足为惠，而反有伤于惠矣。君子欲全其惠，岂可轻于与耶？又如见危授命谓之勇，勇所当奋，君子固不爱其身矣，或捐躯赴难之志，偶激于一念似乎当死，而仁未必成，义未必取，又似乎不当死，则宁勿死可以；乃轻生而竟死之，此其悻悻血气之私，不惟不足为勇，而反有害于勇矣。君子欲全其勇，岂可轻于死耶？"此可见天下之事，自取与之间，以至死生之际，大小难易，皆有中道，固不当徇欲害理，以流于不返，亦不必立异好名，以涉于太过。然其可否之几，间不容发，则在乎能择而已。孟子此章正《中庸》择善固执之功，学者不可不审也。

8.24 逢蒙学射于羿，尽羿之道，思天下惟羿为愈己，于是杀羿。孟子曰："是亦羿有罪焉。"公明仪曰："宜若无罪焉。"曰："薄乎云尔，恶得无罪？"

解　羿，是有穷国之君。逢蒙，是羿之家臣。愈，是胜。从古以来皆称羿为善射，他有个家臣逢蒙从之习射，尽得其命中之巧术，亦以善射成名，却思想己之善射天下无敌，只以羿为胜己，苟有羿在，难以独显其能。于是，与浇、浞①同谋，乘羿射猎而归，杀而烹之，以专善射之名。孟子因论此事说："逢蒙以弟子而害师，罪固不容诛矣；乃羿以射教人，反致杀身之祸，是亦有罪焉。"公明仪说："羿为逢蒙所杀，罪在逢蒙，则羿似乎无罪。"孟子辩说："羿之教射，始初失于择人，其终至于祸己，此其罪但比逢蒙之悖逆为少轻耳，安得谓之无罪耶？"这是孟子为取友而发，归罪于羿，然其微意犹有所在。盖兵乃不祥之器，羿身为国君，若能以道德为威，谁敢不服？乃以弓矢之能，与其家臣相角，以此取祸，固其宜也，岂但择交非人为可罪哉？

【注】

① 浇：即寒浇，一作奡、敖，寒浞之子，《论语·宪问》记载："南宫适问于孔子曰：'羿善射，奡荡舟，俱不得其死然。禹稷躬稼而有天下。'夫子不答。南宫适出，子曰：'君子哉若人！尚德哉若人！'"浞：即寒浞，夏朝人，有穷氏后羿篡帝相之位，命寒浞为相。后浞杀后羿自立，被少康所灭，其人在《楚辞·天问》有记载："浞娶纯狐，眩妻爱谋。何羿之射革，而交吞揆之？"王逸《章句》注："言浞娶于纯狐氏女，眩惑爱之，遂与浞谋杀羿也。"

"郑人使子濯孺子侵卫，卫使庾公之斯追之。子濯孺子曰：'今日我疾作，不可以执弓，吾死矣夫。'问其仆曰：'追我者谁也？'其仆曰：'庾公之斯也。'曰：'吾生矣。'其仆曰：'庾公之斯卫之善射者也，夫子曰吾生，何谓也？'曰：'庾公之斯学射于尹公之他，尹公之他学射于我。夫尹公之他端人也，其取友必端矣。'庾公之斯至，曰：'夫子何为不执弓？'曰：'今日我疾作，不可以执弓。'曰：'小人学射于尹公之他，尹公之他学射于夫子，我不忍以夫子之道反害夫子。虽然今日之事，君事也，我不敢废。'抽矢，扣轮去其金，发乘矢而后反。"

解　郑、卫，都是春秋时国名。子濯孺子，是郑人。庾（yǔ）公之斯、尹公之他，是卫人，都是当时善射者。金，是箭镞。四矢，叫做乘（shèng）。孟子因论羿之有罪，特引旧事以证之，说："当春秋之时，郑国曾遣子濯孺子潜师侵卫，卫国因遣庾公之斯去追逐他出境，子濯孺子说：'今日我偶然疾作，不能执弓而射，追兵若至，吾其死矣夫。'夫因问其御车之仆说：'后面追我者为谁？'其仆对说：'是庾公之斯。'孺子喜说：'若是此人，吾得生矣。'其仆问说：'庾公之斯是卫国之善射者也，夫子既遇疾作，乃不畏其射，反说得生，这是何故？'孺子答说：'我非为他不能射，只以情料之可保其不肯伤我耳。盖庾公之斯学射于尹公之他，尹公之他学射于我，那尹公之他乃是正人，他所取之友，必然也是正人，如何肯乘时射利，背本邀功？我之所恃者此也。'及庾公之斯追逐既近，果然问说：'夫子今日为何不执弓迎敌？'子濯孺子据实答说：'今日我偶然疾作，因此不能执弓。'庾公之斯就不忍反射，因叙说：'向者小人学射于尹公之他，尹公之他实学射于夫子，我今日善射都是夫子传授之法，若乘其疾作发矢相加，是将夫子之法反害夫子，我不忍为也。但今日之事奉君命而来，乃是公家之事，亦不敢废。'于是从箭囊中抽矢出来，扣于车轮之上，以去其金镞，使不伤人，然后发四矢而归，则既不废君上之命，又得全师友之情矣，是子濯孺子以取友而免祸如此。向使羿之教射亦如孺子，则所与居处者无非正人，何至于杀身哉？此羿之所以不能无罪也。"夫羿之被祸固其自取，至于庾斯之事，本无足称，孟子何为引之？盖人之处事，奉法之公私，与存心之厚薄，迹若相悖，而机实相通；未有交游之间，忍于背义，而事使之际，独能尽忠者。此庾斯与逢蒙之辨也，论人者以此察之可矣。

8.25 孟子曰："西子蒙不洁，则人皆掩鼻而过之；虽有恶人，斋戒沐浴，则可以祀上帝。"

解 这是孟子勉人去恶从善的意思。西子，是古之美人。蒙，是冒。不洁，是污秽之物。恶人，是貌丑的人。孟子说："善恶虽有一定之质，然其变化之机，又在人之自处何如耳？今夫西子之貌，天下之至美者也，若使被以污秽之物，则人皆恶（wù）闻其臭，至于掩鼻而过之，纵有倾城之色，亦不见其为美矣。至于丑恶之人，本人情之所憎厌者，使能斋戒沐浴以致其洁，则虽对越神明而奉上帝之祀，亦无不可。盖有精白之念，自不嫌于其恶矣。"世有材质本美而流于污贱之归，是西子之蒙不洁者也；亦有材质本陋，而反成粹白之名，是恶人之祀上帝者也。然则有善者，固不可不兢业自保，以求全其善；有恶者，亦不可不洗濯自新，以求易其恶矣。

8.26 孟子曰："天下之言性也，则故而已矣；故者，以利为本。"

解 性，是人、物所得以生之理。故，是已然的形迹。利，是顺利。孟子说："天下之理原于性，人惟言性未得其真，所以事不顺理，而往往多事以扰天下也。盖性具于心，本无形而难见，若徒以性论性，则言愈多而理愈晦矣。天下之言性者，惟当就其日用之间，随感而应，有那已然可见的形迹，即此已发之端倪，求其未发之精蕴。如言性之仁，必指恻隐之呈露者以为据；言性之义，必指羞恶之发见者以为征。由是因显以知微，即用以见体，而性之本然者始可得而识矣。此言性者，当求之于故也。然所谓故，却出于天理之自然，非由于人为之勉然，一有人为便不顺利而非故矣。是以言性之故者，又必本其自然之势，而以利为本焉。如言恻隐则必本其乍见不忍之良心，而凡涉于要誉之私者，非仁也；言羞恶则惟取其弗屑嘑（hū）蹴之真机，而凡涉于好名之私者，非义也。此则以天谋为能，不以人谋为能，而性之自然者始可得而识矣。"夫性征于故，故本于利，此可见天下之理，皆出于自然。人惟顺其自然之性以应事，则无所处而不当矣，何必任术以扰天下哉？

"**所恶于智者，为其凿也。如智者若禹之行水也，则无恶于智矣。禹之行水也，行其所无事也。如智者亦行其所无事，则智亦大矣。**"

解　凿，是穿凿，乃不循正理，别生意见的意思。无事，是就事处事，恰似不曾做事的一般。孟子说："天下之理既出于自然，则明理之人宜知所顺应矣。乃若是所恶于智者为何？盖智乃吾心明觉之良，而非私意揣摩之术也。有等小智的人，自作聪明，务为穿凿、索隐以为知，行怪以为能，似智非智，而反有害于智，此其智所以为可恶耳。如使智者之处事，亦如大禹之行水一般，则心不劳而事不扰，何恶之有？盖水以就下为性，禹但因其自然之性，加夫利导之功。如九河、济、漯本有赴海之势，则疏瀹而注之海；汝、汉、淮、泗本有赴江之势，则排决而注之江。虽有疏浚之劳，而未尝以私意穿凿，不过以水治水，行所无事而已。此禹之智所以为大，而古今莫及也。若使用智者以大禹行水之法，为吾身应事之准，因物付物，不矫激以为高；以事处事，不纷更以滋扰。亦如禹之行所无事，则虚灵中见的道理，自然光明；宁静中做的事业，自然俊伟。这才是有大识见大力量的人。其智之大亦将与禹并称于天下矣，尚何恶于智哉？夫智一而已，务为穿凿则小，行所无事则大，则知之贵于顺，不贵于凿也，明矣。人欲称大智之名于天下，安可不务法禹，而徒用智以自私哉？"

"天之高也，星辰之远也，苟求其故，千岁之日至[①]，可坐而致也。"

解 千岁之日至，是上古日南至之时，岁月日时皆会于甲子，乃造历者之历元也。孟子说："智以无事为大，可见智不当凿矣，况以理推之，亦有不必凿者乎？且以治历言之，天之峻极何如其为高，星辰之布列何如其为远，若未易窥测矣。然天虽高，其运行却有常度；星辰虽远，其次舍却有定位。这所谓故也。治历者苟于其故而求之，循其已往之迹，用积分之数直从今日逆推上古，则虽千岁之远，年代不知其几？而岁月日时皆会于甲子，为日至之度，造历之元者可端坐而得之，而不苦于步算之难矣。夫天与星辰至难知也，顺其故而求之，无不可得，况事物之近者乎？智者何必以凿为哉！"详观此章之意，惟以顺理应事为大智，然必先有随事精察之小心，而后有顺事无情之妙用，不然则徒慕无事之名，而深居高拱[②]适己自便，兢业之念或少疏焉，未有不至于懈弛者。君天下者宜审图之。

【注】

① 日至：指冬至，因为周历以冬至之月为元月。

② 高拱：把双手高拢在袖中，比喻安坐而不需有所作为。

8.27 公行子有子之丧，右师往吊。入门，有进而与右师言者，有就右师之位而与右师言者。孟子不与右师言，右师不悦曰："诸君子皆与驩言，孟子独不与驩言，是简驩也。"

解 公行子，是齐国的大夫。右师，是官名，齐幸臣王驩时为此官。进，是引使就己。简，是忽略。昔齐大夫公行子有子之丧，那时齐国诸大夫以君命往吊。入门之后，众人都以右师王驩为齐王宠臣，争先趋附，有进右师使就己之位而与之言者，有自己往就右师之位而与之言者，无非示亲昵以通殷勤，盖谄媚之徒也。孟子时亦往吊，乃王驩之所敬重而望其亲己者，乃独不与右师言，其以道自重如此。王驩遂怫然不悦，说道："诸君子与驩同事，幸而至矣，无有不与驩言者，独孟子不与驩言，是必以驩为不足与言，而故示简略之意也。君子处人以礼者，固如是乎？"观驩责望孟子，盖惟知在己之势分为当尊，不知孟子之道义尤当重，其不足与言，益可见矣。

孟子闻之曰："礼，朝廷不历位而相与言，不逾阶而相揖也。我欲行礼，子敖以我为简，不亦异乎？"

解　历位，是更涉他人的位次。阶，是班列。子敖，是王驩的字。"异"字，解做"怪"字。王驩有不悦孟子之言，孟子闻之乃据礼以明其故，说道："人之相与固有交际之情，然以君命从事则自有朝廷之礼，吾且以礼言之。凡人臣在朝廷之上，有各人站立的位次，位次既定，不得更历而相与言；有众人排列的班行，班行既分，不得逾越而相揖。盖法度森严之地，以威仪整肃为先，有一毫不可不谨者。今以君命而吊公行氏，则君命之所在，即朝廷之所在也。若未就位而进与之言，则右师历我之位矣；已就位而就与之言，则我历右师之位矣，岂不为失礼乎？我所以不与右师子敖言者，正恐有历位逾阶之失，故不但以礼自处，而欲以礼处人也。我欲行礼，而子敖乃谓我为简略，以敬为慢，舍公礼而言私情，不亦可怪之甚乎？"夫王驩嬖臣，众人之所媚，而孟子之所深鄙者。然一吊于滕，则以有司之事为不必言；再吊于公行，则以朝廷之礼为不当言，始终不与之言，而未尝显示之绝。其不恶而严如此。

8.28 孟子曰："君子所以异于人者，以其存心也。君子以仁存心，以礼存心。"

解　孟子说："均，是人也，而君子独超然异于众人。其所以异于人者，果何修而能然哉？惟此一念存主之间，众人多放失而不求，君子独操存而匪懈，精神常有所管摄，德性常有所涵养，这存心便是其异于众人者耳。其心之所存者何？曰仁、曰礼而已。盖仁是吾心之恻隐，残刻者多失之。君子以大公之理克有我之私，念念时时都在仁上，造次颠沛无顷刻或违，这是以仁存心，而视他人之残刻者迥乎其不侔矣。礼，是吾心之庄敬，怠肆者多失之，君子以严翼之衷胜暴慢之气，念念时时都在礼上，视听言动无顷刻或惰，这是以礼存心，而视他人之怠肆者迥然其悬绝矣。夫仁礼之心人所同具，而君子独能存之，是其受性于天，虽与人同而善事其心，则与人异，此其所以不可及也。"然则学为君子者，惟自存心求之可矣。

"仁者爱人，有礼者敬人。爱人者，人恒爱之；敬人者，人恒敬之。"

🔴 "恒"字，解做"常"字。孟子说："仁礼之德，既有根心之实，则自有及物之征。盖仁主于爱者也，君子以仁存心，非独有是恻隐之心而已；有是恻隐便有是慈爱，亲疏远近殆无一人而不在其所爱之中者矣。礼主于敬者也，君子以礼存心，非独有是恭敬之心而已；以礼自处便以礼处人，众寡小大殆无一人而不在其所敬之中者矣。夫爱敬既尽于己，则德意自感乎人，我有恩以爱人，则凡感我之爱者皆将亲媚于我，而蔼然有恩以相与；盖必人之爱我，方才验我之能仁耳；若爱人而人不亲，则岂理之常也哉？我有礼以敬人，则凡感我之敬者皆将逊让乎我，而俨然有礼以相接，盖必人之敬我方才验我之有礼耳；若礼人而人不答，又岂礼之常也哉？要之爱敬之在人者，虽不可必，而仁礼之在我者，则当自考。以此存心，此君子所以异于人，而非人所易及也。"

"有人于此，其待我以横逆，则君子必自反也：我必不仁也，必无礼也，此物奚宜至哉？"

🔴 横逆，是强暴不顺理的事。孟子说："盛德固足以感人，而事变容出于意外。我爱敬人，人亦爱敬我，此其常也。设或有人于此，不惟不相爱敬也，而反加我以暴横悖逆之事，这是常情之所不堪，忿怒之所易激者。乃君子则必自反说道：'天下事未有无因而至前者，他这样来陵我，必是我不仁有以致之；这样来侮我，必自我无礼有以取之。不然仁至必无怨，礼至必不争，此等横逆之事，何为到我之前哉？'"推其心，方自歉其仁礼之未尽，而无暇于责人矣。君子责人则轻以约，责己则重以周，其存心之厚如此。

"其自反而仁矣，自反而有礼矣，其横逆由是也，君子必自反也：'我必不忠。'"

解 孟子承上文说："君子于横逆之来，因其不亲而益致其爱，已自反而仁矣；因其不答而益致其敬，已自反而有礼矣，宜足以感化乎小人，而使之悔过也。乃其待我以横逆，一无所改于前，而暴戾如故焉，君子于此，岂肯以一自反而遂已哉？必自反说道：'我虽仁，而所以爱人者，容或少恻怛之真心；我虽有礼，而所以敬人者，容或少退让之实意。一有不忠，则横逆之来不必深咎乎人，而诚意未孚在我实与有责矣，不然，天下未有至诚而不能动物者也，横逆奚宜至哉？'"夫君子由接人而反己，德既欲其无一之不修，心又欲其无一之不尽，其自治之功，可谓已密而益密矣。

"自反而忠矣，其横逆由是也，君子曰：'此亦妄人也已矣。如此，则与禽兽奚择哉？于禽兽又何难焉？'"

解 妄人，是狂妄的人。择，是辨别。何难，是不足计较的意思。孟子说："君子于横逆之来，不责人之不顺，惟咎己之不忠，凡所以爱人敬人者，不徒事乎虚文，而皆本之实意。则既自反而忠矣，宜足以感化乎小人，而使之愧赧也，乃其待我以横逆终无所改于前，而暴戾如故焉。君子于此，亦岂屑介然于怀而与之校哉？但说道：'天下无不可化之人，而此人仁不能怀，礼不能屈，是其良心已丧，积习难移，亦天地间一妄诞之人而已矣。人而妄诞至此，名虽为人实则蠢然一物，与禽兽何所分别。既与禽兽无辨，则当置之度外，处以无心可也，岂屑与禽兽校是非、论曲直哉？'"然不校之量，虽足以有容，而自治之诚实未尝少间。君子之存心若此，此其所以大过人也与。

"是故君子有终身之忧，无一朝之患也。乃若所忧则有之：舜，人也；我，亦人也。舜为法于天下，可传于后世，我由未免为乡人也，是则可忧也，忧之如何？如舜而已矣。"

解　孟子承上文说："凡事变适当其前，则忧患交攻于内，此人情之所不能免也。今观君子之处横逆，自反之心有加无已，即一息尚存，此志不容少懈，这是有终身之忧。至于意外之患猝然来到面前，我既置之而不校，人自相安于不争，这是无一朝之患也。夫君子之心泰然常定，似可以无忧者乃其心之所忧，却有一段放不下处，其心常念说：'舜生于天地间，此人也；我亦生于天地间，此人也。'在舜则尽性尽伦而立人道之极，其修之一身者，可为法于天下而天下爱敬之，是亿兆人之一人也；其行之一时者可传布于后世，而后世爱敬之，是千万人之一人也。若我则道不加修，德不加进，犹不免为乡里常人而已，如之何其能勿忧乎？忧之如何？亦唯反己自修，去其不如舜者，以就其如舜者。仁不如舜则自反而勉于仁，礼不如舜则自反而勉于礼，务使道德备于己，爱敬尽乎人，而后吾希圣之心始慰耳。不然，一日不如舜，一日之忧也，可遂已乎？此君子所以有终身之忧也。"

"若夫君子所患则亡矣。非仁无为也，非礼无行也。如有一朝之患，则君子不患矣。"

解　孟子说："君子所以有终身之忧者，但忧仁礼之不如圣人耳。若夫横逆之来，常人不胜其忿怒之私，而至于有构争之患者，则可保其必无矣。何以见得？君子以仁存心，而所为皆在于仁，一毫涉于不仁不肯为也。以礼存心，而所行皆在于礼，一毫涉于非礼，不肯行也。其自治益详既有远害之道，而况盛德所感，孰无爱敬之心，即万一事出意外，一旦或有横逆之来，君子内省不疚，

【注】

① 六事自责：《荀子·大略》："汤旱而祷曰：'政不节与？使民疾与？何以不雨至斯极也！宫室荣与？妇谒盛与？何以不雨至斯之极也！苟且行与？谗夫兴与？何以不雨至斯极也！'"

② 以《小毖》省躬：周成王猜疑周公，以致管蔡之乱，

周公平叛达三年之久，待周公归政于成王时，成王乃作《小毖》等篇祭告祖宗，以示悔恨追责。

③ 侧身修行：《诗经·大雅·云汉·序》："……宣王承厉王之烈，内有拨乱之志，遇灾而惧，侧身修行，欲销去之。"

④ 罪己求言：公元前178年，据《汉书·文帝纪》载，汉文帝因日食而颁布了历史上第一份罪己诏："十一月癸卯晦，日有食之。诏曰：'朕闻之……人主不德，布政不均，则天示之灾以戒不治。乃十一月晦，日有食之，适见于天，灾孰大焉！朕获保宗庙，以微眇之身托于士民君王之上，天下治乱，在予一人……'"

【注】

① 窭（jù）：贫穷。

自反常直将卒，然加之而不惊，无故临之而不惧矣，何患之有？所以谓君子无一朝之患也。"这章书论君子存心之学，归在反己；反己之功，归在以大舜为法。盖圣贤处常而能尽道者易，处变而能尽道者难。舜父顽母嚚弟傲，处人伦之变而能成底豫之化，全亲爱之情，惟不见得父母兄弟有不是处，只是尽其道，积诚以感动之，此其所以为可法也。是后，商汤以"六事"自责①，成王以《小毖》省躬②，周宣侧身修行③，汉文罪己求言④，皆帝王自治之学，有得于大舜之遗意者。君天下者，宜知所取法焉。

8.29 禹、稷当平世，三过其门而不入，孔子贤之。颜子当乱世，居于陋巷，一箪食，一瓢饮，人不堪其忧，颜子不改其乐，孔子贤之。孟子曰："禹、稷、颜回同道。"

解 这一章是孟子断禹、稷、颜回出处之同道。先述其事说："自古圣贤得位行道莫盛于禹、稷；隐居乐道莫过于颜子，然其事有不同。禹、稷当尧舜之世，天下治平，列在九官之位，一则平治水土，一则教民稼穑，周历四海不惮勤劳，甚至三过家门亦不暇入，其忘身以忧民如此。孔子上嘉唐虞，每以禹、稷为贤而推尊之。颜子当春秋之世，天下大乱，隐于陋巷之中，以一箪为食，以一瓢为饮，其贫窭①之状，使他人当之必有不堪，而颜子处之泰然，不改其乐，其修身以遁世如此。孔子品第门人，每以颜子为贤而称许之。夫出处异致，而皆为圣人所与，故孟子因而断之说：'禹、稷、颜子其出处不同，然禹、稷进而救民，虽功盖天下，其道非有异于颜子；颜子退而修己，虽善止一身，其道非有异于禹稷。'盖时可以行，则出而为禹、稷；时可以藏，则处而为颜子。其心一而已矣，出处之迹，乌足以泥之哉？

"禹思天下有溺者，由己溺之也；稷思天下有饥者，由己饥之也，是以如是其急也。"

解 孟子承上文说："禹、稷、颜回同道，而事有不同者，以所处之地异也。当禹之时，洪水滔天，下民昏垫，禹任司空之官，以治水为己责，心里时常思想，只要使天下百姓每皆得安居，其心始慰；若治水无功，尚有漂流陷溺的，就是我溺了他一般，有不能一息自安者矣。当稷之时，农工未定，黎民阻饥，稷任田正之官，以教稼为己责，心里时常思想，只要使天下百姓每皆得饱食，其心始安；若劝农无效，犹有枵腹饥馁的，就是我饥了他一般，有不能一日少宁者矣。禹、稷以民之忧为己忧，其自任之重如此，故禹乘四载，不惮胼胝之劳；稷播百谷不辞躬稼之苦，汲汲皇皇只要救天下之饥溺，所以过门不入，如是其急也。若颜子则不任其职，无治乱安危之寄，故得箪食瓢饮，自乐于陋巷之中耳。其所处之地不同，要之各尽其道也。"

"禹、稷、颜子易地则皆然。"

解 孟子承上文说："禹、稷、颜子地位不同，故出处各尽其道如此。设使禹、稷穷而在下，无济世安民之责，则所处者亦颜子之地也，必能乐颜子之乐，而思不出位矣，岂至于过门不入乎？使颜子达而在上，有辅世长民之任，则所处者亦禹、稷之地也，必能忧禹、稷之忧而为国忘家矣，何暇于箪瓢自乐乎？所以说'易地则皆然'。"可见圣贤之心本无偏倚，随感而应，用之则行，固未尝有心于用，而涉于徇人，舍之则藏，亦未尝有心于藏，而至于忘世。此其道之所以为同也。

"今有同室之人斗者，救之，虽被发缨冠而救之，可也。乡邻有斗者，被发缨冠而往救之，则惑也，虽闭户可也。"

解 孟子已发明禹、稷、颜子之同道，又比方说："今有同室之人，一旦互相争斗，这与我休戚相关，虽当洗浴之时，未及束发便加冠结缨，奔而往救，亦不为过。盖其地甚近，则其情甚急也。若是乡邻之人，互相争斗，这与我利害不切，却也要被发缨冠而救之，则不达于理矣，故虽闭户不出，亦不为忍。盖其地少疏，则其情少缓也。然则禹、稷身任其责，视天下就如同室，故急于救民；颜子不在其位，视天下就如乡邻，故安于修己。盖随其所遇，而各当于理，此其道无不同，而孔子所以皆称其贤也。"按战国之时，杨、墨之说盛行，杨氏为我，不肯拔毛而利天下，虽同室之斗亦将有闭户不出者，这与颜子之道不同；墨氏兼爱，不惜捐顶踵以利天下，虽乡邻之斗亦将有缨冠往救者，这与禹、稷之道不同。惟禹、稷可以为颜子，而不流于兼爱；惟颜子可以为禹、稷，而不涉于为我。出处进退一随乎时，此孔子时中之道，而孟子之所愿学者，故揭之以示人，亦辟杨、墨之道也。

【注】

① 四支：四肢。

② 博弈：博，古代的一种棋局，名六博；弈，围棋。指下棋。

③ 私妻子：私，偏爱；妻子，妻子儿女。

8.30 公都子曰："匡章，通国皆称不孝焉，夫子与之游，又从而礼貌之，敢问何也？"孟子曰："世俗所谓不孝者五：惰其四支^①，不顾父母之养，一不孝也；博弈^②好饮酒，不顾父母之养，二不孝也；好货财，私妻子^③，不顾父母之养，三不孝也；从耳目之欲，以为父母戮，四不孝也；好勇斗狠，以危父母，五不孝也。章子有一于是乎？"

解 匡章，是齐人。礼貌，是敬重的意思。戮，是辱。狠，是忿戾。公都子问于孟子说："君子择人而与之交，非其善有足称，必其行无可议，若匡章之为人，举齐国之众皆以不孝称之，是其大节已亏，虽有小善不足取矣，夫子乃与之游，且礼貌之，以致其敬重之意，敢问其所以不见绝于夫子者，何为也哉？"孟子答说："国人之论虽不可谓不公，而众恶之言亦不可以不察。人果何所据而谓章子为不孝乎？夫世俗所谓不孝之事总有五件：有等偷惰其四肢，惟知晏安之可怀，把父母的奉养恝（jiá）然不顾，此则知有身而不知有亲，不孝之一也；有等博弈好饮酒，惟知朋从之可狎，把父母的奉养恝然不顾，此则知有交游而不知有亲，不孝之二也；有等贪好货财，偏爱妻子，惟知自私自利，把父母的奉养恝然不顾，此则知有室家而不知有亲，不孝之三也；又有一等纵耳目之欲，嗜淫声悦美色，自放于礼度之外，以贻父母之羞，此则亏体而辱亲，不但失养而已，不孝之四也；又有一等逞血气之私，好小勇争小忿，自陷于刑辟之中，以贻父母之患，此则忘身以及亲，又不但辱之而已，不孝之五也。此五者事虽不同，其为不孝则一，使章子有一于此，而称之为不孝，彼将何辞？今即其素行观之，果有一事于其身乎？无其事而被之以不孝之名，此必有其故，而不可不察也。若概信其言而轻绝其人，则君子之心，必有所不忍矣。"

"夫章子，子父责善而不相遇也。责善，朋友之道也。父子责善，贼恩之大者。"

解　遇，是投合。"贼"字，解做"害"字。孟子承上文说："章子身无不孝之事，而枉被不孝之名者，亦非无因而致然也。盖章子之心不忍陷父于不义，尝以善道责望于父而进匡救之言，固不料其机不相投，言不相入，其所以见忤于父而被逐者，惟其责善而不相合焉耳。夫道在伦理间各有攸当，不可概施，如过失相规，德义相劝，此朋友之道也，乃若父子以恩为主，家庭之间蔼然慈孝，乃为道之当然耳。若以责善之道而行于父子之间，将见相责之过，必至于相夷，而天性由此以伤，真爱由此以夺，岂非贼恩之大者哉？"章子徒知责善于亲而不顾贼恩之祸，此则其罪之不容辞者，乃其心不过欲谕亲于道耳，是安得与世俗之所谓不孝者同类而共议之哉？

"夫章子岂不欲有夫妻子母之属哉？为得罪于父，不得近；出妻屏子，终身不养焉。其设心以为不若是，是则罪之大者，是则章子已矣。"

解 不养，是不受其养。孟子承上文说："章子以子而责善于父，固不为无罪，及看他后来不自安之情，则亦有可矜者。彼身有夫妻之配，子有子母之属，人情之所甚欲也，章子岂不欲有此。只因责善而得罪于父，不得近父之前，其心有蹙然不自宁者，故于妻则逐出之，于子则屏斥之，终其身不受妻子之养焉。盖其设心以为我既不能尽一日之养于父，而又安敢受一日之养于妻子，如此而痛自责罚，亲心或因之以感动焉，未可知也，苟不如此，是见忤于父已有罪矣。乃又悍然不顾，而安心享妻子之养，岂非罪之大者乎？夫其设心如此，是其始焉责善于亲，既非有世俗不孝之实，而其罪为可原。继焉引咎于己，则又有人子怨慕之诚，而其情为可悯。是则章子之为人也，我所以与之游而礼貌之者，独有以谅其心耳。"夫匡章不孝之名，人共传之，其得罪之由与自责之心，人不知也。使非孟子怜其志而表章之，章子之心几不暴白于天下矣。众恶必察圣贤至公至仁之心，固如此。

8.31 曾子居武城，有越寇。或曰："寇至，盍去诸？"曰："无寓人于我室，毁伤其薪木。"寇退，则曰："修我墙屋，我将反。"寇退，曾子反。左右曰："待先生如此其忠且敬也，寇至则先去以为民望，寇退则反，殆于不可。"沈犹行曰："是非汝所知也。昔沈犹有负刍之祸，从先生者七十人未有与焉。"

解 武城，是鲁邑。反，是还。左右，指曾子门人说。为民望，是倡率众人的意思。沈犹行，是弟子姓名。昔曾子设教于鲁，住居武城地方，适有越人来寇，或人说寇至矣，何不避而去之。曾子从其言，乃与守舍的人说："无使人寓居于我室，毁伤其室中之薪木。"以示去而复来之意也。及越寇已退，则又先与守舍的人说："室久不居，墙屋必有毁坏者，尚为我修葺，我将归来矣。"于是寇退之后，曾子遂还归武城，复居其室焉。当时门人在左右，私相议说："武城大夫之待先生，内尽其诚，外尽其礼，这等忠而且敬可谓厚矣。乃寇至则先去，而为众人之倡率；寇退则反，而居处如故，视武城之患难漠

然不加喜戚于其心，何厚施而薄报也，或者不可乎？"弟子有沈犹行者乃解
之说："夫子不与武城之难，良有深意，非汝等之所能知也。 昔夫子曾舍于沈
犹氏，与今日居武城相同，时有负刍的人作乱，与今日越寇相同，当时从者
七十人，夫子皆引而去，未有与其难者。"观昔日之处沈犹氏，则知今日之处
武城，乃当去而去耳，岂常情之所能识哉？ 盖当时避难则以保身为哲，曾子
之所处是或一道也。

子思居于卫，有齐寇。 或曰："寇至，盍去诸？"子思曰："如伋去，君谁与守？"

🔴**解** 伋，是子思的名。 昔子思仕于卫国，适齐人来寇。 或人说："齐寇且至，
何不避而去之？"子思答说："食人之食者，当忧人之忧。 今齐寇方至，则主
忧臣辱，主辱臣死，此其时也。 若使伋去国以避难，于保身之计得矣；卫之
社稷人民，谁与共守，人臣委质之义何如，而可如此耶？ 伋但知效死勿去而
已。"盖时当捍患，则以徇国为忠，子思之所处是又一道也。

孟子曰："曾子、子思同道。 曾子，师也，父兄也；子思，臣也，微也。 曾子、子思易地则皆然。"

🔴**解** 微，是微贱。 孟子就曾子、子思之事而断之说道："曾子居武城，惟知远
害以全身；子思之居卫，乃欲守死而弗去，其事若迥然不同矣。 然揆之于道，
则无不同，何也？ 盖曾子之在武城，所居则宾师之位也，师道之尊等于父兄，
彼武城之人皆子弟耳，岂有父兄而轻殉子弟之难者乎？ 此曾子所以去之。 若
子思之于卫则已委质而为臣矣，以臣事君，分犹微贱，是以奔走御侮为职者，
岂有臣子而不急君父之难者乎？ 此子思所以不去也。 盖君子之处世惟求理之
所是，与心之所安，时当保身，不嫌于避害；时当徇国，不嫌于轻生，曾子、
子思其道一而已矣。 使曾子而居臣职，处子思之地则必不轻去武城，而避患
以自全；使子思而为宾师，处曾子之地，则必不苟留卫国，而捐躯以赴难，
便是交换过来也都是这等作用。 此曾子、子思所以为同道也。"故观圣贤者

不当泥其迹之异，而当求其心之同，微、箕、比干生死去就不同，而同为仁；夷、惠、伊尹仕止久速不同，而同为圣。明乎此者，斯可以语精义之学矣。

8.32 储子曰："王使人瞷夫子，果有以异于人乎？"孟子曰："何以异于人哉？尧舜与人同耳。"

解　储子，是齐人。瞷（jiàn），是私窃窥视。当战国时，谋臣策士皆卑琐无奇，孟子独毅然以圣人之徒、王者之佐自任，人见其气象严严，遂谓其与人不同，故孟子初至齐国，齐王暗地使人窥看孟子，察其动静语默之间，欲以验其为人之实。而齐人有储子者因问孟子说："夫子享大名于当世，人皆称夫子有异于人，王近使人窃视夫子，审夫子之道德，果有超然异于众人，而非人之所可及者乎？"孟子答说："我何以异于人哉？我之所知人都能知，我之所行人都能行，与人原不异也。岂但我无以异于人，就是古之大圣，如尧如舜，也只同得天地之气以成形，同得天地之理以成性，未尝有异人之知、异人之能也。夫尧、舜且与人同，况吾岂有以异于人乎？则固无待于疑，而亦不必于瞷矣。"要之以性而言，圣贤本与人同；以习而言，圣贤始与人异。诚知反其异，以归于同，则人皆可以为尧、舜矣。世之高视圣贤而谓其不可企及，岂不过哉？

8.33 齐人有一妻一妾而处室者，其良人出，则必餍酒肉而后反。其妻问所与饮食者，则尽富贵也。其妻告其妾曰："良人出，则必餍酒肉而后反，问其与饮食者，尽富贵也，而未尝有显者来，吾将瞷良人之所之也。"蚤起，施从良人之所之，遍国中无与立谈者。卒之东郭墦间，之祭者，乞其余；不足，又顾而之他。此其为餍足之道也。其妻归，告其妾，曰："良人者，所仰望而终身也，今若此！"与其妾讪其良人，而相泣于中庭，而良人未

之知也，施施从外来，骄其妻妾。

🔴**解**　良人，是妇人称夫之词。餍（yàn），是饱。显者，是富贵之人。施从，是从旁跟着行走。墦（fán），是坟冢。讪，是怨詈。施（yí）施，是喜悦自得的模样。孟子见当时贪求富贵之可耻，乃托齐人以形状之说道："齐人有一妻一妾而处室者，其夫每日出外，则必餍酒肉然后回家。其妻问所与饮食者何人？其夫谎说某人与饮，某人与饭，尽都是富贵之交也。其妻疑而未信，向其妾说：'良人每出，则必餍饱酒肉而后归，问其所与饮食之人，尽是富贵尊显之辈，乃只见良人往而未尝见显者来，其迹可疑，我将私窥良人之去向，便可知矣。'乃蚤起，乘其夫出门之时，密从旁路随行，不使之知，因窃窥其所往。只见遍国中之人，无有一人与之并立而接谈者。后来走向东郭墟墓之间，见有祭墓的人，遂乞讨其祭余酒馔而饮食之；其欲未足，又转身顾望他处，往而乞之，直至饱食而后已。这是他酒食的来路，所以能致餍足者，用此道也。此但知有口腹，而不复有羞恶之心者。其妻备得其状，不胜愧恨，归家告其妾说：'良人者，我等所仰望将倚之以终身者也，乃今为乞丐污辱之事，所为如此，我等将何望乎？'因与其妾怨詈其夫，而相哭泣于中庭。其良人尚未知其踪迹之败露也，仍施施然喜悦自得，从外归来，以餍足之态，富贵之容，夸示其妻妾焉。"夫良人乞墦之为，已为妻妾之所窥，而犹作骄人之气象，是诚足羞已。盖人之常情，每粉饰于昭昭之地，而苟且于冥冥之中；或致饰于稠人广众之时，而难掩于妻妾居室之际。往往不知自耻，而人耻之；不暇自悲，而人悲之。当时世态大都类此。此孟子所以有感而发也。

由君子观之，则人之所以求富贵利达者，其妻妾不羞也，而不相泣者，几希矣。

🟠**解**　孟子承上文说："齐人乞墦于外，而骄其妻妾于家，其妻妾固羞而泣之矣。顾人但知齐人之乞哀为可悲，而不知求仕者之乞哀尤可悲；但知齐人之骄妻妾为可鄙，而不知求仕者之骄妻妾尤可鄙。盖世俗之见，知有利，不知有义，故不见其可羞也。若由守道之君子观之，今人之求富贵利达者，其未得之则枉道求合，而乞哀于昏夜，甘言卑词，与乞墦的一般。其既得之则怙宠恃势而骄人于白日，扬眉吐气，与施施之状一般，幸不为妻妾所见则已，倘其妻妾见而知之，有不以其卑污苟贱为可羞，而不相泣于中庭者盖少矣。"人以丈夫而至为妻妾所羞，岂不可耻之甚哉？此士君子立身尚当以齐人为鉴也。故孔子论士大节只在行己有耻，孟子教人精义只在充其羞恶之心。斯能养其刚大之气，而不为富贵利达所摇夺。彼无所用其耻者，降志辱身，其将何所不至哉？司世教者，宜以励士节为本焉。

万章章句 　上

9.1 万章问曰："舜往于田，号泣于旻天，何为其号泣也？"孟子曰："怨慕也。"

解 万章，是孟子的门人。天虽至高，而仁覆闵下，所以叫做旻（mín）天。万章问说："古称大孝莫如虞舜，然闻舜耕历山的时节，每往到田间便呼旻天而号泣。夫人情必至于抑郁无聊，莫可控诉，乃有号（háo）泣而呼天者。舜虽不得亲，岂没有感格的道理，却只这等号泣，何为其然也？"孟子答说："孝子之事亲，幸而安常处顺，固是天伦之至乐，然不幸而偶值其变，则其情亦有大不得已者。盖凡人有所图为而不得，则怨生；有所怀念而不舍，则慕生。舜惟不得于父母，其怨艾之深，思慕之切，不可解于其心，是以呼天号泣，以自鸣其悲愁困苦之意。此圣人处人伦之变，不得已而然者也。然舜之怨在于己，慕在于亲，但求所以顺乎父母，非怨父母也。万章恶（wū）足以知之。"

万章曰："父母爱之，喜而不忘；父母恶之，劳而不怨。然则舜怨乎？"曰："长息问于公明高曰：'舜往于田，则吾既得闻命矣；号泣于旻天，于父母，则吾不知也。'公明高曰：'是非尔所知也。'夫公明高以孝子之心，为不若是恝：我竭力耕田，共为子职而已矣，父母之不我爱，于我何哉？"

解 长息、公明高，都是古人的姓名。恝，是无愁的模样。"共"字，即是"供"字。万章不悟孟子怨慕之言，又问说："吾闻人子事亲，见父母爱他，便欢忻喜乐，常存于心而不忘；就是父母恶他，加以劳苦之事，也起敬起孝，不敢有一毫怨恨之意。这才是孝子。若以号泣旻天为怨慕，则舜之于亲犹不免有所怨乎！"孟子晓之说道："圣人的心事，古人亦有疑而未达者。昔长息问于公明高说：'舜往于田，则吾既已知之；若号泣于旻天，于父母却不知何意。'公明高答说：'孝莫大于虞舜，其心自有独苦而难言者，是非尔之所知也。'吾推公明高未发之意，以为子之于亲，本有不可解之天性，而适当其变，则自有不容己之真情。若但恝然无愁，略不动意，薄亦甚矣！曾谓孝子而若是乎！吾想舜之存心，只说人子事亲，须要得亲之爱，我今竭力耕田，不过供子职之常事而已。今父母之不爱我，必是孝道有亏，诚意未至，不知我有何罪以至于此，求之而不得其故。此所以呼天呼父母而号泣也。我所谓怨慕者，盖怨己之不得乎亲而思慕耳，岂怨父母哉？"《书经》上说："负罪引慝，夔夔斋栗。"正是此意，惟其责己之诚，敬亲之至，所以终能感格亲心，而成万世之大孝也。

"帝使其子九男二女，百官牛羊仓廪备，以事舜于畎亩之中，天下之士多就之者，帝将胥天下而迁之焉。为不顺于父母，如穷人无所归。"

🔴 帝，是帝尧。"胥"字，解做"皆"字。迁，是移此与彼。胥天下而迁之，是把天下尽皆与之，即禅之以帝位也。孟子说："舜之怨慕岂但躬耕历山之时为然，当四岳咸荐之初，玄德升闻之日，帝尧将历试诸艰，乃使其子九男事之，以观其治外何如；二女妻之，以观其治内何如。凡百官有司、牛羊仓廪莫不备具。此时舜在畎亩之中，特一耕稼之夫耳。帝尧这等奉事他，其际遇之非常如此。那时天下之士翕然向慕都来归舜，始而所居成聚，继而成邑、成都，其人心之归服如此。帝尧见舜果有圣德，将欲尽天下而移以与之，使践天子之位，其帝心之简在又如此。夫舜以匹夫之微，一旦而享富贵尊荣之极，宜何如其乐者，乃惟不得顺于父母之故，其戚戚皇皇就如穷人无所归的一般。"盖以不得于亲，不可以为人，不顺乎亲，不可以为子；既不可以为人子，则此身无所依归，与穷人何异？其怨慕迫切之情，真有不能自解者矣。

"天下之士悦之，人之所欲也，而不足以解忧；好色，人之所欲，妻帝之二女而不足以解忧；富，人之所欲，富有天下而不足以解忧；贵，人之所欲，贵为天子而不足以解忧。人悦之、好色、富贵，无足以解忧者，惟顺于父母可以解忧。"

🔴 孟子承上文说："舜起畎亩之中，而处富贵尊荣之极，乃其怨慕迫切如穷人之无归者，何哉？盖视亲为重。则视外物为轻，见可忧之在此，则不见可乐之在彼耳！夫天下之士悦而就之，是人之所欲也，舜乃视之如草芥而不足以解忧。好色是人之所欲也，舜以帝尧二女为妻，其荣至矣，而亦不足以解忧。富，是人之所欲，舜有天下之大，其富极矣，而亦不足以解忧。贵，是人之所欲，舜居天子之位，其贵无以加矣，而亦不足以解忧。夫天下之人悦我，美色事我，至富至贵加我，都无足以解其忧者，则必何如而后可以自解乎？”看他心心念念只要顺着父母，感之以诚，使精神流通，无一毫间隔；谕之以道，使志意融洽，无一毫违忤。这等的才无愧于为人为子，而后怨己慕亲之念，庶几可以尽释耳。夫父母未顺则中心无可解之忧，父母既顺则天下无可加之乐。舜之所以怨慕者如此。此圣人纯孝之心，非孟子其孰能知之？

“人少，则慕父母；知好色，则慕少艾；有妻子，则慕妻子；仕则慕君，不得于君则热中。大孝终身慕父母。五十而慕者，予于大舜见之矣。”

🔴 艾，是美好。热中，是躁急心热。孟子既推舜怨慕之心，又申赞之说道：“舜之心，不见外物之可欲，而惟知父母之当顺，其为大孝，是岂常人之所能及哉！大凡人生少时情窦未开，其良知良能，止知道是慕着父母，依依念念不忍相离，这点纯一无伪之心，不为他念所夺，此天性之本然也。又稍长而知好色，即移其慕于少艾，而此心为情欲所诱矣。及既壮而有室家，即移其慕于妻子，而此心为室家所累矣。及出而求仕，即移其慕于事君，或不得于君而遭际不偶，便躁急心热，汲汲求用，而此心又溺于功名得失之际矣。夫人情之常，因物有迁如此。必是大孝的人，自少至老，终身只慕父母，那孩提爱亲的本心，始终如一。情欲不能为之牵，穷达不能为之变，此孝之所以为大，而超出寻常万万也。我观于古，惟大舜为然，盖舜自征庸之后，摄政之时，年已五十矣，而克谐以孝，爱慕其亲，犹如一日，所谓大孝终身慕父母，非舜其谁与归哉！”是知耕田以供子职非难也，惟身处富贵而不异畎亩之中，则穷达一致，所以为难。少年而慕父母非难也，惟年至衰老而不异幼冲之日，则始终一节，所以为难。古今帝王独称舜为大孝，正以其能为人之所难耳。欲尽天子之孝者，当以虞舜为法。

9.2万章问曰："《诗》云：'娶妻如之何？必告父母'。信斯言也，宜莫如舜。舜之不告而娶，何也？"孟子曰："告则不得娶。男女居室，人之大伦也。如告，则废人之大伦，以怼父母，是以不告也。"

解 怼，是仇怨。万章问于孟子说："婚娶人道之常，然未有不禀命于父母者。《诗·国风·南山》之篇有云：'娶妻当如之何？必告于父母。'而后敢娶。诚如《诗》之所言，能尽人子之礼而不失者，当莫如大舜矣。舜乃不告父母，而娶帝尧之二女，与诗之所言，大相违背，此何说也？"孟子答说："告而后娶，婚礼之常。舜之所处人伦之变。盖舜父顽母嚚（yín），每有害舜之心。若禀命而娶，必不听从，竟至于不得娶矣，而不娶则岂可哉！盖男女屋室，上以承祖考之统，下以衍嗣续之传，乃人之大伦也。若告而不得娶，既违室家之顾，废人之大伦，又伤父母之心，致亲之仇怨。舜之处此，诚有大不得已者，于是酌量于伦理两难之地，与其告而废伦，陷身于不孝之大，宁不告而废礼，犹可以全父子之恩，此所以不告而娶也。"盖事处其变，不得不通之以权耳！岂可以禀命之常礼而概律之哉！

万章曰："舜之不告而娶，则吾既得闻命矣。帝之妻舜而不告，何也？"曰："帝亦知告，焉则不得妻也。"

解 帝，指尧说。以女为人妻，叫做妻。万章又问孟子说："舜不告而娶，则吾既得闻夫子之命，而知其为通变之权矣。当时帝尧以女妻舜，据人情之常，亦当告于舜之父母而使之知。乃亦不告而妻舜，是何意也？"孟子答说："欲妻其子，宜通言于其父，帝尧岂不知此，但舜之亲既有害舜之心，则妻以二女，必其心之所不欲也，使帝告而后妻，顽如瞽瞍，虽不敢以臣而抗君，将必以父而制子。那时舜既不敢逆亲之命，尧亦不能强舜之从，竟至于不得妻矣！尧知其事必至于此，故可妻则妻，以君上之法治之，不必问其亲之知与不知耳！此所以不告而妻也，亦岂可以常礼概律之哉？"

万章曰："父母使舜完廪，捐①阶，瞽瞍焚廪。使浚井，出，从而掩之。象曰：'谟盖都君咸我绩②。牛羊父母，仓廪父母，干戈朕，琴朕，弤朕，二嫂使治朕栖③。'象往入舜宫，舜在床琴。象曰：'郁陶思君尔。'忸怩。舜曰：'惟兹臣庶，汝其于④予治。'不识舜不知象之将杀己与？"曰："奚而不知也？象忧亦忧，象喜亦喜。"

【注】
① 捐：弃。
② 谟：同"谋"。盖：同"害"。
③ 栖：床。
④ 于：替。

解 完，是泥补。廪，是仓房。阶，是梯。掩，是盖。象，是舜异母弟。舜所居三年成都，故叫做都君。绩，是功。弤（dǐ），是雕弓。栖，是床。郁陶，是忧思郁结。忸怩，是羞愧之色。万章又问孟子说："舜处父母之变，固子道之所难，乃其处兄弟之间，亦有非常情可测者。闻说舜之父母，偏爱少子，听象之言，每每设计害舜。一日使舜涂治仓廪，待其升屋，瞽瞍却从下面撤去梯子。纵火焚之。舜将两个斗笠自捍其身而下，幸得不死。又一日使舜掘井，舜防其害己，旁凿一穴，暗地走出，瞽瞍不知，乃下土掩盖其井。象只道舜已毙井中，自谓得计，乃夸说，今日谋盖都君于井中，皆我之功，凡都君所有之物，我当与父母共之。若牛羊、若仓廪，皆以归之父母；若干戈、若琴、若弤，我自用之；二嫂娥皇、女英，则使治我寝卧之榻。遂往入舜宫，欲分取所有，不意舜已先至其宫，在床鼓琴。象既见舜，无词可解，乃假意说：'弟因思兄之甚，气结而不得伸，故来见耳。'乃其真情发见，则不觉有忸怩之色焉。此时舜更不嗔怪，却乃喜而谓之说：'凡兹百官，我一人不能独理，汝其代予治之。'夫怨莫深于杀身，情莫亲于托国，象欲杀舜，舜不以为怨，而反喜之如此。 意者不知象之将杀己与？"孟子答说："家庭之间其事易见，而况焚廪盖井之谋，其迹甚彰，岂以舜之大智而有不知者哉！但圣人爱弟之心根于天性而不容已，故其待弟之情联若一体而无所间。 见象之忧，则己亦恻然而为之忧；见象之喜，则己亦欢然而为之喜。 欣戚相关，自无形骸之隔耳。 彼以思兄而来，舜亦以其来见而喜，惟知亲就之为幸，而岂暇计及于杀己之事哉？"据万章所问，其事有无虽未可知，而亦忧亦喜两言，大舜爱弟之情宛然如见，非孟子知舜之深，不能如此形容之也。

曰："然则舜伪喜者与？"曰："否。 昔者有馈生鱼于郑子产，子产使校人畜之池。 校人烹之，反命曰：'始舍之，圉圉焉；少则洋洋焉；攸然而逝。'子产曰：'得其所哉！ 得其所哉！'校人出，曰：'孰谓子产智？ 予既烹而食之，曰："得其所哉？ 得其所哉！"'故君子可欺以其方，难罔以非其道。 彼以爱兄之道来，故诚信而喜之，奚伪焉？"

解 校人，是主池沼的小吏。 圉（yǔ）圉，是困顿未舒的模样。 洋洋，是宽纵。 攸然，是顺适的意思。"方"字，解做"道"字。 万章又问孟子说："舜既知象之将杀己，在常情必以为深恨矣，舜顾见其来而喜之，或者内疏而外亲，伪喜而非出于诚心者与？"孟子答说："圣人之心，纯一无伪。 舜之待弟岂有伪哉？ 观子产处校人之事可知矣。 昔者有人以生鱼馈郑子产，子产不忍戕其生，使校人畜之于池，校人乃私自烹而食之。 设词复命于子产说：'方鱼始舍于池中，圉圉然困顿而未舒，少顷则洋洋而放纵，久之遂悠然自得而远逝矣。'子产信其言，而幸鱼之得生。 乃叹说：'得其所哉！ 得其所哉！'校人出而语人说：'谁谓子产为智人，彼使我畜鱼，我既烹而食之矣，假以放鱼复命，而彼遂信之曰："得其所哉！ 得其所哉！"易欺若此，焉得为智？'由此观之。 非校人智而子产愚也。 校人所饰者，常有之情；而子产所据者，可信之理。 故君子虽明无不察，而或诳以理之所有，则亦间为所欺；虽未尝逆诈，而或昧之以理之所无，则必不为所罔。盖诚以待人，明以烛理，并行而不悖也。象执郁陶思君之言，而以爱兄之道来，此正理之所有与，校人欺子产一般。舜听其爱兄之言，以实心信之，因以实心喜之。此正可欺以其方，与子产信校人一般。夫何伪之有哉？有伪则不足为圣人矣。"

9.3 万章问曰："象日以杀舜为事，立为天子则放之，何也？"孟子曰："封之也，或曰放焉。"

（解）放，是安置一方，使不得他往。万章问说："舜之弟名象者，其心傲狠，日每以杀舜为事，既欲焚之于廪上，又欲盖之于井中，处心积虑，必欲致舜于死。这等人，情在必报，法所不容。舜既立为天子，操生杀之权，即明正其罪，亦不为过。乃仅止于放逐，安置一方，犹得保其首领，何其轻也。"孟子答说："兄弟者，天性之亲；圣人者，人伦之至。象虽有害兄之意，而舜则不失爱弟之心。当时处象于有庳①，乃分茅胙土，封建为一国之君。或者不知而谓之放。其实舜之处象原非放也。夫放之且不忍，而况有重于放者，舜岂为之乎？

万章曰："舜流共工于幽州②，放驩兜于崇山③，杀三苗于三危④，殛鲧于羽山⑤，四罪而天下咸服，诛不仁也。象至不仁，封之有庳。有庳之人奚罪焉？仁人固如是乎？在他人则诛之，在弟则封之？"曰："仁人之于弟也，不藏怒焉，不宿⑥怨焉，亲爱之而已矣。"

（解）流，是遣之远去。共工，官名。三苗，国名。驩兜、鲧，俱人名。幽州、崇山、三危、羽山都是极边的去处。有庳，是封象国名。万章又问说："吾闻圣人治天下，不以私情害公法。

当舜之时，若共工、驩兜、三苗、伯鲧天下所谓四凶也。舜于共工，则流之幽州；于驩兜，则放之崇山；于三苗，则杀之三危；于伯鲧，则诛之羽山。罪此四人，而天下之人，莫不心悦而诚服。盖舜为天下除害，刑当其罪，而人心咸服也。象之凶恶不仁极矣！即与四凶同罪何不可？乃封于有庳，使之治民，彼既欲杀兄，又何有于百姓！必将大肆残虐，而播恶于一方矣。有庳之民何罪，而受此荼毒，仁者固如此乎？在他人则用法以诛之，在弟则徇情以封之。不忍割一人之爱，而忍贻百姓之忧。仁人似不若是也。"孟子答说："处兄弟之际，只论情，不当论法。舜之封象，乃是仁人之用心也。盖凡人于横逆之加，不胜其怨怒之意，虽或强制于外，而不能不藏宿于中。惟仁人之待弟不如此，忧喜则与之同，触犯不与之校，虽有可怒可怨之事，随即消释，未尝藏怒而宿怨也。但见其亲之爱之，务尽友于之情，使相好而无相尤，如是而已矣！

"亲之欲其贵也，爱之欲其富也。封之有庳，富贵之也，身为天子，弟为匹夫，可谓亲爱之乎？"

解　孟子承上文说："然使尊卑阔绝，则地分相隔，不可以言亲，贫富悬殊，则体恤未周，不可以言爱也。故亲之则欲其贵，使有舜位之崇，爱之则欲其富，使有贡赋之奉，然后友于之情始慰耳。舜封象于有庳，则富有一国，贵为诸侯，正所以致其亲爱之意也。若使身为天子，而弟为匹夫，则兄弟之间，一富一贫，一贵一贱，势分日远，而情义日疏，是岂亲爱其弟者乎？然则舜之封象，正仁人之用心也。子乃举四凶之事，而疑封象之非，其亦不达圣人之心矣。"

"敢问'或曰放'者，何谓也？"曰："象不得有为于其国，天子使吏治其国而纳其贡税焉，故谓之放。岂得暴彼民哉？虽然，欲常常而见之，故源源而来。'不及贡，以政接于有庳'，此之谓也。"

解　吏，是官属。源源，是相继不绝的意思。万章又问孟子说："如夫子之言，则舜之封象明矣，或人不谓之封，只谓之放，这是为何？”孟子答说：“舜之待弟，不独有亲爱之心，而尤有善处之术，但其用意深远，或人未能测识耳。盖象虽封为有庳之君，然不能擅专行事，有所作为。其国中的政务，则天子自命官属为之代理，但使百姓每出办赋税，以供其费用而已。此则有封之名，而不任其事；享国之利，而不治其民。却似安置他的模样，故或人误以为放耳。汝谓有庳之民无罪而遭象之虐，这等看来，象虽不仁，动有所制，岂能肆虐于无辜之民哉？舜之待弟，其不以恩掩义如此。然舜虽若制之，而实所以爱之。其意以为，若使象治民理事，则守土之臣不得擅离，兄弟之情不得浃洽，其心有不能自已者。惟其念弟之切，欲常常而见之，故不烦以民事，不限以常期，使得源源而来，可以不时相接耳。古书之辞有云：‘舜不待及诸侯朝贡之期，而以政事接见于有庳之君。’正此‘源源而来’之谓也。舜之待弟，其不以义断恩又如此。”可见，圣人以公心治天下，未尝以爱弟之故，示人以私；以厚道教天下，亦未尝以傲弟之故，自处于薄。所谓仁之至，义之尽也。若汉景帝之于梁王，郑庄公之于共叔段，始则纵之太过，终则治之太急，其于仁义，胥失之矣。欲尽伦者，宜以大舜为法。

9.4 咸丘蒙问曰：“语云：‘盛德之士，君不得而臣，父不得而子。’舜南面而立，尧帅诸侯北面而朝之，瞽瞍亦北面而朝之。舜见瞽瞍，其容有蹙[1]。孔子曰：‘于斯时也，天下殆哉，岌岌乎！’不识此语诚然乎哉？”孟子曰：“否，此非君子之言，齐东野人之语也。”

解 咸丘蒙，是孟子弟子。语，是古语。蹙，是觳蹙不安。岌岌，是危殆的意思。齐东，是齐国东鄙。咸丘蒙问于孟子说：

"尝闻古语有云，天下有非常之人，则必有非常之事。故君父之伦，以之加于常人，则有定分。若夫盛德之士，虽至尊如君，苟无其德，不得而以之为臣。至亲如父，苟无其德，不得而以之为子。大舜惟有圣人之德，一旦居天子之位，南面而立，尧虽为其君，不得不帅诸侯北面而朝之；瞽瞍虽为其父，亦不得不北面而朝之。那时舜虽安于尧，而不能不动心于臣父。望见瞽瞍朝己，其容貌甚是齚蹙，盖有不能自安者。孔子有感于此事，因叹息说：'当此之时，君失其所以为君，父失其所以为父。纲常紊乱，天下盖岌岌乎其危哉！'此等言语，不识果有其事否也。"孟子答说："否，无是理也。盖天下惟君子之言，据实而可信。此等无稽之言，断不出于君子之口，必是齐东野人，目不睹礼义之俗，耳不闻典训之言，或者有此说耳。岂可遂据之以妄议圣人也哉！"

"尧老而舜摄① 也。《尧典》曰：'二十有八载，放勋乃徂落②，百姓如丧考妣③。三年四海遏密④ 八音。'孔子曰：'天无二日，民无二王。'舜既为天子矣，又帅天下诸侯以为尧三年丧，是二天子矣！"

解 《尧典》是《虞书》篇名。放勋，是帝尧之号。八音，是金、石、丝、竹、匏、土、革、木八样乐器之音。孟子说："欲知舜无臣尧之事，当观尧未禅舜之时。盖方尧之举舜，舜之代尧，乃尧既老而倦于勤，舜只居摄而行其事也。当尧生存之日，舜原不曾即帝位，尧何由北面朝之乎？《虞书·尧典》上说：'舜摄位二十有八年，尧乃徂落而终。国中百姓恸尧之殁，如丧父母一般，三年之间，四海断绝音乐，静密如一，更不闻有丝竹管弦之音。'其思慕之深如此。据《尧典》所言，则舜之即位，在尧崩之后，不在其摄政之时明矣，何从南面而受尧之朝乎？孔子有云：'天无二日，民无二王。'此古今不易之定理也。若舜既已为天子矣，及尧终之后，又帅天下诸侯以为尧行三年之丧，则是舜一天子，尧又一天子，而有二天子矣，民岂有二王之理乎？然则臣尧之说可不辩而自见其谬矣，咸丘蒙尚何疑之有？"

咸丘蒙曰："舜之不臣尧，则吾既得闻命矣。《诗》云：'普天之下，莫非王土；率土之滨，莫非王臣。'而舜既为天子矣，敢问瞽瞍之非臣，如何？"曰："是诗也，非是之谓也，劳于王事而不得养父母也。曰：'此莫非王事，我独贤劳也。'"

🔴解　《诗》，《小雅·北山篇》。普，是遍。率，是循。贤劳，是以贤能任劳。咸丘蒙问说："舜无臣尧之事，则我既得闻教矣，乃其不臣瞽瞍，则尚有可疑者。《北山》之诗有云：'普天之下，其地虽广，无尺地非王土；率土之滨，其人虽众，无一民非王臣。'当瞽瞍之时，舜既为天子矣，则瞽瞍亦王臣中之一人耳，乃独不谓之臣，此何说耶？"孟子答说："诗人之指，各有攸寓。这诗所言，非天子可臣其父之谓也。乃当时大夫行役于外，为王事所迫，身任奔走之劳，而不得归养其父母。因作为此诗，其意说道：'今日之事，莫非王事，凡为王臣者，都该分任其劳，何为他人皆享其逸，偏我为贤而使之独劳，更无休息之期乎？'是诗人本意，但因独劳而发其不平之情耳，非谓天子可臣其父也。子乃疑瞽瞍之非臣，非惟不知舜，亦昧于诗人之旨矣。"

"故说诗者，不以文害辞，不以辞害志。以意逆志，是为得之。如以辞而已矣。《云汉》之诗曰：'周余黎民，靡有孑遗。'信斯言也，是周无遗民也。"

🔴解　凡文辞，一字叫做文，一句叫做辞。逆，是探取的意思。《云汉》，是《大雅》篇名。孑，是单独。孟子又晓咸丘蒙说："观《北山》之咏，其意在于独劳，而不在于'莫非王臣'之一言，可见诗之所贵者，意而已，不在文辞之间也。是以善说诗者，须有活法，不可泥着一字，害了那一句之义；又不可泥着一句，害了那设辞之志。当以自家的意思探取作诗者的本旨，则玩索久而理趣自融，涵泳深而情状如见，乃可以得古人之心于千载之下矣。若但拘泥其辞，而不求其意，则《大雅·云汉》之诗有云：'周遭饥馑之余，黎民无有单独遗下者。'果如此言，是周家的百姓，残伤已尽，无复有遗种之存矣。岂知其意特在于忧旱之甚，若天绝其生耳，非真无遗民也。然则《北山》之诗，岂真谓莫非王臣，而天子可臣其父哉？子乃以辞而害其志，则亦不善于说诗矣。"

【注】

① 永言孝思：言、思，皆为语助词。

"孝子之至，莫大乎尊亲；尊亲之至，莫大乎以天下养。为天子父，尊之至也；以天下养，养之至也。《诗》曰：'永言孝思①，孝思维则。'此之谓也。"

解 《诗》，是《大雅·下武篇》。则，是法则。孟子又晓咸丘蒙说："欲知舜无臣父之事，当观其平日待亲之隆。盖人子能善事父母的，都可以言孝，然或分有所限，未可言至也；若论孝子之至，则莫大乎尊显其亲，而分得以自伸，这才叫做孝之至。人子能崇奉父母的，都可以言尊，然或势有所拘，未可言至也。若论尊亲之至，则莫大乎以天下养，而势莫与之抗，这才叫做尊之至。今舜尊为天子，即尊瞽瞍为天子之父，是举天下之名分无复可加其尊，非尊之极至而何。舜富有四海，即养瞽瞍以天下之富，是举天下之供奉无复可加其养，非养之极至而何？尊养并至。此舜之孝所以为不可及。而天下后世为人子者，莫不以之为法也。《下武》之诗说：'人能长言孝思而不忘，即可以为天下法则。'正此尊亲养亲之至，而舜之所以称为大孝者也。若谓舜为天子而臣其父，则所以卑亲辱亲者至矣，大舜岂为之哉？瞽瞍北面而朝之说，信乎其为齐东野人之语矣。"

"《书》曰：'祗载见瞽瞍，夔夔斋栗，瞽瞍亦允若。'

是为父不得而子也。”

解 《书》是《大禹谟篇》。祗（zhī），是敬。载，是事。夔夔斋栗，是敬谨恐惧的模样。允，是信。"若"字，解做"顺"字。孟子又晓咸丘蒙说："大孝如舜，固无臣父之事；而古语所云'不得而子者'，亦自有一种道理。《书经·大禹谟》说：'舜敬事瞽瞍，每去进见，必夔夔然致斋庄之容，作战栗之色，无一念不虔，无一时或怠，由是积诚之所感格，瞽瞍亦遂化其顽而为慈，心以之孚，意以之顺矣。'夫父为子纲，父能立教，子从而化，理之常也。今瞽瞍不能以不善及舜，而反见化于舜，所谓父不得而子者如此，是岂可臣其父之谓哉？"所谓君不得而臣，即此亦可以类推矣。考之太甲之于伊尹，成王之于周公，皆赖于臣以成其德，亦若不得而臣者，而伊周称为大忠，太甲成王，并为商周令主，君道益有光焉。则知君臣之相临者，分也；其相成者，道也。使人主自恃其南面之尊，而卿大夫莫敢矫其非，虽普天率土皆臣仆焉，犹为孤立于上耳。君天下者所当知。

9.5 万章曰："尧以天下与舜，有诸？"孟子曰："否。天子不能以天下与人。""然则舜有天下也，孰与之？"曰："天与之。"

解 万章问于孟子说："帝，莫圣于尧舜；事，莫大于禅授。人皆言尧有天下，求可以禅帝位者，惟舜有圣德，因举天下而授之舜，果有此事乎？"孟子答说："舜虽得统于尧，而尧不能有私于舜，今说尧以天下与舜，殆不然也。盖凡物可得而与人者，必是自己私物，可得而自专者耳。若天下者，乃天下之天下，为天子者，但能以一身专统御之责，不能以一己专授受之权，安能以天下与人？若曰与之，则是尧以天下为一人之私，有之自我，与之自我，而非出于公天下之心矣，岂理也哉？"万章问说："帝王之统，必有所与，而后有所承。舜有天下，既非尧之所与，果谁与之乎？"孟子答说："帝王之兴皆由天命，故其位曰天位，禄曰天禄，见其为天之所授，非人力可得而与也。舜有天下，亦惟受命于天，而为天之所与耳。尧虽禅位于舜，不过承顺上天之命，而有不能不与者，岂得而专之哉？明乎天与之旨，而可以知帝尧公天下之心矣。"

"天与之者，谆谆①然命之乎？"曰："否。天不言，以行与事示之而已矣。"

解 谆谆，是语言详切。万章问孟子说："帝王传位，必有丁宁②告谕之言，乃见其为与。今曰舜有天下，为天所与，则天亦谆谆然教命之乎？无以命之，则何从而见其为与也？"孟子答说："天意难知，人事易见，舜之受命于天，天固非谆谆然命之也。天载无声，何尝有言？惟就舜之行与事，默示其意而已。盖身之所行，叫做行；见诸事为，叫做事。舜凡有所行，而行无不得，这是天以行而示其与之之意也；舜凡有所为而事无不利，这是天以事而示其与之之意也。意之所在，即命之所在，岂待谆谆然以言命之乎？知舜为天心所眷，则其奄有天下，不在于禅授之时，而於穆③之中，固已预为之地矣，尧安得而与之哉？"

曰："以行与事示之者，如之何？"曰："天子能荐人于天，不能使天与之天下；诸侯能荐人于天子，不能使天子与之诸侯；大夫能荐人于诸侯，不能使诸侯与之大夫。昔者，尧荐舜于天，而天受之；暴之于民，而民受之。故曰：天不言，以行与事示之而已矣。"

解 暴（pù），是显扬。万章又问孟子说："天之所以示舜在于行与事之间者，其实如之何？"孟子答说："凡人事可以力为，而天意难以取必。欲知天之命舜，但观舜之得天可见矣。盖人之才德有可托以天下者，天子能举而荐之于天，然天意之从违未可知也。不能使天必与之天下，正如诸侯能荐人于天子，许其可任一国之事，而不能取必于天子，使与之诸侯；大夫能荐人于诸侯，

【注】

① 谆（zhūn）谆：反复告诫、再三叮咛的样子。

② 丁宁：同"叮咛"。下同。

③ 於（wū）穆：赞叹之辞，出自《诗·周颂·清庙》："於穆清庙。"毛传："於，叹辞也；穆，美。"

许其可任一家之事，而不能取必于诸侯，使与之大夫。盖荐举之责，虽在于下，予夺之权实操于上。家国皆然，而况天位之重乎？昔尧以舜之德可居天位，使之摄行大事，以致荐举之意，然不能必天之受也，乃其行与事克享乎天心，而天即受之；以舜之德可治天民，使之历试诸艰，以示暴扬之意，然亦不能必民之受也，乃其行与事，克协乎民心，而民即受之。夫荐舜于天，暴舜于民，此行与事之所在也。至于天受之，民受之，则天之所以示舜，而非尧之所能使矣。然何待于言哉？所以说'天不言，以行与事示之而已矣'。知此，则舜之有天下，谓尧荐之则可，谓尧与之则不可，天人相与之际，亦微矣哉！"

曰："敢问'荐之于天，而天受之；暴之于民，而民受之'，如何？"曰："使之主祭，而百神享之，是天受之；使之主事，而事治，百姓安之，是民受之也。天与之，人与之，故曰：'天子不能以天下与人。'"

解 万章问孟子说："天与，人与，至难格矣。尧荐舜于天而天即受之，暴舜于民而民即受之，其事如何？"孟子答说："天人之分虽殊，感通之理则一。昔者尧尝命舜，使主天地山川之祭，其精诚之所感乎，幽无不格，百神皆歆其祀而享之，这便是荐之于天而天受之也。又尝命舜使主治教刑政之事，其德意之所注措，事无不治，百姓皆被其化而安之，这便是暴之于民而民受之也。天与之，人与之，皆天意所在，帝尧不得而与焉，所以说：'天子不能以天下与人。'然则能以天下与人者，惟天而已，而天意所属，非盛德，其孰能当之乎？"

"舜相尧二十有八载，非人之所能为也，天也。尧崩，三年之丧毕，舜避尧之子于南河之南，天下诸侯朝觐者，不之尧之子而之舜；讼狱者，不之尧之子而之舜；讴歌者，不讴歌尧之子而讴歌舜。故曰'天也'。夫然后之中国，践天子位焉。而居尧之宫，逼尧之子，是篡也，非天与也。"

解 南河之南，即今开封等府地方。讴歌，是歌颂功德。孟子告万章说："天心与舜不特见诸行事之间，而揆之气数，卜之人情，皆有可验。观舜之辅相尧得君行政，至于二十八年，在相位最久，施泽于民最深，此岂人力之所能为哉？历数有归，天实为之也。乃舜之心，则何常有意于得天下哉？当尧崩之后，舜率天下诸侯行三年丧既毕，其心以为有尧之子丹朱在，天下不患无君，于是避而远去，居于南河之南，只要丹朱能嗣守帝尧之业，其心安矣！然天下诸侯凡执贽而朝觐的，不去朝见丹朱，而皆来朝见于舜；凡讼狱不平的，不去赴诉丹朱而皆来赴诉于舜；凡讴歌功德的，不去颂美丹朱而皆来颂美乎舜。人心翕然来归，有莫知其所以然而然者，所以说非人所能为，实天意之所在也。舜见天意如此，逃之而不可得，然后自河南复还中国，绍尧而践天子之位焉，无非承天之意而已。向使乘尧之崩，不为南河之避，而径居处于尧之宫，迫胁乎尧之子，是乃篡居之位而据之耳，岂得谓天与之哉！"观此则舜之有天下，不但尧不能容心于与，而舜亦未尝有心于得，徒泥其禅授之迹者，则亦未明乎天道矣。

"《太誓》^①曰：'天视自我民视，天听自我民听。'此之谓也。"

解 《太誓》，是《周书》篇名。孟子告万章说："即舜为民心之所归，便知为天心之所与，此非无征之言也。《书经·太誓篇》有云：'天未尝有目以视，而于人之善恶无所不见，但从我民众目所视以为视耳；未尝有耳以听，而于人之淑慝（tè）无所不闻，但从我民众耳所听以为听耳。'《书》之所言如此，可见帝天之命，主于民心，而民心所归，莫非天意，我以朝觐、讼狱、讴歌之归舜，而明其为天心之所与者，正谓此也。然则舜有天下，天之所以寄视听于民者审矣，岂待尧之荐，而遂与之哉？尧不能以天下与舜，益可见矣。"详观此章之言，可见帝王历数之传，皆有天命，神器至重，非可以妄得而窃据也。然天命固未易得，尤未易保。盖创业之主，收已集之人心易；守成之主，联不教之人心难。欲固结民心，以永保天命者，惟慎修其德，以无忝于受命之主而已。《诗》云："无念尔祖，聿修厥德。"守成之主，宜留意焉。

9.6 万章问曰："人有言，'至于禹而德衰，不传于贤而传于子。'有诸？"孟子曰："否，不然也。天与贤，则与贤；天与子，则与子。"

解　万章问于孟子说："人皆言尧舜盛德之至，故以天下为公，不传之子而传之于贤，及至于禹，而其德遂衰，于是不传于贤而传于子，始以天下为一家之私矣，果有此事乎？"孟子答说："人以德衰议禹，此言非是，禹之心殆不然也。盖天子不能以天下与贤，亦不能以天下与子，授受之际，但看天意何如？若使其子不肖，而天意欲属之贤，则举天下而与之贤，故尧以之禅舜，舜以之禅禹，非有意于公天下，天意在贤，不能违天而与子也。若使其子既贤，而天意欲属之子，则举天下而与之子。故禹可以传启，启可以承家，非有意于私天下，天意在子，不能违天而与贤也。"夫以帝位相传，一听于天，若此，则与贤者，其德固为至盛；与子者，其德亦非独衰。人乃执尧、舜以议禹，何其所见之陋哉？

"昔者，舜荐禹于天，十有七年，舜崩，三年之丧毕，禹避舜之子于阳城，天下之民从之，若尧崩之后，不从尧之子而从舜也。禹荐益于天，七年禹崩，三年之丧毕，益避禹之子于箕山之阴。朝觐讼狱者，不之益而之启，曰：'吾君之子也。'讴歌者，不讴歌益而讴歌启，曰：'吾君之子也。'"

元·王振鹏（款）《养正图·周文王赈济鳏寡孤独》

元 · 王振鹏（款）《养正图 · 周成王桐叶封弟》

晋文公与楚战至黄凤之陵履系解困自结之左右曰不可以使人乎公曰吾闻上君之所与居皆其所畏者也中君之所与居皆其所爱者也下君之所与居皆其所慢者也寡人虽不肖先君之人皆在是以难之也

元·王振鹏（款）《养正图·晋文公自结履系》

元·王振鹏（款）《养正图·孔子观金人三缄其口》

解　阳城、箕山之阴，都是地名，在今河南嵩山下。启，是禹之子。益，是禹之相。孟子告万章说："吾谓与贤与子，莫非天意，何以见之？昔者舜荐禹于天，任以为相，十有七年，迨舜崩三年之丧既毕，禹因舜有子商均在，乃远避于阳城之地，其心只欲让位于商均耳。乃天下之民，皆归心于禹，而翕然从之，凡朝觐、讼狱、讴歌者，皆不从商均而从禹，就与尧崩之后，不从尧之子而从舜的一般。当时人心如此，则天意在禹可知，舜安得不举天下而授之禹乎？若禹、益之时，则与此不同矣。禹亦尝荐益于天，任以为相者七年，迨禹崩三年之丧既毕，益因禹有子启在，亦远避启于箕山之阴，以让位焉。但见天下之臣民朝觐、讼狱的，不往归益而来归启，说道：'启乃吾君之子也，吾不归吾君之子而谁归乎。'讴歌的亦不讴歌益而讴歌启，说道：'启乃吾君之子也，吾不戴吾君之子而谁戴乎？'人心归启如此，则天意在启可知，禹安得不举天下而传之启也。观于舜、禹之事如此，则禹之不得不传子，与尧、舜之不得不传贤其心一而已，乃议禹为德衰，何其敢于诬圣乎？"

"丹朱之不肖，舜之子亦不肖。舜之相尧，禹之相舜也，历年多，施泽于民久；启贤能敬承继禹之道，益之相禹也，历年少，施泽于民未久。舜、禹、益相去久远，其子之贤不肖皆天也，非人之所能为也。莫之为而为者，天也；莫之致而至者，命也。"

解　天，是理之自然。命，是人所禀受。孟子告万章说："舜、禹、益皆有圣人之德，而当时民心所以归舜、禹而不归益者，其故为何？由其所遇之时不同耳。盖尧之子丹朱，其德不类于尧；舜之子商均，其德亦不类于舜，民心既已不服矣。而舜之相尧二十有八年，禹之相舜十有七年，其历年既多，施恩泽于民最久。以相之贤，而遇子之不肖，此民所以不归尧、舜之子而归舜、禹也。若启之贤，能以敬德相承，嗣守禹之典则，民心之归，既有素矣。而益之相禹仅仅七年，其德泽施于民者又非如舜、禹之久。以子之贤，而又遇相之不久，此民之所以不归益而归启也。夫均之为相，而舜、禹之历年俱多；益之历年独少，其久近相去如此。均之为子，而尧、舜之子独不肖，禹之子独贤，其贤、不肖相去又如此。 以气数言，若似乎不齐；以机会言，则适相凑合。 是皆冥冥之中有为之主宰者，一天之所为而已，岂人力之所能与哉？ 盖人力可以荐贤于天，而不能使为相之皆久；人力可以传位于子，而不能使其子之必贤。 其有久、近、贤、不肖者，皆天意之所为。 圣人一惟听天之命而顺受之耳，岂能容心于其间哉！ 然则尧、舜、禹之时，相不皆久，子不皆贤，固皆有天命存乎其间，而所谓天命，又非可以强为而力致也。 盖凡事有待于经营而成者，皆属人为，未可以言天。 惟是因物付物，不见其作为之迹。 而予夺去就，冥冥之中，自有主张，此则理之自然而不可测者。 父不能为其子谋，君不能为其臣谋，所以叫做天。 天岂可得而违之乎？ 凡事有可以希望而得者，皆属人力，未可以言命。 惟是与生俱生，不由于冀望之私。 而穷通得失，禀受之初，自有分量，此则数之一定而不可移者。 子不能得之于父，臣不能得之于君，所以叫做命。 命岂可得而拒之乎？ 然则舜、禹之有天下，固此天命；益之不有天下，亦此天命。 岂可以禹之传子而遂议其德之衰也哉？"

"匹夫而有天下者，德必若舜、禹，而又有天子荐之者，故仲尼不有天下。"

解 孟子告万章说："益之不有天下，固由于天，而自古圣人不有天下者，则非独一益为然也。 盖凡起匹夫之微，至于登帝位而有天下者，非是说德为圣人，而即可以有天下也。 必玄德若舜而又有天子如尧者以荐之，然后能继唐而帝于虞；祗德若禹而又有天子如舜者以荐之，然后能继虞而王于夏。 向使徒有圣人之德，而无天子之荐，则舜终于侧微，禹终于躬稼而已，安能以匹夫而遂有天下哉？ 所以天纵大圣如仲尼者，其德虽无愧于舜、禹，然而上无尧、舜之荐，则亦徒厄于下位，老于春秋而已。 此仲尼所以不有天下也。" 观仲尼不有天下，则大德受命，固有不能尽必之于天者，而益之不有天下，又何疑哉？

"继世以有天下，天之所废，必若桀、纣者也，故益、伊尹、周公不有天下。"

🔴解　孟子告万章说："观仲尼之事，则知有德者、有荐者，方可以有天下。然亦有不尽然者，盖天命固不轻以予人，亦不轻以夺人。故凡继先世之统而有天下者，非是说德不如舜、禹，而天遂废之也。其祖宗之功德未泯，天心之眷顾未衰。若自绝于天，而为天心之所弃者，必灭德如桀，然后废之南巢；暴虐如纣，然后废之牧野。向使桀、纣之恶未甚，则商未必能灭夏，周未必能灭商，何至于遽失天下哉？所以继世之君如夏启、太甲、成王，其德虽不及益、尹、周公之贤圣，然皆能嗣守先世之业，则天亦不能废子而立贤，夺此以与彼也。此益、伊尹、周公所以不有天下也。"夫以伊尹、周公之圣，而不有天下，其何疑于益？以太甲、成王之为君，皆足以继世，又何疑于禹？比类以观，而天之所以与子之意见矣。

"伊尹相汤以王于天下，汤崩，太丁未立，外丙二年，仲壬四年。太甲颠覆汤之典刑，伊尹放之于桐三年；太甲悔过，自怨自艾，于桐处仁迁义；三年，以听伊尹之训己也，复归于亳。"

🔴解　太丁、外丙、仲壬都是成汤的子。太甲，是太丁的子。"艾（yì）"字，解做"治"字，是斩绝自新的意思。典刑，是典章法度。孟子承上文说："益之不有天下，吾既详言之矣。若伊尹之不有天下，为何？盖伊尹以圣人之德，辅相成汤，伐夏救民，以王于天下，其功业可谓盛矣。迨成汤既崩，太丁未立而殁，其弟外丙立二年，仲壬立四年，皆不久于其位。于是太丁之子太甲立焉。太甲既立，又不能率乃祖之攸行，把成汤所建立的典章法度都坏乱而不修，成汤一代之家法，几于坠矣。以此主暗国危，人心未附之时，伊尹岂不可遂有天下？然其心不忍主德之不明，汤祀之遂绝也。乃因亮（liáng）阴之制，安置太甲于桐宫者三年。盖桐宫乃汤墓所在，放之于此，正欲其追念乃祖，而发其修省之机也。太甲果能翻然悔悟，自怨以示惩创之意，自艾以加克治之功。居桐之日，果能去其不仁之习而自处于仁，改其不义之行，而能迁于义。三年之间，一惟伊尹教我之言是听是从，而大异于颠覆典刑之日矣。伊尹见其改过自新，克终厥德，乃复自桐宫而迎归于亳都，奉之以君天下，而继成汤之统焉。此虽伊尹之忠，本无利天下之心；亦由太甲之贤，终能守成汤之业。则伊尹之不有天下，亦何莫而非天之所为哉？知伊尹则知益矣。”

"周公之不有天下，犹益之于夏，伊尹之于殷也。"

解　孟子承上文说："伊尹之不有天下，固由于继世之有贤君矣。乃周公以元圣之德，居冢宰之位，摄国日久，得民最深，宜其有天下，而亦不有天下者，为何？盖因继世之君，有若成王，基佑命于夙夜，绍谟烈而重光，为周家守成之令主。所以周公虽圣，亦不得而有天下。就如益之在夏，遇有敬承之启，则夏之天下，非益之所得有也。伊尹之在殷，遇有迁善之太甲，则商之天下，非伊尹之所得有也。"盖天不能废启以与益，废太甲以与伊尹，则岂得废成王而与周公哉？此所谓天与子则与子，而非人之所能为也。三代皆然，夫何独疑于禹，遂议其为德衰也哉？

"孔子曰：'唐虞禅，夏后殷周继，其义一也。'"

解　孟子承上文说："历观帝王之统，与贤与子，皆出于天，则尧、舜、禹之德，信无分于盛衰矣。然此非我一人之私言也。闻诸孔子说道：'唐虞之世，尧禅舜，舜禅禹，以天下为公而不私其子。夏后殷周之盛，启继禹，太甲继汤，成王继文武，以天下为家，而不必于贤。或禅或继，其迹虽若乎不同，然禅者非以揖让为名，继者非以世及为利。天命所向，人心所归，义在于与贤，则与贤，是禅位固理之所宜也。'义在于与子则与子，是继世亦理之所宜也。圣人不过上奉天命，下顺人心，求合乎当然之理而已，岂有一毫私意于其间哉？知禅继之同归于义，则我所谓与贤与子，皆出于天，其言固有征矣，今乃不察，议禹为德衰，何其谬于孔子之言也哉！"按孟子此两章书，发明天人之际最详，而前章言天，专主民心；此章言天，兼论世德。言民心，以见非盛德之至，不可以得民，而天意不轻以予人，欲天下后世之为人臣者，知有定命也。言世德，以见虽中材之主，亦可以保命，而天意不轻于夺人，欲天下后世之为人君者，常思厥德也。使臣非舜、禹之圣，而谓天位可干；君非帝启、太甲、成王之贤，而谓天命可恃，则皆自取覆亡之祸者耳，于天何与哉？

9.7 万章问曰："人有言'伊尹以割烹要汤'①，有诸？"孟子曰："否，不然。伊尹耕于有莘之野②，而乐尧、舜之道焉。非其义也，非其道也，禄之以天下，弗顾也；系马千驷③，弗视也。非其义也，非其道也，一介不以与人，一介不以取诸人。"

解 割烹，是庖人宰割、烹调之事。要（yāo），是干求。莘，是国名。时战国策士，游说诸侯，希求进用者，藉口伊尹，以自饰其卑污之行，因说伊尹曾以割烹之事，要求商汤。万章疑而问于孟子说："伊尹相汤伐夏为一代佐命之元臣，时人乃说他未遇时节，欲见汤而无由，因投托汤妃有莘氏，作为媵臣④，负鼎俎之器，执割烹之役，以此见幸于汤。遂说汤伐夏救民，以成王业，果有此事乎？"孟子答说："否，此非伊尹之所为也。盖凡出而大有作为的人，其穷居必大有涵养。伊尹当未仕时，躬耕于有莘之野，此时只是一个畎亩之农夫，乃其迹虽甚微，而志则甚大，其心思所向，只把尧、舜之道，欣慕而爱乐之，其他嗜好，无一可以动其心者。盖尧、舜之道，达则可以兼善天下，穷则可以独善其身。伊尹居畎亩之间，虽未有天下之责，而其自待则甚重。故大而辞受之节，只看道义上何如，若非其义也，非其道也，不但不为小利所动，就是禄以天下之富，亦却之而弗顾；系马千驷之多，亦鄙之而弗视。盖其心惟知有尧、舜之道，千驷、万钟亦不足为之加损也。小而取予之微，也看道义上何如？使非其义也，非其道也，不但大处不肯苟且，就是以一介与人，亦不肯失之伤惠，一介取于人，亦不肯失之伤廉。盖其心惟知有尧舜之道，一介取与，亦不肯轻易所守也。"夫伊尹乐尧、舜之道，至于辞受取与之间，一无所苟如此，则其律己之严，自耕莘之时而已然矣。若夫割烹之事，岂以乐尧、舜之道者而肯为之哉？

"汤使人以币聘之，嚣嚣然曰：'我何以汤之聘币为哉？我岂若处畎亩之中，由是以乐尧、舜之道哉。'"

解 聘，是征召。嚣嚣，是无欲自得的模样。孟子告万章说："伊尹穷居乐道，一无所苟，故其出而用世，尤不肯轻，当其耕莘之时，商汤闻其贤名，使人执币帛以聘之，迎之致敬以有礼，亦可应召而出矣。乃伊尹抱道自高，嚣嚣然说：'凡人有慕于外，斯有动于中，我今一无所求于世，何用汤之币聘为哉？一受其聘，则食人之食，便当忧人之忧，与其受职而任事，岂若我处于畎亩之中，诵诗读书，由是以乐尧、舜之道，若神游于二帝之庭，而与之相为授受哉？'内既自乐于己，外自无求于人，汤之聘币诚不足为荣，而自不屑于就矣。"夫汤以币聘伊尹，而伊尹犹不肯轻出如此，岂有割烹要汤之事哉？

"汤三使往聘之，既而幡然改曰：'与我处畎亩之中，由是以乐尧、舜之道，吾岂若使是君为尧、舜之君哉？吾岂若使是民为尧、舜之民哉？吾岂若于吾身亲见之哉？'"

解 幡然，是变动的意思。孟子告万章说："伊尹以道自乐，固不肯轻于应聘，而成汤敬重伊尹，必欲致之，不以一聘而遂已也。乃三次使人往聘之，其礼意之勤如此。于是伊尹始幡然改变其初志说道：'我今处畎亩之中，乐尧舜之道，非不充然其有得，然徒诵说向慕之而已。而尧、舜终不可作，唐虞之世终不可得而见也。与其心慕尧、舜之君，吾岂若出而为上、为德，使我之君，即为尧、舜之君，而媲美于放勋、重华之盛哉！与其心慕尧、舜之民，吾岂若出而为下为民，使我之民，即为尧、舜之民，而上同于时雍、风动之休哉？与其心慕尧、舜之世而不可见，吾岂若致君为尧、舜之君，而身亲见其道之行于上，泽民为尧舜之民，而身亲见其道之行于下哉？'”盖独善一身，不若兼善天下之为大，远宗其道，不若躬逢其盛之为真。成汤之聘，信有不可以终违者矣。夫其应汤之聘，必有待于三往之勤，而其用世之心，又必欲亲见尧、舜之盛，则其自待者不苟，而待斯世斯民，亦不轻矣，岂有割烹要汤之事乎？

"'天之生此民也，使先知觉后知，使先觉觉后觉也。予，天民之先觉者也；予将以斯道觉斯民也。非予觉之而谁也？'"

解 知，是知识。觉，是觉悟。觉后知后觉的觉字，是开发蒙昧，恰似呼唤梦寐的人醒转来一般。孟子又告万章说："伊尹应汤之聘，而必欲亲见其道之行者，为何？惟有见于其责之不容辞耳，其意说道：'天生此民，禀性虽无不同，闻道则有先后，故有生于众人之中，而闻道独先的，这叫做先知先觉。天生此先知的人，非使之独知此理，正欲其启迪后知，使同归于知而后已也。天生此先觉的人，非使之独觉此理，正欲其开悟后觉，使同归于觉而后已也。天之所望于先知先觉其厚如此。我今在天生此民之中，独能全尽人道，则我乃天民之先觉者也。先觉之责在我，则上天之意可知，我不忍后知后觉之人终于蒙昧，将以先知先觉之理与斯民共明之，此我之心，亦我之责也。使非我有以觉之，则当今天下，得知觉之先，而为后知后觉之所倚赖者，将属之谁乎？既不能委其责于人，则不得不任其责于我矣。'"然则伊尹之应聘而出，固将上承天命，下觉群蒙，而岂肯轻身以要汤哉？

"思天下之民匹夫匹妇有不被尧舜之泽者，若己推而内①

之沟中。 其自任以天下之重如此，故就汤而说^①之，以伐夏救民。"

【注】

① 说（shuì）：游说。

解 孟子承上文说："观伊尹自任以先觉之责，则其尧舜君民之志，岂徒托之空言者。 其设心以为我既为天民之先觉，则天下之民，皆吾一体，必举天下之民皆遂乐生之顾，而后行道之心，可以少慰耳。 使或众庶之中，但有匹夫匹妇，颠连失所，不获被尧、舜之泽者，是即我于生养安全之道，有所未尽，就如我推而纳之沟中的一般，其心恻然不忍，不得不汲汲于往救之矣。 夫以匹夫匹妇之微，而体恤如此其周，则举四海九州之大，无一民一物，不在其担当负荷之中，其以一身而自任以天下之重有如此。 惟其重于自任，是以急于救民，见得夏桀无道，暴虐其民，其心有大不忍者。 于是感三聘之勤，始就汤而说之以伐夏，于以除有罪之桀，救无辜之民焉。 正欲使斯民皆被尧、舜之泽，而在己无负先觉之责也。"夫伊尹切救民之志，成辅世之功，其挟持如此其大，干济如此其弘，而肯为割烹要汤之事哉？

"吾未闻枉己而正人者也，况辱己以正天下者乎？ 圣人之行不同也，或远或近，或去或不去，归洁其身而已矣。"

解 远，是远遁，近，是近君。 孟子又告万章说："观伊尹相汤而能成救世之功，则知不肯要汤而甘为辱己之事，盖天下国家之本在身，必己身先正，然后可以正人。 吾未闻枉道以求合，己不正而能正人之不正者也。 况于辱己以干进，则不止于枉己，欲正天下，则不止于正人，使伊尹而割烹要汤，辱己甚矣。 岂能尧、舜君民，而成正天下之业乎？ 然人之所以致疑于尹者，徒泥其近君之迹，遂议其行之未洁耳。 不知圣人之行，不能以尽同。 或远遁于山林，或近君之左右，或不屑就而去，或不屑去而留。 据其迹虽若各有所当，然要其归，则远而去者，志在独善其身，固不肯苟同于流俗之污；近而不去者，志在兼善天下，亦必不肯轻变其平生之守，总之归于洁身，无枉己辱己之事而已矣。若因伊尹之得行其道，而遂以割烹之事诬之，则是圣人而有辱身之行，何足以为圣人也哉？"

"吾闻其以尧、舜之道要汤，未闻以割烹也。《伊训》曰：'天诛造攻自牧宫，朕载自亳。'"

解　《伊训》是《商书》篇名。"造"字、"载"字，都解做"始"字。牧宫，是夏桀所居。亳，是成汤所都之地。孟子又告万章说："欲知伊尹无辱身之事，当观伊尹有得君之由。盖其起畎亩之中，一旦居阿衡之位，诚非无因自致者。但其所以致此，乃因伊尹乐尧、舜之道，而成汤慕之，故伊尹虽无求于成汤，而汤不能不有求于尹。是尹之要汤，吾闻其要之以尧、舜之道而已。若谓割烹要汤，则尹之所挟持，固不在鼎俎之间，而汤之所慕好，夫岂在滋味之末？非吾之所闻矣。《商书·伊训》之篇载伊尹自言：'天诛夏桀始攻于牧宫之地，由我辅佐成汤，创其事于亳也。'"观《书》所言，则伐夏救民之事，尹盖以身任之矣。自任如此其重，而岂有割烹要汤之事哉！诬圣之言，可不辨而自明矣。此可见圣贤出处固以道而不苟，明良遇合实相待而有成。汤不得尹，则无以革夏正；而尹不遇汤，即有尧、舜君民之道，恶（wū）能自究其用哉？

9.8 万章问曰："或谓'孔子于卫主痈疽，于齐主侍人瘠环'，有诸乎？"孟子曰："否，不然也。好事者为之也。"

解　主，是住宿其家。痈疽，是疮医。侍人，是内侍。瘠环，是人姓名。好事，是喜造言生事的人。万章问于孟子说："君子以守身为大节，宜乎择地而处，不失身于可贱之人也。或人乃谓孔子周流至卫，因疡医治痈疽之人，得近于卫君，乃即馆于疡医之家及至于齐，因侍人名瘠环的得近于齐君，乃即馆于瘠环之家。盖欲借二人之力以自通，故不嫌于自屈也。果有此事否乎？”孟子答说：“听言当折诸理，论人当考其素。岂有大圣如孔子，而肯主非其人者哉？此言大谬不然也。为此言者多由世间有一般好事的人，欲假借圣人纳交之事，以自掩其趋权附势之私，故驾造浮诞不根之言，创立新奇可喜之说。既非考据于经传，又不照管乎道理，徒眩惑愚人之听而已，知道之君子，岂可为其所惑哉？”盖是时王纲既坠，圣学不明，游谈横议之徒，人人得为异论。如前章议舜为臣父，议禹为德衰，议伊尹为割烹，而此章又议孔子主于痈疽侍人瘠环，大抵皆出于好事之口，变乱是非，肆言而无忌惮者。其言虽不足为圣贤之累，而为世道人心之害不浅，故孟子每每详辨而力辟之，所以扶世教，正人心也。

"于卫主颜雠由①。弥子②之妻与子路之妻，兄弟③也。弥子谓子路曰：‘孔子主我，卫卿可得也。’子路以告。孔子曰：‘有命。’孔子进以礼，退以义，得之不得曰：‘有命。’而主痈疽与侍人瘠环是无义无命也。"

解 颜雠由，是卫之贤臣。弥子，是卫之幸臣。孟子告万章说："欲知孔子不苟于所主，观于居卫之事可见。孔子尝周流至卫，闻颜雠由是卫之贤大夫，因馆于其家而以之为主。时卫之幸臣有弥子者，其妻与子路之妻为兄弟之亲，因对子路说道：‘孔子欲得位而行道，非我之力不能。若肯来投我，以我为主，我当荐之于君，使得大用。卫卿之位，可立致也。’子路遂以弥子之言告于孔子。孔子答说：‘位之得失，自有天命，非人力之所能为。弥子安能使我得用于卫，而我亦何必主于其家乎？’观孔子之言如此，可见孔子进而用世，不急于进也；雍容揖逊，而进必以礼，退而引去，不难于退也；明决果断，而退必以义。礼义在我，惟尽其所当为而已。至于爵位之得与不得，一惟听命于天，说道：‘得之有命，

【注】
① 颜雠由：《史记·孔子世家》作"颜浊邹"，卫国的贤大夫。
② 弥子：卫灵公宠臣弥子瑕。
③ 兄弟：这里指姐妹。

不足以为喜；不得有命，不足以为忧。'其以义命自安如此。向使不择所主，而主痈疽与侍人瘠环，是义当退而不退，不知有义之可守；命不当得而得，不知有命之可安。是无义、无命也，孔子肯为之哉？"是孔子当平居之时，而不肯苟于所主者如此。

"孔子不悦于鲁、卫，遭宋桓司马将要而杀之^①，微服^②而过宋。是时孔子当厄，主司城贞子，为陈侯周臣。"

解　桓司马，名魋（tuí），是宋大夫。要（yāo），是遮截的意思。司城贞子，是宋之贤大夫。周，是陈侯的名。孟子又告万章说："孔子择人而主，不特见于处常无事之日，虽造次之时，亦有不肯苟者。昔者吾孔子周流列国，尝不得志于鲁，心中不悦，去而适卫；又不得志于卫，心中不悦，去而适宋。此时适遇宋司马桓魋，以孔子貌似阳虎，将要截孔子而杀之。孔子计无所出，只得换了常穿的衣服，微行而过宋，去适陈国。当是时孔子在厄难之中，危急存亡之际，以全身远害为重，若不暇择人而主矣，犹且主于司城贞子之家。盖以贞子前为宋司城之官，其贤行著闻于宋；后为陈侯周之臣，其贤行又著闻于陈，故托之以为主也。"夫以孔子处患难之时，犹不肯轻于所主如此。况处齐卫无事之时，而肯主痈疽与侍人瘠环也哉？

"吾闻观近臣，以其所为主；观远臣，以其所主。若孔子主痈疽与侍人瘠环，何以为孔子？"

解　近臣，是在朝之臣。远臣，是远方来仕之臣。孟子又告万章说："君子小人，其类自别，故取人之道，各以其类观之。我闻近臣处于国中，常为人所主者，欲知近臣之贤否，但观其所为主的是何等样人，其人果贤，则同声相应，同气相求，而近臣之贤可知。若同乎流俗，则近臣亦流俗之辈矣。远臣来自他邦，常主于人者，欲知远臣之贤否，但观其所主的是何等样人，其主果贤，则是依仁而居，托义而处而远臣之贤可知。若比之匪人，则远臣亦匪人之徒矣！是或主人，或主于人，虽若非素定之交，而为小人、为君子，则各有相从之类，然则痈疽侍人其非孔子之类，明矣。而乃谓孔子主于痈疽侍人，则是以至圣而主于至不肖之家，何其不类之甚也，尚可以为孔子哉？好事之说，可不辨而益见其妄矣。"大抵君子小人，其人品较若黑白，本无难辨，而臣下每失之诡随，人主每失之偏任者何？君子以同道为朋，务在进贤；小人以同利为朋，务在植党。君子之朋主于济国，故疏于防奸；小人之朋志在得权，故工于诋正。是以直道难容，枉道易合，此忠佞之分也。人主不可不察。

9.9 万章问曰："或曰：'百里奚自鬻于秦养牲者，五羊之皮，食牛以要秦穆公。'信乎？"孟子曰："否，不然。好事者为之也。"

解 百里奚，是秦大夫。自鬻（yù），是自卖其身。万章问于孟子说："古之贤人，若百里奚相秦以成伯（bà）业，其功名至显盛矣。或人乃言其进身之始，欲往见秦穆公而无资，遂自卖其身于秦国养牲者之家，得其五羊之皮，为其家喂牛，以此夤缘求见于穆公。穆公以为贤，遂举之牛口之下，而加之百姓之上。不识此语果诚然乎？"孟子答说："否，此言殆非然也。盖古人未遇之时，虽不免累于困穷，乃其得君而仕，则必不肯甘于污辱。为此言者多由好事之人，喜为不经之论，欲自掩其污辱之行，而假借于古人之名耳。岂以百里奚之贤而肯为食牛干主之事哉？"是时列国游士，若弹铗吹竽，鸡鸣狗盗之徒，挟其术以干世主之好，冀于一用者，故往往借圣贤之事，以自文其私。如前以割烹要汤诬伊尹，此又以食牛干秦诬百里奚。大抵皆以不正之心度圣贤，故孟子断其出于好事之口，所以辟邪说，正人心者至矣。

【注】

① 虞：周代姬姓诸侯国，在今山西运城平陆县北。公元前 655 年被晋国所灭。

② 垂棘（jí）之璧与屈产之乘（shèng）：垂棘，晋国地名；屈产之乘，屈地所产的用来驾车的马。

③ 假道于虞以伐虢（guó）：假道，借道，借路；虢，周代姬姓诸侯国，在今河南省三门峡市附近。此事见《左传·僖公二年》。

"百里奚，虞 ① 人也。晋人以垂棘之璧与屈产之乘 ②，假道于虞以伐虢 ③，宫之奇谏，百里奚不谏。"

解　虞、虢，都是国名。垂棘、屈，都是地名。宫之奇，是虞臣。孟子又告万章说："吾于百里奚而谅其无食牛干主之事者何？亦观其平日去就之间而已。盖百里奚虽仕于秦，而生长于虞，本虞国之人也。当其在虞，何尝知有秦，只因晋人听荀息之计，兴伐虢之师，恐道经于虞，为虞所阻，乃以垂棘所出之璧玉，与夫屈地所产之良马，行赂于虞，以为假道之资，因越虞以伐虢，实欲先取虢而并及于虞也。虞公贪受璧马之赂而不顾亡国之患。是时虞臣宫之奇以为虞之与虢，有辅车唇齿之义，虢亡则虞不能独存，于是谆谆然谏止虞公，而虞公不能听也。百里奚见得晋人之计已成，虞公之昏难悟，以为空言何补，遂不谏而去之秦，此其去虞从秦之由如此。"向使虞公能听忠言而郤晋人之赂，则虞可以不亡，而百里奚可以不去。其去虞而适秦乃迫于虞之亡，而非有利于秦之用也。何为而有食牛干主之事哉？夫以虞公一贪璧马之赂，而良臣遂去，国随以亡。货利之足以坏君心，速败亡之祸如此。是以明君贱货而贵德，不宝珠玉而宝善人也。

"知虞公之不可谏而去之秦，年已七十矣，曾不知以食牛干秦穆公之为污也，可谓智乎？不可谏而不谏，可谓不智乎？知虞公之将亡而先去之，不可谓不智也。时举于秦，知穆公之可与有行也而相之，可谓不智乎？"

解　孟子既述百里奚处虞之事，遂断之说道："凡出处大节，惟智者能辨之。百里奚知虞公之不可谏，脱身去秦，此时年已七十矣。其阅世既久，见理甚明，若食牛干主之事污贱可耻显然易见，而百里奚曾不知其为辱，贪昧甚矣，岂可谓之老成有智虑者乎？然不智则必不能知语默之宜，百里奚知虞公之惑于利，谏之必不肯听，遂止而不谏，此其当默而默，非有见几之明者不能，岂可谓之不智乎？不智则必不能知去就之分，百里奚知虞公之将亡，不去且及于难，乃先去以远祸，此其可行则行，非有保身之哲者不能，不可谓之不智也。不智，则必不能知废兴之机。当其去虞而举于秦，知穆公之贤，可与有为也。遂委质以相从，受任而辅国，此其可仕则仕，非有择主之智者不能，岂可谓之不智矣乎？其智既有足称，其中必有定见，彼食牛干主，少知礼义者必不屑为，而谓智者肯为之乎？"

"相秦而显其君于天下，可传于后世，不贤而能之乎？自鬻以成其君，乡党自好者不为，而谓贤者为之乎？"

🔴解　自好，是自爱其身。孟子承上文说："百里奚之为人，不但其有过人之识，而且有辅世之功。盖使其仕秦而得君行政，曾无功业之可闻，则亦未足以见其贤也。今观其相秦而佐穆公以治国，使其君威令布于诸侯，声名显于天下，而其余休遗烈，且可传之后世，保子孙而泽黎民，其功业之显盛如此，是何等样贤相，而岂庸庸琐琐，不贤者之所能为乎？夫既有贤者之事功，则必有贤者之志节，若使自卖其身，以成就其君，冒污辱之羞，赴功名之会，此虽乡党之常人，稍知自爱其身，而顾礼义、惜廉耻者，亦不肯甘心于此。曾谓贤如百里奚，有尊主庇民之功，而肯为降志辱身之事哉？好事者之言，诬亦甚矣！"观于此章百里奚一人之身耳，在虞无救亡国之祸，在秦遂成致君之功，非其佞于虞，而忠于秦也，听与不听，用与不用耳。贤才之用舍，关人国之废兴如此，任贤图治者，宜鉴于斯。

万章章句

下

10.1 孟子曰："伯夷，目不视恶色，耳不听恶声。非其君，不事；非其民，不使。治则进，乱则退。横政之所出，横民之所止，不忍居也。思与乡人处，如以朝衣朝冠坐于涂炭也。当纣之时，居北海之滨，以待天下之清也。故闻伯夷之风者，顽夫廉，懦夫有立志。"

解 横，是不循法度。顽，是愚蠢。懦，是柔弱。孟子说："圣人之德，本无不盛，而其制行，则各不同。古之人有伯夷者，以言其持己，则目不视非礼之色，耳不听非礼之声，何等样严正。以言其处世，则择君而仕，非可事之君弗事；择民而使，非可使之民弗使。世治则进而效用于世，世乱则退而独善其身，何等样高洁！其视横政所出之朝、横民所止之地，惟恐有累于己，不忍一朝居也。思与乡里之常人相处，如着了朝衣朝冠坐于涂炭一般，惟恐有浼^①于己，不能一息安也。那时商纣在位，举世昏浊，正是朝有横政、野有横民之时。于是洁身远去，避居于北海之滨，盖将待清明之世而后出，苟非其时，宁遁世而无闷矣。此其志操，真可谓皭然^②自立，而流俗不能污，邪世不能乱者。是以后世之人闻其遗风，不但有识见的知所兴起，即顽钝无知之辈，亦皆化而有廉介之操。不但有志气的知所感奋，即柔懦不振之夫，亦皆化而有卓立之志矣。其孤介既足以守己，流风又足以感人，伯夷之行盖如此。"

"伊尹曰：'何事非君？何使非民？'治亦进，乱亦进，曰：'天之生斯民也，使先知觉后知，使先觉觉后觉。予，天民之先觉者也。予将以此道觉此民也。'思天下之民匹夫匹妇有不与被尧、舜之泽者，若己推而内^③之沟中，其自任以天下之重也。"

【注】

① 浼（měi）：沾染。

② 皭（jiào）然：洁白的样子。

③ 内（nà）：同"纳"。

🔴 孟子又说:"古之人有伊尹者,尝自家说道:'苟可以事,即是吾君,何所事而非君乎?苟可以使,即是吾民,何所使而非民乎?'遇治世,固进而行道以济时;遇乱世,亦进而拨乱以反正。其一于进,而不必于退者,为何?'其意以为天之生此民也,将使先知的启迪后知,先觉的启发后觉,而与之共明此道也。今我在天民中,能尽人道,则我固天民之先觉者。我将举此道,以觉当世之民,其责有不得诿诸人者矣。'推其心,但是当世之民,有匹夫匹妇颠连失所,不与被尧、舜之泽的,皆其心之所不忍者。其痛自刻责,就如己推而纳之沟中的一般,有不能一日安者矣。是其举宇宙之大,兆庶之众,无一民一物不在其担当负荷之中。其自任以天下之重如此。此伊尹之行也。"

"柳下惠不羞污君,不辞小官。进不隐贤,必以其道。遗佚而不怨,厄穷而不悯。与乡人处,由由然不忍去也。'尔为尔,我为我,虽袒裼裸裎于我侧,尔焉能浼我哉?'故闻柳下惠之风者,鄙夫宽,薄夫敦。"

🔴 鄙,是狭陋。敦,是厚重。孟子又说:"古之人有柳下惠者,苟可以事,不必明主,虽遇着污君,亦委身事之而不以为耻。苟可以居,不必尊位,虽与他小官,亦屈意为之而不必于辞。其不择君而事,若疑于易进矣。而实不肯韬晦以蔽己之贤,必期直道以行己之志。其不择官而居,若疑于难退矣。而放弃亦不以为怨,困穷亦略无所忧。其处进退之际,真率坦夷,有如此者。至于处乡里之常人,和光同俗,由由然与之偕,而不忍去。其平日常自说:'形骸既分,尔我各异,尔自为尔,无与于我。我自为我,何关于尔。虽使人袒裼(xī)露臂,裸裎露身,在于我侧,彼自无礼耳,安能玷辱于我哉?'其言如此,是真旷然有度,而置得丧于不较,合人己而两忘者。故后世之人,闻其遗风,虽狭陋之鄙夫,皆化而有宽宏之量;虽啬吝之薄夫,亦化而为敦厚之行矣。盖其和德之近人为易亲,故其流风之感人尤易入。柳下惠之行固如此。"

【注】
① 膰（fán）肉：古代祭祀用的熟肉。
② 淹：迟延。

"孔子之去齐，接淅而行。去鲁，曰：'迟迟吾行也。'去父母国之道也。可以速而速，可以久而久，可以处而处，可以仕而仕，孔子也。"

解 渐，是渍米的水。接淅，是将炊之时，以手承水取米而行。盖欲去之速，而不及炊也。孟子又说："三子之行，各有不同，若孔子则兼而有之。当其在齐，因齐景公托言老不能用，义不可留而去。时炊饭未熟，遂承水取米而行，虽一饭之顷，亦有所不能待焉。其在于鲁，因鲁定公受女乐不朝，知其不足与有为而去，然不忍遽去，乃曰：'迟迟吾行。'必待膰肉① 不至而后行焉。夫去齐如彼其急，而去鲁如此其缓者何？盖鲁乃孔子父母之国。见几固当明决，用意尤宜忠厚，去父母国之道当然耳。即此去鲁、去齐之两事观之，可见孔子之处世，有不倚于一偏，不拘于一节者。道之不行，去可以速矣，则从而速去，不俟终日。如其可留，则又栖栖眷念，而不妨于久淹② 也。世莫我知身可以处矣，则从而退处。若将终身，如有用我，则又汲汲行道，而不妨于仕进也。此则内无成心，而意必尽泯。行无辙迹，而用舍随时。孔子所以异于三子者又如此。"

孟子曰："伯夷，圣之清者也；伊尹，圣之任者也；柳下惠，圣之和者也；孔子，圣之时者也。"

解 孟子既历叙群圣之事，因断之说道："大凡行造其极者，皆可以为圣。然非道会其全者，未可以言圣之至也。今伯夷以节自高，而视斯世之人，无一可与。其皭然洁白之行，已造到清之极处，而无纤毫之混浊矣，其圣之清者乎？伊尹以道自负，而视宇宙内事皆吾分内。其毅然担当之志，已造到任之极处，而无一念之退托矣，其圣之任者乎？柳下惠以量容天下，而视斯世无不可与之人。其由然与偕之度，已造到和之极处，而无纤毫之乖戾矣，其圣之和者乎？至若孔子，仕止久速，不倚于一偏，变化推移总归之顺应。此则清而未尝不任，任而未尝不和，兼三子之长而时出之，乃圣之时者也。"谓之曰时，则三子之行，不过四时一气，而孔子之道，殆如元气之流行于四时，有不得而测其运用之妙者矣，夫岂三子之可及哉！

"孔子之谓集大成。集大成也者，金声而玉振之也。金声也者，始条理也；玉振之也者，终条理也。

解　凡作乐，一音独奏一遍叫做一成，八音合奏一遍叫做大成。金，是钟。声，是引起的意思。玉，是磬声。振，是收煞的意思。条理，是音律中之脉络。孟子又说："清如伯夷，任如伊尹，和如柳下惠，虽各造其极，然圣矣而未大也。惟孔子以一身而兼三子之长，是其总群圣之事，而为一大圣。譬之于乐，其犹集众音之小成，而为一大成者乎。何以谓之集大成？盖乐有八音，若独奏一音，则一音自为起落，这是小成。惟于众音未作之时，而击镈（bó）钟以宣其声。俟众音既阕之时，而击特磬以收其韵，金声于先，玉振于后，这才是集众音之小成，而为一大成也。金石二音，何以能集众音之大成？盖金石者，众音之纲纪，金不鸣，则众音无由而始，自镈钟一击，然后众音翕然而作，而律吕为之相宣矣。是金声也者，岂非开众乐之端，而为之始条理者乎？玉不振，则众音无由而终，惟特磬一击，于是众音诎然而止，而条贯为之具毕矣。是玉振也者，岂非收众乐之节，而为之终条理者乎？始终之间，脉络贯通，无所不备，此乐之所以为集大成也。孔子集群圣之大成，何以异于是哉！"

"始条理者，智之事也；终条理者，圣之事也。"

解　智，是知之精明。圣，是德之成就。孟子又说："合始终条理而无不备，此乐之大成也，而孔子之圣实似之。盖大乐之作，有始有终，而圣德之全，有智有圣。金以声之，此乐之始条理也，而比之孔子，与其知之贯彻处，实同一发端。盖孔子智由天纵，而睿哲所照，洞见夫道体之全。于凡清、任、和之理，条分缕析，无一理之不精，是智以启作圣之始，与金以开音乐之先者，其事一而已矣。所以说始条理者，智之事也。玉以振之，此乐之终条理也，而比之孔子，与其德之成就处，实同一究竟。"盖孔子德本性成，而众善兼该，竟造于圣修之极。于凡清、任、和之事，经纬错综，无一事之不当，是圣以要知至之终，与玉以收音乐之止者，其事一而已矣。所以说"终条理者，圣之事也"。智圣兼全，而圣德始终之条理备矣，此孔子之所以为集大成也。彼三子者，不过众音之小成耳，岂能比德于孔子哉！

"智，譬则巧也；圣，譬则力也。由射于百步之外也，其至，尔力也；其中，非尔力也。"

🔴　孟子又说："圣智兼备，固孔子之所以集大成矣。而智以成始，圣以成终，则圣又由于智也。不观之射乎？射有巧有力。孔子神明内蕴，合清、任、和之理而兼照之，是智也，譬则射者之巧焉。德行默成，体清、任、和之理而时出之，是圣也，譬则射者之力焉。必知之真，然后行之至，必有定见，然后有全力，譬如射于百步之外的一般。凡射疏及远，到得那地步，这是膂（lǚ）力之强，尔力之所能为也。若夫舍矢如破，正中其的，这是得手应心，妙在于命中之先，乃巧之所为，不专在于力也。夫射之能中者，不专于力而在于巧，则孔子所以为圣之至，不专于圣而实由于智矣。彼三子者，力有余而巧不足，此所以倚于一偏，而难以语时中之圣也。"按孟子此章形容孔子之德，既以天道为喻，曰"圣之时"；又举乐为喻，曰"集大成"；复举射为喻，曰智、巧也，圣、力也。岂智之外，复有时中哉？大成即圣之全体，而时中即智之妙用。智而后能圣，圣而后能时，理固一原，而圣心之纯，实贯始终而无间者也。观其自言，亦谓志学而驯至于从心不逾矩。夫志学，智也；不逾矩，时也。合而观之，而圣德之全益见矣。

10.2 北宫锜问曰:"周室班爵禄也,如之何?"孟子曰:"其详不可得闻也,诸侯恶其害己也,而皆去其籍。然而轲也尝闻其略也。"

解 北宫锜,是卫人。班,是班定次第。北宫锜问于孟子说:"朝廷设官分职,莫大于爵禄,而爵禄之制,莫备于成周。周室之班爵禄,必有个贵贱之等,厚薄之差,敢问其制如之何?"孟子答说:"周室爵禄之制,其品式章程,至精至密,今已不可得而闻其详矣。盖制度之详,载在典籍,典籍存而后制度可考也。自周室衰微,诸侯放恣。僭窃名号的,以卑而拟尊,兼并土地的,以大而吞小,反厌恶先王之制度,以为不便于己之所为,遂灭去其籍,使上下名分无所稽考,因得以纷更变乱而无忌,此所以典籍散失,欲闻其详而不可得也。顾其详虽不可得闻,然而规模之建立,体统之昭垂,尚有幸存而未泯者。轲也,亦尝闻其什一于千百,而可举其大略,为子告焉。"夫当典籍残缺之余,而能考究圣王之制,非孟子学识之大,其孰能知之?

"天子一位,公一位,侯一位,伯一位,子、男同一位,凡五等也。君一位,卿一位,大夫一位,上士一位,中士一位,下士一位,凡六等。"

解 这一节,是周室班爵之制。孟子告北宫锜说:"成周爵禄之制,册籍虽亡,而名分未泯。其班爵之大略,有通行于天下的,有单行于国中的。自其通于天下者而言,父天母地,而为天下之所共宗,这是天子。天子之贵,自为一位,尊无二上矣。然天下之大,非天子一人所能独理也,于是分天下为万国,而使同姓之亲,异姓之贤,与之共治焉。自天子而下,有公一位,公之下,有侯一位,侯之下,有伯一位,伯之下,有子与男同一位。天子总治于内,公、侯、伯、子、男分治于外,内外相维,体统不紊,然后举天下之大,无一国之不治矣。爵之通于天下者,此其大略也。自其施于国中者而言,出命正众,而为一国之所奉戴,这是君。天子君于王畿,诸侯君于列国,各自为一位矣。然一国之众，亦非君一身所能独理也，于是分庶绩于百官，而使贤者在位，能者在职，与之共治焉。自君而下，有卿一位，卿之下，有大夫一位，大夫之下，有上士一位，中士一位，下士一位。君出令于上，卿、大夫、士奉令于下，上下相承，事使不乱，然后举一国之事，而无一事之不治矣。爵之施于国中者，此其大略也。据我所闻周室班爵之制，如此而已。若其创制立法之盛，则典籍尽去，今亦安从而考其详哉。"

"天子之制，地方千里，公侯皆方百里，伯七十里，子、男五十里，凡四等。不能五十里，不达于天子，附于诸侯，日附庸。"

解 这以下是周室班禄之制。不能，是不足的意思。孟子又告北宫锜说："周室班爵之制其略固可得而言矣。其班禄之制何如？试以禄之班于天下者言之。天子食赋于畿内，其制地方千里，盖天子爵为至尊，故其地至广也。公、侯而下，则皆食赋于列国，故公、侯之地，方广都是百里，其田赋之入，视天子而杀① 矣。伯之地，方有七十里，其田赋之入，又视公、侯而杀矣。子、男之地，方广都是五十里，其田赋之入，视伯而又杀矣。自天子以至于子、男，分田制禄之法，凡有此四等。在天子非独丰，在诸侯非独啬，厚薄之等，一因其尊卑之分而已。此外更有地不足五十里之数者，遇凡朝觐、聘问等礼，不能以姓名自达于天子，但附属于邻邦诸侯，以通其姓名，这叫做附庸，则其爵愈卑，而其禄愈薄矣。"盖先王于疆理天下之中，而寓则壤成赋② 之制，故其禄之班于天下者，有如此。

"天子之卿受地视侯，大夫受地视伯，元士受地视子、男。"

【注】
① 杀（shài）：减省，削减。
② 则壤成赋：出自《尚书·禹贡》："咸则三壤，成赋中邦。"则，按等级区划；则壤，古时按土质的肥瘠将耕地分为上、中、下三品，称为三壤；成赋，土壤各有肥瘠，贡赋从地而出。

解　这一节，是禄之班于王国者。视，是比照的意思。孟子又告北官锜说：
"周室之班禄，其在王畿之内者各有差等。盖天子以一人宰治于上，而有卿、
大夫、士，分治于下，其效忠宣力，本与外臣均劳，而地近职亲，较之外臣
尤重。故王朝之卿，所受采地，比照于大国之侯，侯百里，卿亦百里也。大
夫所受之地，比于次国之伯，伯七十里，大夫亦七十里也。元士所受之地，
比于小国之子、男，子、男五十里，元士亦五十里也。"当其时，诸侯入则为
王朝之卿士，卿士出则为列国之诸侯，其分本相等，故其受禄不得不同耳。
然以王朝之臣，而同于列国之君，所以尊王室而重内朝之意，又自可见焉。
其班禄于天子之国者有如此。

**"大国地方百里，君十卿禄，卿禄四大夫，大夫倍上士，上士倍
中士，中士倍下士，下士与庶人在官者同禄，禄足以代其耕也。"**

解　这以下是禄之班于侯国者。十，是十倍。四，是四倍。倍，是一倍。
庶人在官者，是府史胥徒，如今杂职吏员之类。孟子又说："周室之班禄，其
在列国者，亦各有差等。以公侯之大国而言，地方百里，提封十万，凡君
与卿、大夫、士，及在官之庶人，皆仰给于其中焉。君享一国之奉，为田
三万二千亩，比之卿禄，盖加十倍之多。卿田三千二百亩，较之于君，才是
十分之一，而实四倍于大夫。大夫之田八百亩，较之于卿，才是四分之一，
而实加倍于上士。上士得田四百亩，其禄则倍于中士。中士得田二百亩，其
禄则倍于下士。下士与庶人在官者，若府史胥徒之流，其禄相等，皆得食百
亩之入焉。"盖庶人身役于官，既不得自食其力，因给之以一夫之养，使足以
代其耕而已。此则禄颁于上，或加数倍之入，而不嫌于丰；禄给于下，或准
一夫之田，而不病于啬。尊卑有序，丰约适宜，大国班禄之制固如此。

**"次国地方七十里，君十卿禄，卿禄三大夫，大夫倍上士，上士倍
中士，中士倍下士，下士与庶人在官者同禄，禄足以代其耕也。"**

解　三，是三倍。孟子又说："公侯之下有伯，比大国次一等，谓之次国，其

班禄亦次之。盖伯爵之国，地方七十里，较之百里之地狭矣。而国中之有卿、大夫、士，及在官之庶人，则与大国一也。故其因田制赋，君之禄亦十倍于卿，得田二万四千亩。卿之禄，则止三倍于大夫，得田二千四百亩。至于大夫则一倍于上士，而得八百亩。上士则一倍于中士，而得田四百亩。中士则一倍于下士，而得二百亩。下士与庶人在官者，皆得以食百亩之入，使足以代其耕，则与大国之制，无不同矣。"盖自卿以上，禄限于地，固不得与大国同其丰。自大夫以下，食因其事，则不得不与大国同其约，次国班禄之制盖如此。

"小国地方五十里，君十卿禄，卿禄二大夫，大夫倍上士，上士倍中士，中士倍下士，下士与庶人在官者同禄，禄足以代其耕也。"

解　二，是二倍。孟子又说："伯之下有子、男，比次国又降一等，谓之小国，其班禄抑又次之。盖子、男之国，地方五十里，较之七十里之地，则又狭矣。而国中之有卿、大夫、士，与庶人之在官者，亦与次国一也。故其因田制赋，君之禄，亦十倍于卿，得田一万六千亩。卿之禄，则止二倍于大夫，得田一千六百亩。至于大夫，则一倍于上士，而得八百亩。上士则一倍于中士，而得四百亩。中士则一倍于下士，而得二百亩。下士与庶人在官者，皆得以食百亩之入，使足以代其耕，则亦与次国之制，无一之不同矣。"盖自卿而上，其禄厚，厚而不减，则国小不足以供，故不得不杀（shài）；大夫以下，其禄薄，薄而复减，则养赡不足以给，故不得不同。班禄于小国之中者，其制又如此。

"耕者之所获，一夫百亩；百亩之粪，上农夫食九人，上次食八人，中食七人，中次食六人，下食五人。庶人在官者，其禄以是为差。"

解　获，是受田。差，是等级。孟子又说："庶人在官者之禄，固取其足以代耕矣，而代耕之分数，又自不同。盖耕者所受之田，每夫以百亩为节。百亩之田必加以粪，粪多而力勤的，是上等农夫，计其所入，可以供九人之食。若稍次于上农的，其所入，仅可以食八人。中等的仅可以食七人。中等又次的，仅可以食六人。若下农夫，则不过能供五人之食而已。人事之勤惰不齐，而收入之多寡随异，其所食之数，大约有此五等。庶人在官者，职有大小，事有繁简，其受禄之多寡，即照此农夫之次序以为等差。事之繁者食以上农夫之食，其余以次第减，事最简者亦不失下农夫之食焉。所谓禄足代耕者，其详悉有条，又如此。夫列爵有尊卑，而中外殊其制；班禄有多寡，而上下异其规。此周制之大略，而我之所得闻者也，乃其详，则不可得而闻矣。"大抵战国之时，诸侯侈肆，先王封建井田之制，坏乱已尽，孟子有慨于中久矣，故因北宫锜之问，而摭（zhí）拾大略以示之，使后世得闻圣王治天下之大法者，独赖此篇之存。有天下者，不可不究心也。

10.3 万章问曰："敢问友。"孟子曰："不挟长，不挟贵，不挟兄弟而友。友也者，友其德也，不可以有挟也。"

解　挟，是挟持所有以傲人的意思。万章问于孟子说："朋友五伦之一，自天子至于庶人，未有不须友以成者。敢问友道如何？"孟子答说："交友之道无他，只在忘势分、略形迹，除去矜己骄人之念而已。如己虽长，也不可挟我之长，以加于少者，而与之友。己虽贵，也不可挟我之贵，以加于贱者，而与之友；己虽有兄弟之盛，也不可挟我之兄弟，以加于寡弱者，而与之友。所以不可挟者为何？盖友也者，非为其年相若势相敌，而与之为友也。必其道义可尊，斯取为辅仁之助；言行可法，斯联为同志之交。因其有德，而与之友耳。既友其德，则当折节以亲贤，虚怀以受善，岂可以有所挟乎？若一有挟长、挟贵、挟兄弟之心，则在我不胜其骄矜之念，而贤者亦不肯有乐，就之诚矣。所以说不可以有挟也。人能持无所挟之心，以择友于天下，则益友日至，辅德有资，交道岂有不善者哉！"

"孟献子，百乘之家也，有友五人焉：乐正裘、牧仲，其三人，则予忘之矣。献子之与此五人者友也，无献子之家者也。此五人者，亦有献子之家，则不与之友矣。"

解 乐正裘、牧仲，是人姓名。孟子告万章说："交友之道，能无所挟固难，能不挟贵为尤难。处贵而能不挟者，在大夫中则有若孟献子。孟献子者，百乘之家，为大夫而有采地，其势分亦贵显矣。当时择人而交，有友五人焉。其一人为乐正裘，其一人为牧仲，其三人则予不记其姓名而忘之矣。献子与此五人为友，岂漫然与之交游，盖有所以取之者矣。大凡贱与贵交，非资其势，则利其有。惟此五人者，但知道义为重，其于献子之富贵，眼中全不见得，心上全不着意，无献子之家者也。惟其无献子之家，所以为献子所重，而与之为友耳。向使此五人者，视献子之家，一有羡慕之心，则是充诎于富贵，陨获于贫贱，可鄙甚矣，献子岂肯与之为友乎？夫以五人，而能忘人之势，固可见五人之高；以献子而能忘己之势，以成五人之高，抑可见友德之义矣。不挟贵之交，征于百乘之家者有如此。"

"非惟百乘之家为然也，虽小国之君亦有之。费惠公曰：'吾于子思，则师之矣；吾于颜般，则友之矣；王顺、长息则事我者也。'"

解 费（bì）惠公，是费邑之君。王顺、长息是人姓名。孟子又告万章说："孟献子以百乘之家，而下交五人，固可见其不挟贵矣。然不但百乘之家为然也，等而上之虽小国之君，亦有不可恃其势位者焉。昔者费惠公尝说道：'人君取友之道，不可以一端而尽；而尊贤之礼，不可以一概而施。大贤如子思，其道德高于一世，是人之师表也，吾则致敬尽礼，以师道尊之，庶有所仪刑，以成吾之德焉；次贤如颜般，其行谊著于一时，是邦之司直也，吾则平等纳交，以友谊接之，庶有所切磋，以辅吾之仁焉；至于王顺、长息，才不逾中人，能不过奔走，仅可承顺左右，充我之使令，事我而已，岂可与子思、颜般同其体貌之隆哉？'"观惠公之言，是不敢以待王顺、长息者而待颜般，不敢以待颜般者而待子思，尊德之诚，有隆无替，其不挟贵而友，征之小国之君者，又如此。

"非惟小国之君为然也，虽大国之君亦有之。晋平公之于亥唐也，入云则入，坐云则坐，食云则食。虽疏食菜羹，未尝不饱，盖不敢不饱也。然终于此而已矣。弗与共天位也，弗与治天职也，弗与食天禄也，士之尊贤者也，非王公之尊贤也。"

解 亥唐，是晋国的贤人。孟子又告万章说："费惠公以小国之君，而尊师取友，固可见其不挟贵矣。然又不但小国之君为然也，等而上之，虽大国之君，亦有不可恃其势位者焉。昔者晋平公之于亥唐也，尝慕其贤而往造其家，以千乘之尊下问巷之士，宜其以君道自处矣，乃执礼甚恭，而受命唯谨。当其至门，唐命之入即入，而不嫌于屈尊。及其既入，唐命之坐即坐，而不嫌于抗礼。其上食也，唐命之食即食，虽粗粝之饭，蔬菜之羹，未尝不饱，而不嫌于菲薄，非饱其食也。敬贤者之命，不敢不饱耳。夫以坐起饮食，一惟贤者之命是从，真可谓曲尽尊贤之礼矣。然此特仪文之末，而尊贤之道，尚有不止于此者。天位以官有德，而公不与之共焉；天职以任有德，而公不与之治焉；天禄以养有德，而公不与之食焉。其所以尊之者，不过造请承顺之间，此乃无位之士，所可自尽其尊贤之情者耳。岂以王公操爵禄之权，可以贵人富人者，而其尊贤之道，仅止于此而已哉。"然平公虽未尽尊贤之道，而已曲尽尊贤之礼，其视世之负其位，不肯下交者，固有间矣。不挟贵而友，征之于大国之君者又如此。

"舜尚见帝，帝馆甥于贰室，亦飨舜，迭为宾主，是天子而友匹夫也。"

解 "尚"字，与"上"字同。甥，是婿，尧以女妻舜，故谓舜为甥。贰室，是副宫。孟子又告万章说："晋平公以大国之君，而尊礼亥唐，固可谓不挟贵而友矣。然亦非但大国之君为然也，虽天子亦有之。当初虞舜一侧陋之匹夫耳，尧知其贤，举于畎亩之中，妻之以二女，舜由是得以上见于尧。尧以甥礼待舜，馆之于副宫，亦时就副宫，与舜同饮食而飨舜。舜尚见帝，则舜为宾而尧为主；尧就飨舜，则尧为宾而舜为主，以君臣之间，而更迭为宾主之交。是其以天子之贵，下友匹夫之微；知有道德之可尊，而不知有位之足恃；知有情意之当洽，而不知有势分之可拘也。尧之友德而无所挟固如此。夫天子之贵，尚不可以有挟，而况于有国有家者乎？贵且不足挟，而况于挟长挟兄弟者乎？此友之所以不可以有挟也。"

"用下敬上，谓之贵贵；用上敬下，谓之尊贤。贵贵尊贤，其义一也。"

解 孟子又告万章说："历观古人不挟贵而下交如此，非其过自贬损也，惟有见于理之当然而已。盖自君臣之位定，而上下之分殊，以在下之士庶，而奔走承顺以敬其上，非无谓也，朝廷莫如爵，名分所在，虽贤者不得而抗，因彼可贵而我贵之，这叫做贵贵。以在上之君、公、大夫，而虚怀隆礼以敬其下，非无谓也，长民莫如德，道德所在，虽贵者不得而慢，因彼为贤而我尊之，这叫做尊贤。贵贵尊贤，其事若有不同，然以礼言之，上下相敬，各有攸当，同归于义而已。盖义者，宜也，位之所在，则尊君为重，故用下敬上而不为谄，此安分之理宜然也。德之所在，则尊贤为重，故用上敬下而不为屈，此忘分之理宜然也。分之则为各欲自尽之心，合之则为一德相成之道，所以说其义一也。世之人，但知贵贵，而不知尊贤，则亦昧于义之所在矣。"按孟子此章，因论朋友，遂及于君臣。盖君、臣、朋友，皆以义合者也，义合则从，不合则去，故定交甚难，而全交为尤难。止于定交而已，如献子于五人，惠公于颜般，平公于亥唐。能不挟者，皆可以得友，必欲心孚意契，终始相敬。以全其交，则必如尧之于舜，元首股肱，赓歌喜起于一堂，而后可以言泰交之盛，此则非有任贤不贰之心者不能，不但不挟其贵而已。

10.4 万章问曰："敢问交际何心也？"孟子曰："恭也。"曰："'却之却之为不恭'，何哉？"曰："尊者赐之，曰：'其所取之者义乎，不义乎？'而后受之，以是为不恭，故弗却也。"

解　交际，是以礼往来。却，是拒而不受。万章问于孟子说："君子以一身酬酢万变，无一不本之于心。至于以礼仪币帛彼此往来交际，敢问此心果何心也？"孟子答说："人有恭敬之心存于中，而后假币帛之仪将于外。交际之礼，乃彼此相敬，其心主于恭而已矣。"万章问说："交际固所以将敬，辞让亦所以明礼，乃有却之，却之而不受的，人便以为不恭，何哉？"孟子答说："凡处人之馈，未有无故而却者。如尊者有赐于我，我心必私自忖度，说：'此所赐之物，必是取于人者，不知其取此物果合于义，而当得者乎？抑不合于义，而不当得者乎？'必所取合义，而后可受。如其非义，便不可受，而当却还之矣。夫以尊者之赐，计其不义而不受，则是鄙其物而轻其人，傲慢莫大焉，此所以却之为不恭也。惟以此为不恭，故宁受之而不敢却，以卑承尊之礼，宜然也。知不却之为恭，而交际之心益可见矣。"

曰："请无以辞却之，以心却之，曰：'其取诸民之不义也。'而以他辞无受，不可乎？"曰："其交也以道，其接也以礼，斯孔子受之矣。"

解　万章又问孟子说："尊者之赐，固不可却，而不义之物，终不可受，于此而求善处之术。当其以物来馈，心虽知其不义，请勿显言其不受之故，而以辞却之。但心中暗地计较说：'此其物是不义而取之于民者。'但假托他事以为辞，而却之不受。则在我既无不义之污，在彼亦难加我以不恭之罪，人己之间，两无所失，不亦可乎？"孟子答说："处人之馈，以辞却之，固嫌于径直而不逊；以心却之，亦失之诡谲而不情。但看他道与礼何如耳。如使其交于我者，当馈而馈，当赆而赆，而有道以相与，其接于我者，申之以辞，将之以物，而有礼以相加。这等的交际，则虽圣如孔子，为礼义之中正，亦有见于礼之可受，而不问其所从来，有见于道之可受，而不疑其为非义，斯受之而已矣。以孔子而犹不为已甚之行，则有赐于我，而以心却之者，亦岂得为顺应之道哉！"

万章曰："今有御人于国门之外者，其交也以道，其馈也以礼，斯可受御与？"曰："不可。《康诰》曰：'杀越人于货，闵不畏死，凡民罔不譈。'① 是不待教而诛者也。殷受夏，周受殷，所不辞也，于今为烈，如之何其受之？"

【注】
①越：远。于：取。闵：同"暋"，强横。譈：同"憝"。

解 御，是拦夺财物。《康诰》，是《周书》篇名。越，是颠越。譈（duì），是怨恶。万章又问孟子说："夫子谓受赐者但当观其交际之礼，不必更问其所从来。设若有人于国门之外，旷野之所，截人而杀之，因用其御得之货，交我以道，馈我以礼，若此者，亦可不问其从来而受之乎？"孟子答说："若是御人之货，则岂可受？《书经·康诰》之篇有云：'杀人而颠越之，因取其所有之货，闵然不知畏死。'这等凶恶之人，人所共愤，凡民无有不譈。可见御人之盗，乃天理之所不容，王法之所不宥，不待教戒，即当诛戮者也，岂可受其馈乎？盖义所当受，即殷受夏之天下，周受殷之天下，亦有所不辞者，其功烈至今光显，人孰得而议之。若夫御得之货，不义甚矣，如之何其可受也哉！此可见君子虽重于绝人，而未尝不严于律己，尊者之赐，虽有所弗却，而义利之辨，固未尝不审也。"

曰："今之诸侯取之于民也，犹御也。'苟善其礼际矣，斯君子受之'，敢问何说也？"曰："子以为有王者作，将比今之诸侯而诛之乎？其教之不改而后诛之乎？夫谓非其有而取之者盗也，充类至义之尽也。孔子之仕于鲁也，鲁人猎较，孔子亦猎较。猎较犹可，而况受其赐乎？"

解 "比"字，解做"连"字。充，是推广的意思。猎较，是田猎相较，夺取禽兽。万章又问孟子说："御人之货，诚不可受矣。窃见今之诸侯，暴征、横敛，剥民以自奉，其取诸民之不义，就与御人国门之外的一般。苟善其礼，而备物以相交，斯君子受之，而不嫌于不义，此与受御人之货者有何分别？敢问此何说也？"孟子答说："今之诸侯，取之于民，固多不义。比之于盗，则亦太甚矣。试以王者之法论之。子以为今之天下，有王者起而修明法度，将连合今之诸侯而尽诛之乎？抑先施教令，不改而后诛之乎？必教之不改而后诛之，则与御人之盗，不待教而诛者，固有间矣。今但以其取非其有，而遂谓之盗，是乃推其不取之类，直至于义之至精至密的去处，必一介不取而后为义之尽，所以稍涉不义，而即加之以盗名也。其实御人之盗，乃为真盗。诸侯取非其有，虽今之所谓民贼，岂可遽以同于御人之盗也哉？即诸侯异于御人之盗，则诸侯之馈亦异于御得之货矣，尚何疑于君子之受赐乎？由此观之，则知诸侯之馈，所以不可概却者，非但义不可以过求，而礼固不嫌于从俗也。昔者孔子之仕于鲁国也，鲁人之俗，每当祭祀之时，必去田猎于外，追逐禽兽，争相较夺，以供俎（zǔ）豆之需。此其事宜非圣人之所屑为矣，乃孔子亦从其俗而与之猎较焉。夫田猎之事，鄙事也；较夺之俗，薄俗也。孔子犹且为之，不肯自别于鲁人，则知事之无害于义者，从俗可也。况乎交以道、接以礼者，而其赐岂有不可受乎？"盖猎较之俗，不能累孔子之圣；而诸侯之赐，不足病君子之廉。处世之道，但求合于中庸之行而已，岂必绝物以为高哉！

曰："然则孔子之仕也，非事道与？"曰："事道也。""事道奚猎较也？"曰："孔子先簿正祭器，不以四方之食供簿正。"曰："奚不去也？"曰："为之兆也。兆足以行矣，而不行，而后去，是以未尝有所终三年淹也。"

解 事道，是以行道为事。簿（bù），是簿籍。兆，是事端之先见者。淹，是留滞。万章又问孟子说："君子之仕，将以道易俗也。今孔子从鲁之俗如此，然则其仕于鲁也，固非以行道为事与？"孟子答说："孔子身任斯道之责，行道之外，更有何事，乃事道也。"万章又问说："孔子既以行道为事，则猎较之俗，宜思有以变之，而反从之，何也？"孟子答说："孔子从俗之意，固非安于因循，但以其积习既久，未可遽变，姑先正其本耳。盖鲁人之猎较以供祭者，只因祭无定器，实无定品也。孔子先为簿书以正其祭器，使器有定数，而不以四方难继之物，供其簿书之所正者，使实有常品，品物既定，则大本正矣。彼猎较所得之物，虽多无所用之，其俗将不禁而自废。此于从俗之中，寓变俗之法，正圣人转移之妙用也，安可谓之非事道乎？"万章又问说："孔子欲以变俗，而为是委曲迁就之图，则行道之志，有不能自遂者矣。志不得遂，何为而不去乎？"孟子答说："孔子非难于一去也，但世方望我以行道，而我更张太骤，将启人疑畏之心。所以不去者，正欲寻个头脑。从簿书器物做起，先小试其道以示人，使人知吾之道，简便易从，而不苦其难，然后可以次第施为，而吾道大行之兆，将于此乎卜之耳。若其兆既可行，而人不能遂行其道，则非吾道之难行，由君上之不能用也，于是不得已而始去。盖其去虽不轻，而志则未尝不决。是以可仕则仕，可速则速，未尝终三年之久，淹留于一国也。其去留之不苟如此，何莫而非事道之心哉。"

"孔子有见行可之仕，有际可之仕，有公养之仕。于季桓子，见行可之仕也；于卫灵公，际可之仕也；于卫孝公，公养之仕也。"

解 见行可，是见其道之可行。际可，是交接以礼。公养，是供馈之仪。孟子又告万章说："孔子行道之心，不但于仕鲁见之，苟可以仕，未尝不委曲以冀其一遇也。吾尝历观其仕进之迹，大概有三，有时会偶值事机适投，见得吾道有可行之兆，则委身而仕，这是'见行可之仕'；其次虽未见其可行，而能迎之致敬，待之有礼，此盖有尊贤之诚者，则亦不忍遽去而仕焉，这是'际可之仕'；其次礼虽未必其能尽，而有廪人继粟，庖人继肉，此能修养贤之典者，亦不忍遽弃而仕焉，这是'公养之仕'。然果何以见之？其仕于鲁也，当定公即位之初，正桓子执政之日，此时桓子能荐之，定公能用之，骎骎^①乎道有可行之渐，因与桓子共政而不辞，此所谓见行可之仕也。其仕于卫灵公也有感于郊迎之礼貌，则就之，未至于问陈，不遽行也，此所谓际可之仕也。其仕于卫孝公也，有感于问馈之殷勤，则就之，将待其为政，不遽去也，此所谓公养之仕也。夫曰行可，曰际可，曰公养，仕虽一无所择，而义则一无所苟，则何莫而非事道之心哉。"观于此章，圣贤之辞受进退，固不肯徇俗而苟为同，亦不可矫俗而苟为异，从违可否之间，惟以礼义为之权衡而已。

10.5 孟子曰："仕非为贫也，而有时乎为贫；娶妻非为养也，而有时乎为养。为贫者，辞尊居卑，辞富居贫。"

解 孟子说："君子之仕，虽有受禄之道，而不可有苟禄之羞。盖凡仕而用世，本为济时以行道，非为贫无所资，求为得禄之地也。然或道与时违，而家贫亲老无以为俯仰之需，不得不资于升斗之禄，亦有时乎为贫而仕焉。正如娶妻者本为继嗣，非为资其馈养也。然亦有不任并白之劳，不得不藉其中馈之助者，亦有时乎为养焉。夫为贫而仕，既非得已之情，则择官而处，宜安退让之分。爵以驭贵，在负行道之志者，方可以居尊位。既为贫而仕，则所愿者，不过一阶一级之荣而已，尊官岂所宜居，要当辞尊官，而居卑下之秩可也。禄以驭富，必任行道之责者，方可以食厚禄。既为贫而仕，则所愿者，不过一身一家之养而已，厚禄岂所宜受？要当辞厚禄，而居微薄之俸可也。"盖官卑则职事易称，禄薄则分愿稍安，为贫而仕者，其自处之道当如是耳。

"辞尊居卑，辞富居贫，恶乎^①宜乎？抱关击柝。孔子尝为委吏矣，曰：'会计当而已矣。'尝为乘田矣，曰：'牛羊茁壮，长而已矣。'"

【注】
① 恶（wū）乎：怎样。

解 抱关，是守关之吏。柝（tuò），是夜行所击的木梆。委吏，是主仓廪的官。乘（shèng）田，是主苑囿的官。茁，是肥貌。孟子又说："为贫而仕者，固在辞尊位而居其卑，辞厚禄而居其贫矣。而卑贫之职，果以何者为，分之所宜居乎？其惟守关之吏，讥防出入，以击柝为职者，其位既卑，而事不难于理，其禄甚薄，而食不浮于人，此则为贫而仕者之所宜居也。不观之孔子乎？孔子尝为贫而仕，而为委吏矣。委吏所司者，钱谷之事，宜非圣人所屑为。乃孔子则曰：委吏虽卑，其职易称也。盖钱谷之数，不过出纳，吾惟于出纳之间，料量惟平，而会计当焉，吾职尽矣。会计之外，更有何事乎？亦尝为乘田矣，乘田所司者，刍牧之事，尤非圣人所屑为。乃孔子则曰：乘田虽卑，其职易称也。盖刍牧之事，不过牛羊，吾惟于牛羊之畜，孳息蕃盛而茁壮长焉，吾职尽矣。牛羊之外，更有何事乎？以孔子为贫而仕，惟取其职之易称。如此，然则抱关击柝，岂非辞尊富而居卑贫者之所宜哉？"

"位卑而言高，罪也；立乎人之本朝，而道不行，耻也。"

解 孟子又说："为贫而仕，所以必辞尊富而居卑贫者，非无故也。小臣之与大臣，其责任固自不同耳。盖官卑者，分亦卑，若使身在卑微之位，本无行道之责，却乃高谈阔论，上与人主争是非，下为国家谋理乱，此则位之所在，不可以言而妄言，越职侵官之罚，必有所不能免矣，岂非取罪之道乎？官大者，任亦大，若使身立朝堂之上，本非窃禄之官，却乃尸位怠事，上无以补益君德，下无以康济民生，此则道之所在，可行而不能行，尸位素餐之讥，必有所不能免矣，岂不可耻之甚乎？"夫出位为可罪，则卑贫固易称之官，道不行为可耻，则尊富非窃禄之地，此为贫而仕者，所以当辞尊富居卑贫，而以孔子为法也。　此章见小臣、大臣各有当尽之职，能举其职，即委吏、乘田为宜；不能举其职，即秉政、立朝为辱。　是以人臣笃奉公之义，宜度己而处官，人君操驭下之权，宜量能而授任也。

10.6 万章曰："士之不托诸侯，何也？"孟子曰："不敢也。诸侯失国，而后托于诸侯，礼也；士之托于诸侯，非礼也。"万章曰："君馈之粟，则受之乎？"曰："受之。""受之何义也？"曰："君之于氓也，固周之。"

解　托，是寄食于人。万章问于孟子说："贤非后不食。士当未仕时，虽寄身于诸侯而食其禄，似不为过，乃不肯寄食于诸侯者，果何谓也？"孟子答说："士之不托诸侯，非其心之不欲，乃分之所不敢也。盖诸侯本有爵土之封，不幸失国出奔，托身他国。他国之君待之以寄公之禄，岁有常廪，此乃诸侯之礼也。若士本无爵土，乃寄寓于诸侯，不仕而食其禄，是以匹夫而拟邦君之尊，犯分而非礼矣，此所以不敢也。"万章又问说："士之不托诸侯固矣。若国君以粟馈之于士，则将受之否乎？"孟子答说："君馈粟于士，士固当受之也。"万章又问说："士于诸侯，既不敢以寄食，而馈粟则又可受，敢问此何义也？"孟子答说："君之于民也，分若相悬，情关一体，固有赈穷恤匮之义焉。士而未仕，无异于编氓，则君之馈士，是亦周之之意也。"士安氓庶之分，而无僭礼之嫌，如之何不受之乎？盖士固当知守身之礼，又不可昧处馈之义也。

曰："周之则受，赐之则不受，何也？"曰："不敢也。"曰："敢问其不敢何也？"曰："抱关击柝者皆有常职以食于上，无常职而赐于上者，以为不恭也。"

解 赐，是予以常禄。万章又问孟子说："人君待士，馈之以粟，赐之以禄，同一赐予也。乃士于所周之粟则受，于所赐之禄则不受，此何谓乎？"孟子答说："士之不敢受赐，即是不敢托于诸侯之意，分有所不敢也。"万章问说："敢问不敢受君之赐，何谓也？"孟子答说："君之待民，与所以待臣，其礼不同。人臣受职任事，虽微如抱关击柝之吏，皆有所守之常职，自当有所赐之常禄，以食于上，此人臣之分，而亦人君待臣之礼也。若士而未仕，则无常职矣。无常职，则不当受常禄矣。若无常职，而受所赐之常禄，则是以庶人，而上同于在位之臣，越礼犯分，不恭孰甚焉，此所以不敢受其赐也。夫为士者，上既不敢比于有国之君而托其身，下又不敢比于有位之臣而受其赐，则其所遇，亦甚穷矣。穷而能以礼自处，不为苟得，此士之所以可贵也。"

曰："君馈之，则受之，不识可常继乎？"曰："缪公之于子思也，亟问，亟馈鼎肉。子思不悦。于卒也，摽使者出诸大门之外，北面稽首再拜①而不受，曰：'今而后知君之犬马畜伋。'盖自是台②无馈也。悦贤不能举，又不能养，可谓悦贤乎？"

解 亟，是频数。卒，是末后。摽（biāo），是以手麾斥。伋，是子思的名。台，是使令人役。万章又问孟子说："士不敢受君之赐，独君馈之则受，不识君之致馈于士，亦可常常继续乎？"孟子答说："人君致馈于士，固不可不继而失之疏，亦不可常继而失之数。昔者鲁缪公之于子思也，慕其贤而尊礼之，数使人问候以通其意，且数馈鼎肉以致其飨，自以为能养贤矣。但数以君命来馈，未免使子思有数拜之劳，子思因是不悦，乃于其末后来馈之时，麾使者出于大门之外，北面稽首再拜而辞其馈，说道：'始吾以君致馈于伋，待伋甚厚也。自今而后，知君之于伋，食而弗爱，但以畜（xù）犬

【注】

①稽（qǐ）首再拜：稽首，古代的一种礼节，跪下，拱手至地，头也至地；再拜，作揖两次。下文"再拜稽首"是吉拜，表示接受礼物；此处"稽首再拜"是凶拜，表示拒绝礼物。

②台：古代贱职之称。指上文的"使者"。

马者，畜之而已。'缪（mù）公闻子思之言，幡然悔悟，从此不敢复遣台官来致馈也。盖人君悦贤之道，固贵于能养，尤贵于能举。缪公之于子思，既不能与共天位以养贤，又不能曲尽诚意以养贤，乃徒屑屑于问馈之间，岂可谓悦贤之道乎？"此子思所以不悦于卒，而力辞其馈也。然则人君之致馈于贤者，固当为可继，尤当顾其所安。而君子之受馈，亦自有道，而不可苟矣。

曰："敢问国君欲养君子，如何斯可谓养矣？"曰："以君命将之，再拜稽首而受。其后廪人继粟，庖人继肉，不以君命将之。子思以为鼎肉使己仆仆尔亟拜也，非养君子之道也。"

解 仆仆，是烦琐的意思。万章又问孟子说："缪公于子思，固未可谓悦贤矣。敢问国君欲养君子，必如何方为能尽其道乎？"孟子答说："国君养贤，始而不将之以君命，则为简礼。故当始馈之时，于凡粟肉之赐，必遣人以君命致之，使道其礼意之诚，时则贤者敬君之命，再拜稽首而受，此始馈之礼宜然也。自是以后，则但分命有司供其匮乏，使廪人继之以粟，疱人继之以肉，不复以君命将之，使免于拜赐之劳，此继馈之礼宜然也。缪公昧于此礼，数以君命致馈，子思意以为鼎肉之微，而使己仆仆然拜赐之不暇，非养君子之道也。此所以摽使者于门外，而不肯受其馈也。知子思所以不受缪公之馈，则知国君养贤之礼，不在于供馈之频烦，而在于礼意之周至矣。"

"尧之于舜也，使其子九男事之，二女女焉，百官牛羊仓廪备，以养舜于畎亩之中，后举而加诸上位，故曰王公之尊贤者也。"

解 孟子又告万章说："国君馈士，而曲尽其礼，此但可谓之养贤，未可谓之尊贤也。其惟尧之于舜乎。昔者帝尧之于舜也，知其有非常之具，因待之以非常之礼。使其子九男事之，以治其外；二女妻之，以治其内；又承之以百官，给之以牛羊、仓廪，无一之不备，以养舜于畎亩之中。后乃举而加之上位，任以百揆四岳之职，与之治天位焉，食天禄焉。此乃能养能举，所以谓之王公之尊贤也。岂但廪人继粟，疱人继肉，徒饰问馈之弥文而已哉？"然则人君欲尽养贤之道，诚不可不知所以用贤矣。养之而无以用之，贤者尚不可以虚拘，而况于并废养贤之礼者乎？

10.7 万章曰："敢问不见诸侯，何义也？"孟子曰："在国曰市井之臣，在野曰草莽之臣，皆谓庶人。庶人不传质为臣，不敢见于诸侯，礼也。"

解　传，是相通的意思。质，是相见所执之物。万章问于孟子说："士以行道为心，则当以得君为急。乃高尚其志，不肯往见诸侯，敢问此何义乎？"孟子答说："士之不见诸侯，非自尊大也，分有所不敢耳。盖朝野之地位悬殊，臣民之名分亦异。有居于国都之中，日往来于廛市的，这叫做市井之臣；有居于郊野之外，日作息于田亩的，这叫做草莽之臣。这两样人，通叫做庶人。大凡在位之臣，必执赘以通于君，而后敢见。乃庶人则未尝传质为臣，是其迹犹未离乎市井之微，草莽之贱也。其不敢见于诸侯，正所以安庶人之分，而不敢同于在位之臣，以礼自守而已。使越礼以求见，岂能免于干进之辱哉？"

万章曰："庶人，召之役，则往役；君欲见之，召之，则不往见之，何也？"曰："往役，义也；往见，不义也。"

解　万章又问孟子说："士未传赘为臣，既以庶人自处，则当惟君命是从矣。今国君召庶人而役之，庶人则往役而不敢后，君欲见士而召之，士则不肯轻身往见，何也？"孟子答说："士与庶人，语分则不异，语道则有异。为庶人者，率子民之职，供力役之征，其所以趋事赴工而不敢后者，乃是以分自守，义当然也。若为士者，欲以道而见用于世，必以道而自重其身。若召之而即往，则未免枉道以徇人，守己之义，不如是也。然则士之可使往役，而不可使往见者，惟其以道自重焉耳。然则人君欲见贤，而可不隆下贤之礼哉。"

"且君之欲见之也，何为也哉？"曰："为其多闻也，为其贤也。"曰："为其多闻也，则天子不召师，而况诸侯乎？为其贤也，则吾未闻欲见贤而召之也。"

解　孟子以士不可召之义告万章，恐其未达，乃问之说道："士所以不往见诸侯者，非一见之难也，盖必有其故矣。吾且问子，诸侯之于士，所以汲汲然欲求其一见者，其意果何所为也哉？"万章答说："国君所资于士者，有两件：一件为其博闻多识，可以为考德向业之资；一件为其体道成身，可以为正君善俗之助，此其所以欲见之也。"孟子说道："国君见士之意，使不为其多闻与贤则已，如为其多闻，而欲资之以讲明道理，是师道之所在也。既有师道，虽尊如天子，犹且学而不臣，不可召见，而况诸侯一国之主耳，犹可以召师乎？既为其贤，而欲资之以赞襄治化，是德义之可尊也。既尊其德，虽折节下交，欲有谋焉就之，亦不为屈，乃欲召之往见，则岂吾之所闻者乎？知国君之不可召士，则士之不可往见明矣。"

"缪公亟见于子思，曰：'古千乘之国以友士，何如？'子思不悦，曰：'古之人有言曰"事之云乎"，岂曰友之云乎？'子思之不悦也，岂不曰：'以位，则子，君也；我，臣也；何敢与君友也？以德，则子事我者也，奚可以与我友？'千乘之君求与之友而不可得也，而况可召与？"

解　孟子又告万章说："欲知国君不可召士，观缪公于子思之事可见矣。昔者缪公知子思之贤而数见之，因问于子思说：'古者千乘之君，忘分下交，与韦布之士为友，则何如？'缪公此言，分明有自矜之意，于是子思艴然不悦，答说：'吾闻古之人有言："国君之于贤者，当尊之以师道，事之云乎。"岂但如君所言，友之云乎？'吾想子思不悦缪公之意，岂不以为：'君臣之际，以爵位言之，则子尊而在上为君，我卑而在下为臣，势分悬绝，何敢与君友也？若以道德言之，我则系师表之望，子当以师道事我者也，奚可与我平交而为友乎？'由子思之言推之，千乘之君求与一介之士为友，且不可得，况欲召之往见？则所以待士之礼，又出缪公之下矣，士岂肯应其召哉？"

"齐景公田，招虞人以旌，不至，将杀之。'志士不忘在沟壑，勇士不忘丧其元。'孔子奚取焉？取非其招不往也。"曰："敢问招虞人何以？"曰："以皮冠。庶人以旃，士以旂，大夫以旌。"

解 虞人，是守苑囿之吏。皮冠，是田猎之冠。通帛为旗叫做旃，旗上有交龙叫做旂，析羽叫做旌。孟子又告万章说："君不可以召士，不但征诸子思之言，观虞人之事又可知矣。昔者齐景公将有事于田猎，使人执析羽之旌，招虞人以供事，虞人不至，景公怒，将执而杀之。孔子赞美说：'志士固穷，常念弃沟壑而不悔；勇士轻生，常念丧其首而不顾。'若虞人者，足以当之矣。夫孔子何取于虞人而赞美若此？盖旌本非招虞人之物。招非其物，虽死不往，孔子所以取之也。"万章因问孟子说："旌非所以招虞人，然则招虞人当用何物乎？"孟子答说："虞人以田猎为职，则招虞人者，当以皮冠，从其所有事也。若庶人未仕者，则招之以通帛之旃，盖有取于朴素之质。士已仕在位者，则招之以交龙之旂，盖有取于变化之象。然皆不敢用旌，惟有家之大夫，方用析羽之旌招之。"盖以大夫羽仪朝著，有文明之德，故招之以旌，以明其不同于士庶也。景公乃以之而招虞人，此虞人所以虽死而不敢应其招耳。夫以虞人贱役，尚知守官如此；士乃不知守道，而应诸侯之召，曾虞人之不若矣，贤者肯为之哉！

"以大夫之招招虞人，虞人死不敢往；以士之招招庶人，庶人岂敢往哉？况乎以不贤人之招招贤人乎？"

解 孟子又告万章说道："天下有一定之名分，则各有一定之法守。今以招大夫之旌招虞人，虞人宁死而不敢往。即此推之，使以招上之旂而招庶人，庶人岂敢不安其分，而往应其召哉？夫旌之与旂，贵者之招也。以贵者之招招贱者，虽非其物，犹为宠异之、优厚之，而尚不肯往，况乎召使往见，此乃招不贤人之道也。以不贤人之招招贤人，则轻慢之、屈辱之甚矣。贤人以道自重者，岂肯往应其召乎？知贤人之不可召，而国君见贤，固必有其道矣。"

"欲见贤人而不以其道，犹欲其入而闭之门也。夫义，路也；礼，门也。惟君子能由是路，出入是门也。《诗》云；'周道如底，其直如矢。君子所履，小人所视。'"

解　底，是砺石，取其平正的意思。孟子又告万章说："即贤人之不可召，则知国君见贤，或近而就见，或远而币聘，当必以道而后可也。使以不贤人之招，招之，则是欲见而不以其道，就如欲人之入室，却闭了门的一般，贤者何由而得见乎？盖欲见贤人，须先开其门路。所谓门路，礼义而已。义以制事，坦然为荡平之道，是人所共由之路也；礼以治躬，截然为中正之闲。是人所当出入之门也，而能循之者少矣。惟是君子识见高明，志趣端正，为能非义无行，所往来者，必由是路焉。非礼弗履，所出入者必由是门焉。其立身行己，一于道而不苟如此。《诗经·小雅·大东》之篇有云：'瞻彼周道，其宽平如砥而不险陂，正直如矢而不邪曲。是乃君子之所践履，小人之所视效者也。'观《诗》之所言，所谓君子能由义路，而出入礼门，因可知矣。夫君子以义礼自守如此，若往应不贤人之招，则是舍正路而不由，逾大闲而妄入，失己甚矣，岂其所肯为者哉？此欲见贤人者，必不可不由其道也。"

万章曰："孔子，君命召，不俟驾而行，然则孔子非与？"曰："孔子当仕有官职，而以其官召之也。"

解　万章又问孟子说："士以礼义自守，可以不应君召矣。乃若孔子承君之召，不待驾而即行，其趋命如此之速，独不知有礼义之可守与？"孟子答说："未仕之士，与已仕之臣，所处不同。孔子当仕于鲁，由中都宰而为司空，由司空而为司寇，时皆有官职之当守。鲁君以其官来召，则当以其官应召，此正人臣官守之常，义不可违，礼不容缓者，所以不俟驾而行也。若士未传质为臣而无官职，是亦市井草莽之臣耳，安得与孔子应召之事并论乎？此章见上下有相临之分，分之所在，圣如孔子，不可得而违。士人有自守之节，节之所在，贱如虞人，不可得而屈。人君待之，各尽其道，则名分辨，而节义亦无不伸矣。"

10.8 孟子谓万章曰："一乡之善士斯友一乡之善士，一国之善士斯友一国之善士，天下之善士斯友天下之善士。"

解 孟子教万章说道："君子进善之益，固当博资于人，尤当兼备于己。试以取友而言，人孰不欲尽善士而与之为友，然在我之善未广，则在人之善难兼，其所友者几何？是必我之德行道艺，盖于一乡，而卓然为一乡之善士，然后举一乡之贤者、能者，我可得而友之，而一乡之善，皆吾善矣。我之德行道艺，盖于一国，而卓然为一国之善士，然后举一国之贤者、能者，我可得而友之，而一国之善，皆吾善矣。推而至于天下之大，使我之德行道艺，足以度越一世，而卓然为天下之善士，则将尽天下之贤者、能者，我皆得而友之，而天下之善，皆吾善矣。取友而至于尽天下之善士，斯可以为天下之一人，而一乡一国，岂足道哉？"然则君子取友，欲以广受善之益，诚不可不自力于进善之功矣。

"以友天下之善士为未足，又尚论古之人。颂其诗，读其书，不知其人，可乎？是以论其世也，是尚友也。"

解 "尚"字，与"上"字同。孟子又告万章说："君子取友而至于尽天下之善士，则其取善之量，固已通天下为一身矣。乃其向往之念，看得宇宙甚大，虽友天下之善士，只做眼前世界中人，其心犹以为未足也。又进而考论乎千百世之上，稽古帝王贤圣之为人焉。古人之言载于《诗》也，则颂其《诗》而讽咏乎《雅》《颂》之音；古人之言载于《书》也，则读其《书》而探索乎《典》

【注】

① 指：同"旨"，意义。

《谟》之指①。此于言语文字之间，固可以仰窥古人之遗训矣，使不详其为人之实，则所诵说者，亦徒陈言而已，可乎？是以必论其世代之殊，考其行事之异。如论唐、虞之世，则当知尧、舜之道德，何以独隆；论三代之世，则当知禹、汤、文、武之功业，何以独盛。如此，则诵读之传，不但为口耳之资，而体验之真，尽契其精神之蕴。是身居于千载之下，而心乎于千载之上，真与古之帝王同游，圣贤为侣，而所友者，不止于今世之士矣，所以说是'尚友'也。至于尚友，而后取友之道无以复加，以此见友道之无穷，而君子进善之心，未可以自足也。自足则满，满则不复有进矣。"《易》曰："君子以虚受人。"戒自满也，进善者所当知。

10.9 齐宣王问卿。孟子曰："王何卿之问也？"王曰："卿不同乎？"曰："不同；有贵戚之卿，有异姓之卿。"王曰："请问贵戚之卿。"曰："君有大过则谏；反覆之而不听，则易位。"

解　昔者孟子为卿于齐，齐宣王就把为卿的道理问于孟子，盖欲得其设官分职之意也。孟子答说："王之所问，是何等样卿？"宣王说："卿只是一样的官，也有不同乎？"孟子答说："卿之列爵虽同，而委任则异。有就国君同姓之中，选择其贤者，而命之为卿，这叫做贵戚之卿；有就士大夫异姓之中，选择其贤者，而命之为卿，这叫做异姓之卿。卿之不同如此。"宣王问说："卿既有两样，请问贵戚之卿何如？"孟子答说："所谓贵戚之卿者，与君有亲亲之恩，幸而君无大过，与国同休，固其所甚愿也。设或君德不修，至于荒淫暴虐，有大过彰闻于外，则当正言以规谏之。谏之不从，不以一谏而遂止，必至再至三，反覆匡救，务使其翻然悔悟而后已焉。使或执迷而不肯听，忠言既无可入之机，此身又无可去之义，安忍坐视其乱而不为之处，则当易置君位，更择宗族之贤者立之，庶以扶社稷于将危，全宗祀于未坠。此亲臣义同休戚，达权救变之道当然也。所谓贵戚之卿盖如此。"

王勃然变乎色。曰："王勿异也。王问臣，臣不敢不以正对。"王色定，然后请问异姓之卿。曰："君有过则谏，反覆之而不听，则去。"

（解）勃然，是变色的模样。宣王闻孟子易位之说，疑其言之太过，不觉勃然变色。孟子乃正言以安之说："王勿怪臣之言为太甚也。王既有问于臣，臣不敢不以正对。若有所避讳而不言，则隐情而不直矣，臣岂敢哉！"宣主颜色稍定，然后问于孟子说："请问异姓之卿何如？"孟子答说："异姓之卿与贵戚之卿稍异，其引君于道，非必有大过而后谏也。或用人之失，行政之差，当随事匡救者，知无不言，言无不尽。亦不以一谏而遂止，必再三开导于其前，以庶几其一听。至于反覆规谏而不从，上无受善之诚，斯下无可留之义矣，安能恋恋爵位，而久居其国乎？则有见几而作，浩然长往而已。所谓异姓之卿盖如此。"夫贵戚、异姓之卿虽有不同，然一则以宗社为重，一则以正君为急，其反覆规谏，同一忠爱之心。至于不幸而易位、而去国，皆非其情之得已也。人君诚能体亲贤之意，以思自立于无过，则可以贻宗社永固之休，成君臣始终之美矣。

告子章句　上

11.1 告子曰："性，犹杞柳也；义，犹桮棬也。以人性为仁义，犹以杞柳为桮、棬。"孟子曰："子能顺杞、柳之性而以为桮棬乎？将戕贼杞柳而后以为桮棬也？如将戕贼杞、柳而以为桮、棬，则亦将戕贼人以为仁义与？率天下之人而祸仁义者，必子之言夫！"

解 杞柳，是柜柳，其条可编造器用的。桮棬（bēi quān），即杞柳所造盘樏^①之类。告子有疑于孟子性善之言，因辨之说道："夫子以人性本善，是将仁义看做性中固有之物，无待于外求矣。自我言之，性是天生成的，就如木中之杞柳一般，仁义是人做造的，就如器中之桮棬一般。人性中本无仁义，必须矫揉造作，而后有仁义，就如杞柳本非桮棬，必须矫揉造作，而后可以成桮棬也。今谓性善，是执其人为之勉然者，而指以为天性之自然，非定论矣。"孟子因折其非，说道："物有异形，心无二理，杞柳、桮棬何可以比人性？吾且问子：子果能顺杞柳之性，不加矫揉，即成桮棬之器乎？必将戕贼杞柳之性，斩伐之，屈折之，而后可以成桮棬之器也。若将戕贼杞柳而后可以成桮棬，亦将戕贼人性，斩伐之，屈折之，而后可以成仁义与？戕贼可施于杞柳，而不可施于人性，则人性至顺而无待于勉强明矣。子乃谓仁义出于人为，非其本有，此言一出，天下之言性者，必将谓仁义非性分之理，弃之而不肯为矣。是率天下之人而祸仁义之道者，必自子之此言始也，其害可胜言哉。战国之时，性学不明，人各据其意见之偏以论性，故告子有杞柳之喻，而孟子力折其妄如此。

【注】
① 樏（kē）：古代盛酒的器具。

11.2 告子曰："性犹湍水也，决诸东方则东流，决诸西方则流。人性之无分于善不善也，犹水之无分于东西也。"孟子曰；"水信无分于东西，无分于上下乎？人

【注】

①江、淮、河、海：分别指长江、淮河、黄河、海河。

性之善也，犹水之就下也，人无有不善，水无有不下。"

🔴**解**　湍水，是坎中旋转不定之水。告子谓性为恶，因以杞柳为喻，闻孟子之言尚未尽解，乃又小变其说，说道："人性谓之为恶固不可，谓之纯然为善亦不可。看来性无定体，犹之湍聚之水，潆回圆转，本无定向，决而引之于东则流于东，决而引之于西，则流于西，人性无分于善不善，顾人所习何如，是即湍水之无分于东西，顾人所决何如耳。"告子之言如此，是以性为无善无不善，犹不知性之本善也。孟子就其言而折之说道："子以水论性，谓水可东可西，信无分于东西矣，然岂无分于上下乎？盖水之东西无常，而就下有常，其可决而东者，必东方之地势为下也，可决而西者，必西方之地势为下也。人性之本然，但可以为善，犹之水性之本然，但可以就下。举天下之人，虽有圣愚、贤不肖之殊，然论其性，圣贤此善，愚不肖亦此善，其有不善，非性之本体矣。就如天下之水，虽有江、淮、河、海之异①，若论其性，江淮此下，河海亦此下，其有不下，非水之本性矣。知水之必下，则知性之本善，乃谓无分于善不善，岂知性也哉！"

"今夫水，搏而跃之，可使过颡；激而行之，可使在山，是岂水之性哉？其势则然也。人之可使为不善，其性亦犹是也。"

🔴**解**　搏，是排击。跃，是跳跃。颡（sǎng），是额。孟子又告告子曰："人性之本善，固犹水性之本下矣。其有不善，则岂理之本然也哉！今夫水性就下，本无过颡在山之理也，惟逆其上流，从下面搏击之，则可使之跳跃，而上过乎颡。遏其下流，从上面拥迫之，则可使之冲激，而上至乎山。过颡在山，此岂水之本性则然哉！搏之不容于不跃，激之不容于不行，人力所为，势不得不然也。然则人性本善，乃亦可使为不善者，或为气禀所拘，或为物欲所蔽，亦犹水之过颡、在山，由人为之使然耳，岂本然之良也哉！"于此见性本善也，故顺之而无不善，本无恶也，由反之而后为恶。故前章以杞柳论性，则致辨于戕贼之害，此章以湍水论性，则致辨于搏激之害，皆欲人谨之于为，以全天命之本然也。

11.3 告子曰："生之谓性。"孟子曰："生之谓性也，犹白之谓白与？"曰："然。""白羽之白也，犹白雪之白，白雪之白犹白玉之白与？"曰："然。"

解　生，指人物之知觉运动而言。告子认生为性，前既以杞柳湍水为喻，至此又复辩论说道："我所谓性无分于善不善者，盖以人有此生，斯有此性，性之在人，与生俱生者也。其生而有知觉，知觉即性也。生而能运动，运动即性也。知觉运动之外，更别无性，又何分于善不善哉？"告子论性之病，其原皆出于此。孟子因诘问说："子以人生而有知觉运动，便谓之性，犹如凡物之白者，同叫做白，更无分别与？"告子答说："然。白之为色既同，则称之为白，固当不异也。"孟子又诘问说："天下之物，号为白者亦多矣，今若比而同之，则白羽之白，即如白雪之白；白雪之白，即如白玉之白，更无分别与？"告子答说："然。白羽此白也，白雪、白玉，亦此白也。其白既同，安得不同谓之白乎？"告子之言如此，是徒泥（nì）其色之同，而不思其质之异，固亦甚矣。

"然则犬之性，犹牛之性，牛之性，犹人之性与？"

解　孟子因告子坚执"白之谓白"之说，乃折之说道："性不可一致而论，犹白不可一律而观也。子说凡物之白，都可谓之白；则凡人物之生，都可谓之性矣。然则人有知觉运动，犬与牛亦有知觉运动也。犬之性，将无异于牛之性；牛之性，将无异于人之性与？殊不知以生而言，物之知觉运动，若与人同；以生之理而言，人有仁义礼智之禀，则与物异，何可比而同之也！子乃

谓生之谓性，是同人道于牛犬矣，何其悖理之甚哉！"此告子理屈
词穷而不能为之对也。

11.4 告子曰："食色，性也。仁，内也，非外也；义，外也，非内也。"孟子曰："何以谓仁内义外也？"曰："彼长而我长之 ①，非有长于我也，犹彼白而我白之，从其白于外也，故谓之外也。"

解　告子以人之知觉运动为性，终不肯屈于孟子之辩，至此又说道："欲知生之谓性，求之仁义则难明，验之食色则易见，故口之于味，食而甘之，目之于色，见而悦之，嗜欲之所在，是即天性之所在也。知食色之为性，则知甘之悦之之念生于内，是仁爱之心，乃在内，非在外也。可甘可悦之物在于外，是事物之宜乃在外，非在内也。然则人但当用力于仁，而不必求合于义矣。"孟子说："仁义本同一理，而理皆根于一心，子乃谓仁在内，义独在外，果何所见乎？"告子答说："我谓义为外者，盖以义主于敬，而敬莫先于敬长，今有人焉，其年长于我，我即以彼为长，是因其长在于彼，斯从而长之，非先有长之之心存于内也。即如彼之色白，我即以彼为白，是因其白见于外，斯从而白之，亦非先有白之之心也。长与白，皆在于人，而长之白之不由于我，此我所以谓义之在外也。"然告子徒知彼长彼白之在于外，而不知我长我白之本于心，徇外而遗内，则亦岂得为通论哉！

曰："异于白马之白也，无以异于白人之白也。不识长马之长也，无以异于长人之长与？且谓长者义乎，长之者义乎？"

解　首"异于"二字是多了的。孟子闻告子彼长我长之说，因折

之说道："子谓彼长而我长之，犹彼白而我白之，遂以义为在外，不知长人之长，与白人之白不同。盖马白而我以为白，犹人之白而我以为白，是诚无以异也。若夫马有长者，人亦有长者，不识长马之长，亦与长人之长，无亦异乎？自我言之，长马之长，不过口称其长而已，若长人之长，则必有恭敬逊让之礼，岂得同于长马之长乎？白马白人不异，则子谓从其白于外，犹之可也，长马、长人不同，子乃谓之非有长于我，大不可矣。且子所谓义者，果何在乎？将以长者、年长于我，为义之所在乎？抑将以长之者、恭敬逊让，为义之所在乎？如以长者为义，则义诚在外矣，若义不在彼之长，而在我长之之心，则安得谓义为在外乎？"

曰："吾弟则爱之，秦人之弟则不爱也，是以我为悦者也，故谓之内。长楚人之长，亦长吾之长，是以长为悦者也，故谓之外也。"曰："耆秦人之炙，无以异于耆吾炙，夫物则亦有然者也，然则耆炙亦有外与？"

解 炙，是烧肉。"耆（shì）"字，与"嗜"字同。告子因孟子以长之之心为义，不得于心，又辩说道："我所谓义外者，义虽不因长而后有，实因长而转移者也。试以仁之在内者观之，吾之弟与我同气之亲也，我则爱之，秦人之弟，非我族类，我则不爱也，均之为弟，而有爱有不爱，是仁爱之念，由我之喜悦而生，我所不悦者，不能强也。此所以说仁在内也。若义则不然，楚人之长，吾固敬事之，吾之长，吾亦敬事之，均之为长，则均之为敬，是喜悦之宜，以彼之年长为主，亲疏之不同，非所论者也。此所以说义在外也。"告子此言，是终以长者为义，不知长之者为义矣。然甘食悦色，则告子之所明者，孟子乃因明以通其蔽，说道："长楚人之长，亦长吾之长，岂但长长有同然之情哉！秦人之炙，吾食而嗜之，吾之炙，吾亦食而嗜之，味同则嗜同，在物则亦有然矣。今子以长在外，而谓长之亦在外，然则秦人之炙，吾之炙，固皆在外者也。而所嗜炙之心，亦在外而不在内与？自我言之，炙虽在外，而所以嗜之者心也，正如长虽在外，而所以长之者心也，子知甘食之由于心，而独以敬长为外，则何其明于彼，而暗于此哉？"然告子以义为外，固未为知义。其所谓仁内，亦未必知仁。盖仁者恻隐之心，天地万物一体之念，而非甘食悦色之谓也。肥酸为腐肠之药，妖冶为伐性之斤，以斯言仁，则何啻认盗为主，纵人欲而灭天理乎？此孟子所以深斥其谬也。

11.5 孟季子问公都子日："何以谓义内也？"日："行吾敬，故谓之内也。"

解　孟季子，是孟子族弟。公都子，是孟子门人。孟季子闻孟子义内之说，未达其旨，乃私问于公都子说："人皆以义为在外，夫子独以义为在内，此其说果何谓乎？"公都子答说："义主于敬，知敬之所自出，则知义之在内矣。有人于此，或齿尊于我而我敬之，或德尊于我而我敬之，所敬之人，虽若在外，然知其齿之当敬，而行吾尚齿之心以敬之，知其德之当敬，而行吾尚德之心以敬之，有是恭敬之心，斯有是恭敬之礼，则敬固由中出，而非由外至者也。敬在吾心而不在外，则义之非外明矣，此所以说义在内也。"

"乡人长于伯兄一岁，则谁敬？"日："敬兄。""酌则谁先？"日："先酌乡人。""所敬在此，所长在彼，果在外，非由内也。"

解　伯兄，是长兄。孟季子闻公都子之言，犹未能达，乃又辩说："子以行吾敬明义之在内，似谓敬即义矣，不知敬义固当有辨也。试以敬长而言，伯兄长于我，我所敬也，设使乡人又长于伯兄一岁，则将敬伯兄乎？敬乡人乎？"公都子答说："敬以亲疏为杀①，乡人虽长，疏不逾戚，必当敬兄也。"季子又问说："伯兄当敬固矣，设使乡人饮酒，有伯兄在，则当先酌谁乎？"公都子答说："酌以宾主为序，伯兄虽亲，主不先客，必当先酌乡人也。"孟季子遂就公都子之言强辩说道："义果在内，则敬有常尊可也，今所敬者，既在于伯兄，以为长而先酌者，又在于乡人，则是所敬所长，因人以为转移，于此于彼，屡变而无定在，随时制宜之权，主张全不由我，义果在于外，而非由于内也，安得谓行吾敬，为在内乎？"然季子徒知所敬所长之人在外，而不知敬之长之之心，却在于内，盖徒强辨以求胜，而卒不能不屈于正论也。

公都子不能答，以告孟子，孟子曰："敬叔父乎？敬弟乎？彼将曰：'敬叔父。'曰：'弟为尸，则谁敬？'彼将曰：'敬弟。'子曰：'恶[1]在其敬叔父也？'彼将曰：'在位故也。'子亦曰：'在位故也。庸[2]敬在兄，斯须之敬在乡人。'"

【注】

[1] 恶（wū）：语助词。

[2] 庸：平常。

解　凡祭祖考，立子弟为主以象神，叫做尸。斯须，是暂时。孟季子以敬长之心，皆随人转移，谓义非由内。公都子屈于其辩，而不能答，乃述其言以告孟子，孟子教公都子说："敬长之心，本在于内，而季子以为在外，即如所言，亦何难辩之有？子试问他：'弟与叔父皆至亲也，将敬叔父乎？敬弟乎？'彼将答说：'家庭之间，所尊者父兄，弟卑而叔父尊，当敬叔父矣。'子又问他说：'弟为尸以象祖考，则将谁敬乎？'彼将答曰：'宗庙之间，所敬者祖考，叔父虽尊而尸犹尊，将敬弟矣。'子又问他说：'既说敬弟，则叔父不得伸其尊矣，安在其为敬叔父也？'彼将应子说：'我所谓敬弟，盖因弟在象神之位，故敬之，非以卑而逾尊也。'子便可说：'我前所谓先酌乡人，也是为乡人在宾客之位，故先酌之，非以疏而加亲也。盖兄在家庭之间，无时而不敬，是庸敬在兄也，就如叔父有常尊的一般；乡人在酌酒之时，有时而当敬，是斯须之敬，在乡人也，就如弟在尸位，暂时崇奉的一般。'因时制宜，通变之权，皆由中出，义之在内明矣。持此以折彼，彼将何词之可辨乎？"

季子闻之，曰："敬叔父则敬，敬弟则敬，果在外，非由内也。"公都子曰："冬日则饮汤，夏日则饮水，然则饮食亦在外也？"

　解　孟季子闻孟子教公都子之言，心犹未悟，又向公都子辩说："敬之所施，诚如夫子之言，当其尊在叔父，则敬心由叔父而生，而因致敬于叔父。及弟在尸位，则敬心由尸而生，而因致敬于弟，敬由中出，感由外至，义果在外，非由内矣。"季子之言如此，盖由执所敬在此，所长在彼之见，而未能解也。公都子乃即易见者晓之说道："子以敬为在外，何不观饮食之事乎？冬日可饮汤也，则从而饮汤。夏日可饮水也，则从而饮水。汤水之宜，因时而变易，正如当敬叔父则敬，当敬弟则敬，致敬之节因人而化裁也。今子谓敬在外，而不在内，然则饮食之宜，亦在于物，而不由于我矣。殊不知汤与水虽在外，所以斟酌冬夏之宜而可饮则饮者，皆由心而生也。叔父与弟虽在外，所以斟酌常暂之宜，而可敬则敬者，亦皆由心而生也。义之在内，观于饮食之宜，而益明矣，岂可谓其在外也哉？"于是季子理屈词穷，不能复有所辩矣。夫告子、孟季子皆以义为在外，而孟子独辩其在内，反覆譬喻亲切如此，盖知仁义之在内，则知人性之善，而皆可以为尧、舜矣，其开世觉民之功，岂不大哉！

11.6 公都子曰："告子曰：'性无善无不善也。'或曰：'性可以为善，可以为不善。是故文武兴，则民好善，幽厉兴，则民好暴。'"

　解　公都子问于孟子说："性之在人，必有一定之理，而人之论性，亦宜有一定之见，何今之言性者，纷纷其不一也。告子论性，则谓人性浑然中藏，止能知觉运动而已，本无有于善，而不可以善名，亦无有于不善，而不可以不善名，此一说也。或者又说人性本无定体，习于善则可以为善，习于不善，则可以为不善，是故有文武之君在上，率民以善，则民皆翕然而从于善，非其性之本善，习俗使然也。以幽、厉之君在上，率民以暴，则民亦翕然而从于暴，非其性之本恶，亦习俗使然也。此可见性之系于所习，而可以为善，可以为不善也。又一说也。"夫是二者，一则谓善恶非出于性，一则谓善恶惟系于习，其说之不同如此。

"或曰：'有性善，有性不善；是故以尧为君而有象，以瞽瞍为父而有舜；以纣为兄之子，且以为君，而有微子启、王子比干。'今曰性善，然则彼皆非与？"

解 公都子又问孟子说："天下之言性者，不但如前二说而已，或者又说，性禀于有生之初，非人力所能移也。有生来性善的，虽染于恶而亦不为恶，有生来性不善的，虽导以善而亦不能化于善，是故以尧为君，宜无不善之民，而有象之凶傲，是象之性本恶，而帝尧不能使之改也，岂非不善之一定者乎？以瞽瞍之顽为父，而有舜之圣子，以纣之恶，为兄之子，且以为君，而有微子启，与王子比干之贤，是舜与微子比干之性本善，而瞽瞍商纣不能为之累也，岂非善之一定者乎？由诸说观之，或言善恶皆性之所无，或言善恶皆性之所有，未有以性为本善者。今夫子论性独谓其有善而无恶，然则诸家之说，岂皆差谬而无一言之当者与？在夫子折衷众论，必有一定之见，幸举以教我可焉。"

孟子曰："乃若其情，则可以为善矣，乃所谓善也。若夫为不善，非才之罪也。"

解 情，是从性中发见出来的。才，是情之能运用处。孟子答公都子说："众人论性，皆致疑于善恶之间，而我独以为善，非无谓也。盖论性于无感之时，其至善之中存者，尚不可得而知也。乃若其情之感物而动，动皆天理之公，触事而发，发皆人心之正，此则有和平而无乖戾，有顺利而非勉强，但可以为善，不可以为恶也。情既善，则性之本善可知矣。此吾所以谓性为至善也。 然天下不皆为善之人，乃有昏愚暴戾而为不善者，此岂其性情禀赋之殊，才质偏驳之罪哉！物欲之累，有以陷溺其良心；人为之私，有以戕贼其真性。 性本善而人自底于不善之归耳，所以说'非才之罪也'。 知才之善，则知情之善；知情之善，则知性之善。 而三说者，乃致疑于善恶之间，其说不亦谬乎？"

"恻隐之心，人皆有之；羞恶之心，人皆有之；恭敬之心，人皆有之；是非之心，人皆有之。 恻隐之心，仁也；羞恶之心，义也；恭敬之心，礼也；是非之心，智也。 仁、义、礼、智，非由外铄我也，我固有之也，弗思耳矣。 故曰：求则得之，舍则失之。 或相倍蓰而无算者，不能尽其才者也。"

解　铄，是以火销金，自外至内的意思。 倍，是一倍。 蓰（xǐ），是五倍。 算，是算术。 孟子又告公都子说："我谓即情之善，可以验性之善者，盖以人有此性，则有此情，同此情，则同此善。 故遇可伤可痛之事，则恻隐之心，人皆有之；遇可愧可憎之事，则羞恶之心，人皆有之。 以之交际往来，则恭敬之心，无一人不有；以之辨别可否，则是非之心，无一人不有，此情之可以为善也，而实根之于性。 盖仁主于爱，恻隐之心，乃吾性之仁所发也；义主于宜，羞恶之心，乃吾性之义所发也；礼主于敬，恭敬之心，由吾性之有礼也；智主于辩，是非之心，由吾性之有智也。 此仁、义、礼、智四者，岂是从外面铄入于内的？乃与生俱生，与形俱形，我所固有之天性也。 惟其为固有之理，所以发而为才，无有不可以为善者，但人自不思，而反求之于己耳。 所以说：'性具于心，苟思而求之，则得其理，而为圣为贤；舍之而不求，则失其理，而为愚为不肖。'其善恶相去之远，或差一倍，或差五倍，以至于大相悬绝，而不可计算者，由人自不思不求，不能察识而扩充之，以尽其才之分量耳。 其为不善，岂才之罪也哉！"

"《诗》曰：'天生蒸民，有物有则。民之秉夷，好是懿德。'①孔子曰：'为此诗者，其知道乎！故有物必有则，民之秉彝也，故好是懿德。'"

解 《诗》，是《大雅·蒸民》之篇。蒸，是众。物，指形气而言。则，指道理而言。夷，是常。懿，是美。孟子又告公都子曰："即情善以验性善，此非我之私言也，考之诗《大雅·蒸民》之篇有云：'天生众民，有物有则，言物与则，皆生理之出于天者也。民秉常性，好此美德，言所秉所好，皆良心之具于人者也。'孔子因读此诗而赞之说道：'作此诗者，其知情性之道乎？盖天之生人，既予之气以成形，必赋之理以成性。如耳目，物也，必有聪明之则；父子，物也，必有慈孝之则。形与理相合，道与器相贯，在天为定命，而生人得之，则为民所秉执之常性，亘古今而不变者也。惟其有此常性，是以存之于心，则为秉彝之良，发之于情，则为懿德之好。'如具耳目，便无不好聪明之美德；有父子，便无不好慈孝之美德。盖合圣愚而同然矣。使非同此秉彝之性，何以同此懿德之好乎？此诗人之言，所以为知道也。夫知物则为人之必有，则吾所谓性善可征矣。知好德为人之同然，则吾所谓情善可征矣。其有不好，是自丧其秉彝之良心者也，而岂才之罪哉！即此可以知人性之善，而彼三说者，不待辩而自见其谬矣。"

【注】

① 蒸：一作"烝"，众。物：事。则：法则。秉：持，拿。夷：此处应作"彝（yí）"，常道，通则。懿（yì）：美。

11.7 孟子曰："富岁，子弟多赖；凶岁，子弟多暴。非天之降才尔殊也，其所以陷溺其心者然也。"

解 富岁，是丰年。赖，是倚藉。孟子又明性善说："人性本有善而无恶，常情每因物而易迁。试观丰稔之年，人家子弟衣食充足，则有所赖藉，而为善者多，虽有为不善者少矣。凶荒之岁，人家子弟饥寒切身，则无所赖藉，而为暴者多，虽有为善者亦少矣。夫子弟一也，而凶岁多暴，独异于富岁之多赖者，非天之降才厚于彼而薄于此，如是其殊异也。良由饥寒迫于外，利欲攻其中，其礼义廉耻之心，就是陷于井而不能自全，溺于水而不能自拔的一般，此所以放僻邪侈，无所不至，为暴则易，为善则难也。夫岂才之罪哉！知为暴非才之罪，则知人性同归于善，而人当求识其本心矣。"

"今夫麰麦，播种而耰① 之，其地同，树之时又同，浡然② 而生，至于日至③ 之时皆熟矣。虽有不同，则地有肥硗，雨露之养，人事之不齐也。"

解　麰（mǒu），是大麦。耰（yōu），是覆种。硗（qiāo），是瘠薄。孟子又说："吾谓人性之同，观诸物理而自见。今夫麰麦之为物，播种而覆盖之，其地利同也，乘时而树蓻之，其天时同也。及其浡然而生，由苗而秀以至于日至之时，则不先不后，而收获之期又同矣。盖同一麰麦，则同一发生；同一发生，则同一成熟，固物性之自然者也。虽其间收获多寡，小有不同，则不过土壤之膏脉④ 有肥瘠，雨露之滋润有厚薄，人事之粪治⑤ 有勤惰之不齐耳。而麰麦之性，则何尝有不同者哉！"比类以观，人性之同可见，而容有陷溺其心者，信非由于降才之殊矣。

"故凡同类者，举相似也，何独至于人而疑之？圣人，与我同类者。"

解　孟子承上说："麰麦之类既同，则生成之性无二。由此推之，天下之物，除是类之不同，难可必其相似耳。但凡同类之物，其性未有不相似者也。类同，则性同，斯固物理之必然矣。何独至于人，而乃疑其不相似乎？虽圣人为人类之首出，若非我之所可及者，然而我此形体，圣人亦此形体，其所得于天地之气也是一般。我此性情，圣人亦此性情，其所得于天地之理，也是一般，岂人类之外，别有一等圣人，而与我大相殊绝者哉？知圣人与我同类，则知人性之皆善，而其有不善者，乃由于陷溺其心，不可归咎于性矣。"

"故龙子曰：'不知足而为屦，我知其不为蒉也。'屦之相似，天下之足同也。"

解 龙子，是古贤人。蒉（kuì），是草器。孟子承上文说："人性之同，不但有征于物类而已，验之人身，莫不皆然。尝闻龙子说道：'屦（jù）之为物，因足而制者也，织屦者，不知人足之大小，而任己意以为之，虽未必一一中度，然大以成大，小以成小，我知其必适于用，断不至去足之远，而为盛土之蒉也。'盖足有定形，则屦有定制，以一人观万人无弗同者，知天下无不同之屦，则知天下无不同之足矣。由足推之，而凡为足之类者，又安有不同者哉！"

"口之于味，有同耆^①也；易牙先得我口之所耆者也。如使口之于味也，其性与人殊，若犬马之与我不同类也，则天下何耆皆从易牙之于味也？至于味，天下期于易牙，是天下之口相似也。"

解 易牙，是古之知味者。孟子承上文说："人之形体，不但其足相似，惟口亦然。口之于饮食，诚有甘旨之味，未有不以为美而同其嗜好者也。故至今言饮食者，皆以易牙所调之味为美，非是他独能知味，不过于我众口之中，先得其嗜好之性耳。如使口之于味，所好不同，其性与人殊异，就如犬马之与我不同类的一般，则天下之人，其欲至不齐矣，何独所嗜好者，皆依从易牙所调之味而翕然以为美也。唯口之于味，天下皆期于易牙，而千万人无

【注】

① 耆（shì）：同"嗜"。

异好，是嗜味之性不殊，而天下之口，举相似也。比类以推，而形体之同，又岂止于口之同嗜也哉？"

"惟耳亦然。至于声，天下期于师旷，是天下之耳相似也。"

解　孟子承上文说："人之形体，不但其口相似，惟耳亦然。今观耳之于声，举天下之人，无有不期待于师旷者，师旷所审之音，其律吕之相宜，宫商之迭奏，无有不以为谐和中节，而翕然乐听之者，岂是师旷独能审音也，不过先得我耳之所同然耳。以耳之于声，天下皆期于师旷，是听德之聪不殊，而天下之耳举相似也。比类以推，而形体之同，又岂止于耳之同听哉！"

"惟目亦然。至于子都，天下莫不知其姣也，不知子都之姣者，无目者也。"

解　子都，是古之美人。"姣"字，解做"好"字。孟子又承上文说："人之形体，不但其耳相似，惟目亦然。古之言美色者，莫过于子都，至于子都之美，不但一人见之，而知其容色之姣好也。举天下之人见之，无不知其容色之姣好者。若于子都而不知其姣好，则必瞽目之人，视之而不见者耳。凡有目者，岂有不知其姣好者哉！以目之于色，天下期于子都，是可见天下之目相似也。比类以推，而形体之同，又有不止于目之同美者矣。"

"故曰，口之于味也，有同耆焉；耳之于声也，有同听焉；目之于色也，有同美焉；至于心，独无所同然乎？"

解　孟子承上文说："人有此形，即有此性。今观形体在人，无之不相似。所以说，口之于味，天下期于易牙，而知人之嗜味无不同焉。耳之于声，天下期于师旷，而知人之好音，无不同焉。目之于色，天下期于子都，而知人之悦色，无不同焉。夫口耳目，乃形气之粗者，尚皆有同然之性如此，至于心为一身之主宰，众动之纲维，又口之所以知嗜，耳之所以知听，目之所以知美者也，岂无以一人之心，合众人之心，而同以为然者乎？"盖既同得天地之气以成形，则必同得天地之理以成性，未有形体皆同，而虚灵不昧之真，反有独异者也。

"心之所同然者何也？谓理也，义也。圣人先得我心之所同然耳。故理义之悦我心，犹刍豢之悦我口。"

🔴解 道在事物为理，从心中裁处为义。凡牲畜草食的叫做刍，谷食的叫做豢（huàn）。孟子承上文说："观众体之相似，固可以知人心之有同然矣。心之所同然者，果何在乎？心无定体，以理为体，理在人心，无不同此统会之善者。心无定用，以义为用，义在人心，无不同此裁制之宜者。心所同然，谓此理义而已。圣人之心此理义，吾人之心亦此理义，但圣人知则先知，而于理义之所当然者，由之无不至，觉则先觉，而于理义之所以然者，察之无不精，惟能先得我心之所同然耳。而原其禀赋之良，则何尝加于吾性之外哉！故此理义之在我心，不独圣人悦之，人心无不悦之者。盖根之于心，同此秉彝之良，则悦之于心；同此懿德之好，就如刍豢之味，脍炙我口一般。举天下之人，无不口悦刍豢；则举天下之人，无不心悦理义。此理义所以为同然之心，而圣人所以与我同类也。彼为暴者，良由陷溺其心，而自丧其同然之美耳，岂其才之罪也哉！"人能反求诸身，而自得其理义之良心、油然乐善之衷，无为声色臭味所夺，则操存久而念虑纯，涵养熟而性真湛，圣人信可学而至矣。

11.8 孟子曰："牛山之木尝美矣，以其郊于大国也，斧斤伐之，可以为美乎？是其日夜之所息，雨露之所润，非无萌蘖之生焉，牛羊又从而牧之，是以若彼濯濯也。人见其濯濯也，以为未尝有材焉，此岂山之性也哉？"

🔴解 牛山，在齐国东南。萌，是芽。蘖（niè），是芽之旁出的。濯濯，是光洁的模样。孟子说："人心本自有天理之良，而善端每戕于物欲之害，观之山水，则可知矣。齐有牛山，其林木茂盛，昔尝见其美矣。但以其邻近都邑，在于大国之郊，举国之人，皆樵采于其中，斧斤之斩伐者众，而山木之茂盛者，遂失其常，尚能如昔日之美乎？然其根株之未尽拔者，日夜之所生息，雨露之所浸润，潜滋暗长，岂没有萌蘖之发焉？使这萌蘖无害，则林木或可复生，乃牛羊又从而践踏之，于是并这萌蘖之生，也不得遂其长养之性；而牛山之上，遂至于濯濯然光洁，更无材木之可观矣。人止见今日之牛山，濯濯然光洁，便说道昔日之牛山，就是如此，原未尝有材木之生，此岂山之性本然哉！山能生木，而不能免于斧斤之伐、牛羊之牧，是以至于无材耳。知山木之害，在于斧斤牛羊，而不当归咎于山，则人心之害，可以例推矣。”

“虽存乎人者，岂无仁义之心哉？其所以放其良心者，亦犹斧斤之于木也，旦旦而伐之，可以为美乎？”

解　孟子承上文说：“牛山之木，以有斧斤牛羊之害，遂至于失其美，则知濯濯者山之变，而有美材者，固山之常也。岂惟山有美材，虽存乎人者，本其有生之初，亦何尝无仁义之良心哉？盖吾人之心，皆有这恻隐羞恶之良，此乃不虑而知，不学而能，本然之善心，随感而即见，就如山木之尝美一般。但人不知有操存涵养之功，往往为外物所诱，情欲所牵。于是恻隐之心，反移于残忍；羞恶之心，反遂于贪昧。其所以放失其良心而不存者，亦如斧斤于山木一般。今日伐之，明日又伐之，欲山木之尝美，不可得矣。况以物欲之斧斤，而旦旦焉攻伐吾心之仁义，岂能保全其美，而不至于丧失也哉？”

“其日夜之所息，平旦之气，其好恶与人相近也者几希，则其旦昼之所为，有①梏亡之矣。”

解　平旦，是平明时候。梏（gù），是拘械不得转动的意思。孟

【注】
① 有（yòu）：同“又”。

子承上文说："人所以丧失其仁义之良心者，固由于物欲之害矣。然物欲能为人心之害，而不能使善端之终泯也。盖其日间纷扰，到得夜间宁静，其良心亦必有所生息；积而至于平旦之时，一物未接，正是夜气清明之际，此时良心发见（xiàn），善念萌生，也知好仁恶不仁，好义恶不义，其好恶大率与人公是公非之心，相去不远。但这一念之良，放失既久，发见甚微，所存者仅仅几希之间而已；使于此几希之理，培养而扩充之，则良心犹可望其复全也。夫何夜气之清明无几，而旦昼所为，复皆不仁不义之事，将那几希之善端，随即禁梏而亡失之矣。正如山林既伐，幸有萌蘗之生，牛羊又从而牧之也，良心安得不尽丧乎！"

"梏之反覆，则其夜气不足以存。夜气不足以存，则其违禽兽不远矣。人见其禽兽也，而以为未尝有才焉者，是岂人之情也哉！"

解 反覆，是展转更迭的意思。孟子承上文说："良心之既失，而仅存者，既不免于旦昼之梏亡矣，使其梏害未甚，则培养之功，犹可以复施也，惟是今日之所为，既害其昨夜之所息，今夜之所息，又不胜其明日之所为，日复一日，反覆相寻，滋息之机愈微，而梏亡之害愈数，由是夜气之生，寝薄寝消，而仁义之良心，将尽丧而无复存焉者矣。夜气既不足以存，则平旦之气，亦无复清明之候，必将好人所恶，恶人所好，而始焉与人相近者，今去禽兽不远矣。人见其所为，无异于禽兽，因说为天质之不美，本未尝有才。不知人情之常，但可以为善，不可以为恶，其为恶而至于去禽兽不远者，乃由于物欲之梏亡，旦昼之反覆，以至于此。若以为未尝有才，是岂人情之常也哉！"盖山木之美，山之常也，不可因其濯濯，而谓山之无材。好恶之正，人之常也，不可因其梏亡，而谓人性之无仁义，惟自其萌蘗之生，几希之念观之，而山木人心之本体，始可得而见矣。

"故苟得其养，无物不长，苟失其养，无物不消。"

解 孟子承上文说："山木伐而犹有萌蘗之生，良心放而犹有几希之善，可见人心之与物理，其生息之机，皆未尝亡，顾所以养之者何如耳。苟或其生息之机，得所培养，则不但山木之萌蘖，得雨露之浸润而益滋也。即吾心几希之理，亦将与夜气而常存，而可渐复其仁义之良矣，其何物之不长乎？苟或其生息之机，失所培养，则不但山木之既伐，加以牛羊之牧而遂濯濯也。即吾心清明之气，亦将随旦昼而梏亡，而去禽兽也不远矣，果何物之不消乎？"夫养之得失少异，而物之消长顿殊，则山木之濯濯，诚不可归咎于山，而人心之梏亡，要不可归咎于性矣。是安可无培养之功乎？

"孔子曰：'操则存，舍则亡，出入无时，莫知其乡。惟心之谓与？"

解 操，是持守。舍，是遗弃。乡，是方向。孟子承上文说："养有得失，而心之消长因之，则心之系于所养明矣。而存养之功，又非可以时刻间断者也。孔子尝说道：'天下之物，欲有操之必未存舍之必未亡者，今才一操持，随即收敛而存，才一舍置，随即放失而亡。方其存也，有时而入，一瞬息之顷，而入者忽然而出，出入初无定时也；方其入也，似乎在内，恍惚之间，而内者忽驰于外，内外无定向也。'若此者，果何物哉！夫亦惟吾人之心，是如此而已。"盖凡物之滞于形器者，人皆可以照管其存亡，把捉其出入，惟是心也，动静相乘，既无机缄之可测，理欲互发，又无方所之可求，克念此心，罔念亦此心，是以或存而或亡也。一息此心，千里亦此心，是以无时而无乡也，非心之谓而何？由孔子之言观之，可见心之在人，得失甚易，而保守甚难，操存涵养之功，固当无时无处而不用其力矣。然存养之功，莫要于主敬，敬肆之间，而天理存亡之机，实决于此。惟敬以直内，使方寸之中，天君常在，则神清气宁。其湛然虚明景象，不独平旦之时为然，而动静常定。虽感遇万端，而志不扰；虑周四海，而神固未尝外驰也。尚何存亡出入之可言哉！

11.9 孟子曰："无或乎王之不智也。虽有天下易生之物也，一日暴^①之，十日寒之，未有能生者也。吾见亦罕矣，吾退而寒之者^②至矣，吾如有萌焉，何哉？"

解 "或"字，即是疑惑的"惑"字。王，指齐宣王。暴（pù），是温暖的意思。罕，是少。萌，是草木初生的芽。昔齐宣王亲信谗邪，疏远忠正，不知纯心用贤之道，故孟子私议之说："君德莫大乎至明，然必有忠贤辅导之功，朝夕熏陶之益，乃能成德。今齐王之不智，固所宜然，无足怪也。所以然者，为何？盖君心惟在所养，与君子处，则养之以善，而日进于高明；与小人居，则养之以恶，而日流于卑暗。王之不智，只为远君子而亲小人故耳。譬如草木之为物，虽有天下极易生的，也须和气培养，方能畅茂，若使一日暴之，才得些阳气之温和，却乃十日寒之，不胜其阴气之肃杀，必然枯槁零落，岂有能生之理。今我见王之时少，虽有忠言谠论，从容献纳，就如一日暴之一般，及我既退，那谗谄面谀之人，左右杂进，都能蛊惑君心，败坏君德，就如十日寒之一般。故王虽善端发动，非无萌蘖之生，然一时之开悟，不胜众欲之交攻，一人之启迪，不胜群邪之引诱，暂明复蔽，终归于昏暗而已，我亦将如之何哉！王之不智由然矣。"夫人主深居九重，臣下稀得进见，忠言谠论，本难尽闻，若左右便嬖之人，加以逢迎谄谀，则正人愈疏，小人愈密，蒙蔽日久，虽智必昏，贤者皆不乐为之用矣。如齐宣王者，岂非后世永鉴哉！

"今夫弈之为数，小数也。不专心致志，则不得也。弈秋，通国之善弈者也，使弈秋诲二人弈，其一人专心致志，惟弈秋之为听；一人虽听之，一心以为有鸿鹄将至，思援弓缴^①而射之。虽与之俱学，弗若之矣。为

【注】
① 暴：同"曝"。
② 寒之者：比喻和孟子政治主张不同的人。

【注】
① 援弓缴（zhuó）：援，取过来。缴，系于箭上的丝绳。据战国时期青铜器上的纹饰，古人用生丝系矢来射空中的飞鸟，丝的末端系有"纺锤形器"，矢端的丝绳缠绕住飞鸟之后，靠"纺锤形器"的重力将鸟坠下地面。

童子魏照求入事郭泰供給洒掃泰曰當精義講書何來相近照曰經師易遇人師難遭欲以素然之贊附近朱藍

元 · 王振鹏（款）《养正图 · 东汉魏照亲师友习礼仪》

元 · 王振鹏（款）《养正图 · 东汉庞参致水》

元·王振鹏（款）《养正图·南朝齐范云谠言谏太子》

元·王振鹏（款）《养正图·唐太宗励精图治》

【注】

① 纯驳：精纯与杂驳。

② 投间抵隙：指伺机钻营。

是其智弗若与？曰：非然也。"

解 弈，是围棋。数，是技艺。秋，是古代善弈的人名。射鸟的以丝绳系箭，叫做缴。孟子承上文说："忠言启迪，固在于贤者，而专心听信，则系于人君。今我之进见日少，亦由王听信不专故也。譬如下棋的一般，棋虽是小小的技术，然其中纵横变化，自有一种妙算，若非专心致志，将精神意念只在里面讲求，何由得他的妙处？就是弈秋通国称为高手，设使他教二人下棋，其一人专心致志，一一听弈秋的指示，更不想别样念头；其一人虽在旁同听，却不精专，心中想着鸿鹄将至，欲弯弓系箭射而取之。一心要学棋，一心又在鸿鹄，虽与他同学，不及多矣。这岂是资禀知识，本来不同与？我以为不然，盖存心有纯驳①，则造诣有浅深。用志不分，故专而有成；驰心于外，故画而不进，非其智有差别也。今齐王虽有为善之资，而无必为之志，既不能虚己以受教，又不能纯心以用贤，其与学艺于弈秋，而分志于鸿鹄者，一而已矣。安望其亲近君子，疏远小人，以成明哲之德哉！所以说'无惑乎王之不智也'。"大抵人君一心，攻之者众，凡投间抵隙②，以移其耳目，而夺其心志者，不止如鸿鹄之牵引而已。若非讲明义理，充拓此心，信任贤人君子，以维持此心，则人欲日炽，天理日亡。施之政事，必将颠倒错乱，其害有不可胜言者。先儒程氏所谓涵养气质，熏陶德性，其言最为明切，人主不可不知。

11.10 孟子曰："鱼，我所欲也，熊掌亦我所欲也，二者不可得兼，舍鱼而取熊掌者也。生亦我所欲也，义亦我所欲也，二者不可得兼，舍生而取义者也。"

解 熊掌，是熊蹄，其味甚美。孟子见世人徇利而忘义，往往丧失其羞恶之心，乃就死生之际，摘其良心不昧者，以开导之，说道："理义之在人心，小而取舍，大而死生，无不权度于斯，顾人决择何如耳。今夫鱼之味美，我之所欲食也；熊掌之味亦美，亦我之所欲食也。使两味不可得兼，就中择取一味，其宁取于熊掌乎！盖熊掌之味，比鱼更美，故舍鱼而取熊掌也。就如人有此生，乃躯命所关，生固我之所欲也；而义为守身之大闲，纲常赖以立，名节赖以全，亦我之所欲也。求生则义必有亏，赴义则生必有害，二者也不可得兼，就中择取一件，其宁取于义乎！"盖义之所在，比生更重，故舍生而取义也。夫生之与义，轻重较然如此，人可不审其权度，以为临事应变之准乎！

"生亦我所欲，所欲有甚于生者，故不为苟得也。死亦我所恶，所恶有甚于死者，故患有所不辟[①]**也。"**

解 辟，是躲避。孟子承上文说："人之所以舍生取义者，果何心哉！盖生本我之所欲，然其心以为仗义而死，即捐躯殒命，而凛然大节，植万古之纲常，其义之可欲尤有甚于生者，故虽可以侥幸得生，而一念慕义之心，必不肯苟且以求活也。死本我之所恶，然其心以为不义而生，即偷生苟免，而有覥[②]面颜，昧人间之廉耻，其不义之可恶，尤有甚于死者，故虽可以展转脱祸，而一念恶不义之心，必不肯避难以图存也。"盖好生恶死，虽人情趋避之常，而舍生取义，则天理民彝之正，于此见羞恶之良心，人所固有，而不可无察识之功矣。

"如使人之所欲莫甚于生，则凡可以得生者，何不用也？使人之所恶莫甚于死，则凡可以辟患者，何不为也？由是则生而有不用也，由是则可以辟患而有不为也。"

解 孟子又承上文说："人之利害，莫切于生死，而今义不苟生

【注】

① 辟（bì）：同"避"。

② 覥（miǎn）：一般以词语"覥觍"出现，即害羞，亦作"腼腆"。

者，惟其有是秉彝之良心也。设使人无好义的良心，惟知有生之可欲，而所欲莫甚于生，则凡可以苟全性命，为得生之计者，将无所不用其力矣，岂肯捐躯以就义乎？设使人无恶不义之良心，惟知有死之可恶，而所恶莫甚于死，则凡可以苟免祸灾，为辟患之地者，将无所不为矣，岂肯轻身以犯难乎？由其有是好义之心，而义之可欲，有甚于生，故宁舍生取义，虽可以苟生而有不用也。不然岂乐于轻生者耶？由其有是恶不义之心，而不义之可恶，有甚于死，故宁捐生赴难，虽可以避患而有不为也。不然，岂乐于就死者耶？"观此而秉彝之良心，为人之所必有，昭然自见矣。

【注】

① 汩（gǔ）：沉没。

"是故所欲有甚于生者，所恶有甚于死者，非独贤者有是心也，人皆有之，贤者能勿丧耳。"

解　孟子又承上文说："人情莫不好生而恶死，而今由秉彝之良心观之，义之可欲，尤甚于生；不义之可恶，尤甚于死。即此欲义恶不义之心，非独贤者有此心也。秉彝之良，不以贤愚而有丰啬，人人皆有之，但众人汩①于利欲之私，多有丧失其良心者，惟贤者操存此心，守而勿失，是以可生可死，而此欲义恶不义之心，独能坚定而不变耳。其实贤者勿丧之心，即众人固有之心，而物欲未昏之时，曷尝无天理暂明之候哉！"

"一箪食，一豆羹，得之则生，弗得则死。呼尔而与之，行道之人弗受；蹴尔而与之，乞人不屑也。"

解　箪（dān），是竹器。豆，是木器。呼，是以口招呼。蹴（cù），是用脚践踏。行道，是过路的人。乞，是乞丐。孟子又承上文说："欲义恶不义之心，人人皆有，何以验之？今夫一箪之食，一豆之羹，其为物至微，然自饥饿之人视之，得此则生，不得则死，其为躯命所关则甚重也，宜乎以得食为急，不暇计礼义之何如矣。设使置箪、豆于旁，大声招呼，而使人就食，便是行道的人，也将恶其声音，鄙之而不受，以其呼尔之可羞也；设使弃箪、豆于地，用足蹴踏而后与人使食，便是乞丐的人，也将恶其无礼，委之而不屑，以其蹴尔之可羞也。夫路人乞丐，至微贱者，犹知礼食为重，不肯以生死之故，而泯其羞恶之心，况于士君子之流乎！"此可以验良心为人之所必有也。

"万钟则不辨礼义而受之，万钟于我何加焉？为宫室之美、妻妾之奉、所识穷乏者得我与？"

🔴解 所识穷乏，是相知贫穷之人。得我，是感我恩惠。孟子又承上文说："礼义之心，虽人所固有，而物欲之蔽，则人所易昏。箪食豆羹，生死所系，尚知呼蹴为可耻，而不之受矣。至于万钟之禄，岂特箪豆之微，辞受之间，其当辨宜何如者，乃不辨礼义之当得与否而冒焉受之。夫万钟虽厚，特身外之物耳，不得于我何损，得之于我何加？非若箪食豆羹得失，有关于生死者也，而顾冒焉受之，却是为何？岂将为宫室计，而欲极其华美；为妻妾计，而欲极其奉承；为所识穷乏者计，而欲其感我之周济与？使真以此三者之故，而受无礼义之万钟，则大异乎不受呼蹴之心矣，岂不可慨也哉！"

"乡①为身死而不受，今为宫室之美为之；乡为身死而不受，今为妻妾之奉为之；乡为身死而不受，今为所识穷乏者得我而为之。是亦不可以已乎？此之谓失其本心。"

🔴解 乡（xiàng），是指不得则死之时而言。孟子又承上文说："人之一身，惟生死为最切，以身外之物较之，其得失轻重，大相悬矣。乡为身死而不肯受呼蹴之食，今却为宫室之美，而受无礼义

【注】
① 乡：通"向"，以往。

之万钟；乡为身死而不肯受呼蹴之食，今却为妻妾之奉，而受无礼义之万钟；乡为身死而不肯受呼蹴之食，今却为所识穷乏者得我，而受无礼义之万钟。当躯命所关大不得已之际，尚能辨礼义决死生，而此三者，身外之物，其得失比之生死何如，岂独不可以已乎？可已而不已，非利禄重于死生也。私欲锢蔽，天理灭亡，向时不受呼蹴之本心，至此丧失而无存，是以能决绝于死生，而不能忘情于丰约。斯人也，殆行道乞人之不若矣，岂不可哀也哉！"大抵人情处危迫之地，则多激发于义理；居宴安之时，则易沉溺于物欲。自非烛理素明，养心素定，而临事又加省察，恶（wū）能持守不易，以脱然于外物之累乎？孟子此章指示良心，最为真切，学者宜三复于斯。

11.11 孟子曰："仁，人心也；义，人路也。舍其路而弗由，放其心而不知求，哀哉！"

解 放，是放逸。孟子说："仁义之心，人皆有之，而能存之者少，殆未知其切于人耳。盖心为一身之主宰，人皆知其至切也。至于仁，则视以为外物，若与心不相干的一般。不知人心方寸之中，由其有这仁之生理在内，方能兼总四端，包括万善，而廓然有大公顺应之体，仁岂不为人心乎？路为日用之率由，人皆知其至切也。至于义，则视以为难行，若与路不相似一般，不知出入往来之际，必以这义之裁制为准，方能处常知经、处变知权，而坦然有平正通达之度，义岂不为人之路乎？夫仁为人心，则人当操存而不可终食违，义为人路，则人当率由而不可须臾舍矣。乃世之实行径趋者，将义之正路舍置而不由，却乃由于邪曲之途，徇欲忘理者，将仁之良心放失而不知求，却乃求夫身外之物，则是自暴自弃，名虽为人，而实失其所以为人之理，去禽兽不远矣，不亦可哀之甚哉！"

"人有鸡犬放，则知求之；有放心，而不知求。学问之道无他，求其放心而已矣。"

解　孟子承上文说："仁义甚切于人，而人自失之。总之只是放心于外，不知照管而已。人家饲养鸡犬，为物甚轻，似不足挂意，设使放失在外，主人尚且到处追寻，期于必获。至于人心，是一身的主宰，万事的纲维，何等样重，乃任其放逸，曾不知点检于出入之间，收敛于纷驰之后，爱小物而忘大体，亦不思之甚矣。岂知心不可一念或放，放则不可一日不求矣乎？今夫学问之道，如讲习讨论，省察克治，其事非止一端，然其切要工夫，非有他术，只是求此放心而已矣。"盖天下之理，皆管于心，吾惟收敛放逸之心，使常在腔子里面，则精神有所检摄，志气自然清明。虚灵之内，万理昭著，心存仁存，而义亦无不在矣。学问之功，外此岂复有他务哉！大抵人心，易于放失，如六马在御一般，御勒少疏，必致奔溃，故须时常摄伏，然后操纵在我，无泛驾之虞，存心之功，亦犹是也。而欲存心者，又不可不从事于学问。学问废，则义理无所讲明，而智虑日昏，心日放而不自知矣，况知求乎！故存心之外，无学问；而学问之外，亦更无存心之功也。

11.12 孟子曰："今有无名之指屈而不信，非疾痛害事也，如有能信之者，则不远秦、楚之路，为指之不若人也。"

解　手第四指，叫做无名指。信（shēn），与"伸"字一般。孟子见人昧于事心，因借指为喻说道："吾人立身，所贵于不屈者，在志意，不在一指也。今有无名之指，卷曲而不伸，于身非有疾痛之苦，于事未为举动之害，似不必于求伸也。如或有能医治其指，转屈为伸者，就是秦、楚之路，相去数千里，亦将不惮远赴之劳，务求伸之而后已，这是为何？盖以众人之指皆伸，而我之一指独屈，以指不若人为耻，故不远秦、楚之路以求伸也。盖虽一指之屈伸，无关于立身之大节，而人情耻不若人，其中有独切者矣。"

"指不若人，则知恶之；心不若人，到不知恶。此之谓不知类也。"

解　孟子承上文说："一指至小也，其屈伸无所关系，尚以不若人为耻，务矫其屈以求伸，至于心为一身之主，少有邪曲，则自反不直，而有愧于人心同然之良矣。视一指之微，轻重迥别，其可恶当何如也。却乃屈挠于物欲，甘人下而不辞，梏亡其几希，近禽兽而不耻，此之谓轻其所重，重其所轻，不知类之甚矣。尚安得为人乎？"诚使推爱指之念，反而求之于心，志以帅气，道以制欲，则不必涉秦楚之路，而治心之方已即此而在。虽伸于万物之上可也，人何不反而求之？

11.13 孟子曰："拱把之桐、梓，人苟欲生之，皆知所以养之者。至于身，而不知所以养之者，岂爱身不若桐、梓哉！弗思甚也！"

解　拱，是两手所围。把，是一手所握。桐、梓，俱是木名。孟子说："吾身之与外物，其轻重本自有辨，乃人之昧焉而弗觉者多矣。今有桐、梓之木，其大不过拱把之间，至微细也。人苟爱其美材，而欲有以生之，则必培植灌溉，皆知所以养之矣。至于吾身为纲常伦理所系，属天下国家所倚赖，其当养为何如者？却乃内不知以理义养其心，外不知以中和养其气，致使良心萌蘖，伐于物欲之斧斤，夜气几希，梏于旦昼之攻取，是岂爱吾之身，反不若爱桐、梓之切哉！良由本心之明，蔽于物欲，而轻重之辨，昧于反观，其亦不思之甚耳。诚一思之，举凡天下可爱可重之物，无足以当吾身者，而何有于拱把之桐梓哉！然所谓养身者，非谓优游安佚，全生保躯体之谓也，必寡欲以养心，集义以养气，使志虑清明而不乱，精神强固而不摇，然后可以摄五官，宰众动，以其身任纲常之重，为民物之宗矣。不然恣耳目之欲者，伤天性之和，是戕生之道也，岂善养身者哉！"

11.14 孟子曰："人之于身也，兼所爱；兼所爱，则兼所养也。无尺寸之肤不爱焉，则无尺寸之肤不养也。所以考其善与不善者，岂有他哉？于己取之而已矣。"

解 肤，是皮肉。孟子说："人固以养身为贵，尤以善养为难。且如人之一身，四肢百骸，件件皆吾所爱惜也。既兼所爱，则必调护培息，件件皆当兼养而不忍有所戕贼矣。极而言之，无有尺寸之肌肤，不在所爱之中，则无有尺寸之肌肤，不在所养之内也。然同一爱养，有养得其道而为善的，又有养失其道而为不善的，所以稽考其养之善与不善，岂待求之于外，而有他术哉！只是于自己身上，反而求之，审其何者为重而在所当急，何者为轻而在所当缓；养其所当重则善，养其所当轻则不善。善与不善，特近取于吾身而自得其理耳，使非反之于己而审其轻重之伦，有不失其养之宜者哉！"

"体有贵贱，有小大。无以小害大，无以贱害贵。养其小者为小人，养其大者为大人。"

解 孟子承上文说："人于兼爱、兼养之中，必当考其善与不善者为何？盖所养有得失，而人品亦因之以判也。彼众体虽同具于一身，然有贵贱之分、小大之别焉？心志总摄乎众体，是贵而大者也；口腹听命于一心，是贱而小者也。既有小大，则大者在所当重，不可以小而害大矣；既有贵贱，则贵者在所当尊，不可以贱而害贵矣。小大贵贱之间，养之善与不善，正在于此，若使征逐于口腹，不胜其食饕（tāo）之欲，惟知养其小体，则所养者既小，所就亦小，将日流于污下，而与愚、不肖同归矣。岂不谓之小人乎？若能持守其心志，罔夺于攻取之私，惟知养其大体，则所养者大，所就亦大，将上达于高明，而与圣贤同归矣。岂不谓之大人乎？夫大人小人之分，惟在于所养之善与不善若此。此兼爱、兼养者，不可不知自考也。"

"今有场师，舍其梧、槚^①，养其樲、棘，则为贱场师焉。养其一指而失其肩背，而不知也，则为狼疾人也。"

【注】

① 梧槚（jiǎ）：梧，梧桐树；槚，楸（qiū）树。

🔴解　场师，是治园圃的人。梧、槚（jiǎ）二木，是材之美者。樲（èr）棘，是小枣。孟子承上文说："贵贱大小，同一体也。乃谓小不可以害大，贱不可以害贵者，何哉？试自材木而言，梧、槚其贵者也，樲棘其贱者也。设使为场师者，于梧、槚美材，弃置之而不加培养，却把那樲棘之木，反养之而望其有成，则是美恶不分，徒费栽培之力，以无用害有用者也，非贱场师而何？养身者，以贱害贵，殆无以异此矣。又自一身而言，肩背其大者也，一指其小者也。设使养生者，于一指之小，爱惜而不忍伤，却将肩背之大，丧失而不自觉，则是轻重反常，就如狼之疾走，但知顾前，不能顾后的一般，非狼疾之人而何？养身者，以小害大，殆无以异此矣。养身者，可不知所戒哉！"

"饮食之人，则人贱之矣，为其养小以失大也。饮食之人无有失也，则口腹岂适^①为尺寸之肤哉！"

【注】

① 适（chì）：通"啻"，仅仅。

🔴解　孟子承上文说："观养木与养指者之弊，可见人之养身，当养其贵且大者矣。乃若饮食之人，为饥渴所困，只图餍足，则必为人所轻，而莫不鄙贱之矣。盖为其专养口腹之小体，而失心志之大体，自处于可贱之地，故从而贱之也。若使饮食之人，食其所当食，饮其所当饮，不至以小害大，以贱害贵，则饮食于人，得之则生，不得则死，乃躯命之所关，岂止于尺寸之肤而已，又何可贱之有哉？但养小体之人，无有不失其大者，此其所以为可贱耳。盖口腹虽所当养，而心志必不可失，善养心志者，又只在辨礼义而已；能辨礼义，则自呼蹴不受，至于万钟不取。皆确然有一定之见，而生死不能移、利害不能易矣。不能辨礼义者，安能养其心志哉！”

11.15 公都子问曰：“钧①是人也，或为大人，或为小人，何也？”孟子曰：“从其大体为大人，从其小体为小人。”

【注】
① 钧：同“均”。

解　公都子问于孟子说：“天下之人，都是一般的形体，然或称为大人，而为世所尊，或称为小人，而为众所鄙，此何谓乎？”孟子答说：“大人、小人之分，惟在其所从违而已。盖吾人一身，体有大小，诚使一身举动，惟以大体为主，而小体莫不听命，这叫做‘从其大体’。从大体者，以志帅气，而四肢百骸皆有所管摄，充其向往之念，可以为圣为贤，而人皆尊仰之，岂不为大人乎？若使此身举动，一惟小体是徇，而大体反不得主张，这叫做‘从其小体’。从小体者，心为形役，而方寸之中，全无所执持，究其委靡之弊，将至为愚为不肖，而人皆轻贱之，岂不为小人乎？大人、小人之分，惟系于所从如此，人可不慎于决择也哉！”

曰：“钧是人也，或从其大体，或从其小体，何也？”曰：“耳目之官不思，而蔽于物。物交物，则引之而已矣。心之官则思，思则得之，不思则不得也。此天之所与我者。先立乎其大者，则其小者不能夺也。此为大人而已矣。”

解　官，是有分职的意思。蔽于物，这“物”字，指声色说。公都子又问孟子说：“人同此形体，则宜同此运用，乃有从其大体者，从其小体者，此何故也？”孟子答说：“大体、小体之分，惟在能思与不思之间而已。且如耳目之官，各有所司，耳司听，目司视，然不能思其视听之理也。惟不能思，是以耳目之聪明，或蔽于外至之声色，蔽于外物，则耳目亦块然一物而已。却以外面声色之物，交接于此耳目之物，为所引诱而去不难矣，所以耳目谓之小体也。若心则至虚至灵，事至物来，独能忖度，是其官以思为职者也。能率其职，而视思明，听思聪，则得其视听之理，而物不能蔽矣。一废其职，而不能思，视不见、听不闻，则失其视听之理，而物来蔽之矣。理之得失，惟系于心，所以心谓之大体也。这耳目与心，禀受于有生之初，固天之所以与我者，无一不切于身，但就中较量，则惟心为大耳。诚能于物感未交之时，先立其大，使虚灵之本体，足以为众动之纲维，则事无不思，而心得其职。耳虽未有所听，而听之本已立，非礼之声，不能夺吾聪矣；目虽未有所视，而视之本已立，非礼之色，不能夺吾明矣。视听一宰于心，而聪明不蔽于物，若此者，乃所谓出群众之中，伸万物之上，而称之为大人者，以此而已矣。苟心失其职，而求造于大人之域，岂可得哉！然人固不可不先立其大，而耳目亦不可不严其防。盖立本固可以应事，而制外亦所以养中，故必于淫声美色，禁之使不接于耳目，庶几外者不入，而内者益固矣。"此又内外交修之道，有志于为大人者，不可不知。

11.16 孟子曰："有天爵者，有人爵者。仁义忠信，乐善不倦，此天爵也；公卿大夫，此人爵也。"

解　孟子见当时重势位而轻道德，因发此说："人皆知爵位之为尊，而不知吾身之可尊者，不独在爵位也。有性分之尊，为天所与，而予夺不系于人，称之为天爵者焉；有势位之尊，为人所与，而得失难必于己，称之为人爵者焉。如何谓之天爵？心之慈爱为仁，裁制为义，不欺为忠，无妄为信，备此四德于身，而爱乐之有常，欣慕之无厌。这是维皇降衷 ① 之懿、天理固有之良，

虽大行不可得加，穷居不可得损者，乃所谓天爵也。如何又谓之
人爵？九命而为公，六命而为卿，三命而为大夫，列此爵命于朝，
而得之者贵，失之者贱。这是人主驭世之权、朝廷命官之典，人
可得而予之，亦可得而夺之者，乃所谓人爵也。"爵有天人之异如
此，人岂可徒慕在外之荣，而不知反求诸身乎？

"古之人，修其天爵而人爵从之。今之人，修其天爵
以要①人爵。既得人爵，而弃其天爵，则惑之甚者也，
终亦必亡而已矣。"

【注】

① 要（yāo）：求取。

解 孟子承上文说："爵位虽有天人之分，而得失则有相因之理。
古之人有见于道德为重，其反己自修，惟知有仁义忠信之理，可
爱可求而已，何必于人爵乎？然而道德既崇，名誉自著，公卿大
夫之爵，有不求而自至者焉。此人爵，从天爵而两得者也。今之
人则不然，其始初亦知天爵之可修也，但其意非为道德，不过藉
此以要（yāo）声名、求富贵，为得人爵之地耳。及至人爵既得，
志意已满，遂以天爵为无用而弃之，而不知仁义忠信为何物矣。
夫假天爵以要人爵，是不知天爵之为尊，其心固已惑矣；既得人
爵而弃天爵，又不知人爵之当保，则惑之甚者也。盖人爵之可要，
徒以有此天爵耳。天爵既弃，名实俱亏，终必并其所得之人爵，
两失而不能保矣，岂非惑之甚哉！"于此见天爵之与人爵，得则俱
得，失则俱失者也。而天爵非人爵，无以弘济世之用；人爵非天
爵，无以彰命德之公。是以为士者，道不虚尊，贵于经世；为人
主者，官不虚设，务在任贤。

11.17 孟子曰："欲贵者，人之同心也。人人有贵于己
者，弗思耳。人之所贵者，非良贵①也，赵孟②之所

【注】

① 良贵：真正的尊贵，指
人固有的善性、仁心。

② 赵孟：晋国正卿赵盾，字
孟，故称赵孟。这里代指
有权势的人物。

贵，赵孟能贱之。"

解 赵孟，是晋国世卿。 孟子说："人情莫不好荣而恶辱，故见人爵之荣，羡慕而欲得之者，此人心之所同然也。 乃天下有至尊至贵之理，人人各足于己，而无待于外者。 此其可欲为何如，但人多蔽于物欲，未尝反己而思。 是以惟见在人之贵为可欲，而不见在己之贵为可欲耳。 岂知贵之在己者，乃天然自有之贵，所谓良贵也。 人之所贵者，依名而立，恃势而尊，乃外至之贵，非良贵也。 如赵孟为晋国执政之卿，能操爵以贵人者。 然能以爵与人而使之贵，亦能夺之而使之贱。 贵贱荣辱，皆赵孟之所得专，非吾力之所能必，所以说'非良贵也'。 若夫吾身之良贵，人安得而贱之哉！然则欲贵者，信不可不反求诸身矣。"

"《诗》云：'既醉以酒，既饱以德。'言饱乎仁义也，所以不愿人之膏粱之味也；令闻广誉施于身，所以不愿人之文绣也。"

解 《诗》，是《大雅·既醉》之篇。 令，是善。 孟子承上文说："人之所贵，固非己之良贵矣。 而良贵之可欲，于何见之？《诗经·既醉》之篇有云：'既醉以酒，既饱以德。'夫饱不曰味而曰德者，何哉？盖言德莫美于仁义，君子戴仁而行，抱义而处，则理义悦心，而天下之至味在我矣。 若他人之膏粱，人自食之，于我何有焉，所以不愿人之膏粱之味也。 仁义既积于躬，由是令闻昭宣，广誉四达，实大声宏，而天下之至荣在我矣。 若他人之文绣人自衣之，于我何加焉，所以不愿人之文绣也。 夫曰'饱乎仁义'，则知良贵为可贵矣。 曰不愿膏粱文绣，则知赵孟之贵不足贵矣。 人顾有舍良贵而外慕者，何其弗思之甚哉！此章言势分之贵，无与于己；性分之贵，不资于人。 欲人重内而轻外，不可徇物而忘我也。"

11.18 孟子曰："仁之胜不仁也，犹水胜火。 今之为仁者，犹以一杯水，救一车薪之火也。 不熄，则谓之水不胜火。 此又与于

不仁之甚者也，亦终必亡而已矣。"

解 "与"字，解做"助"字。孟子说："天理人欲，不容并立。而胜负相乘之势，但观其消长之几何如耳。如以常理而言，则理可以制欲，公可以灭私，未有道心为主，而人心不听命者，是仁之胜不仁，就如水之能克火一般，乃一定之理而不可易者也。然仁之可以胜不仁者，谓其以常存之天理，而遏方萌之人欲耳。乃今之为仁者，天理之存无几，而人欲之焰方张，是犹持一杯之水，以救一车薪之火，火必不可得而熄矣。人见火之不熄，不说是水之力少，遂诿之说，水不能胜火。人见欲之难遏，不说是仁之分数少，遂诿之说，仁不能胜不仁。此言一出，由是不仁之人，皆信以为仁之难成，将甘心于不仁，而纵欲灭理，无所不至矣。岂非反助于不仁之甚者乎？非但有害于人，就是自己，也信之不专，为之不力，将并其几希之仁，寖消寖微，而终至于亡矣。"为仁不力之害如此，有志于仁者，可不知所戒哉！昔舜之命禹曰："人心惟危，道心惟微。"[1] "杯水"即"惟微"之喻也。"车薪之火"，即"惟危"之喻也。微者，养之使盛；危者，制之使安。即帝王传心之要，亦不外于学者克己之功而已。

【注】

① 人心惟危，道心惟微：出自《尚书·大禹谟》："人心惟危，道心惟微；惟精惟一，允执厥中。"这也是中国文化传统中著名的"十六字心传"。

11.19 孟子曰："五谷者，种之美者也。苟为不熟，不如荑稗[1]。夫仁，亦在乎熟之而已矣。"

解 荑稗（tí bài），是草之似谷，其实亦可食者。孟子勉人为仁说："学莫先于为仁，而仁必期于有得，不观之五谷乎？彼五谷之为物，天所生以养人，人所资以为食，固种类之美者也。然所以谓之美者，以其由种而耘而获，可以为粒食之资耳。设使苗而不秀，秀而不实，则反不如荑稗之成熟，犹可以资日用，而美者失其为美矣。五谷犹不可不熟如此，况于仁为吾心之生理，兼四端，

【注】

① 荑稗：荑、稗为二草名，似禾，实比谷小，亦可食；荑，通"稊"。

包万善，是何等样美德，岂可不加培养之功？是以为仁者，亦在乎省察于念虑，已精而益求其精；体验于躬行，已密而益求其密。由期月之能守，以至于终食之不违，必使天理浑全，德性常用，亦如五谷之苗而秀，秀而实焉斯已矣。不然，是自丧其心德之美，而与五谷之不熟者等耳。岂不有愧于他道之有成哉！"孟子之意，非以他道为足尚，盖甚言为仁之不可不熟也。欲熟仁者，又自收放心始，放心不收，而欲熟仁难矣。

11.20 孟子曰："羿之教人射，必志于彀，学者亦必志于彀。大匠诲人必以规矩，学者亦必以规矩。"

解　志，是期必。彀（gòu），是引弓至满。孟子说："天下之事，未有无法而可底于成者，故善教者必有所据，善学者必有所循，不观之曲艺乎？天下称善射者，莫过于羿，羿之教人以射，宜若有心得之巧。乃其教之之法，只是开弓引满，期至于彀率；从他学射者，也只是开弓引满，期至于彀率。彀率之外，羿不能有异教，弟子不能有异闻也。盖彀率乃弓满之限，引满而后可以命中，此射者一定之法，学者安得而违之哉！天下称良工者，莫过于大匠；大匠教人制器，宜亦有独运之智矣。乃其教之之法，只是引规执矩，使之方圆。从他学艺者，也只是引规执矩，学之为方圆；规矩之外，大匠不能别有所传，弟子不能别有所习也。盖规矩乃制器之则，有则而后可以成器，此大匠一定之法，学者亦安得而违之哉！"曲艺且然，则圣人之道可知已，是以尧舜禹相授受。不过曰精一执中，孔颜相授受，不过曰博文约礼，曰精一，曰博约，此圣学之彀率规矩也，学道者宜究心焉。

告子章句 下

12.1 任人有问屋庐子^①曰："礼与食孰重？"曰："礼重。""色与礼孰重？"曰："礼重。"曰："以礼食，则饥而死；不以礼食，则得食，必以礼乎？亲迎，则不得妻；不亲迎^②，则得妻，必亲迎乎？"屋庐子不能对，明日之邹^③以告孟子。孟子曰："于答是也，何有？"

🔴**解**　任，是国名，即今山东兖州府地方。屋庐子，是孟子弟子。战国之时，人多昧于理欲之辨。故任国之人，有问于屋庐子说："人不可一日无礼，尤不可一日无饮食，不知礼与食二者，果孰为重乎？"屋庐子答说："饮食虽切于养生，而食又赖礼以节其流，无礼则必失之纵，是礼重于食也。"任人复问说："礼固可好，而好色亦人之所好也。不知色与礼二者，又孰为重乎？"屋庐子答说："好色虽人之所欲，而色又赖礼以别其嫌。无礼则必至于淫。是礼重于色也。"任人欲逞其辩，遂设难以问屋庐子说："子谓礼重于食固也，设使身当饥饿之际，此时若拘于礼，则必不能得食，而受饿以死。若不拘礼，则可以得食，而救饥以生，当此躯命所关之时，尚必以礼食乎？吾恐食可以无礼，而生不可以灭性，谓礼之重于食，殆不然矣。子谓礼重于色，固也。设使身处穷乏之中，此时若拘于亲迎之礼，则必不可得妻而婚姻以废。不拘于亲迎之礼，则可以得妻，而家室以完。当此怨旷无聊之日，尚必以亲迎乎？吾恐婚礼可以不行，而人伦不可以或废。谓礼之重于色，殆不然矣。"屋庐子屈于其说，不能对。明日乃往邹邑，备述任人之言以告孟子。孟子说："礼之重于食色者，理之常。任人之所诘问者，事之变，于答此问，何难之有。"盖事无常形，而理则有定分，惟以理折之，则其辩不攻而自屈矣。

【注】

① 任：古国名，在今山东济宁附近。屋庐子：姓屋庐，名连，孟子弟子。

② 亲迎：古代婚礼"六礼"（纳采、问名、纳吉、纳征、请期、亲迎）之一。夫婿亲至女家迎新娘入室，行交拜合卺（jǐn）之礼。

③ 邹：古国名，其地在今山东邹城附近。距离任国约百里。

"不揣其本，而齐其末，方寸之木可使高于岑楼。金重于羽者，岂谓一钩金与一舆羽之谓哉？"

解　揣，是度量。岑（cén）楼，是楼之高锐如山者。钩，是带钩。孟子承上文说："吾谓任人之问，不难于答者，何以言之？盖理欲轻重，本有一定之分，故谓礼重而食色轻者，乃据其大分而言也。如任人之论，则执其偏胜之说，以较量一定之理，而本末轻重，将失其平矣。且如岑楼至高，寸木至卑，为从其根底而比较之也。如不从下面，揣度其根本，惟就稍末，比并其高低，则举方寸之木，可升之岑楼之上，寸木反高岑楼反卑矣。举食色而加于礼之上，其高下失平，何以异于是哉。金之质至重，羽之质至轻，为其分剂适均而称量之也，岂是说金不必多，一钩也为重，羽不必少，一车也为轻。将取一钩之金，以抵一舆之羽，则钩金反轻，舆羽反重矣。取礼之常，而当食色之变，其轻重不敌，又何以异于是哉！要之岑楼不以寸木之加而损其高，钩金不以舆羽之多而损其重。礼之大体，亦非可以食色之变，而改其度君子惟道其常而已。"

"取食之重者，与礼之轻者而比之，奚翅食重，取色之重者与礼之轻者而比之，奚翅色重？"

解　孟子承上文说："礼之重于食色，犹之岑楼本高，钩金本重也，而任人乃谓食色为重，礼为轻，其所以比较之者，失其平矣。盖礼有轻重，食色亦有轻重，惟取礼与食色之并重者而比之，乃见礼之为重耳。若饥死以灭性，乃食之重者也。待礼而后食，乃礼之轻者也。取食之重者，与礼之轻者而比之，则食乃躯命生死所关，其重于礼甚矣。岂但如任人所云食重而已哉。不得妻而废人伦，乃色之重者也，亲迎而后婚，乃礼之轻者也。取色之重者，与礼之轻者而比之，则色乃居室大伦所系，其重于礼亦甚矣，岂但如任人所云色重而已哉，此正所谓寸木可高于岑楼，钩金反轻于舆羽者，惟其比轻之太偏，故其重轻之悬绝耳。岂可据之为定论乎？"

"往应之曰：'紾兄之臂而夺之食，则得食，不紾则不得食，则将紾之乎？逾东家墙而搂^①其处子则得妻，不搂则不得妻，则将搂之乎？'"

解 紾（zhěn），是捩转臂膊，用绳拴缚。孟子又承上文说："礼与食色，从其偏重者较之，则轻重易差；从其兼重者较之，则定分自见。汝何不往应任人说：'子以饥死为灭性，食固重矣，然敬兄亦礼之重也，设使当饥饿之际，紾缚兄之臂膊而夺之食，则得食，不紾则不得食，则将干犯礼义，忍于紾兄而夺之乎？子以不娶为废伦，色固重矣，然以正相从，尤礼之重也。设使当鳏旷之时，逾东家墙而牵搂其处女，则得妻，不搂则不得妻，则将蔑弃礼法，敢于逾墙而搂之乎？'吾知紾兄之臂，则忍于恶逆，不但不以礼食矣。搂人处子，则敢于强暴，不但不亲迎矣。此则宁可饥饿而死，必不可紾兄以戕恩。宁可不得妻而废伦，必不可搂人处子以乱法。礼之重于食色，显然较著矣。"以此而应任人，任人尚何说之可解哉！大抵先王制礼，本以防范人情，维持世教，有之则治，无之则乱者也。而猖狂自恣之徒，乐放佚而惮拘检，至有乞墦不羞^②，钻穴不耻^③，则礼防之坏极矣。时君世主不能以教化堤防之，而反为流连之乐、荒亡之行，纵败度，欲败礼，思以匡世励俗，不亦难乎？此孟子于任人之辩，而力折其妄，为世教虑至深远矣。

【注】

① 搂（lóu）：赵岐注："搂，牵也。"拉，拖拽。

② 乞墦不羞：见《孟子·离娄下》"齐人有一妻一妾"中的齐人"之东郭墦间，之祭者乞其余"，向祭墓者乞求所余酒肉，后以"乞墦"指乞求施舍。

③ 钻穴不耻：见《孟子·滕文公下》："不待父母之命、媒妁之言，钻穴隙相窥，逾墙相从，则父母国人皆贱之。"后以"钻穴"指偷情、私奔、偷窃等行为。

12.2 曹交问曰："人皆可以为尧、舜，有诸？"孟子曰："然。""交闻文王十尺^①，汤九尺，今交九尺四寸以长，食粟而已，如何则可？"曰："奚有于是？亦为之而已矣。"

解 曹交，是曹君之弟，是时性道不明，人皆高视圣贤，以为不

【注】

① 十尺：战国时期一尺约合今23厘米，十尺则约为2.3米。

可几及。而孟子每道性善，必称尧、舜，曹交疑之，因问于孟子说："圣人莫过于尧、舜，尧、舜之为圣，疑若古今绝德，非人之所能为，乃有言人皆可以为尧、舜者，不识果有此理乎？"孟子答说："尧、舜虽圣，与人同类，何不可为之有，信有此理也。"曹交不喻为字之意，乃以形体自负说："交闻自古能为尧、舜者，莫如周之文王，商之成汤，文王之长十尺，汤之长九尺，是有此非常之躯干，方有此非常之事功，然则欲为圣人，必非眇小者可能也。今交九尺四寸以长，比文不足，比汤有余，似具圣人之体貌矣。及揣己量力，则但知食粟焉耳，更无他长可以表见（xiàn）于世，有其形而无其实，交之有愧于汤、文远矣。敢问如之何，乃可以为尧、舜乎？"孟子答说："圣人所以为圣，不在形体之间，子乃以尺寸长短较量汤、文，何有于此？亦惟励作圣之志，反己自修，去其不如汤、文者，就其如汤、文者，黾勉为之而已矣。岂有志欲为，而力不逮者哉？"

"有人于此，力不能胜一匹雏，则为无力人矣；今日举百钧，则为有力人矣。然则举乌获之任，是亦为乌获而已矣。夫人岂以不胜为患哉？弗为耳。"

解 匹，是鸭鸟。乌获，是古时有勇力的人。孟子承上文说："吾谓作圣之功在修为，不在形体者何哉？观人之勇力可知矣。有人于此，匹雏虽至轻也，举之而不能胜，则为无力之人矣；今有人焉，百钧虽至重也，而曰我能举之而不难，则为之有力之人矣。人力之强弱，惟辨于举物之胜与不胜如此。然则乌获之力，能举千钧者也，使有能举乌获之任者，不必其形体之相似，而膂力相当，是亦今之乌获而已矣。若使能为尧舜之所为，岂不即今之尧舜乎？人乃谓尧、舜之道，非我之材力所能负荷，往往以不胜任为患。岂知力之不胜，不足为患，患在志安于卑近，而无克念之诚。功狃于因循，而无勇往之力，可为而不为，斯乃圣狂之攸判耳。诚一为之，夫何不胜之足患哉！"

"徐行后长者谓之弟，疾行先长者谓之不弟。夫徐行者，岂人所不能哉？所不为也。尧、舜之道，孝弟而已矣。"

解 孟子承上文说："人之不能为尧、舜者，其患固在于不为矣。然尧、舜岂难为者哉，今夫长者在前，我徐行而让步于后，这便是知敬长之礼，叫做弟（tì）。使长者在后我疾走而突出其前，这便是有傲长之心，叫做不弟（tì）。夫徐行者，不过于步趋之间，遵先后之序，岂其甚高远难行之事，为人所不能者哉？惟其忽长幼之节，是以废事长之礼，盖自不肯为耳。岂知这孝弟（tì）之道，近之，则为吾人知能之良，推之实为圣人尽性之事。故虽尧、舜为人伦之至，其道若至大而无以加，然尧惟亲睦九族，而后有平章之化；舜惟慎徽五典，而后有风动之休。是尧、舜之道，亦只在孝弟而已。孝弟之外，别无性分；则性分之外，别无事功。虽尧、舜岂得而加毫末于其间哉？夫圣道不越于孝弟，而孝弟惟在于徐行，则欲为尧、舜者，信乎其不难矣。"

"子服尧之服，诵尧之言，行尧之行，是尧而已矣；子服桀之服，诵桀之言，行桀之行，是桀而已矣。"

解 孟子又承上文说："尧、舜之道，不外于孝弟，则圣人果不难为矣。子欲学为圣人，岂必求之远且难哉？自吾一身而言，衣服言动之微，皆道之所在，学圣则圣，学狂则狂，在子之趋向何如耳。子若服尧之服，而非先圣之法服不敢服，诵尧之言，而非先圣之法言不敢言，行尧之行，而非先圣之法行不敢行，如此则反身循理，无一事不在于规矩之中，虽不必容貌如尧，而衣冠言动，都与尧相似，是亦一尧而已。子若服桀之服，而从其诡异之制，诵桀之言，而从其邪僻之词，行桀之行，而从其暴虐之事。如此，则悖理乱常，无一事不出于规矩之外，虽不必容貌如桀，而衣冠言动都与桀相似，是亦一桀而已矣。夫能为尧则必能为舜，而出于尧，则必入于桀，为圣为狂，惟在乎我，子可不审择所从哉？"

曰："交得见于邹君，可以假馆，愿留而受业于门。"曰："夫道，若大路然，岂难知哉？人病不求耳。子归而求之，有余师。"

解　曹交闻孟子之言，有感于心，说道："交始初只疑圣道难为，幸而得闻夫子之教，乃知尧舜可学而至，此一念求教之诚，有不容自己者，如得见于邹君，可以假借旅馆，以为驻居之所，愿暂留于此，而受业于夫子之门墙，庶几得尽闻圣道之传，终成学圣之志矣。夫假馆而后受业，则其求道之不笃可知。"孟子乃从而拒之说："子欲假馆受业，意以道之难知，而求师于我也。不知这个道理具于性分之内，著于日用之常，天下古今，坦然共由，就与那大路一般，岂有隐僻难知之理，而待人指示者哉？但人自迷于向往之途，病在不知所以求之耳。子诚归于家庭之间，而求此道于事亲敬长之际，于吾之所谓孝弟者，皆务身体而力行之。则行止疾徐，随所寓而皆道；衣冠言动，随所觉而皆师。不必身亲授受，而自师之资有余矣。岂必留此受业，而后可以求道哉？"孟子此言，虽为曹交而发，然孝弟不待外求，尧、舜可学而至，实万世不易之论也。

12.3 公孙丑问曰："高子曰：'《小弁》，小人之诗也。'"孟子曰："何以言之？"曰："怨。"曰："固哉，高叟之为诗也！有人于此，越人关弓而射之，则己谈笑而道之，无他，疏之也；其兄关弓而射之，则己垂涕泣而道之，无他，戚之也。《小弁》之怨，亲亲也。亲亲，仁也。固矣夫，高叟之为诗也。"

解　高子，是齐人。《小弁》，是《小雅》篇名。昔周幽王初娶申后，生太子宜臼，后得褒姒，生伯服，甚嬖爱之，因黜申后而废宜臼。于是宜臼之师，为作此诗，以述哀痛迫切之情，因名其诗曰《小弁》。关弓，即是弯弓。公孙丑问于孟子说："吾闻高子说《诗》也，以为《诗》三百篇，多仁人孝子之言，惟《小弁》为小人之诗也。"孟子问曰："高子以《小弁》为小人之诗，其说云何？"公孙丑答说："高子谓诗之为教，温柔敦厚，故虽父母恶之，劳而不怨。今小弁处父子之间，而为嗟怨之辞，有哀痛迫切之情，无温厚和平之意，此所以为小人之诗也。"孟子说："凡说诗者，当会其意，而不可泥其言。固矣哉，高叟之说诗也。夫谓《小弁》为怨则可，谓怨为小人，则不可，何者？《小弁》乃怨其当怨者也。譬如有人于此，越人关弓而射此人，我虽知其杀人之不可，然不过从旁谈笑而开导之，初无急迫之意，此岂有他故哉？以越人与我，情分疏远，利害本不相关，故因其疏而疏之也。如使其兄关弓而射此人，则己恻然，恐陷其兄于杀人之罪，当必向前垂涕泣而劝止之，不胜其惶遽之情矣，此岂有他故哉？以兄与我，手足至亲，休戚本同一体，故因其亲而亲之也。今小弁所处，乃人伦之大变，废嫡立庶，且将有亡国之祸，正与其兄关弓而射的一般。安忍恝然无愁，谈笑而道之乎？故其为诗，哀痛迫切，庶几动亲心之感悟，不至陷宗社于危亡，正是垂涕泣而道之之意。盖亲亲之情，不容自已者，这亲亲之心，乃至诚恻怛之念，仁之废也，未有小人而仁者，而可谓《小弁》为小人之诗乎？泥其词而不通其志，此高叟之说诗，所以为固也。"

曰："《凯风》，何以不怨？"曰："《凯风》，亲之过小者也；《小弁》，亲之过大者也。亲之过大而不怨，是愈疏也；亲之过小而怨，是不可矶也。愈疏，不孝也；不可矶，亦不孝也。孔子曰：'舜其至孝矣，五十而慕。'"

解 《凯风》是《国风·卫》诗篇名。卫有七子之母，不能安其室；七子作诗以自责，其诗名曰《凯风》。矶，是激水之石。公孙丑又问孟子说："《小弁》之怨，固是亲亲；至于《凯风》之诗，七子不得于其母，犹小弁不得于其父也，何为痛自刻责，却不怨其亲乎？"孟子答说："人子之情，本无亲疏，而父母之过，则有大小。《凯风》之母，虽是有过，然失节之辱，止贻玷于家庭，是过之小者也。若《小弁》之父，贼天性之恩，乱嫡庶之分，祸且及于宗社，是过之大者也。使亲之过大，而我漠然无所动其念，不知咨嗟哀怨望之以恩，则亲既绝我，我又自绝于亲，已疏而益疏，其薄于亲甚矣，于心何忍焉！若使亲之过小，而我愤然有所迫于中，遂即抵触叫号（háo），继之以怨，就如以石激水，水不能容乎石，微激而遽怒，其不可矶甚矣，于心亦何忍焉！以此观之，愈疏，是有忘亲之心，忘亲不可谓之孝也。此《小弁》所以怨也。不可矶，是无顺亲之心，不能顺亲，亦不可谓之孝也，此《凯风》所以不怨也。怨与不怨，各有攸当，恶（wū）可比而同之乎。昔者孔子称赞大舜说：'舜其为天下之至孝矣，年至五十，犹怨慕其亲而不忘。'非至孝其孰能之。"夫舜以怨慕而称至孝，则《小弁》之怨，未可谓之不孝也。高子乃以小人目之，何其说诗之固哉！然怨慕虽人子之至情，而天性睽离，实人伦之不幸也。使大舜不遇瞽瞍，宜臼不遇幽王，岂乐于以孝称哉！及瞽瞍惑于嚚妻而宠傲象，幽王惑于嬖妾而宠伯服，则知贼人父子兄弟之恩，伤天性之爱者，多自衽席始矣，可不戒与！

12.4 宋牼将之楚，孟子遇于石丘，曰："先生将何之？"曰："吾闻秦楚构兵，我将见楚王，说而罢之。楚王不悦，我将见秦王说而罢之。二王我将有所遇焉。"曰："轲也请无问其详，愿闻其指，说之将何如？"曰："我将言其不利也。"曰："先生之志则大矣，先生之号则不可。"

解　石丘，是地名。昔战国策士有姓宋名牼（kēng）者，将往楚国游说楚王。孟子偶然与之相遇于石丘之地，因问宋牼说："先生此行，意欲何往？"宋牼答说："今百姓之苦，莫甚于战争；而列国相争，莫强于秦楚。我闻秦、楚二国兴兵构怨，战斗不休，意将南向而见楚王，说以罢兵息民之说，使无攻秦；设或楚王不悦吾言，我将西向见秦王，说以罢兵息民之说，使无攻楚。不遇于楚，必遇于秦。或者二王之中，将必有一处遇合，则吾之说可行，而志可遂矣。"孟子又问说："先生此行往说秦楚，我且不敢问个详悉，只愿闻个大指，说之以何为词乎？"宋牼答说："两国构兵，由其见利而不见害也。我将见秦楚之王，而说以兵连祸结之害，使之知其不利而自寝耳。"孟子因辟之说:"当今游士之策，皆以战攻为尚，先生独于兵戈扰攘之时，而以罢兵息民为说，意在措天下于安宁，志诚大矣。但谋人国家之事者，宜论道理，不宜论利害。今先生欲言构兵为不利则是以利为名，而欲秦楚之王，惟利是从也。名号不正，将恐利未必得，而害已随之矣。或者其不可乎?"

"先生以利说秦楚之王，秦楚之王悦于利，以罢三军之师，是三军之士乐罢而悦于利也，为人臣者怀利以事其君，为人子者怀利以事其父，为人弟者怀利以事其兄，是君臣父子兄弟，终去仁义，怀利以相接，然而不亡者，未之有也。"

解 孟子又告宋牼说:"吾谓先生之说秦、楚，不可以利为名者，何哉?利之所在，众之所趋，有利则必有害也。如使先生以利说秦楚之王，说道罢兵息民乃国之利，则秦楚之王，必欣然悦于利而投戈解甲，以罢三军之师，三军之士得免于锋镝死亡之忧，其谁不乐，是士卒亦乐罢而悦于不战之利也。利端一倡，举国之人皆熙熙然争骛于利，为人臣的，怀图利之念以事君，而无实心尽忠者矣;为人子的，怀图利之念以事父，而无实心尽孝者矣;为人弟的，怀图利之念以事兄，而无实心敬长者矣。君臣父子兄弟之间，惟利是视，竟不知有仁义，皆弃去仁义，怀利以相交接如此，则见利必争，失利必怨，亲爱之心既忘，篡弑之祸将起，国不至于灭亡者，未之有也。夫利之说一行，而其害至于亡人之国。先生欲以此为号而说秦、楚之王，不亦误乎?"

"先生以仁义说秦、楚之王，秦、楚之王悦于仁义而罢三军之师，是三军之士乐罢而悦于仁义也。为人臣者，怀仁义以事其君;为人子者，怀仁义以事其父;为人弟者，怀仁义以事其兄。是君臣、父子、兄弟去利，怀仁义以相接也，然而不王者未之有也，何必曰利?"

解　孟子又告宋牼说："先生所以说二国者，既不可以利为名，则亦有仁义而已矣。诚使先生以仁义说秦、楚之王，说道殃民非仁，伐国非义，则秦、楚之王必欣然悦于仁义，而休兵止杀，以罢三军之师。三军之师，得蒙休息生养之泽，其谁不乐？是士卒亦乐，罢而悦于仁义之道也。仁义一倡，举国之人皆将熙熙然争趋于仁义。为人臣的，心存仁义以事君，自谓臣职之当尽非有所利而为忠矣；为人子的，心存仁义以事父，自谓子职之当供，非有所利而为孝矣；为人弟的，心存仁义以事兄，自谓弟道之当执，非有所利而为恭矣。君臣、父子、兄弟之间，知有仁义而不知有利，是去利怀仁义以相交接也。如此，则彝伦式叙，上下交欢，有尊君亲上之风，无悖逆陵犯之俗，其不能兴王业而王天下者，未之有也。利之害如彼，仁义之利如此。先生欲说秦楚之王，亦说之以仁义可也，何必以利为言哉？"夫宋牼志于息兵欲以救一时之民困，而孟子晓以仁义，则以正万世之人心。论治道者，宜知所择焉。

12.5 孟子居邹，季任为任处守，以币交，受之而不报。处于平陆，储子为相，以币交，受之而不报。他日，由邹之任，见季子；由平陆之齐，不见储子。屋庐子喜曰："连得间矣。"

解　季任，是任君之弟。处守，是居守其国。连，是屋庐子的名。昔孟子居于邹国，时有任君之弟季任者，因其兄有朝会之事，替他居守其国，一向仰慕孟子之贤，遂使人自任至邹，执币帛以为纳交之礼，孟子受其币而不往报焉。及处于齐平陆之邑时，储子正为齐相，他也仰慕孟子之贤，使人自齐至平陆，执币帛以为纳交之礼，孟子亦受其币而不往报焉。其受币之同如此。及至他日，孟子自邹到于任国，乃亲去见季子，以报前日之礼。又一日，自平陆到于齐国，却不亲去见储子，以报他前日之礼。其报礼之异如此。屋庐子幸其请问有由。乃喜而说道："连也仰慕夫子之道，每欲请问，但无间隙之可乘。今观处季任储子之事，一见一不见，是必有义理存乎其间，今乃得其间隙而可以请问矣。"夫孟子之处二子，固必有称物平施^①之道，屋庐子一得其间而即喜，亦可见其善学孟子矣。

问曰："夫子之任，见季子；之齐，不见储子。为其为相与？"曰："非也。《书》曰：'享多仪，仪不及物曰不享。惟不役志于享。'为其不成享也。"

解　《书》是《周书·洛诰篇》。以物奉上，叫做享。仪，是礼意。物，是币帛。"役"字，解做"用"字。屋庐子问孟子说："季子、储子同一币交，则宜同一往见也。今夫至任，就往见季子；及至齐，却不肯见储子。夫子之意，岂是为储子为齐相不似季子摄守君位之尊，故轻之而不见耶？"孟子答说："君子交际之义，只论道理，不论名位。我之不见储子，非以其为相之故也。独不观之《书》乎？《周书·洛诰篇》有云：'凡人献享于上，贵在礼意有余；若礼有余而仪不足，虽币帛交错，都是虚文。这便叫做不享。惟其未尝用志于享故耳。'夫以物享人，《书》乃谓之不享者何？盖人必以恭敬之心，将币帛之物，方可以成享礼；若不用志于享，而徒致饰于币帛之陈，则有文无实，不成享上之礼矣。《书》所以谓之不享者，盖谓此也。彼储子徒以币交而诚意未至，不得谓之成享矣。我何为而往见之耶？"，

屋庐子悦。或问之，屋庐子曰："季子不得之邹，储子得之平陆。"

解　屋庐子闻孟子之言，得其所以不见储子之故，在于礼义之不足，始知圣贤交际，自有义理而不苟也，遂欣然有悦于心。或人不晓其意，以为同一币交，如何有成享、不成享之辨？乃疑而问之。屋庐子晓之说道："二子之币交，有成享、不成享之异，但观其所处之势而可知矣。当时季子为君居守，托国政于其身。若自

任之邹，必出境而远涉，越国见贤，国谁与守？其不得之邹者，乃势之所不能，非心之所不欲也。若储子则异乎是，其官则齐相也，主治有人。既无居守之责，况平陆及齐邑也，相去甚近；又无越国之劳，可来而不来，可以见而不见。是其不之平陆，乃心之所不欲，非势之所不能也。夫季子不得之邹，则虽以币交，而礼意已备，此所以谓之成享。储子得之平陆而不一至，虽以币交，而仪不及物，只见其为弥文而已，此所以谓之不成享也。或人又何疑乎？"观此而知为君相者，既不可无敬贤之礼，尤不可无好贤之诚，敬贤而不能以诚，贤者犹不肯至，况于简贤弃礼者哉。

12.6 淳于髡曰："先名实者，为人也；后名实者，自为也。夫子在三卿之中，名实未加于上下而去之，仁者固如此乎？"孟子曰："居下位，不以贤事不肖者，伯夷也；五就汤，五就桀者，伊尹也；不恶污君，不辞小官者，柳下惠也。三子者不同道，其趋一也。一者何也？曰，仁也。君子亦仁而已矣，何必同？"

解 淳于髡，是齐之辩士。名，是声誉。实，是事功。淳于髡，因孟子仕齐无功而去，乃讥之说道："士君子处世，只有出处两端：若以功名为急务，而汲汲然先之，这是心存于救民而为人也；若以功名为缓图，而泄泄然后之，这是志在于守己而自为也。自为为人，总之全尽此心之理，仁者之事也。今夫子当路于齐，位居三卿之中是已出而用世，非复自为之时矣。乃上不能致君，下不能泽民，名实未加于上下，忽然致事而去，又不能终其为人之志，人己两无所成，进退皆无所据，仁者固如此乎？"孟子晓之说道："子疑我去国为未仁，是徒泥（nì）去就之迹，而未能深谅我之心也。且以古人言之，宁居下位，而不肯以我之贤，事人之不肖者，伯夷也。感币聘而五就汤，因汤进于桀，而五就桀，惓惓以救世为心者，伊尹也。不羞污君，而必事之；不辞小官，而必居之，由由然与物无忤者，柳下惠也。三子之行，或清、或任、或和，其道虽若不同，然其志意之所趋向，则一而已矣。

所谓一者云何，乃仁之所在也。盖清非忘世，任非好名，和非辱身，总归于理之当然，心之无私而已。然则君子处世，可就则就，固非有意于为人，而以名实为先；可去则去，亦非有意于自为，而以名实为后，要求合乎此心之仁焉耳，何必其行之尽同也？子乃执去就之迹，以议我之未仁，殆未识仁者之心矣。"

曰："鲁缪公之时，公仪子为政，子柳、子思为臣，鲁之削也滋甚。若是乎，贤者之无益于国也！"曰："虞不用百里奚而亡，秦穆公用之而霸，不用贤则亡，削何可得与？"

解　公仪子，名休。子柳、子思都是鲁之贤者。淳于髡又讥孟子说道："贤者，处世之迹，固难尽同，而其济世之功，实难取心。昔者鲁缪（mù）公之时，以公仪休为相，而使之总理国政，以子柳、子思为臣，而使之分理庶职。此三人者，皆当世所谓贤人，而缪公用之，宜乎有扶衰拨乱之功，有尊主庇民之效矣。乃当时邻国交侵，疆宇日蹙，鲁之削弱滋甚，以国势衰微之际，众贤支持而不足。如此乎贤者之无益于人国，其去就未足为重轻也。"淳于髡此言，盖谓孟子即不去位，未必能有益于齐也。孟子答说："贤人去留国之存亡攸系，何可谓其无益？昔百里奚初仕于虞，虞公贪受晋赂，不听其言，遂见执于晋，与虢俱亡。及其在秦穆公加之相位，言听计从，遂霸西戎，显名天下。夫以虞公一不用百里奚，即至于灭亡而不救，虽欲求如鲁之削地，不可得矣。然则鲁之仅至于削而不亡者，犹赖群贤维持之力也。岂可谓贤者无益于人国乎？"

曰："昔者王豹处于淇，而河西善讴[①]；绵驹处于高唐，而齐右善歌[②]；华周、杞梁之妻善哭其夫[③]，而变国俗。有诸内，必形诸外。为其事而无其功者，髡未尝睹之

【注】

① 王豹：卫国的歌唱家。淇：水名，流经今河南北部。河西：指卫国，卫国在黄河西岸。讴：歌唱。

② 绵驹：齐国的歌唱家。高唐：在今山东禹城附近。齐右：高唐在齐国的西部，西在右，故称齐右。

③ 华（huà）周、杞梁之妻，善哭其夫：哭夫为杞梁妻事（见《左传·襄公二十三年》），与华周无关；但华周、杞梁同为齐国战士，并同在袭莒战役中战死，故连类言之。

也。是故无贤者也，有则髡必识之。"

解　王豹，是卫人。淇，是水名。緜驹，是齐人。高唐，是齐邑，即今高唐州。华周、杞梁，都是齐臣。淳于髡又设问以讥孟子说："贤者之抱负难知，而事功易见，使其果有益于人国，髡岂有不知者乎？昔者卫人王豹善讴，居于淇水之上，河西之人，凡近淇水而居者，皆化之而善讴。齐人緜驹善歌，居于高唐之邑，齐右之人，凡近高唐而居者，皆化之而善歌。华周、杞梁之妻，因夫死于战斗，哭之而衰至于城为之崩，由是一国之中，其俗皆变而善哭。即此三事推之，可见名实相须，有才猷蕴蓄于内者，必有功业昭著于外。苟身为其事，可以自见其才，而却无功效之可指，则是内外不相符，髡未尝见有此人也。看来当今之世，实是无贤者。若果有贤者生于其时，其才猷自足以经世，其功业自足以及民，髡必知其人矣。今既未见其人，安望其有益于国哉？"淳于髡此言，盖讥孟子仕齐无功，未得为贤也。岂知贤者所存，固未易窥测矣乎！

曰："孔子为鲁司寇，不用，从而祭，燔肉不至，不税冕而行。不知者以为为肉也，其知者以为为无礼也。乃孔子则欲以微罪行，不欲为苟去。君子之所为，众人固不识也。"

解　燔（fán）肉，是郊祭胙肉。税（tuō）冕，是脱去冠冕。孟子因淳于髡讥己未得为贤，又晓之说道："子谓事功可以观人，似以贤者为易知，不知贤者固未易测也。盍即孔子之事观之，昔孔子为鲁司寇，摄行相事，三月而鲁国大治，齐人闻而恐惧，因以女乐遗鲁君，鲁之君相，惑于声色，果怠弃政事，疏孔子而不用。是时孔子已有去志，但未即行耳。适遇鲁有郊祭，孔子以大夫陪祀，礼当有燔肉之颁，又不颁及孔子，于是孔子祭毕即行，虽冠冕亦不暇脱，其毅然不肯少留如此。当是时，人之不知孔子者，以为燔肉甚微，偶然遗漏，如何便去。其知孔子者，以为郊必致燔，乃是待大夫之礼，今既这等疏慢，如何不去。此两说者，皆非深知孔子者也。乃孔子之意，以为使我因受女乐而去，则显其君相之失。设若无故而去，则又非出处之宜，故不以受女乐之大过去，而以不赐燔肉之细故行，使君相之罪，既泯于无迹，而在己之去，亦不为无由。其见几既如此明决，而用意又如此忠厚。然则君子之所为，信有出于常情拟议之外者，或以为为肉，或以为为无礼，皆众人浅陋之见，乌能知君子微意之所存哉?”君子之不易知如此，则孟子之所为，固非髡之所能识也。乃以知贤自任，而谓世无贤者，妄亦甚矣。盖是时游士、说客，皆挟其富强之术，以干世主，就功名。而孟子独以仁义之道与齐王言，欲以攻其好勇、好货、好色之疾，所以言常不合，仕齐不久而辄去也。然终不肯显言齐王之失，正与孔子去鲁同意。淳于髡乃以为未仁，又以为未贤，岂知孟子者哉?

12.7孟子曰:“五霸者，三王之罪人也。今之诸侯，五霸之罪人也。今之大夫，今之诸侯之罪人也。”

解　五霸，是齐桓、晋文、秦穆、宋襄、楚庄。三王，是夏禹、商汤、周文武。孟子见世道浸衰，王降而霸，霸降而战国，其势将使先王纪纲法度，荡然无有存者，故著其罪以警惕之。说道:“自古治世安民，德莫有过于三王者，三王既往，五伯(bà)迭兴，虽不无扶衰拨乱之功，然矫命雄行，惟威力是尚，王法从此坏矣，此得罪于有道之世，而为三王之罪人也。至于今之诸侯，岂但不知有王法之可守。即五伯所申之禁令，亦皆废之不遵，而惟以巧诈相倾，殆又得罪于五伯，而为五伯之罪人也。至于今之大夫，岂但不知有伯略之可图，即诸侯所不敢萌之妄念，彼皆导之以必为，而惟以阿谀取容，殆又得罪于诸侯，而为今之诸侯之罪人也。”盖世变之趋愈下，故人心之伪愈滋，非得王者起而正之，祸乱之作可胜言哉。

“天子适诸侯，曰巡狩;诸侯朝于天子，曰述职。春省耕而补不足，秋省敛而助不给。”

解　孟子承上文说:“所谓五伯为三王之罪人，何以见之? 盖三王之时，纪纲振举，法度修明，天子以时巡行于诸侯之国，这叫做巡狩。巡狩者，巡其所守之土地也。诸侯以时朝觐于天子之廷，这叫做述职。述职者，述其所修之职事也。时乎春日，正是百姓每耕田之时候，中间有播种不足的，必赈贷以补益之，使他不妨于耕；时乎秋日，正是百姓每收获的时候，中间有粮食不给的，必赈贷以周助之，使他不妨于敛。天子省于畿内，诸侯省于国中，察闾阎之疾苦，行周恤之恩惠。三王之世，民皆家给人足，而无匮乏之患者，盖以此耳。"

"入其疆，土地辟，田野治，养老尊贤，俊杰在位，则有庆，庆以地。入其疆，土地荒芜，遗老失贤，掊克在位，则有让。"

解 辟，是开垦。掊（póu）克，是聚敛。让，是切责。孟子承上文说："以巡狩之事言之，天子之适诸侯，本欲察邦国之治否，以验职业之修废也。若入其疆内，见得土地开垦，田野修治；老者养之以安，而不至冻馁；贤者尊之以爵，而罔或遗逸；且用俊杰有材之士，使之布列庶位，分猷而宣力。如此，是能克谨侯度，有功于王室者也，能无庆赏之典乎？则增益其土地，以示优异之恩，而有功者上，诸侯莫不欣然以为劝矣。若入其疆内，见得土地荒芜，四境不治；老者遗弃，而冻馁不免；贤者放失，而礼意不及；惟用掊克聚敛之臣，使之损下益上，蠹政而殃民。如此，是怠弃封守，违背乎王章者也，能无威让之令乎？则切责其愆尤，以示斥罚之义，而有罪者下，诸侯莫不凛然以为惩矣。夫以巡狩一行，而庆让并举，其所以纲纪世道之具，联属人心之机，皆在于此。此所以为三王之制也。"

【注】

① 六师移之：周天子所统六军之师；周制，天子六师；移，调动，指征伐。

"一不朝则贬其爵，再不朝则削其地，三不朝则六师移之①。是故天子讨而不伐，诸侯伐而不讨。五霸者，搂^①诸侯以伐诸侯者也。故曰：五霸者，三王之罪人也。"

【注】
① 搂（lóu）：拉着。

解 孟子承上文说："以述职之事言之，诸侯朝于天子，本自有常期也。使其如期而至，固必有贽，予之典矣。设或一次不朝，是慢上之渐也，则贬其爵位，以次而降其官。再次不朝，是陵替之端也。则削其土地，以次而损其禄。如或三次不朝，则悖乱已极，不但当削其地而已，遂命六军之众，往诛其人，而更置贤者，以守其国焉。此述职之法，亦与巡狩同一庆让之典者也。由此观之，三王之世，礼乐征伐之权，皆出自天子，臣下无敢自专者，故天子但出令以讨罪，而不必亲兴伐国之师。诸侯但承命以伐人，而不敢擅兴讨罪之旅。此体统名分所在，由三王以来，未之改也。今五伯不用天子之命，牵连与国之诸侯，以攻伐诸侯之叛己者，名虽为伐，实同于讨，岂非以臣而僭君，以下而犯上，得罪于王法者乎？我故说五伯者，三王之罪人也。"

"五霸，桓公为盛。葵丘之会，诸侯束牲载书而不歃血。初命曰：'诛不孝，无易树子，无以妾为妻。'再命曰：'尊贤育才，以彰有德。'三命曰：'敬老慈幼，无忘宾旅。'四命曰：'士无世官，官事无摄，取士必得，无专杀^①大夫。'五命曰：'无曲防^②，无遏籴，无有封而不告^③。'曰：'凡我同盟之人，既盟之后，言归于好。'今之诸侯，皆犯此五禁，故曰：今之诸侯，五霸之罪人也。"

【注】
① 专杀：擅自杀戮。
② 无曲防：不要遍设堤坝，以邻为壑；曲，普遍。
③ 无有封而不告：不要私自封赏而不告诉盟主。

解 葵丘，是地名。束牲载书，是束缚牲口，将誓书用匮盛载于上。歃血，是涂血于口，以示不背盟誓的意思。树子，是册立的世子。摄，是兼官。曲防，是曲为堤防，旱则壅泉专利，涝则激水病邻的意思。遏籴（dí），是闭阻籴籴，不使转贩。孟子说：

"所谓今之诸侯，为五伯之罪人，何以见之？盖五伯之中，惟齐桓公九合诸侯，一匡天下，最为强盛。当时葵丘之会，诸侯咸集，桓公但就坛坫之上，束缚牲体，盛载盟书，以与诸侯约誓，更不消杀取其血，以涂于口，而诸侯莫不听从，其信义足以服人如此。当时盟誓之词，共有五件。第一件相戒命说：'五刑之属虽多，而罪莫大于不孝，有则断以大义，必诛无赦，以正纲常；世子既已树立，受命于朝，不得嬖爱庶子，擅谋更易，以摇国本；妻乃己之敌体①，名分已正，不得有所废立，用妾为妻，以乱嫡庶。'此修身正家之事，不可犯禁者一也。第二件相戒命说：'贤才之生，为国桢干，必尊礼贤者，而隆其体貌；养育才者，而厚其常禄；于以彰显有德之士，使豪杰能自表见，而益坚其效用之心。'此用贤图治之资，不可犯禁者二也。其第三件相戒命说：'人之老者不可慢，必恭敬之以尊高年；人之幼者不可弃，必慈爱之以恤孤弱。四方之宾客行旅不可忽，必善待之以柔远人。'如此，则近悦远来，而人心悦服，不可犯禁者三也。其第四件相戒命说：'有功之士，但当世其禄，而不可世其官，使名器至于冒滥；百官之事，但当有分职，而不可有兼职，使庶务至于废弛。欲举用有德之士，必选于众，而务在得人；欲诛伐有罪之大夫，必告于朝，而不可擅杀。'如此，则择人任事，而刑赏清明，不可犯禁者四也。其第五件相戒命说：'邻国有水旱之灾，当交相体恤，无得曲防水利，使专于己而病于人；邻国遇凶荒之岁，当交相接济，无得闭遏籴贩，使我有余而彼不足；至于国邑之土地人民，皆当听命王朝，无得专擅分封，而不告天子。'如此，则既有睦邻之仁，又有尊王之义，不可犯禁者五也。戒命既毕，又复丁宁之说：'凡我同盟之人，自今日既盟之后，当同归于和好。既欲讲信修睦，以笃邻国之交，尤当协力一心，以尊天子之命。庶会盟为不虚，而和好可常继矣。'夫五伯之禁严切如此。宜乎诸侯世守勿失者，今之诸侯皆务以合从（zhòng）、连衡，济其巧诈之习，不复讲信修睦，守其和好之盟，则犯此五禁，恬然不知有葵丘之会矣。其得罪于五伯，不亦多乎？我故说：今之诸侯，五伯之罪人也。"

"长君之恶其罪小，逢君之恶其罪大。今之大夫，皆逢君之恶，故曰：今之大夫，今之诸侯之罪人也。"

解 孟子承上文说："所谓今之大夫，为今之诸侯之罪人，何以见之？盖诸侯之设立大夫，谓其能辅之以正也。若君之过既已彰著，不能犯颜敢谏，却乃曲意顺从以助其失，这叫做长君之恶。此则过本在君，而彼为之赞助，乃柔媚之小人，其罪甚小，或可恕也。若君之过尚未萌动，不能潜消默化，却乃先意迎合，以导其非，这叫做逢君之恶。此则君本无过，而彼为之引诱，乃倾险之奸人，其罪甚大，不可容也。今之大夫，皆阿意顺旨，以逞其逢君之谋，而蠹国殃民，使陷于危亡之祸，设使诸侯能自觉悟，必不能免于刑戮。我故说：今之大夫，今之诸侯之罪人也。"夫大夫得罪于诸侯，诸侯得罪于五伯，五伯得罪于三王，皆由于王道之不行耳。若王者在上，操礼乐征伐之权，以施刑赏忠厚之政，虽有五伯，尚无所用其威令，而况于诸侯与大夫乎。世道升降之机，良可慨矣。

12.8 鲁欲使慎子为将军。孟子曰："不教民而用之，谓之殃民。殃民者，不容于尧、舜之世。一战胜齐，遂有南阳，然且不可。"

解 慎子，是鲁国之臣。南阳，是齐地。昔鲁君欲使慎子为将军伐齐以取南阳，孟子止之说："兵，凶器；战，危事，古人不得已而用之者也。然必教民有素，乃可以即戎。若平时训练无方，既不知坐作进退之法、亲上死长之义，而一旦用之，使之摧锋陷阵，略地攻城，其势必至于丧败。是乃驱无辜之民，置之必死之地也，不谓之殃民而何？殃民之人，乃圣王之所必诛而无赦者，吾知其决不容于尧、舜之世矣。夫兵家胜败，诚不可知，吾特以轻用其民为不可耳。然以理论之，纵使子有克敌致胜之才，但与齐人一战，即能拓土开疆，遂有南阳之地。此于理且犹不可，而况于未必胜乎？此齐之所以不当伐也。"

慎子勃然不悦，曰："此则滑釐所不识也。"曰："吾明告子：天子之地方千里，不千里，不足以待诸侯；诸侯之地方百里，不百里，不足以守宗庙之典籍。"

解　勃然，是变色的模样。滑釐（xī），是慎子的名。慎子闻孟子之言，遂勃然有不悦之色，说道："战胜攻取，乃为将之奇功，人所难得。今一战胜齐，遂取南阳，夫子犹以为不可，则必如何而后可乎？此滑釐之所不识也。"孟子晓之说："我以战胜为不可者，盖论礼法，不论事功也。吾为子明言之。昔先王建邦设都，各有定制。故天子之都邑，地方必是千里，则赋税所入，可以供朝觐聘问之需。是天子所以礼待诸侯者，取足于此耳。苟不足于千里，则经费有亏，诸侯之燕享赐赉（lài），皆无所出，而王朝之礼废矣。此王畿一定之制，未有过千里者也。诸侯之邦域，地方必是百里，则赋税所输，可以供祭祀会同之用。是诸侯所以守宗庙之典籍者，取足于此耳。苟不足于百里，则财用不继，国家之牺牲币帛，皆不能办，而宗庙之典籍不可守矣。此侯国一定之制，未有过百里者也。先王之制如此，而后世乃以攻伐兼并为功，岂不悖哉！"

"周公之封于鲁，为方百里也；地非不足，而俭于百里。太公之封于齐也，亦为方百里也；地非不足也，而俭于百里。今鲁方百里者五，子以为有王者作，则鲁在所损乎？在所益乎？"

解　俭，是节制的意思。孟子承上文说："诸侯百里之制，创定于先王，而通行于天下，即以齐、鲁二国征之。昔周公以王室懿亲，著笃棐之绩，报功之典，宜加厚也。乃其出封于鲁，地方不过百里。当时地非不足，而止于百里，若有所限制，而不得逾越者，取其能守鲁之典籍而已。太公以师尚父，奋鹰扬之烈，报功之典，亦宜加厚也。乃其出封于齐，地方不过百里，当时地非不足，而止于百里，亦若有所限制，而不得逾越者，取其能守齐之典籍而已。在天子固不得以优厚之恩，加于常制之外，在二公亦不得以亲贤之重，超于藩封之等，此二国之故典也。夫前人以百里受之天子，则后人当以百里嗣其先君，无所容其增益者。今鲁为方百里者五，四倍于始封之旧，其并吞小国，侵犯王制，已不少矣。子以为有王者作，欲修明法度，以整齐邦国，则鲁之地，将在所损乎，抑在所益乎？吾恐以百里之制，明一王之法，其当裁削也必矣。夫已据之土地，且不能保，而他邦之封域，又欲兼而有之，吾未见其可也。"

"徒取诸彼以与此，然且仁者不为，况于杀人以求之乎？君子之事君也，务引其君以当道，志于仁而已。"

🔴解　孟子承上文说："分封之定制，既不可越，则诸侯之取与，皆不得私。设使不兴一兵，不戮一民，徒手而取南阳以与鲁国，在仁者犹以为贪利苟得，不肯妄为，何况驱民于锋镝（dí），杀人于原野以求之乎。夫越制而行，谓之不道，残民以逞，谓之不仁。虽曰鲁君欲之，亦吾子所当救正者也。子未闻君子事君之道乎？盖君子之事君也，积诚感动，平时有辅养之功，尽力维持，随事有箴规之益。君不向道，则务引之于当道，使事事合理，而一毫非僻之事不行。君不志仁，则务引之以志于仁，使念念合理，而一毫残忍之念不作。此所以君无失德，臣无阿意，而常保其国家也。子诚能亟止伐齐之师，而勿以殃民为事，勿以战胜为功，则无愧于君子事君之道矣。"按孟子引君当道一言，可为万世人臣之法。然孟子历说齐、梁之君，而终不能挽之于王道，则可见尽忠补过，固在于臣，而尊贤乐善则系乎君。人主诚能虚心任人，然后君子得行其志，而治功可成也。

12.9孟子曰："今之事君者曰：'我能为君辟土地，充府库。'今之所谓良臣，古之所谓民贼也。君不乡道，不志于仁，而求富之，是富桀也。"

解　孟子见得战国之时，人臣惟务富强之术，以阿时好，而其君皆信任之，至蠹国殃民而不悟，故警之说："人臣事君，惟当正言匡救，以向道志仁为先，不当曲意逢迎，以富国强兵为事。乃今之事君者，何其谬也。见其君乐于聚财，则以兴利之说进，扬扬然自夸其能说：'我能为君开辟土地以尽地利，充实府库以聚财货。'使用无不足，欲无不遂。这等有干才的在今日必以为良臣矣。然非暴征横敛，穷民之力，何由得之？是乃古之所谓民贼也。何也？君方拂民，从欲，不能向道，不能志于仁，而但以黩货为务，是一桀而已。乃又为之克剥攘夺以富之，是以贪济暴，谓之富桀可也。夫君日益富，则民日益贫，必至于困苦无聊而已，非民贼而何？"

"'我能为君约与国，战必克。'今之所谓良臣，古之所谓民贼也。君不乡①道，不志于仁，而求为之强②战，是辅桀也。"

【注】

①乡（xiàng）：通"向"，向往。

②强（qiǎng）：尽力。

解　与国，是交好的邻国。孟子承上文说："今之事君者，见其君喜于用兵，则以战胜之说进，扬扬然自夸其能，说：'我能为君连合与国，以壮声势，每战必胜，以树勋名，使威伸列国，功盖天下。'这等有谋略的，在今日亦必以为良臣矣；然非兴师动众，糜烂其民，何由得之，是亦古之所谓民贼也。何也？君方好大喜功，不能向道，不能志于仁。而但以黩武为事，是一桀而已。乃又为之奋勇争斗以辅之，是以威助虐，谓之辅桀可也。夫师旅日兴，则死亡日众，必至于离散无余而已，非民贼而何？"

"由今之道，无变今之俗，虽与之天下，不能一朝居也。"

解 孟子承上文说："今之人君，皆以民贼为良臣者，岂不以国富兵强，遂可以取天下乎？然得天下有道，在得民心而已。今剥民之财以为富，残民之命以为强，其道则权谋功利，非先王之正道也；其俗则兼并攻夺，非先王之善俗也。若率由今日之道，而不能变今时之俗，上下相安，承敝袭陋，则虽与之以天下，而人心不归，国本不固，有智力者，又将起而夺之，危亡之祸，可立而待也。安能以一朝居乎？"夫富强之臣，其无益于人国也如此。而时君世主，顾乃偏信独任，贪近利而忘远图，亦独何哉？欲保天下者必力行仁义，以固结人心而后可。

12.10 白圭①曰："吾欲二十而取一，何如？"孟子曰："子之道，貉道也。"

解 白圭，是周人，名丹。貉（mò），是北方夷狄之国。白圭见得当时赋敛太重，民力不堪，故问于孟子说："国家因地制赋，固不能不取诸民，然如今之税法，则甚重矣。吾欲于二十分之中而取其一，使上不妨于经费，下不病于诛求，不识夫子以为何如？"孟子答说："为国者当有公平正大之体，立法者当为经常久远之规。故什一而税，乃尧、舜以来，所以治中国之道也。如子二十取一之制，则是貉之道而已。以貉之道治中国之民，必有窒碍而难行者。子之言何其陋哉！"

"万室之国，一人陶，则可乎？"曰："不可，器不足用也。"曰："夫貉，五谷不生，惟黍生之。无城郭、宫室、宗庙、祭祀之礼，无诸侯币帛饔飧，无百官有司，

【注】
① 白圭：战国时期中原（洛阳）人，名丹，字圭，在魏惠王属下为大臣，善于修筑堤坝，兴修水利，《汉书》中说他是"治生之祖"，也就是做生意的鼻祖。

故二十取一而足也。"

解　陶，是烧造瓦器。朝食叫做饔（yōng），夕食叫做飧（sūn）。孟子既以白圭之论为难行，又诘问之说："治国之必资于赋，就如用器之必资于陶也。且如万室之国，生齿^①甚繁，而但使一人烧造瓦器以供其用，则将为可乎？"白圭答说："不可。盖用器既有万家，而制器乃止一人。以有限之力而供无穷之用，何以能足？其势有所不可也。夫一人之陶不足以供万家，则二十取一之赋，不可以治中国，可类推矣。"故孟子因其问而晓之说："吾以子之道为貉道者，何哉？盖貉人之国，地高气寒，五谷不能生长。惟黍米一种，耐寒而生，物产甚薄，既无以为纳贡之需矣。且其居处无常，制度未备，无城郭宫室之营造，无宗庙祭祀、牺牲粢盛之备办，无诸侯交际之币帛、燕享之饔飧，无百官有司之廪禄，习俗如此朴陋，用度如此其省约，故虽二十取一，亦可以充足而有余耳。此在夷狄则然，岂可例论于中国哉。"

"今居中国，去人伦，无君子，如之何其可也？陶以寡，且不可以为国，况无君子乎？"

解　孟子承上文说："华夷之界限不同，而制度之繁简亦异。居貉之地，则可以行貉之道耳。今居中国，处冠裳、文物之区，有君臣、祭祀、交际之礼，以纲纪人伦，不可去也。有百官有司之禄，以任用君子不可无也。今欲二十而取一，则交接之礼仪尽废，是去人伦矣；建设之官属尽省，是无君子矣。如此，则何以立国，何以治人？如之何其可哉？吾就子之所明者而譬之，且如万室之国，陶以一人，用器者多，而供给者寡，则必不可以为国，子固知之矣。况中国之大，不止于万室，养君子以叙人伦，不止如陶人之制器而已。使国无君子，则纲常何以扶植，政教何以推行，又岂可以为国乎？君子不可无，则经用不可废，二十取一，自不足用矣。子欲舍什一之法，而从事于貉道几何不胥中国而为夷狄哉？"

"欲轻之于尧、舜之道者，大貉、小貉也。欲重之于尧、舜之道者，大桀、小桀也。"

㊙ 孟子又告白圭说："中国之地，乃尧舜以来相传之土字，则赋税之法，亦当从尧舜以来所定之章程。故什一而税，上可以足国，而下不至于病民，此尧舜之道万世无敝。人不得以私意而轻重之者也。从古至今，其取诸民者，惟貉为最轻，惟夏桀为最重耳。今欲更制立法，以尧舜之道为可损而欲轻之，则因陋就简，而与貉同道，彼为大貉而吾亦小貉矣。以尧舜之道为可加，而欲重之，则横征暴敛，而与桀同事，彼为大桀，而吾亦小桀矣。桀固不可为，貉亦岂可为哉？子当守尧舜之道，以治中国之民。若曰二十取一而足，吾未见其能行也。"

12.11 白圭曰："丹之治水也愈于禹。"孟子曰："子过矣。禹之治水，水之道也。"

㊙ 丹，是白圭的名。周人白圭，曾筑堤壅水，注之他国，以除一时之患，乃自夸其功于孟子说："古今称治水者，必归大禹。然禹之治水，用力甚劳，历时最久。今丹之治水，堤防一筑，泛滥即除，不必四载之勤，八年之久也。岂不胜于禹乎？"孟子斥之说："有非常之人，然后能建非常之功。神禹之功，万世莫及。而子自负其能，欲加于神禹之上，吾窃以为过矣。昔禹之治水，岂尝用其私智，以穿凿为能乎？亦岂尝急于近功，以堤防为事乎？盖水有自然之性，而不容强，有必由之道，而不可遏。故禹惟因水之道，顺而治之，或上流有所湮塞，而不循其故道，则因而为之疏瀹；或下流有所泛溢，而不得归于正道，则因而为之决排。此盖以水治水，而不以己与之者也。万世而下，称其平成永赖之功，而尤服其行所无事之智者，盖以此耳。今子壅水而注之邻国，尚不知治水之道为何如，而顾自以为功，求胜于禹，不亦过乎？"

"是故禹以四海为壑，今吾子以邻国为壑。水逆行，谓之洚水。洚水者，洪水也，仁人之所恶也。吾子过矣。"

解 壑，是低注受水之处。孟子承上文说："水性就下，而海则地势之最下者也。禹惟顺水之性，故因势而利导之。虽千支万派，无不使之奔趋于海，是以四海为受水之处，而各得其所归。所以水无逆行，而民无垫溺也。今吾子之治水，堤防于此，而灌注于彼。是以邻国为受水之处，而移祸于他邦。虽暂免一国之患，而人之遭其陷溺者多矣。其视以海为壑者，不亦异乎？盖水性可顺而不可逆。逆而壅之，则泛滥四出，洚洞无涯，这个叫做洚水。所谓洚水者，即尧时之所谓洪水也。洪水为灾，则怀山襄陵，下民昏垫，是乃仁人之所深恶者。今吾子以邻国为壑，使洪水之害，及于他邦，其为不仁甚矣。禹之治水以导利，子之治水以贻害，乃又居以为功，求胜于禹，岂不过哉？"按白圭之在当时，以薄赋，则欲轻于尧、舜之道；以治水，则欲多于神禹之功。此皆以私智邪说，惑世诬民者。故孟子辞而辟之，非孟子则尧、舜之道不明，神禹之功不著矣。故曰：孟子之功不在禹下。

12.12 孟子曰："君子不亮，恶乎执？"

解 亮，是明理自信的意思。执，是有持守。孟子说："君子于天下之事，灼然有定见，而自信不疑，这叫做亮。确然有定守，而特立不变，这叫做执。执则临事有担当，才能有成，而惟亮则先事有主宰，才能有执，此应事接物之准也。若使研穷未到，造诣未深，道理上不曾分明，心体上不曾透彻，则事到面前，未免有影响之疑、二三之惑。方以为可行，又以为可止，非颓靡而不振，则迁就而不常，岂能有所执持，而成天下之事乎？信乎亮之不可无也。然所谓亮者，须要实见得是，方能信理信心，不然，则亦硁硁之小信，执一而不通者耳。"孔子曰："君子贞而不谅。"孟子所谓"亮"，即孔子所谓"贞"也，此又不可不辨。

12.13 鲁欲使乐正子为政。孟子曰："吾闻之喜而不寐。"公孙丑曰："乐正子强乎？"曰："否。""有知虑乎？"曰："否。""多闻识乎？"曰："否。"

解 乐正子，是孟子弟子，名克。时鲁君知其贤，欲用之以执国政。孟子闻之，对门人说："乐正子见用于鲁，是贤人得志之时，吾道可行之会。吾喜之甚，至于忘寝而不寐焉。"孟子盖深知乐正子之所长，故喜之如此。公孙丑乃问说："人必有用世之全才，然后可以当大任。夫子喜乐正子之为政，必为其才有足取矣。不知乐正子之为人，果强毅有执，可以担当大事者乎？"孟子答说："否。强固彼之所短也。"丑又问："乐正子果知虑有余，可以裁决大议者乎？"孟子答说："否。知虑亦彼之所短也。"丑又问："乐正子果多闻博识，可以理繁治剧者乎？"孟子答说："否。多闻识亦彼之所短也。"盖是三者皆当时之所尚，而非乐正子之所长，故公孙丑疑而历问之。然乐正子之抱负，有超出乎三者之长，而不囿于习俗之所尚者。公孙丑盖未之知也。

"然则奚为喜而不寐？"曰："其为人也好善。""好善足乎？"曰："好善优于天下，而况鲁国乎？"

解 公孙丑又问孟子说："今之为政者，皆以强力智虑多闻为尚，而乐正子皆无之，则无以居其位，而称其职矣。夫子乃为之喜而不寐，何为者哉？孟子答说：为政者不以一材一艺为长，而以兼容并包为度。乐正子虽无赫然可见之才，而其为人，则善人也。故闻一善言，见一善行，则心诚好之。不啻己出，汲汲然惟恐求之弗得，取之弗广者。此则乐正子之所长而已。公孙丑又问说："鲁，大国也。执政，重任也。好善一节，便足以治鲁国乎？"孟子答说：善之出于己者有限，而善之资于人者无穷，为政者患不能好善耳。诚能好善，则虚怀雅量，足以容贤。开诚布公，可以广益。由是以天下之才，理天下之事，且绰绰乎治之而有余，况区区一鲁国乎？然则勇、知、多闻，不必兼备于己，而得位行道，自可以建立于时，吾之所以喜而不寐者以此。"

"夫苟好善，则四海之内皆将轻千里而来告之以善。"

解　孟子承上文说："吾谓好善优于天下者，为何？盖善者，天下之公理，好善者，天下之公心也。苟能不炫己之才，而惟好人之善，则虚而能受，如江海之纳众流，大而有容，如天地之包万物，将见风声所播，意气所招，不但相识的人，益思忠告，近处的人，皆来亲附，就是四海之内，在千里之外的，亦莫不感同气之相求，幸善言之可售，皆不惮涉远而来，告我以善矣。至是则强者效其力，智者献其谋，多闻者程其艺。合天下之见闻，资一国之治理，何所处而不当乎？我所谓好善优于天下者此也。"

"夫苟不好善，则人将曰：'訑訑，予既已知之矣。'訑訑之声音颜色，距人于千里之外。士止于千里之外，则谗谄面谀之人至矣。与谗谄面谀之人居，国欲治，可得乎？"

解　訑（yí）訑，是自足其智，不嗜善言的模样。孟子又告公孙丑说："天下之治，用人则有余，自用则不足。未有不亲善士，不受善言，而能成天下之治者也。夫苟自恃其才，不知好善，平时妄自尊大，视天下之人，个个都不如我，且好自称夸。谓天下之事，件件无有不知，这风声一传，则天下之士闻之，必将私议说，此人訑訑然，自足其智，不嗜善言，却又自言：'天下之善，我既已悉知之矣。'这样的声音颜色，人皆知其无受善之心，非惟缄口而不言，抑且望风而远去。是距绝善人于千里之外也。夫君子小人，相为消长，使直谅多闻之士，自绝千里之外而不肯来，则谗谄面谀之徒，必然阿意取容，相继而至矣。谗谄面谀之人，常在左右，与之游处，则所闻无善言、所见无善行，政事日非，而祸乱将作矣。求国之治，何可得乎？夫惟好善则有休休之度，无訑訑之容。有直谅多闻之贤，无谗谄面谀之士。善言日进，善政日修，其于治天下何难之有。此好善之优于天下，而乐正子之为政，所以为可喜也。"按孟子此言于治道最为关切。人君处崇高富贵之地，正士易疏，而佞人易亲，谀言多顺，而忠言多逆，使非诚心好善之主，未有能任贤不贰，纳谏如流者也。故好问、好察，虞舜之所以圣；饰非拒谏，商纣之所以亡。有天下者，可不鉴哉！

12.14 陈子曰："古之君子何如则仕？"孟子曰："所就三，所去三。"

解 陈子名臻，是孟子弟子。就，是仕于其国。陈子问孟子说："今之君子，急于求仕，苟且以就功名，固不可。然不仕无我，但以隐为高亦不可。不知古之君子，何如而后肯仕乎？"孟子答说："君子之处世，不必于仕，亦不必于不仕，只看道理何如，遭际何如。如其可就则就之，固未尝绝人而逃世，其所就有三焉。如其可去则去之，亦不肯枉己以徇人。其所去亦有三焉。或所处之地不同，或所遇之人不一，故其去就之迹，有不能一律而齐者。然就非贪位，去非好名，亦各尽其道而已。此古之君子所以随时处中，而不失其正也。"

"迎之致敬以有礼，言将行其言也，则就之。礼貌未衰，言弗行也，则去之。"

解 孟子既明君子之去就有三，乃历数以告陈子说道："自古国君之于贤者，其上则能用之，其次能敬，其下能养。这三件礼有厚薄，而君子所视以为进退者，恒必由之。如使为国君的，有乐道忘势之心，有任贤图治之志，其始则屈己以迎之。内致其敬，外尽其礼，且欲虚怀以听之说道'吾将采纳其言，见诸行事'，这乃是可与有为之君，吾道大行之机也。君子方欲辅世长民，择君而事，岂得不委身而就之乎？使其言果得行，义无可去，则君子亦将久于其国矣。其或礼貌之恭敬，虽若未衰，而言论之敷陈，终不见用，则任贤之意不专，求治之心不笃。虽有礼文，不过虚拘而已。君子以道自重见几而作，岂得不洁身而去之乎？夫道合则留，不合则去。君子之去就，此其一也。"

"其次虽未行其言也，迎之致敬以有礼，则就之，礼貌衰，则去之。"

解　孟子又告陈子说："君子得君而事，言听计从，固所深愿，然而不可必得也。 其次则在人君礼遇之何如。 若进见之始，情意未孚，虽未即采纳其言，见诸行事，然接待之间，内致其敬，外隆其礼，未尝有一毫慢易之心，这犹是敬贤礼士之君，足用为善之机也。 君子进必以礼，岂得不欣然而就之？ 如使礼意之勤，始终无替，君子亦不轻去也。 及礼貌衰薄，渐不如初，此非为他好所移，则必为小人所间，是亦不可与有为矣。 贤者避色，岂得不毅然而去之乎？ 是盖以礼意之盛衰，决吾身之进退。 君子之去就，又其一也。"

"其下，朝不食，夕不食，饥饿不能出门户，君闻之曰：'吾大者不能行其道，又不能从其言也。 使饥饿于我土地，吾耻之。'周之，亦可受也，免死而已矣。"

解　孟子又告陈子说："君子以礼貌为去就，已非其为道之本心，然亦不可必得也。 又有下一等的，其君既不能用，又不能敬，使贤者身处困穷，朝夕之间，俱不得食，至于饥饿不能出门户，其简贤弃礼如此，既而闻之，乃始悔过，说道：'贤者在吾国中，大则当推心委任，小则当不时周给。 今吾大者不能行其道，使尽展经纶，又不能从其言，使随事补益，则已失待贤之礼矣。 乃至困郁无聊，饥饿于我之土地，是又不能尽养贤之道，吾之耻也。'于是致其供馈以周之。 夫君之于民，固有周恤之义，而又有此悔过之言，揆之情礼，亦可受也。 然岂滥受而无节哉，仅可以免死而止耳？ 夫周之可受，则有辞之馈，不可以终绝，是亦一就也。 然受止于免死，则非义之交，不可以苟留。是亦一去也。 君子之去就，又非其一乎？"合而观之，则知行道者，君子之本心。 礼贤者，人君之盛节。 明主诚能任贤使能，各行其志，使天下仕者皆愿立于其朝，则上下交而德业成矣。

12.15 孟子曰：“舜发于畎亩之中，傅说举于版筑之间^①，胶鬲举于鱼盐之中^②，管夷吾举于士^③，孙叔敖举于海^④，百里奚举于市。”

解 设版以筑墙，叫做版筑。士，是狱官。孟子说：“天生圣贤，所以维持世道，康济民生，不偶然也。然穷达有数，屈伸有时，往往有自困而亨者。如舜以圣人之德，践天子之位，万世称为圣君。然侧陋未扬之日，尝耕于历山，躬执耒耜，其发迹乃在于畎亩之中。使不遇尧，则一耕稼之农夫而已。傅说，辅佐高宗，成中兴之业，是商之良弼。然当初隐居傅岩，亲操版筑，就与做工的人一般。是其举用乃在版筑之间，何其贱也！胶鬲左右文王，成开创之功，是周之贤相。然当初身亲贸易，鬻贩鱼盐也，与做商贾的一样，是其举用乃在鱼盐之中，何其陋也！这两人都是王者之佐，使不遇高宗、文王，则终身工贾而已，谁则知之？管夷吾，相桓公，一匡天下。然其始尝拘囚缧绁^⑤，桓公释之以为相国，是荐举于士师之中者。孙叔敖，相楚庄以伯天下，然其始尝隐处海边，庄王用之以为令尹，是荐举于海滨之野者。百里奚相秦，而显其君于天下，然其初混迹市廛，穆公拔之牛口之下，而加之百姓之上，是乃举于市井之中者。这三人都是伯者之佐，使不遇三君，则终身罪废而已，谁则知之。”夫自古圣贤，虽君相异位，王伯异术，然皆起于困穷拂郁之中，则天意之曲成，盖有在矣。张子西铭有云：“贫贱忧戚，庸玉汝于成。”即此意也。

“故天将降大任于是人也，必先苦其心志，劳其筋骨，饿其体肤，空乏其身，行拂乱其所为，所以动心忍性，曾益其所不能。”

解 大任，是重大的责任。空，是穷。乏，是绝。拂，是背戾。

【注】

① 傅说（yuè）：《史记·殷本纪》：“武丁夜梦得圣人，名曰说。以梦所见视群臣百吏，皆非也。于是乃使百工营求之野，得说于傅险中。”举：被举用，被选拔。版：木制的墙版。筑：捣土用的杵。

② 胶鬲（gé）举于鱼盐之中：胶鬲最初贩卖鱼盐，被周文王举荐于商纣王。

③ 管夷吾：管仲。士：狱官之长。举于士：指从狱官手里被释放并任用。

④ 孙叔敖举于海：孙叔敖，楚国令尹（宰相），相传曾隐居于海滨。

⑤ 缧绁（léixiè）：捆绑犯人的黑绳索，借指监狱。

"曾"字，与增加的"增"字同。孟子承上文说："舜之为君，傅说诸臣之为相，皆天之所笃生。以济世安民者，然皆起于困穷拂郁之中。这是何为？盖为君为相，是世间极大的责任，必才全德备之人，才足以当之，而非备尝艰难，更历变故，则无以成其德，而达其才也。故天将以君相之任，付托于斯人，则必先置之困穷之地，内则苦其心志，使不得展舒；外则劳其筋骨，饿其体肤，穷乏其身，使不得安养；见有行事，则违拂谬乱其所为，使不得称意。这等样愁苦无聊，真人情之所不能堪者，天岂无意于斯人哉？盖良心多发于忧勤，而气禀每纵于佚乐，经了这般挫折，则惕然而自奋，是所以竦动其仁、义、礼、智之心，而使之益纯也；受得这般贫苦，则泊然而无求，是所以坚忍其声、色、臭、味之性，而使之益定也；又且磨炼于人情，阅历于世故，则闻见日广，智虑日生，是又增益其才力之所不能而使之充裕也。这等才全德备之人，出而当天下之大任，岂有不光明俊伟，超出寻常者哉！然则天之所以困之者，正所以厚之也。"尝观自古创业之君，皆以险阻艰难得之；而其后守成之主，多以丰亨豫大失之。则知天命无常，天心莫测，或以无虞而失国，或以多难而兴邦。人主常能仰承天心，慎保天命，则祖宗之业，万世无坠矣。

"人恒过，然后能改；困于心，衡于虑，而后作；征于色，发于声，而后喻。"

解　"恒"字，解做"常"字。衡，是不顺的意思。作，是奋起。征，是验。喻，是晓。孟子承上文说："自古圣贤，莫非天授，然必由困穷而后能兴起，况常人乎。夫人非圣贤，孰能无过？然必先有过失，乃能惕然省悟，幡然改图，有所惩于前，则有所儆于后，人情大抵然也。盖事未有不慎其始而能善其终者。中人之性，少有怠惰，或不能谨于平日，到那事势穷蹙、仓皇失措的时候，其心困而不舒，其虑衡而不顺，思前算后，都行不去了。然后悔过自新，奋然感发而兴起，精神意气，都从那愤激中鼓动出来。而平时怠惰之失，庶几其能改矣！事未有不始于微而成于著者，中人之资，少有昏昧，便不能烛于几微，到那事理暴著掩护不得的时节，验于人之色，发于人之声，群讥众讪，都堪不得了。然后返听内照，豁然警悟而通晓，聪明智慧，都从那障蔽中磨砻①出来，而昏昧之失，亦庶几其能改矣。"夫困心衡虑而作，则虽柔必强，征色发声而喻，则虽愚必明，其与圣贤之动心忍性，增益不能者，其机一也。可见人不患其有过，而患其不能改。以成汤之圣，不称其无过，而称改过，以宣王之贤，不美其无阙，而称补阙，欲为圣贤者，毋自弃焉。

【注】

① 砻：去掉稻壳的农具，形状略像磨，多以木料制成。此处作动词用。

"入则无法家拂士，出则无敌国外患者，国恒亡。"

解 法家，是法度世臣，拂（bì）士，是辅弼贤士。孟子承上文说："善心每发于忧勤，祸患常生于怠忽。过然后改，岂独人情为然，就是治国之道，也是如此。若使为人君者，有世臣大家，谨守其法度，有忠臣贤士，匡救其阙失，则内有所严惮，而不敢纵肆。有强大之敌国，常畏其凌逼，有军旅之外患，常恐其疏虞。则外有所警惧，而不敢怠荒，此国之所由兴也。若使入而在内，无法家拂士，则必亲谀佞而废箴规；出而在外，无敌国外患，则必怀宴安而忘警惕，将见心志日荒，政事日坏，而祸乱随之矣。国岂有不亡者乎？"盖治国之道，譬之治身治家。治身者，以药石攻疾，常恶其苦口，而不知补救之功大；治家者，以铃柝警盗，常厌其聒耳，而不知防御之益多。故人主不乐忠言，是讳疾也；疾将日深，不虞外患，是诲盗也。盗将日至，此必亡之势也。故明君能容切直之言，盛世不忘无虞之戒。有天下者可以鉴矣。

"然后知生于忧患，而死于安乐也。"

解 孟子总结上文说："好生、恶死，人之常情。然但知安乐之可以得生，忧患之足以致死而已。今观圣贤之成德，中人之改过，乃在于动心忍性，困心衡虑之余，而国家之危亡，顾在于内外无虞之日。然后知人之生全，多出于忧患，而其死亡，多由于安乐，此其明效大验、彰彰甚著者也。盖人处忧患之中，则操心也危，虑患也深，有恐惧修省之诚，而无放僻邪侈之行，故可以成身，可以保国。譬如多病的人，兢兢保护，反得生全。所以说'生于忧患'。人处安乐之日，则求无不得，欲无不遂。盘乐怠傲之情多，而忧勤惕励之意少，故大则亡国，小则丧身。譬如壮盛的人，恣情纵欲反致死亡，所以说'死于安乐'也。"夫人情莫不恶忧患，而所恶有甚于忧患者莫如死；亦莫不好安乐，而所好有甚于安乐者莫如生。人能于安乐之中，不忘忧患，则有生全之福，无死亡之祸矣。《易经》上说："危者，安其位者也。亡者，保其存者也。"有国家者宜三复于斯。

12.16 孟子曰："教亦多术矣，予不屑之教诲也者，是亦教诲之而已矣。"

解 术，是教人的方法。不屑，是不以其人为洁而拒绝之的意思。孟子说："学者受教之地不同，君子教人之法亦异。故或与或不与，或抑或扬，无非因人而施，期于成就，其为教亦多术矣。如何见得教之多术？盖人皆知教之为教，而未知不教之为教。彼进之门墙，列于弟子，有问则答，有惑则解，这固是教诲他。乃亦有习于不善，惑于异端，气质未能变化，心志未能专一，则君子亦有不以为洁而拒绝之者。这叫做'不屑之教诲'。若使其人果能幡然悔悟，惕然省改，遂能易恶以至中，去邪从正，这也是我教诲他一般。可见来而不拒，因才而笃者，固教也，拒而不纳，使有激而兴者，亦教也。"观不教之为教，而教之多术可知矣。昔孔子之于孺悲，孟子之于曹交，皆是如此。然施教者，固必有曲成不遗之仁。受教者，尤贵有随事修省之实。若因其不屑，而阻于上进，是则自暴自弃者耳，亦将如之何哉？

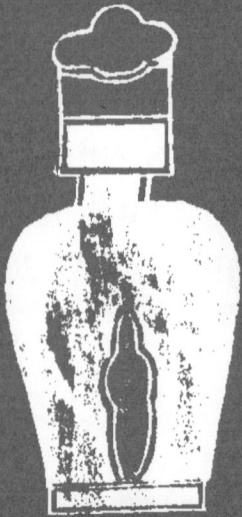

尽心章句 上

13.1孟子曰："尽其心者，知其性也；知其性，则知天矣。"

解　尽，是完全、充满的意思。孟子说："人身方寸之中，神明不测的，叫做心；心所具之理，叫做性。吾心至虚至灵，浑涵万理，其体本无不全，然非研穷事物，识得吾心所具之理，则理有未明，即心有所蔽，安能满其本然之量乎？若是能尽其心，而于神明之本体完全充满，无少亏欠者，必是能知其性，而于民彝物则之理，融会贯通，无所疑惑者也。夫天者理而已矣，天以此赋于我，我以此成于性，本是联合而无间的。既知其性，则心思之莹彻，可以穷神；识见之玄微，可以达化。知吾性之仁与礼，便知道天之元亨；知吾性之义与智，便知道天之利贞。而'於（wū）穆不已'之命，可以默悟而潜孚矣。岂有不能知天者乎？学而至于知天，则物格知至，而所以造其理者，无余蕴矣。"

"存其心，养其性，所以事天也。"

解　承上文说："君子之学，以致知为入门，尤必以践履为实地。心固尽矣，犹恐出入之无常，则操而存之，使一动一静，常在于方寸之中，而不夺于外诱之私；性固知矣，犹恐作为之或害，则顺而养之，使事事物物，常循其自然之则，而不涉于矫揉之失。君子存养之功、交致其密如此，这是为何？盖心为天君，性由天命，是皆天之所付于我者，若放逸其心，戕贼其性，这就是慢天亵天，而非所以事之矣。今吾能操存此心，是所以奉吾之天君，而不敢违越。顺养此性，是所以保吾之天命，而不敢失坠，就如'上帝临汝，日在左右'的一般，岂非所以事天乎？能事天，则意诚心正，而所以履其事者有全功矣。"

"殀寿不贰[①]，修身以俟之，所以立命也。"

【注】

① 殀：同"夭"，短命。不贰：一律，没有差异。

【注】

① 三才：指天、地、人。

解 贰，是疑惑。承上文说："君子知天事天，其于察识存养，固能兼体矣。然死生祸福之说，最易以惑人；而省察克治之功，最难于持久。使识见未融，工夫有间，于知天事天，犹未为至也。诚知人之生死，犹昼夜之必然，数之短长，皆造化之默制。或夭或寿，坦然无所疑贰于其中。而惟一意修身，安心俟命，完吾性分之固有，而利害付之不闻，尽吾职分之当为，而祸福听其自至。真有壮老一节，始终一心者，这是为何？盖天之所命于我者，不但使之禀血气以有生，而实使之参三才①而独立。今夭寿之间，看得这等透彻；修身之功，持得这等坚定。是将天赋与我的，浑然全备，无一毫戕贼；挺然树立，无一些失坠。幸而寿则自作元命，而好德考终；不幸而夭，则亦顺受正命，而没齿无憾。岂不谓之立命乎？"学至于立命，则为知之尽，仁之至，而知天事天，胥造其极矣。

13.2 孟子曰："莫非命也，顺受其正；是故知命者，不立乎岩墙之下。"

解 岩墙，是险峻之墙，基薄而将覆者。孟子教人以知命之学。说道："凡人之生、吉凶祸福，皆有一定之数，宰于冥漠之中，莫非天之所命也。而能顺受其正者少矣。惟君子尽其在我，听其在天，或降之以福，固顺以受之，而不敢以吉为可趋；或降之以祸，亦顺以受之，而不敢以凶为可避。就如受父母之命，东西南北，遵道而行，这才是顺受其正。若冥行妄趋，蹈危履险，至于丧身殒命而不顾，这就如立在岩墙之下的一般。覆压之患，必所难免，其不知命甚矣。是以知命之君子，虽不至倖福畏难，然必择地而蹈，必不肯立身于岩墙之下，而自取覆压之祸也。"盖惟知命，而后能顺受其正，不知有正命者，安望其能顺受也哉。

"尽其道而死者，正命也；桎梏死者，非正命也。"

🔴解　桎梏，是刑具，如今钮镣一般。承上文说："莫非命也，何以叫做正命？盖命禀于天者也。人能存心养性，尽了自家修身的道理，而不免于死者，这是天数该死。莫之为而为，莫之致而致，乃所谓正命也。若夫暴横凶恶之人，身犯重罪，为桎梏所拘囚而死者，此则自作之孽，乃人情所共愤，王法所不容，非天降之灾也。岂得为正命乎？"夫命之修短，虽制于天，而死之善恶，则系于己。此知命之君子，所以顺受其正，而不立于岩墙之下也。世之人，或纵欲以戕生，或行险以犯难，及至躯命不保，而一切归咎于命，不亦谬哉！

13.3孟子曰："'求则得之，舍则失之'，是求有益于得也，求在我者也。"

🔴解　孟子见人徇欲而忘理，因晓之说道："人情不能无慕好，则不能无贪求之念，而不知物有所当求，有所不当求，不可不辨也。今有物于此，'不求则已，而求则得之；不舍则已，而舍则失之'，以求而得，以不求而失，是求之不劳，而得之甚易也。岂非求之有益于得者乎？所以然者为何？以其求在我而已。"盖仁、义、礼、智，皆吾性分中的道理，自天赋之，则为降衷之良；自我具之，则为懿德之好。于我之自有者而自求之，足乎己，无待于外。此所以随求而随得也。求之有益于得，人其何惮而不求也哉。

"求之有道，得之有命，是求无益于得也，求在外者也。"

🔴解　承上文说："有物于此，不可以妄求也；而求之有道，不可以必得也。而得之有命，道有所拘，命有所限，是求之徒切，而得之甚难也。岂非求之无益于得者乎？所以然者为何？以其求在外而已。盖富贵利达，皆吾身外之物也。穷通之故，在天而不在人，予夺之权，在人而不在我，得之自外，失之自外，于我本无所加损，而我亦不能自制其得失。此所以难求而未必得也。

求之无益于得，人亦何劳于必求也哉！"大抵外慕重者，则内视必轻。战国之士，虽垄断乞墦之事，且不为耻，宁知有道德之可求，义命之当安乎！欲维士风，培士气者，必陶之以教化，使人皆励无求之节而后可。

13.4 孟子曰："万物皆备于我矣。反身而诚，乐莫大焉。"

解 这是孟子勉人尽性的意思。说道："人生天地之间，以形自视若甚微，以道自视则甚大。盖天下之物，万有不齐。虽纷然其至赜矣。然物不能外于理，理不能外于心。大而君臣父子，即吾性之统体。小而事物细微，即吾性之散殊，无一物无当然之理，则无一物不具于性分之内，浑然完备，森然包罗，何尝有分毫之欠缺乎？人惟不能反求其理，斯无以兼体诸身耳。苟反之于身，于吾所性之理，心诚好之，无一念不极其真纯。身诚体之，无一事或待于勉强。如此，则理与心融，心与理浃，天全而性得，怡然有顺适之休矣。其乐孰有大于此者乎？"

"强恕而行，求仁莫近焉。"

解 承上文说："人能反身而诚，则天理浑全而仁矣。苟或未诚，是犹有私意间隔，而天理尚未纯也。必勉加克己之功，力行推己之术。如己之所欲，亦人之所欲也，则勿以私之于己；己之所恶，亦人之所恶也，则勿以加之于人。强恕而行如此，虽未即与仁为一，而私欲渐克，天理复还，去大公无我之度，庶几为不远矣。求仁之方，其孰有近于此者乎？要之理一而已。在外则为物，在内则为性，实此谓之诚，纯此谓之仁。本同出而异名者也。人惟廓一心以为统会之基，循众理以为涵养之地，不以妄念汩其天真，不以私意拂其顺应，则心与理合，而性分自无不全矣。尚何有物我之辨、安勉之殊哉。"

13.5 孟子曰："行之而不著焉，习矣而不察焉，终身由之而不知其道者，众也。"

解 见理分明叫做著，洞析精微叫做察。孟子说："道在天下，本人之所共由，宜人之所共知也。而人每病于不知道者，何哉？身自由之，身自昧之耳。今人日用之间，出入往来所践履者，那（nǎ）一事不是道，然徒行之而已。而道所当然之理，在于所行之中者，则茫然不知其条贯也。践履之久，性情形体所安便者，那（nǎ）一事不是道，然徒习熟而已。而道所以然之故，在于所习之内者，则懵然莫察其端倪也。夫不行无望其能著也，即行矣，而犹不著，则终于不著矣；不习无望其能察也，既习矣，而犹不察，则终于不察矣。此蚩蚩之愚民，所以自少至老，终身由于斯道之中，而不知斯道为何物者，比比皆然也。自由而自昧之，岂不可叹之甚哉！要之百姓日用而不知。此凡民之常，无足怪也。乃贤智者，又往往求道于庸行之外，务知人之所不必知，则与不著不察，相去能几何哉？"子思说："人莫不饮食也，鲜能知味也。"孟子之言，盖本于此。

13.6 孟子曰："人不可以无耻，无耻之耻，无耻矣。"

解 孟子说："羞恶之心，人皆有之。故见善则迁，知过能改，凡以其有耻也。人若贪昧隐忍，无这羞耻之心，小则丧失廉隅，大则败坏名节。以不肖自待，人亦以不肖憎之；以下流自处，人亦以下流恶之。其为可耻莫甚焉，此人之不可以无耻也。有能知无耻之可耻，而内愧于心，介然萌悔悟之机，外怍于人，奋然励进修之志，将见善由是而日迁，过由是而日改，终身无复有耻辱之累矣。"夫无耻由于有耻如此，人岂可自失其耻心，而流为小人之归哉！

13.7 孟子曰："耻之于人大矣，为机变之巧者，无所用耻焉。不耻不若人，何若人有？"

解　机，是机械。变，是变诈。孟子说："吾人立身行己，道非一端，而独不可以无耻者，何哉？盖羞恶之心，人所固有，存此则进于圣贤，失此则入于禽兽，其关系于人品心术，诚甚大矣！世间有一等奸险小人，暗地害人，则机械深藏而莫测，多方欺人，则变诈百出而不穷，似这等为机变之巧的，其所为之事，皆人所深耻而不肯为者，而彼方且以智巧为得计，其于愧耻之心，恬然无所用之矣。人而至于无所用耻，则无耻一事，已不能如人，由是良心丧而悔悟亡。大节一隳，万事瓦裂。凡可以行险侥幸，欺天罔人者，皆将不顾礼义而为之矣，更有何事可以如人者乎，信乎耻之所系者大也。"大抵小人能为奸邪者，其处心积虑，皆极天下之至巧，往往使人堕其术而不觉，若轻信而误用之，则流毒播恶不可胜言。岂但决廉耻之防，为世教之玷哉。此又用人者所当知也。

13.8 孟子曰："古之贤王好善而忘势。古之贤士，何独不然。乐其道而忘人之势。故王公不致敬尽礼。则不得亟见之，见且由不得亟，而况得而臣之乎？"

解　孟子说："人君固当尊贤，贤士亦当自重。今之君每自恃其势，而今之士多狥人之势，此上下之所以不交也。尝考古之贤王，崇高富贵，其势分无以加矣。而一念屈己下贤之诚，惟知有道德之可好，不知有势分之足恃也。古贤王待士之厚如此。若古贤士之自待，何独无所好、无所忘哉。乐己之道，而怡然抱德义以自高；忘人之势，而漠然视富贵如无有，此则贤士之所以自待者耳。二者势若相反，而君臣各尽其道，实所以相成。设使王公内无尊贤之心，而诚意不至，外无尊贤之礼，而仪节或疏，则贤士以道自重者，心不肯枉己以求合，虽欲数数见之而不可得矣。夫见且犹不得数，况欲縻之以爵禄，授之以事任使之委，质为臣，岂可得乎？"此可见惟贤王方能遂贤士之高，惟贤士方能成贤王之大，此隆古泰交之盛，所以不可及也。今则上轻于待士，士亦轻于自待矣。岂不两失其道哉。孟子此言，固以矫当世上骄下谄之风，亦以明己不见诸侯之义也。

13.9孟子谓宋句践曰："子好游乎？吾语子游。人知之，亦嚣嚣；人不知，亦嚣嚣。"

🔴**解**　宋勾践，是人姓名。游，是游说诸侯。嚣嚣，是自家有一段快乐无求于人的意思。孟子与宋勾践说道："今列国策士，无不喜为游谈以干世主者，子亦好游说乎？吾告子以游说之道。夫游说而冀其言之获售，往往以人之知与不知为欣戚，此非知道者也，子之游也。如其言见信而人知之，此心固嚣嚣然自得也，初不因人之知，而遽以为喜；如其言不见信而人不知之，此心亦嚣嚣然自得也，初不因人之不知，而遽以为忧。夫自足于己，而置得失于两忘；无求于人，而任穷通于所遇。则随其所往，无非顺适之境，而游道斯为美矣。"

曰："何如斯可以嚣嚣矣？"曰："尊德乐义，则可以嚣嚣矣。"

🔴**解**　勾践问说："得失之念，人情所不能忘也。今曰嚣嚣，非大有涵养之士不能，敢问何如斯可以至于嚣嚣乎？"孟子答说："所谓嚣嚣者，非可以矫情饰貌为之也，以其足诸己而无待于外耳。彼人所得之善，如孝弟（tì）忠信，根于所性者叫做德，其理有常尊也，吾则恭敬奉持之而不敢忽；所守之正，如进退取与，各有所宜者，叫做义，其理本至乐也，吾则欣慕爱乐之而不敢忘。夫尊德则良贵在我，见大人可以藐之而何羡于爵位之荣。乐义，则真趣在我，随所遇可以安之，而何计乎得丧之迹？由是而人知之可也，人不知亦可也，有不可以嚣嚣者乎？"

【注】

① 喁喁（yóngyóng）然：众人向慕的样子。

② 见（xiàn）:同"现"，表现。

③ 寰区：天下。

"故士穷不失义，达不离道。穷不失义，故士得己焉；达不离道，故民不失望焉。"

解 孟子又告宋勾践说："人惟涵养之未盛，是以感遇之易迁。诚能尊德乐义，则何往而不宜哉。故当其穷而在下，身至困矣。惟能尊德乐义，则操持坚定，而可贞之守，必不以贫贱而移，岂至于失义乎？及其达而在上，身既显矣，惟能尊德乐义，则措注光明，而可行之道，必不以富贵而淫，岂至于离道乎？夫砥行饬躬，士之所以自爱其身也。今能穷不失义，则不降其志，不辱其身，而生平砥砺之大节，兢兢然惟恐其失坠者，果能全所守焉，士于是乎不失己矣。兴道致治，民之厚望于士也。今既达不离道，则上不负君，下不负民，而苍生仰望之夙心，喁喁然①，思见其德化者，果能如所愿焉，民于是乎不失望矣。穷达无往而不宜，则此身随寓而自得，而所谓人知之亦嚣嚣，人不知亦嚣嚣者此也。使非有尊德乐义之心，安能见诸行事之实如此哉。

"古之人得志泽加于民，不得志，修身见②于世。穷则独善其身，达则兼善天下。"

解 孟子既告宋勾践以尊德乐义之实，又举古人以证之说道："古之人以道济天下为志者也，当其得志而居可为之位，则推此德义于人，而霈（pèi）膏泽于黎庶。身在廊庙，而功在斯民也，其或此志未遂，而无可致之权，则修此德义于身，而显大名于当世；身在畎亩，而声在寰区③也，夫不得志，而修身见于世，则知古人之处穷，非泯泯而无称也。位之所不在，则敛斯道于吾身。德自我尊，义自我乐，以一身会民物之理，而百世其可师矣，不有以独善其身乎？得志而泽加于民，而知古人之处达，非汲汲于干进也。位之所在，则推斯道于天下，德与天下共尊之，义与天下共乐之。以一身立民物之命，而四海皆度内矣，不有以兼善天下

乎？夫穷达无往而不善，此古之人所以不失己、不失望也。士欲
嚣嚣，可不以古人为法哉？古人能嚣嚣者，惟伊尹为然，观其耕
莘①之时，则严一介不取之操；就汤之日，则以一夫不获为耻，
其能不失己、不失望，可见矣。"

13.10 孟子曰："待文王而后兴者，凡民也。若夫豪杰之士，虽无文王犹兴。"

解 孟子说："善虽由教而入，非因教而后有也，在人之自勉何如
耳？古今语教化之善者，莫如周文王。其时成人有德，小子有造
人才之兴起者，诚济济然其盛矣。然吾以为秉彝之良，人所固有，
必待文王之教，而后能奋发有为。是其气禀之偏，必矫揉而后善；
习俗之染，必变化而后新。此乃凡民则然耳。若夫豪杰之士，生
来才智明敏，既迥出于寻常；志气坚强，又不屈于物欲。使遇文
王在上，固相忘于道化之中矣；即不幸而不遇文王，亦自有出类
拔萃之能，而无待于观感渐摩之助。以砥砺于道德，则卓然有以
自立；以奋迅于事功，则毅然有以自任。不待闻文王之风，被文
王之泽，而后能感发兴起也。此则惟豪杰之士能之耳，岂可概责
之凡民哉！"孟子此言，见为士者，不可以凡民自安，而当以豪杰
自待也。然豪杰之士，虽不待教而兴，未尝不应运而出，有文王
为之君，则必有太颠、闳夭、散宜生之徒为之辅佐，所以上下交，
而德业成也，使豪杰之生，而不遇圣王，则亦何以自见其辅世长
民之功哉。

13.11 孟子曰："附之以韩魏之家，如其自视欿然，则过人远矣。"

解 附，是增益。韩、魏，是晋之世卿。欿（kǎn）然，是不自满的意思。孟子说："人情之所易溺者，莫如富贵，少有所得，而即矜己夸人，侈然自满者多矣。有人于此，官非卿士之素也，家非有世禄之资也。一旦举韩魏之家而附益之。忽然贵为上卿，富有百乘，享此非望之福，其快意宜何如者，乃能自视欿然，恰似不曾增益的一般，略无骄盈之念，盛满之容，这等的人，见识高明，物欲不能昏其志。涵养坚定，势利不能动其心，举世之所夸张羡慕者，而视之如浮云，轻之如敝屣，其中自有至贵至富者在矣，其过人也，不亦远乎。然则世之溺情于富贵未得，而不胜其贪饕之欲，既得，而不胜其餍足之态者，视此亦可愧矣。"

13.12 孟子曰："以佚道使民，虽劳不怨。以生道杀民，虽死不怨杀者。"

解 孟子说："圣王在上，而民无怨咨者，非不役一人，不杀一人，而后有是也。惟其有不忍伤民之心而已。王者不忍疲民之力，则使民本非其所欲也，而势有不得不使之者，如播谷乘屋之类，何能不用民之力乎？然役使之中，有休养之利存焉，这是以佚民之道使民也，由是民之服役者，皆将曰：'上之劳我者，所以安我也，感休养之美意，虽身勤于事，悦而忘其劳矣，夫岂有怨其厉己者哉？'王者不忍残民之命，则杀民本非其所欲也，而法有不得不杀之者，如除害去恶之类，何能不戕民之生乎？然刑僇（lù）之内，有安全之意寓焉。这是以生民之道杀民也。由是民之见杀者，皆将曰：'上之杀我者，本以生我也。体安全之至情，虽身陷于罪，悦而忘其死矣，岂有怨其虐我者哉？'夫人情莫不好佚而恶劳，好生而恶杀也，而至于劳之杀之不怨。惟其使之有道，非妄使也；杀之有道，非妄杀也。"世主疲民以非时之役，而驱之若牛羊；威民以严峻之刑，而刈之若草菅，使民劳不得息，死非其罪。如此，而欲民之无怨，得乎？

13.13孟子曰："霸者之民，骦虞如也。王者之民，皞皞如也。"

解　骦虞，与"欢娱"二字同，是感戴喜悦的意思。皞皞，是广大自得的模样。孟子说："王霸之治教不同，功效亦异，但自其民风观之可见矣。以霸者之民言之，生聚于战争之余，休养于憔悴之日。煦煦之仁，所施能几，而共荷之以为功；沾沾之惠，所济能几，而共享之以为利。即其欢欣鼓舞之状，殆犹饥者之易食，渴者之易饮一般，有不胜其感悦之至者矣。不可以仿佛其骦虞之情景乎？乃若王者之民，则异于是，涵濡于道化之中，游泳于太和之世。耕食凿饮，无一民不遂其生，而各乐其乐，不知其乐之所从来也；老终壮养，无一民不被其泽，而各利其利，不知其利之所自出也。此其广博周遍之恩，殆犹天之无不覆，地之无不载一般，有相守于造化之内者矣，不可以想见其皞皞之气象乎！"盖霸者有心以悦民，故民悦之，而效之所感者浅；王者无心于得民，故民忘之，而化之所及者深。此王道之异于霸功，而论治者，不可不审所尚也。

"杀之而不怨，利之而不庸，民日迁善而不知为之者。"

解　庸，是功。承上文说："王民皞皞之化，所以异于欢虞者，何以见之？惟其有大公至正之体，而刑政治教，一无所容心于其间耳。民之所恶莫如死，王者以刑纠万民，固有时而杀之矣。而民之见杀者，曾不以为怨恨。盖天讨有罪，王者亦惟承天意以杀之而已。为民除残，为民去暴，而非有意于作威也，何怨之有？民之所趋莫如利，王者以政养万民，固尝有以利之矣。而民之享其利者，曾不以为功德。盖天时有生，王者亦惟顺天时以布令而已。分之田里，导之树畜，而非有意于市恩也。何庸之有？至于民之去恶迁善，又莫如教化。王者以教正万民，亦尝导民以善矣。而民之被其教者，日迁于善，曾不知谁之所为。盖天降下民，厥有恒性，王者亦惟因性牖民，使自得其本然之善而已。民德日正，民行日兴，而非有科条诏令之可指也，孰得而知其为之者哉！夫治出于上，而不见其作为之迹，化成于下，

吾用韩休为社稷耳非为身也

韩休为人峭直不干荣利上或宫中宴乐及後苑遊猎小有
過差輒謂左右韩休知否言終諫疏已至上或臨鏡默然不樂左
右曰韩休為相陛下殊瘦于疇何不遂之上歎曰吾貌雖瘦天下必肥

元·王振鹏(款)《养正图·唐韩休直谏安社稷》

元 · 王振鹏（款）《养正图 · 宋太祖自省阙失》

虞舜瞽瞍之子性至孝父頑母嚚弟
象傲舜耕于歷山有象為之耕鳥為
之耘其孝感如此帝堯聞之事以九
男妻以二女遂以天下讓焉

璜上畊畜象豺七荔州禽嗣堯
登寶位孝感動天心

明·仇英《纯孝图·虞舜》

曾参字子與事母至孝参常採薪山
中家有客至母無措望参不還乃齧
其指参忽心痛負薪以歸跪問其故
母曰有急客至吾齧指旨悟汝爾

母指纔方齧兒心痛不禁負薪
歸來晚骨月連情深

明·仇英《純孝图·曾参》

而莫得其感应之端。所谓王民皞皞，其气象盖如此，岂伯者欢虞之民，可同日而语哉？"

"夫君子所过者化，所存者神，上下与天地同流，岂曰小补之哉？"

解 承上文说："王者之道，其刑政治教，民皆无得而名，则德业之盛，岂可以易言哉？盖王者以一身统理天下，凡政教所施及，就如其亲身所经过。经过处才只俄顷之间，而风声鼓动，万民之耳目皆新，其感发兴起之机，殆有勃然而不可遏者矣，所过有不化乎？王者以一心运量天下，凡政教所推行，都本于心思所存主，存主处才只一念之微，而志意感通，四海之精神已会，其潜孚默运之妙，殆有渊然而不可测者矣，所存不亦神乎？夫天地以神化而成覆载万物之功，王者以神化而究甄陶①一世之泽，则尽天地之间，皆气化之流行，亦皆王道之充塞，而德业之盛，上下与天地同运而并行矣！岂但如霸者之功，解纾患难于一时，仅小小补塞其罅（xià）漏而已哉？"王道之大如此，此王民所以囿于大造之中，皞皞而莫知其然也。世主溺于功利之说，反厌王道而迂缓，遂以见小欲速之心乘之，未有不殃民偾事者，明主宜究心焉。

13.14 孟子曰："仁言不如仁声之入人深也。善政不如善教之得民也。"

解 仁言，是仁爱的言语。仁声，是仁爱的声誉。孟子说："人君出治，一言语政令之间，皆足以感民，但其效有浅深之异耳。如以仁爱之言语，抚循百姓，这叫做仁言。仁言虽足以入人，然但宣播于一时，而未必感孚于平日也。若有仁爱之声称的，其德泽浸灌于民心，而颂声洋溢于远迩，实惠及民，有不徒托之空言者矣。仁言岂能如仁声之入人深乎？以画一之法制，约束百姓，这叫做善政。善政虽可以齐民，然但可使之面从，而未必能使之心服也。若崇德礼之善教的，其倡率一本于躬行，而观感惟俟其自得，因性导民，有不专恃其禁令者矣。善政岂能如善教之得民乎？夫均一感人也，而仁言不如仁声，则知爱民有实，言之所及浅也。"善政不如善教，则知化民有本，政之所施末也。人君可不审所尚哉？

"善政民畏之，善教民爱之。善政得民财，善教得民心。"

解　承上文说："政教皆为治者之所不废。乃谓善政不如善教为何？盖较其得民之浅深也。上有善政，则纪纲政令之施，可以纳斯民于轨物，法立而凛然不敢犯，不过得民畏而已。乃若善教所施，则德礼之启迪，可以感发其善念，自易其恶，自至其中，莫不回心以向道，而不忍违矣，岂止于畏之而已乎？上有善政，则爱养撙节之令，可以致闾阎之充实，民富而国用无不足，不过得民财而已。乃若善教所感，则德礼之浃洽，有以固结乎民心，不遗其亲，不后其君，莫不输诚以戴上，而不忍忘矣，岂止于得财而已乎？夫畏迫于法，爱起于心。苟至于爱，而畏不足言矣。得心为本，得财为末。苟得其心，而财在其中矣。所以说善政不如善教之得民也。仁言不如仁声，不可以例见耶。为治者诚能审功效之浅深，以为推行之次第，有爱民之实心，而言以宣之。有化民之大本，而政以辅之，则言非徒文，政非徒法，而仁心与仁闻交流，善政与善教兼举矣。"

13.15孟子曰："人之所不学而能者，其良能也。所不虑而知者，其良知也。"

解　孟子欲明人性之善，因指良心以示之说道："人皆知己之有性，而不知其出于天。试自知能观之，则可见矣。大凡人之于事，由学习而后能的，这不叫做良能。惟是不由学习之功，而精神自会运用，一举动皆与成法吻合，这乃是天然自有之能，非一毫人力可与。贤者能之，而不肖者，亦无待于勉强也，非良能而何？人之于理，由思虑而后知的，这不叫做良知。惟是不费研穷之力，而聪明自尔疏通，一意念皆与至理默契，这乃是天然自有之知，非一毫人谋可及。智者知之，而愚者亦无待于思索也，非良知而何？人皆有知能之良如此，则善原于性，性出于天，不假于外求可知矣。乃有凿以人为之私者，岂非自丧其本然之善也哉？"

"孩提之童，无不知爱其亲也，及其长也，无不知敬其兄也。亲亲，仁也；敬长，义也。无他，达之天下也。"

解　承上文说："吾所谓良能良知者，何以验之？尝观孩提之童，太朴未漓，一赤子之心而已，何学何虑也。然于其父母，无有不欢欣眷恋相依而不能舍者，皆知爱其亲也。及其稍长，情欲未荡，亦尚赤子之心而已，何学何虑也。然于其兄，无有不恭敬奉承，退逊而不敢慢者，皆知敬其兄也。夫以孩提而知爱亲敬长之道，此可以验知能之良矣。然是爱亲敬长之心，非自外至，即吾性之仁义也。仁主于爱，而爱莫切于爱亲。故于孩提之爱，可以观仁义主于敬，而敬莫先于从兄。故于孩提之敬，可以观义。夫爱敬之心，不过为一人之私情，而即谓之仁义者，何哉？此无他故，仁义乃人性之同具，天下之公理也。今以孩提之爱，推之天下，无一人不同此爱；爱同，所以为吾性之仁也。以孩提之敬，推之天下，无一人不同此敬；敬同，所以为吾性之义也。使非出于吾性之仁义，何以能达之天下也哉。"夫观仁义之理，不出于爱亲敬长之间，则知道率于性，无不同也；观爱敬之道，不出于孩提知能之良，则知性原于天，无不善也。乃世之言性者，不知验之于纯一之初，而徒求之于斫丧之后，其致疑于性善之说宜矣。

13.16 孟子曰："舜之居深山之中，与木石居，与鹿豕游，其所以异于深山之野人者几希。及其闻一善言，见一善行，若决江

河，沛然^①莫之能御也。"

【注】
① 沛然：盛大的样子。

解　孟子说："圣人居处之迹，虽与人同，受善之诚，则与人异。尝观于大舜，当其侧陋未扬，耕于历山之时，居在深山之中，朝夕所与处者，不过山中之木石而已；往来所交接者，不过山中之鹿豕而已。以迹观之，其不同于深山之野人者，能有几何？此时圣心之善，无有感触，固不见其大异于人耳。及至人有善言，一得闻于耳；人有善行，一得接于目。但见理与心会，而资深逢原之用，感之遂通，心与理融；而渊泉时出之机，触之自应。随听受，随契悟；随契悟，随施行。其感通神速，就与江河被决一般，其沛然就下之势，一泻千里，孰得而阻遏之也哉！"盖圣心之善，已浑全于无感之先，故从善之机，即响应于有感之际，至此乃见大舜所以为圣，出于寻常万万，而非野人之所能及。深山之迹，岂得而囿之哉。夫以舜应善之速如此，而犹好问好察，舍己从人，其取善又如彼其广，皆一念好善之诚为之也。欲法舜之应善，必先法其受善之量而后可。

13.17 孟子曰："无为其所不为，无欲其所不欲，如此而已矣。"

解　孟子说："立人之道不外于心，而制心之功，莫要于义，今人于不义之事耻之而不为不欲，孰无是羞恶之心乎。但私意一起，而不能以礼义制之，于是为所不为，欲所不欲者多矣。诚能于应事之际，觉得此心羞恶而不肯为，则止之而勿为，不要昧了这一念不为之真心；于意念之萌，觉得此心羞恶而不愿欲，则止之而勿欲，不要昧了这一念不欲之真心。如此，则羞恶之良心已全，而义不可胜用矣，人道不已尽于此乎！"盖人之所以为人，只是有此羞恶之良而已。无为所不为，则所为皆义，而事事无歉于心；无欲所不欲，则所欲皆义，而念念无恶于志。推之仰不愧天，俯不怍人，皆不过由此不为不欲之心，扩充之而已。立人之道，宁复有余事哉？所以说'如此而已矣'。夫不为不欲之心，本在我而非远；无为无欲之机，又在我而无难。人岂可自失其良心，而陷于不义之归哉？

13.18孟子曰："人之有德慧术知者，恒存乎疢疾。独孤臣孽子，其操心也危，其虑患也深，故达。"

🔴解　德慧，是德性之聪慧。术知（zhì），是处事之智巧。疢（chèn）疾，如说灾患一般。孟子说："人情每快志于安乐，而拂意于困穷，不知困穷，乃成德之地也。故凡聪明内含，而德性中有警敏之识，可以烛事理于未然，这叫做德慧。技能外运，而才术中有机巧之智，可以善事理之当然，这叫做术智。人之有此德慧术智者，非优游安逸者能然也。多因遭罹患难，有以激发其善心，涉阅忧虞，有以顿挫其逸志，故德慧以困衡而生，术智以磨练而出，大率从疢疾中来耳，何以验其然也？且如为臣尽忠为子尽孝，理之常也。独有那孤远之臣，忠不得自效于君；庶孽之子，情不得自达于亲。这正是臣子之有疢疾的。此等之人，其操心则朝乾夕惕，一念不敢以自安；其虑患则左隄右防，一事不敢以少忽。惟是经过这等样危苦，所以战兢之中，精明焕发，人情自尔其周知。惩艾之久，险阻备尝，世故自尔其习熟，此所以事理无不达，而德慧术知，所由成也。疢疾之有益于人如此。处忧患者，岂可失意于变故之临，而不思其为进德之地也哉！"人主当治平之日，则逸欲易生，处多难之时，则忧勤独切，君德之益亦如此。

13.19孟子曰："有事君人者，事是君则为容悦者也。"

🔴解　孟子说："人臣事君，人品不同，事业亦异。约而言之，大概有四等。有一等事君的人，方其未得君之时，固不胜其患得之心矣。及得君而事之，其终日所孜孜图维者，专在容悦一事上着力。或君之所为不善，则曲意阿徇，惟恐拂其所好，虽陷于有过，有所弗恤；或君之所欲未形，则先意逢迎，惟恐不投其好，虽置君于恶，亦所弗顾，但知为容悦之资，全身保禄而已。其于君德之成败，国事之理乱，漫然不知究心，此特鄙夫之事，妾妇之道而已。有臣若此，将焉用之？人臣之品，此其最下者也。"

"有安社稷臣者，以安社稷为悦者也。"

解　孟子又说："容悦之臣，固无足言矣。又有一等安社稷的臣，谋国之念，甚于谋身，其心之所孜孜图维者，惟以安社稷为事。如君为社稷之主，则绳愆纠缪，务使主德无阙，而保国祚于荣昌。民为社稷之依，则济弱扶倾，务使民志不摇，而奠邦基于巩固，以一身系安危之寄；决大疑，戡大难，而劳怨不辞，以一身当利害之冲。事求可，功求成，而险阻不避，殚精竭力，眷眷焉惟社稷之安是图，必社稷安而后此心始安，就如小人务悦其君的一般，有不能一息释然于怀者。此则志存乎立功，事专于报主，以功名为志，而富贵不足以累其心者也。岂非人臣之忠者乎？"

"有天民者，达可行于天下而后行之者也。"

解　孟子又说："社稷之臣，其忠固可称矣，然不免为一国之士也。等而上之，又有所谓天民者，乃天生此民中独能全尽人道者。其人品既高，自任甚重，推其用世之志，固欲大有所为，原其重道之心，实不肯轻于一试，必酌量于出处之际，审察于上下之交达而度，其道行于上，而可以成佐命之功，然后出其身以事是君，苟非得君行政之会，宁隐处以终身矣。达而度其道行于下，而可以建庇民之业，然后出其身以泽是民。苟无兴道致治之机，宁遁世而不悔矣。盖惟其抱负甚宏，故志愿甚大；志愿大，故所以自待其身者甚不轻也。此所谓志于道德，则功名不足以累其心者，人品之高，又在社稷臣之上矣。"

"有大人者，正己而物正者也。"

解　孟子又说："天民欲以道济天下，而不免较量于出处之间，是犹有意于正人也。等而上之，又有所谓大人焉。大人身修道立，惟自尽正己之功。而德盛化神，效自极感人之速，上而正其君，不必形之讽议也。身范克端，而精诚感孚，人主之非心自格，君德遂无不正矣。下而正其民，不必申之禁令也。表仪既树，而风声鼓舞，蒸黎之耳目咸新，民行遂无不正矣。此则功在社稷，而无计安社稷之劳；道济天下，而无意必行藏之迹，所谓大而化之者也。臣道至此，殆无复有加焉者矣，其人臣之上品乎。"合此章之言而观之，人臣之品，不但容悦小人，与君子不同，即社稷臣以上，若天民大人，亦有此三等，人主必明以辩之，使贤奸不至于混淆，断以决之，使用舍不摇于疑贰，则谗谄自远，忠贤自近。君正莫不正，而社稷有磐石之固矣。

13.20 孟子曰："君子有三乐，而王天下不与存焉。父母俱存，兄弟无故，一乐也。仰不愧于天，俯不怍于人，二乐也。"

解　孟子说："人情自一物以上，皆不能无喜好之念，而至于王天下，则其乐宜无以加矣。乃若君子之乐，随寓而安，虽所在皆顺适之地，而无待于外，其所乐皆性分之真。今以其所乐言之，止有三件。虽君临万国，富有四海，而为天下之王，这等样尊荣之乐，亦不在此三者之中焉。三者云何？父母吾之自出，兄弟吾之同气，是人之至亲也。父母俱存，而享康宁之福；兄弟既翕，而无变故之虞。此人之深愿不易得者，幸而得之，则上可以遂孝养之志，下可以尽友于之情。家庭之间，快然无遗恨矣。此君子所乐之一也。天所降衷之良，人所同得之性，是我所当尽也。今则仰无所愧，而无一不可与天知；俯无所怍，而无一不可对人言。此克己之功，所难能者，而能尽焉。则内省既无恶于志，外感自不疚于心，覆载之内，旷然皆顺境矣，此君子所乐之二也。性分之真乐盖如此。"

"得天下英才而教育之，三乐也。君子有三乐，而王天下不与存焉。"

解 孟子承上文说："伦理无亏，性分克尽，二者固皆君子之所乐也，其三乐何如？盖君子身任斯道之责，则得人以寄斯道之传者，其至愿也。顾未必能尽一世之人才，而教育之也。今惟举天下明睿之才，皆在吾教育之内。以吾之修身者教之，使各修其身；以吾之尽性者教之，使各尽其性。如此，则英髦[1]辈起，而彬彬皆传道之人；才俊蔚兴，而济济皆任道之器。为往圣继绝学，为万世开太平[2]，教思无穷之心，于此而大慰矣，岂非君子之三乐乎？夫是三乐者，或系于人，或系于己，皆不出于秉彝之好。或以成己，或以成物，皆自得其性分之真，此君子所以乐之而不厌也。彼王天下之乐，特势分之荣耳，岂在君子所乐之中哉？"所以说，君子有三乐，而王天下不与存焉。然是三者，在天在人者，皆不可必，所可自尽者，惟克己之功而已。人能克己而至于俯仰无愧，虽天人之间，未必尽如吾愿，固无害于可乐也。不然己私未克，天理未全，俯仰之间，可愧怍者多矣，安望其能乐乎？

13.21 孟子曰："广土众民，君子欲之，所乐不存焉。"

解 孟子说："天下有不一之遇，而无不一之性，人惟性有未全，斯不能不迁于所遇耳。尽性之君子则不然，彼土地人民，乃得位行道者所必资也。诚使所统之地，不止于一隅，而幅员极其广远；所治之民，不止于一邑，而生聚极其众多。夫地广，则政教之所及者弘，民众则德泽之所施者博。君子苟欲得大国而治之，则此固其心之所甚愿矣。然土谓之广，是犹有分土也；民谓之众，是犹有分民也。君子于此，但欲之而已，而其大道为公之志，将必范围天地，曲成万物，而后其心始快也，其所乐岂在此乎？广土众民，既非所乐，则所乐当必有进于是者矣。"

"中天下而立，定四海之民，君子乐之，所性不存焉。"

解　孟子承上文说："广土众民，固非君子之所乐矣，乃若所乐则何如？盖君子以奠安海宇为责，以康济群生为志者也。若使土不但广而已，而立国中于天下，尺地莫非其有焉；民不徒众而已，而安民尽乎四海，一民莫非其臣焉。此则举一世之版图，皆在其统驭之中，则亦举一世之民物，皆被其治教之泽，如天之无不覆，地之无不载也，君子大行之心可遂矣。岂非其心之所乐乎。然此特势分之乐，乐之自外至者耳，乃若君子所性，天与之为秉彝之良，人得之为受中之理，足乎己而无待于外者，则有不在于是者焉。以天下之大，而犹无关于性分，则吾性之全体，固有超出于天下之外者矣，人每视势分为轻重，其所见不亦小哉！"

"君子所性，虽大行不加焉，虽穷居不损焉，分定故也。"

解　孟子承上文说："君子行道之志，至于王天下极矣。乃但可以言乐，不可以言性，君子所性，却是如何？盖土地有广狭，人民有众寡，此皆可得而加损者也。若君子所性，不但爵位稍得所欲，不能有所增也，便使得志，而大行于天下，吾性浑然自若而已，何尝因大行而遂有加益乎？不但禄位稍失所欲，不能有所减也，便使不得志，而穷约以终身，吾性亦浑然自若而已，何尝因穷居，而遂有亏损乎？所以然者为何？盖凡物之不足者，乃可以加，有余者，乃可以损，由其分数未定故也。惟君子之性，自天赋之，则为定命，自我得之，则为定理，万善咸备，本无不足也，何一毫可得而加？一物不容，本非有余也，何一毫可得而损？此所以可穷可达，而吾性之全体，不因之而少变也，使可得而加损，则亦外物，而非吾性之本然矣，人可不反而求之吾心也哉？"

"君子所性，仁义礼智根于心，其生色也，睟然见^①于面，盎于背，施^②于四体，四体不言而喻。"

【注】
① 见：同"现"，显现。
② 施（yì）：蔓延，延及。

解 睟（suì），是温和。盎（àng），是丰满。孟子承上文说："君子所性之定分，固不以穷达而有加损矣，乃所性之蕴蓄何如。德之爱曰仁，宜曰义，理曰礼，通曰智。此四德者，人所同具之性也。但众人为气拘物蔽，而失之耳。惟君子气禀极其清明，物欲不能间隔，故于仁义礼智之四德，浑全而无所亏欠，坚定而不可动摇，已直根于心矣。由是诚中形外，其生色乌可已乎？其生色于面貌，则清和润泽，睟然示人以可亲，一四德之光辉也。其生色于肩背，则丰厚盈溢，盎然示人以可象，一四德之充满也。以言乎施于四体，则动静妙于一心，蹈舞由于自得，固有不言而自晓其意者，一四德之发越也。盖内之所积者极其盛，故外之所发者不容掩，君子所性之蕴有如此，此天之所与我者，本如是其全备也。岂穷达之所能加损哉？然则自乐其乐，而王天下之乐，不与存焉，信非实有所得者不能矣。世之决性命以饕富贵者，计较于穷通得丧之故，方寸之内，念虑纷纭，感遇之途，欣戚万变，欲与之言定性之学，岂不难哉。"

13.22 孟子曰："伯夷辟纣，居北海之滨，闻文王作兴，曰：'盍归乎来，吾闻西伯善养老者。'太公辟纣，居东海之滨，闻文王作兴，曰：'盍归乎来，吾闻西伯善养老者。'天下有善养老，则仁人以为己归矣。"

解 仁人，是有德望之人。孟子说："人君为政，莫不欲人之归我也。然未有仁政不行，而能致其来者，以文王之事观之，当时商纣无道，播弃黎老，伯夷辟（bì）纣之乱，远隐于北海之滨而居焉。及闻文王起而为西伯，于是勃然而兴，说道：'吾何不奉身而归来乎？吾闻西伯发政施仁，善于养老，吾身庶几有所托矣。'乃自北海而来就其养焉。太公辟纣之乱，远隐于东海之滨而居焉。及闻文王起而为西伯，亦勃然而兴，说道：'吾何不奉身归来乎？吾闻西伯发政施仁，善于养老，吾身庶几有所托矣。'乃自东海而来就其养焉。夫伯夷、太公，天下之仁人也，一闻文王养老之政，皆相率而来归，善政之足以感人如此。若使今之诸侯，亦有善行养老之政，如文王者出焉，则天下之仁人，如伯夷、太公者，必将趋赴于我，而望之以为己归矣，岂肯舍之而他往乎？然则人君不患人心之不归，但患仁政之未举而已。"

"五亩之宅，树墙下以桑，匹妇蚕之，则老者足以衣帛矣。五母鸡，二母彘，无失其时，老者足以无失肉矣。百亩之田，匹夫耕之，八口之家可以无饥矣。"

解　孟子承上文说："文王所以致仁人之来归者，固以其善养老矣。其养老之政何如？盖田里树畜（xù）之事，乃衣食所自出也。文王治岐，每夫授以五亩之宅，却于墙下隙地，种植桑树，使匹妇采桑以供养蚕之事，于是丝绵有所出，而年五十之老者，足以衣帛而暖矣。一家之中，使之各畜五个母鸡，二个母彘，孳生以时，无失其孕字之候，于是肉食有所出，而年七十之老者，足以食肉而饱矣。又每夫授以百亩之田，使壮者深耕易耨，尽力于农亩，于是谷粟有出，而八口之家，皆可以仰事俯育，无饥馁之患矣。"夫文王治岐之政如此，此所以善于养老，而伯夷、太公，皆闻风而来归也。

"所谓西伯善养老者，制其田里，教之树畜，导其妻子，使养其老。五十非帛不暖，七十非肉不饱，不暖不饱，谓之冻馁。文王之民，无冻馁之老者，此之谓也。"

解　孟子承上文说："由文王治岐之政观之，则当时伯夷、太公所谓西伯善养老者，夫岂家给而人益之哉？亦惟因其自然之利，而教导之耳。如百亩之田、五亩之宅，此田里之定制也，文王但为民区画之而已。蚕桑鸡豚，此树畜之常事也，文王但教民孳植之而已。以少事长，以卑承尊，家庭之常礼也。文王但导其妻子，使各修其养老之职而已。夫养老而使家家得备其物，人人得尽其情，则老者岂有不得其所者乎。盖人年至五十，非衣帛，则身不得暖。年至七十，非食肉，则腹不能饱，不暖不饱，叫做冻馁，而老者不得其所矣。文王之民，其老者皆得衣帛食肉，而无冻馁之患者，正以其因天下之利，教天下之民，率天下之民，养天下之老，爱溥而无私，惠周而不费，此养老之政，所以为善，而伯夷、太公皆以之为归也。使人为之养，则恩易穷而日亦不足矣，岂得谓之善政也哉？有志于行仁政者，不可不仪刑文王矣。"

13.23 孟子曰："易其田畴，薄其税敛，民可使富也。"

解　易，是耕种。畴，是耕熟的田。孟子说："明王治天下，只有教养两端，然欲正民之德，必先厚民之生。以厚生之政言之，田畴乃民之常产，使荒芜不治，则民之失业者多矣。必驱游惰之民，使各尽力于南亩。春焉而耕，夏焉而耘，无妨其耕耨之时可焉。租税乃国之常赋，使征敛无艺，则下之供上也难矣。又必除掊克之政，使得轻减其征输，宁损上益下，无损下益上，务存夫宽恤之意可焉。夫田畴易，则地利之所获甚丰，税敛薄，则租税之所供有限，以力本自尽之民，值轻徭薄赋之世，财有所生而无所耗，闾阎之间，殆将家给而人足矣，岂不可以使民富乎？"此则尽地之利以养民，而不竭民之利以奉己，所谓开财之源者如此。

"食之以时，用之以礼，财不可胜用也。"

解　孟子承上文说："易田畴而薄税敛，固可以开财之源矣。然财货既裕，则奢侈易生，又不可无以节之也。夫民不能无食，苟食不以时，则财耗于口腹之欲矣，于是制为法令。凡民间所以资生者，不特饔飧有节而已也。如鱼不盈尺，不设网罟；果实不熟，不轻采取之类。一切冗食而縻财者，皆在所必禁焉。民不能无用，苟用不以礼，则财耗于不经之费矣。于是定为章程，凡民间所以制用者，不特尊卑有等而已也。如非养老，不得用牲；非宾祭，不得烹宰之类。一切滥用以糜财者，皆在所必省焉。夫食以时，则生殖滋蕃，用以礼，则经费有制。由是康阜之利，以俭啬而益饶，富厚之资，以节缩而益裕，将有取之不穷，用之不竭者，财货岂可胜用乎！此则因民生日用之常，施樽节爱养之术，所谓节财之流者又如此，养民之政，至是其克举之矣。"

【注】

① 菽（shū）：豆类的总称。

"民非水火不生活，昏暮叩人之门户求水火，无弗与者，至足矣。圣人治天下，使有菽①粟如水火。菽粟如水火，而民焉有不仁者乎？"

解 承上文说："人君务本节用，使民富而财足，则厚生之政成矣。民德不由此而可正乎？彼民赖水火以生，非此则无以为生活之资，其于日用甚切，宜各私所有，而不相假借矣。然当昏暮的时候，叩人之门户，以求水火，随求随与，无少吝啬者，此何故哉？盖水火乃天地间至足之物，取之无尽，用之不竭，故有求而必应也。至于民待菽粟以为命，就如水火一般，均之不可一日无者，而求之未必肯与，由上之人，无导利惠民之政耳。惟圣人治天下，既重农轻赋，以开财之源；又因时制用，以节财之流。能使百姓每家家殷实，在在丰盈，其所积菽粟之多，就如水火一般样至足，无者可求，有者可与，此所以天下无不富之民，而财不可胜用矣。夫菽粟既如水火，则衣食足而礼义生，教化行而风俗美，民皆欢然有恩以相接，秩然有礼以相与，同归于仁厚之域，而成其雍熙之世矣，焉有自底弗类，而为不仁者乎？"夫以仁民之化，必自足民先之。治天下者，何可不加意于爱养之政也哉？昔孔子论政，谓既庶而富，既富而教，其施为次第类如此。

13.24 孟子曰："孔子登东山①而小鲁，登太山而小天下。故观于海者难为水②，游于圣人之门者难为言③。"

解 东山，在今兖州府曲阜县。太山，即东岳，在今泰安州地方。孟子说："道莫大于圣人，圣莫盛于孔子，大哉孔子之道，岂易以言语形容哉！自其身之所处而言，在鲁国则为鲁国之一人，就如登东山之巅，下瞰鲁国，凡四封④远迩，皆在指顾⑤之中，而鲁国自失其为大矣。在天下则为天下之一人，就如登太山之巅，下瞰寰宇，举九州疆界，皆在俯视之中，而天下自失其为大矣。夫大而至于小天下，则小鲁又不足言。盖其所处既高，则视下益小，其地位然也。惟其地位如此，故人见了圣道之大，其小者都不足观了。夫未观于海，凡百川之水，皆可以为水也。惟看了沧海，亲睹其汪洋浩瀚之势，则众水皆会归于此，而百川之水，不过其支流余派，举不足以深广称矣，岂不难于为水乎？未游于圣门，凡百家之言，皆可以为言也，惟得入宫墙，亲聆其切近精实之训，则众理皆统宗于此，而百家之言，不过其微谈绪论，举不足以美富称矣，岂不难于为言乎？孔子之道大如此。"

"观水有术，必观其澜。日月有明，容光必照焉。"

解 澜，是水势湍急处。容光，是罅隙通明处。承上文说："孔子之道，观之太山沧海，固可以见其大矣。然岂无为之本者哉？今夫水行乎地，必源头深远，方能起得波澜。故观水自有方法，不必寻源以穷其发端也。惟于波流漾回，水势猛急之处观之，则知狂澜之滔滔，乃源泉之混（gǔn）混者所出也，而其本自可见矣。日月丽乎天，必体魄明朗，方能布得光采。故观日月者，亦有方法，不必测象以究其精曜⑥也。惟于些小空隙，光明必照之处观之，则知普照之无遗，乃贞明之不息者所出也，而其本自可

【注】

① 东山：蒙山，在今山东省蒙阴县之南。

② 难为水：不屑于看一般的水。

③ 难为言：不屑于听一般的言论。

④ 四封：四面边疆，代指四方。

⑤ 指顾：手指目视，形容时间短暂。

⑥ 精曜（yào）：光辉。

见矣。 然则孔子之道，川流原于敦化，即水之由源而达委也，光辉根于笃实，即日月之由明而生光也，其大而有本者，何以异于此哉？"

"流水之为物也，不盈科不行；君子之志于道也，不成章不达。"

解　盈，是充满。 科，是低洼去处。 承上文说："圣人之道，固大而有本矣，欲学圣人者，岂一蹴所能至哉？ 彼流水之为物，以大海为归者也，然未能遽至于海也，必须停注坑坎之中，盈满于此，而后可流通于彼。 若积水尚浅，未至于盈科，则坎止不行，有难以至海矣，水之进必以渐如此。 况君子之志于道，将以大圣为归者也，有不由渐而后至乎？ 故必和顺发为英华，光辉出于笃实，有这等成章之美，然后可以为上达之基。 苟章美之未宣，则必造诣之未至也，而圣道之高不可及者，何以为从入之阶？ 文采之未著，则必充养之未深也，而圣道之大而有本者，何以为会通之地？ 若曰：'圣道不必成章而后达，则是流水不必盈科而后行也。' 岂有是理也哉？ 然则有志于圣道者，信不可无循序渐进之功矣。" 循序渐进，不但下学功夫为然，《大学》明德、新民之功，必由知止而后造于能得；《中庸》至诚、尽性之事，必由形著而后至于能化。 圣学莫不皆然，作圣者所宜究心也。

13.25 孟子曰："鸡鸣而起，孳孳为善者，舜之徒也；鸡鸣而起，孳孳为利者，跖之徒也。"

解　孳孳，是勤勉的意思。 跖，是盗跖。 孟子分别圣狂之几，说道："论人品善恶者，不当于其事为之著，而当于其意念之萌，试以大舜与盗跖观之。 舜为千古之大圣，其善非一端之可尽矣。 然使有人于此当鸡鸣之时，事物未交之际，从此时起得身来，乘着夜气清明，良心不昧，这孳孳一念，自朝至暮，都只在天理上体会，无一念不在于为善。 如此之人，虽未能遽至于舜，而率此向善之心，其为善将何所不至？ 舜此善念，我亦此善念，是即舜之徒矣。 岂必每事尽善，而后谓之舜乎？ 跖为千古之大盗，其恶亦非一端之可尽矣，然使有人于此，当鸡鸣之时，事物未交之际，从此时起得身来，夜气不存，良心尽昧，这孳孳一念，自朝至暮，都只在人欲上经营，无一念不在于为利。如此之人，虽未必遽至于跖，而充此徇利之心，其为利将何所不至。跖此利心，我亦此利心，是即跖之徒矣。岂必众恶皆归，而后谓之跖乎？"

"欲知舜与跖之分，无他，利与善之间也。"

解　承上文说："舜之与跖，其人品相去，不啻天壤悬绝矣。而为舜则舜，为跖则跖，都从鸡鸣之一念始，然则欲知舜、跖之所以分，其初岂有他哉，惟在利与善之间而已。盖人心不为善则为利，本有相乘之机，而出于善则入于利，实在几微之际。故一念向善，便就是舜，不过从这天理一边路上来，其始之异乎跖者，原只毫末之间而已。使移此为善之心而为利，安知其不遂为跖乎？一念趋利，便就是跖，不过从这人欲一边路上来，其始之异乎舜者，原只毫末之间而已。使移此为利之心而为善，又安知其不遂为舜乎？"理欲差之毫厘，而圣、狂判于千里，学者不可审其取舍之几，而致谨于鸡鸣之一念也哉。《书经》上说"惟圣罔念作狂，惟狂克念作圣"，即此意也。

13.26 孟子曰："杨子取为我，拔一毛而利天下，不为也。"

解　杨子，姓杨，名朱。取，是仅能彀的意思。孟子欲辟异端而卫正道，故说："道之所贵者中，中之所贵者权。圣人所以仁至义尽，与时偕行者，此也。彼异端之学何其纷纷矣乎？今世有杨子者，厌世务之劳，而专主于爱身之说，其意但知有一身，而不知有天下，仅能彀为我而已，充其为我之心；虽使他拔落一毛之微，而可以利济天下之大，他亦将爱惜而不肯为。况所损有不止于一毛者，彼岂肯为之哉？"盖有见于义，无见于仁，其执于为我之一偏如此。

"墨子兼爱，摩顶放踵利天下，为之。"

解　墨子，姓墨，名翟。摩顶放踵，是擦摩头顶直至足跟，吃受苦辛的意思。承上文说："世有墨子者，黜己私之图，而专爱物之见，其意但欲一视同仁，而不复问其亲疏，惟知兼爱而已，充其兼爱之心；虽自顶至踵，劳苦一身之筋骨而可以利济天下之生灵，彼亦将无所吝惜，而慨然为之。况其害未至于摩放者，又何事不可为也哉？"盖有见于仁，无见于义，其执于兼爱之一偏如此。

"子莫执中，执中为近之，执中无权，犹执一也。"

解　子莫，是古之贤人。承上文说："杨子为我，墨子兼爱。因各倚于一偏，而胥失于中矣。有子莫者，矫杨、墨之失，而执中于二者之间。非不为我也，而不至如杨子之绝物；非不兼爱也，而不至如墨子之徇人。执中如此，似乎近于道矣。然道无定形，中无定在，必随时变，易与世推移，当为我而为我，当为人而为人，乃所谓权也。今子莫以不杨不墨为中，而不知随时权变为中，则杨子执为我之一，墨子执兼爱之一，而子莫所执者，乃二者中间之一，均之昧于通变之方，其为执一，一而已矣，恶（wū）足以语于时中之道哉？"

"所恶执一者，为其贼道也，举一而废百也。"

解　承上文说："子莫之执中，无以异于杨、墨之执一矣。乃执一之所以可恶者，何哉？盖杨子为我似义，而却害于仁；墨子兼爱似仁，而却害于义；子莫执中似中，而却害于权。持其一偏之见，害于时中之道，斯为可恶耳。然其害道何如？盖吾儒时中之道，一理浑然，泛应曲当，千变万化，头绪甚多，非一端之所能尽也。今举一为我，而仁之百端尽废矣；举一兼爱，而义之百端尽废矣；举一执中，而时中之百端尽废矣。所得少而所失多，害道孰大于是，此其所以为可恶也。知异端之可恶，而学者可无反正之功哉。"尝考虞廷授受，惟曰"允执厥中"，而孟子又恶子莫之执中，何哉？盖孟子之所谓中，存主不偏，应感无滞，虽有执中之名，其实未有所执也。若子莫徒欲矫其偏，以求所谓中者而执之，少有安排，便不能无倚着之私矣。此所以与杨、墨并为吾道之贼也，有卫道之责者，不可不辨于斯。

13.27 孟子曰："饥者甘食，渴者甘饮，是未得饮食之正也，饥渴害之也。岂惟口腹有饥渴之害？人心亦皆有害。"

解　甘，是嗜好的意思。孟子见世之厌贫贱而慕富贵者，往往陷溺其心，故借口腹以明心志，说道："饮食于人，本有正味也。惟是饥者得食，食虽不甘，亦将以为甘美，而贪食之不已。渴者得饮，饮虽不甘，亦将以为甘美，而嗜饮之无厌，是岂可甘而甘，能得饮食之正味乎？良由口腹，为饥渴所迫，而急于饮食，故精粗美恶，皆有所不暇择，而因失其正味耳。则饥渴为之害也，岂惟口腹有饥渴之害哉？人心有正理，犹饮食有正味也，惟以贫贱之故，摇乱其心，则富所不当得者，亦将贪之以为利；贵所不当得者，亦将贪之以为荣。不暇决择，而失其正理，亦犹饥渴之甘于饮食，不复知有正味也。心志之有害，何以异于口体之有害哉？"

"人能无以饥渴之害为心害，则不及人，不为忧矣。"

解　承上文说："贫贱之害心，无以异于饥渴之害口腹。可见贫贱者，人心之饥渴也。以贫贱而动心，是以饥渴之害为心害也。有人于此能以道而御情，以理而制欲。时乎贫也，安于处约，不贪慕于利禄，而为欲富之图；时乎贱也，安于困穷，不徼幸于荣名，而为欲贵之计。虽有饥渴之忧，而不能为吾心之害。是其识见高明，超然于流俗之外；持守坚定，挺然于豪杰之中。希圣希贤，有不难致者，尚何以不及人为可忧哉？"世之充诎于富贵，陨获于贫贱者，是自丧其理义之心，而甘为人下也，学者宜深以为戒焉。

13.28 孟子曰："柳下惠不以三公易其介。"

解　介，是介然有分辨的意思。孟子说："人情和则易至于流。古有柳下惠者，人皆称其为圣之和，宜其同流合污，混然无别矣。然其与人虽无分于尔我，而义利之界限甚明，居官虽无择于崇卑，而志趣之操持甚固。观其进也，进不隐贤，必以其道，是其身出，则道在必行，灼然定见，有非三公之位所能移者矣；其退也，则遗佚不怨，厄穷不悯，是其道屈，则身在必隐，确然定分，有非三公之势所能夺者矣。"盖可贵可贱，而不肯少逾礼义之闲；可富可贫，而不肯少贬生平之节。其介如此，此其和之所以不可及也。知其和而不知其介，岂善观柳下惠者哉！

13.29 孟子曰："有为者辟若掘井，掘井九轫①而不及泉，犹为弃井也。"

【注】

① 轫：同"仞"。

解　掘井，是穿地为井。八尺为轫（rèn）。孟子勉人为学当要其成，说道："天下之事，不贵于有为，而贵于有成。有人于此，或有志于圣贤之道德，而讲学穷理；或有志于帝王之事功，而励精图治。其功锐然有为，就如掘井的一般。盖学不徒勤，必以至道为极；井不徒掘，必以得泉为期。设使掘井至九轫之深，已将有及泉之渐矣，乃未及泉而遂止，则力怠于垂成，而井置之无用，将举九轫之功，而尽废之矣，岂非自弃其井者乎？然则为学者，始勤而终怠，进锐而退速，其归于无成，与弃井者，何以异哉？"此自强不息之功，不独学者当自奋励，有天下国家者，亦所宜深省也。

13.30 孟子曰："尧舜，性之也；汤武，身之也；五霸，假之也。久假而不归，恶知其非有也。"

解 性，是天性生成。身，是从身上做起。三"之"字，俱指"道"说。孟子说："帝降而王，王降而霸，此世道污隆^①之机也，而心术诚伪之间，实不能无辨焉。以尧、舜而言，纯粹至善之理，得诸天者甚完，其知生知，其行安行。不假修习，而从容于仁义之中，浑全其赋畀^②之正，这是纯乎天，不间以人，自然而然，性之者也。以汤、武而言，反身循理之功，修诸人者甚力，知则学知，行则利行，凡事勉强务践履乎仁义之实，以克复其降衷之初，这是尽乎人，求合乎天，勉然而然身之者也。至若五霸，既不能率乎其性，又不能体之于身，所为在于幸功，而却假仁之名，以济其残忍，所为在于谋利，而却假义之名，以济其贪饕，这是欺世惑众，似然而实不然，所谓假之者也。然使暂假其名，而亟反之实，犹为自知其非，可冀其改图也，顾乃视虚名为固有之物，忘公道为掩袭之私，譬如借物于人，而久占于己，终不肯还与主人的一般，则始焉饰诈以欺人，人固皆为其所罔，终焉执迷以自欺，己亦不自知其非真有矣。锢蔽已深，而觉悟无日，恶可以入于尧、舜、汤、武之道哉？"此可见帝王之道，虽有性勉之分，然其为诚则一也。五霸则一于伪而不自反矣。心之诚伪不同，而事功之隆污迥绝，有志于治道者，可不严其办哉？

【注】
① 隆：指世道盛衰或政治兴替。
② 赋畀（bì）：给予，指天赋的权利。

13.31 公孙丑曰："伊尹曰：'予不狎于不顺。'放太甲于桐，民大悦。太甲贤，又反之，民大悦。贤者之为人臣也，其君不贤，则固可放与？"孟子曰："有伊尹

之志，则可；无伊尹之志，则篡也。"

解 狎，是习见。不顺，是行事不循道理。桐，是地名，乃成汤葬处。公孙丑问于孟子说道："伊尹尝说：'我于嗣王，有师保之责。今嗣王不明义理，我诚不忍习见其所为之事，而漫然不加救正也。'乃放太甲于桐宫，使居成汤之墓侧，庶乎感怆兴思，可望省改，于时民皆大悦，谓其能行权以匡君也；及太甲悔过自新，处仁迁义，化而为贤，乃自桐迎归，反居于亳，于时民又大悦，谓其能积诚以格君也。由伊尹之事观之，凡贤者之为人臣，苟遇其君之不贤，则固可轻议放迁，而无伤于君臣之义与？"孟子答说："人臣事君，有经有权，伊尹之放太甲，盖上为宗祀，下为生民，公天下以为心，而无一毫自私自利之念。故上信于君，而不疑其为逼；下信于民，而不疑其为专，以其有是志耳。使为臣者而有伊尹之志，则以大公无我之心，而行通变济时之事。虽非事上之常法，犹不失为匡救之微权，庶几其可也。若无伊尹之志，而擅谋废置之举，则是睥睨神器，盗弄国柄，乃篡逆不轨之臣，天下万世之罪人也，岂能逃于诛戮哉？"为人臣者，慎无以圣贤不得已之事，而为奸臣乱贼之口实也。

13.32 公孙丑曰："《诗》曰：'不素餐兮。'君子之不耕而食，何也？"孟子曰："君子居是国也，其君用之，则安富尊荣；其子弟从之，则孝弟忠信。'不素餐兮'，孰大于是？"

解 《诗》是《魏风·伐檀篇》。素餐，是无功食禄。公孙丑问于孟子说："《伐檀》诗人说道：'不素餐兮。'盖言守志之士，不肯无事而空食也。以此看来，君子必居位而有功，方可因劳而受禄，乃今不事躬耕之劳，而安享国君之养，则何以解于素餐之讥乎？"孟子答说："子以君子不在其位，为无功而食，不知君子尊主庇民之功，正不待居位而后著也。盖君子居是国也，其言论足以经邦，其表仪足以范俗。如使为君者能听用其言，而道得行于上，则嘉谋嘉猷，可以定社稷之大计。邦基以固，邦赋以充，而既安且富也。必得其位，必得其名，而既尊且荣也。虽未居辅理之位，而集思广益，贻邦君以多福之休，功不少矣。如使为子弟者，能服从其教，而道得行于下，则先知先觉，可以开一世之群蒙。入则孝，出则弟（tì），而天伦以敦也。忠不欺，信无妄，而民性以复也。虽未任治教之责，而端轨树则，导国人以兴行之风，功不细矣。夫上焉有功于君，则食君之禄不为靡；下焉有功于民，则享民之奉不为泰。诗人所称'不素餐兮'，孰有大于君子哉？"盖稼穑而后食者，士人无求之节，不耕而亦食者，君子可食之功，义各有攸当也。使饰小廉而妨大德，不几于於陵仲子之为哉？

13.33 王子垫问曰："士何事？"孟子曰："尚志。"

解 王子，乃齐王之子，垫是名。王子垫问于孟子说："天下之人，上自公卿大夫，下至农工商贾，皆有当为之事，惟士居于其间，既无官守，又无生理，不知何所事乎？"孟子答说："士固未尝有事，然亦未尝无事。公卿大夫之事，既非士所得为；农工商贾之事，又非士所屑为。士之事，在于尚志而已。居畎亩之中，而卓然以圣贤之学术自励；处韦布之贱，而毅然以帝王之事功自期。以之独善一身者此志，以之兼善天下者此志，高尚而不可屈，坚定而不可移。尚志便是为士者之事也，岂得以无事而轻议之哉！"

曰："何谓尚志？"曰："仁义而已矣。杀一无罪非仁也，非其有而取之，非义也。居恶①在？仁是也。路恶在？义是也。居仁由义，大人之事备矣。"

解 王子垫又问说："人各有志，而士独能尚志，其志云何？"孟子答说："士之所志者，非功名富贵之谓也，惟仁义两端而已。这

【注】

① 恶（wū）：句首语气词。

仁义之道，达而有为，则为事功，穷而有养，则为志向，士当未得位时，其心以为情，莫惨于诛戮。 若杀一无罪不应死之人，即损吾好生之德而非仁矣，我得志弗为也。 守莫严于取予，若取一分不应得之物，即伤吾廉洁之行而非义矣，我得志弗为也。 非仁无为，其心之所居安在乎？仁是也。 盖仁以包涵万善，本为天下之广居，既安处乎此，则斯世斯民，视为一体，而自不忍于妄杀矣。 非义无行，其身之所由安在乎？义是也。 盖义以裁制众理，本为天下之正路，既率由乎此，则或取或予，必使合宜，而自不甘于苟得矣。 居仁由义如此。 是虽未得居大人之位也，而大人经纶天下之业，不过此仁此义而已。 今士有仁以居身，而大人仁育万民之规已立，有义以制行，而大人义正万民之具已存，使其得位行道，则经世宰物之事，取诸此而裕如矣。 大人之体用，岂不全备而无遗乎？"此论士者，不必达视其所为，惟穷视其所养可也。 昔孔子尚论隐居以求志，行义以达道，意正与此互相发也。

13.34 孟子曰："仲子，不义与之齐国而弗受，人皆信之，是舍箪食豆羹之义也。人莫大焉亡亲戚、君臣、上下，以其小者信其大者，奚可哉？"

解 仲子，即於（wū）陵陈仲子。 昔齐人皆称陈仲子为廉士。 孟子因辨其非，说道："君子观人，当论其大德，而略其小节，试就陈仲子为人言之，非义不食，非义不居，推是心也，设使不义而与之齐国之大，彼亦将以为不义之富贵，辞之而不肯受，其廉介之操真实而非矫诈，通国之人，无不信其为贤矣。 自我看来，这千乘之国，若看得轻了是，也不难让，但只是舍箪食豆羹之义，小小廉洁之行而已，何关大节？人道之大，莫过于亲戚君臣上下，在天为伦纪，在人为纲常。 凡生人之异于禽兽，中国之异于夷狄，独以其有此身耳。 今仲子避兄离母，是无亲戚，而骨肉之情绝矣。 不食君禄，是无君臣上下，而事使之谊乖矣。 其忘亲背理、洁身乱伦如此，是其大节已亏，虽有小善，不足赎矣。 人乃以其不食不居，区区之小廉，而遂信其高出一世，为矫矫之大节，岂得为至当之论哉？"此制行者，必贵立人道之纲纪；而持论者，亦当定取人之权衡也。

13.35 桃应问曰："舜为天子，皋陶为士，瞽瞍杀人，则如之何？"孟子曰："执之而已矣。"

解 桃应，是孟子弟子。士，是掌刑狱的官。桃应问于孟子说道："天下之事，处常易而处变难。且如舜为天子，皋陶为士师，设使瞽瞍犯法而杀人，皋陶将如何以处之？吾恐舜虽爱父，不可以私恩，害天下之公。皋陶虽执法，不可以刑辟加天子之父，情法两难之间，如何斯为善处之术也？"孟子答说："法不行，不足以示信；法不执，不足以示公。今皋陶既为士师之官，则当守士师之法。使瞽瞍而杀人，推皋陶之心，惟知执法而已，岂知有天子之父哉？私天子之父，则废天下之公，皋陶必不然也。"

"然则舜不禁与？"曰："夫舜恶得而禁之？夫有所受之也。"

解 桃应又问说："皋陶固以执法为正矣，然舜为天子，生杀予夺之柄，皆操于己者也。独可坐视瞽瞍之罹于法，而不禁皋陶之执其父与？"孟子说："夫舜恶（wū）得以己意禁之乎？盖使法自我创，则禁自我行可也。今皋陶所执之法，乃原于天讨，而奉为无私之命，沿于先王，而守为不易之典。盖有所传受，而非可以私意出入者，舜虽有天子之命，安得而废天下之公哉。"

"然则舜如之何？"曰："舜视弃天下犹弃敝蹝也。窃负而逃，遵海滨而处，终身欣然，乐而忘天下。"

解 蹝（xǐ），是草鞋。桃应又问说："舜于瞽瞍，若禁皋陶之执法，势固有所不行。若听皋陶之执法，心必有所不忍，当此两难之时，又何以为曲全之术也。"孟子说："舜，大孝人也。推其爱亲之心，但知有父，而不知有天下，视弃天下之大，犹如弃敝蹝之轻也。其心以为朝廷之上，不可以私而挠公。

大海之涯，或可避难而远害，必且窃负瞽叟而逃。遵循海滨而处，自屏于寂寞之乡，以为全亲之计，承颜顺志，不但苟免一时，将终身欣然快乐，而忘其有天下矣。若然，既不枉士师之法，又不伤父子之恩，舜之心如此而已。是可见人臣以执法为官守，即天子之父，且不敢宥，而况其下者乎？人子以爱亲为天性，即天下之大，且不敢顾，而况其小者乎？"学者诚得虞舜、皋陶之用心，而引伸触类以求之，则私恩公义，各得其宜，而天下无难处之事矣。

13.36 孟子自范之齐，望见齐王之子，喟然叹曰："居移气，养移体，大哉居乎！夫非尽人之子与？"

解 范，是齐邑，即今东昌府范县地方。孟子尝自范邑往赴齐国，中途适遇齐王之子，望见其仪容气体，大异于人，乃喟然叹说："人之气体本同，而居养各异，惟其居处在尊贵之地，则神气为所移易，而精采自觉其发扬；惟其奉养有丰厚之资，则形体为所移易，而容貌自觉其充盛。夫气体由于居养如此，居之所系，岂不甚大乎哉！彼王子者，其气体虽与人异，而禀气于父母，犹夫人也；其形体虽与人异，而受形于父母，犹夫人也。本其有生之初，都只是人子而已。岂其在齐民之中，另是父母所生，而自为一类乎！"

孟子曰："王子宫室、车马、衣服多与人同，而王子若彼者，其居使之然也。况居天下之广居者乎？"

解 承上文说："凡人住居，必有宫室，乘载必有车马，被服必有衣裳，此日用之常也。而王子之宫室、车马、衣服，虽与人美恶有异，然其所以自奉者，大要也只是这模样，其不同于人者几何？乃气体若彼其迥异者，特以其所居地位为国君之储贰，所居既尊，则所养自厚，其气体不求异于人，而自当与人不同耳。夫以王子所居，但只是势分之尊，犹能移人气象如此。况仁也者，统括四端，包涵万善，乃天下之广居也。使君子居之，其气象不尤异乎？吾知以之宅心，则心逸日休，而浩然之气，自充塞于两间；以之居身，则身安德滋，而晬然之光，自宣著于四体。岂但如王子，仅以气体而异乎人哉？"

"鲁君之宋，呼于垤泽之门。守者曰：'此非吾君也，何其声之似我君也？'此无他，居相似也。"

解 垤（dié）泽，是宋国城门的名。孟子又说："吾谓居能移气，观之鲁君之事，又有可信者焉。昔者鲁君曾往宋国，当暮夜之时，城门已闭。鲁君亲自呼于垤泽之门。守门者说：'吾君无境外之交，不曾出城。此呼门者，非吾君也，何其声音与我君相似也？'夫鲁君呼门，而守者疑其似宋君，此岂有他故哉？盖鲁、宋均千乘之国，二君皆诸侯之尊，惟地位之既同，故声气之相似，此守者所以不能无疑也。"居能移气，此固其明征矣。彼王子之异于人，何足怪哉！然则君子居广居，而能涵养德性，变化气质，益可信其必然矣。

13.37 孟子曰："食而弗爱，豕交之也；爱而不敬，兽畜之也。"

解 孟子见当时诸侯好贤而无实，以致贤者多不乐就，乃警动之说道："人君待士，固不可无交际之文，尤不可无爱敬之实。诚知悦贤而不能养，无贵于悦也，而烹之以大烹，优之以厚禄，是知所以食之矣。既食之，即当知所爱之，使或食而弗爱，但有庖饩之惠，殊无亲厚之情，这就如豢犬豕的一般，徒能喂饲之而已。岂有贤士当交之以道者，而可交之如犬豕乎哉？知食而弗爱，非所以待贤，而联之以恩意，体之以腹心，是知所以爱之矣。既爱之，则当知所敬之，使或爱而弗敬，但有亲昵之意，而无礼貌之加，这就如畜禽兽的一般，徒能怜恤之而已。岂有贤士当接之以礼者，而可畜之若禽兽乎哉？"要之人君待士，本无豕交兽畜之心，而爱敬少疏，斯不能无简贤弃礼之失，甚言食而不可不爱，爱而不可不敬也。

"恭敬者，币之未将者也。恭敬而无实，君子不可虚拘。"

解 将，是执奉。拘，是羁留。承上文说："人君待贤，食而不可不爱，爱而不可不敬矣。然所谓恭敬，岂徒币帛交错，止于备礼而已乎？盖恭敬虽因币帛而将，非因币帛而后有也。当币帛未陈之时，已先有此恭敬之念，恭敬之念存于中，而后币帛之礼将于外。是币帛者，礼之文；而恭敬者，乃礼之实也。设使徒以币帛为恭敬，修饰于繁文，而阔略于诚意，恭敬而无实，是亦豕交兽畜之类耳。君子仕于人国，视礼意之诚否以为去留者也。国君既无敬士之诚，则君子必当见几而作，岂能悬空名以羁留当世之贤士，设虚位以拘系天下之豪杰哉？然则有志于留贤者，慎无使仪不及物可也。"是时列国诸侯，惟知厚币以招士，而不知有待士之诚；士惟知币聘之为荣，殊不知有自重之节。故孟子警之如此。

13.38 孟子曰："形色，天性也。惟圣人然后可以践形。"

解 形，是形体，如耳目手足之类。色，是形体能运用处，如耳能听，目能视，手持足行之类。践，是跟着道理行的意思。孟子说："人之有生，气凝聚而为形，形运化而为色，有是形，即有是色，人皆以为形色具而即可以为人矣。然目视耳听，必有聪明之彝；手持足行，必有恭重之则。推之起居言动，莫不各有自然之理存焉。是乃所以主宰乎众形，而为至精至粹之天性也。人惟不能尽其性，是以形体虽具，不过血肉之躯而已，未可谓之践形也。惟是圣人气禀极其清明，物欲不能摇夺，乃能于天之所赋于我者，全尽而无亏，我之所受于天者，允蹈而无歉。时乎视听，则聪明之理能践焉；时乎持行，则恭重之理能践焉。以至起居言动，无不各尽其理。此所以耳目手足，不为虚生，而四肢百骸，皆有着落也。自非圣人，或心为形役，或性以习迁，不亏体而忝所生者少矣，况能践形乎哉？"所以说，惟圣人然后可以践形，欲尽人道者，不可不以圣人为法也。

13.39 齐宣王欲短丧。公孙丑曰:"为期之丧,犹愈于已乎?"孟子曰:"是犹或紾其兄之臂,子谓之姑徐徐云尔,亦教之孝弟而已矣。"

解　昔者齐宣王以人子为父母持丧,必满三年则太久,欲短少其年月,则废人子之情,悖先王之制甚矣。公孙丑不能力救其失,乃附会之说:"三年之丧,不行已久,今若短而为期,一年便就除服,岂不还强是止而不行者乎?"是在齐王固忍于薄亲,在公孙丑亦轻于立论矣。孟子闻而责之说:"子之事亲,犹弟之事兄,亲丧之不可短,犹兄之臂不可紾也。今王欲短丧,而子乃谓为期胜于己,是无异于人有搄转其兄之臂而缚之者,其不弟甚矣。子乃从容劝解说,紾从你紾,不可太猛,姑且徐徐而紾可也。夫弟之于兄,断无可紾之理,不争疾徐之间,紾固不可,徐徐而紾,亦岂可哉?子但当教之以孝弟之道,使知天性至亲,彝伦至重,则彼敬兄之念,惕然有感,自知兄之不可紾矣。然则王欲短丧,子惟当启以三年之爱,罔极之恩,则彼孝亲之念,油然而生,自知丧之不可短矣,何可为期年之说,以蹈徐徐之弊哉?"

王子有其母死者,其傅为之请数月之丧。公孙丑曰:"若此者何如也?"曰:"是欲终之而不可得也。虽加一日愈于已,谓夫莫之禁而弗为者也。"

解　公孙丑期丧之说,孟子既斥其非矣。此时适有齐王之子,其生母死,压于嫡母,而不敢终其丧者。王子之傅,为请于王,欲使得行数月之丧。公孙丑因执此以问孟子说:"为期之丧,既曰不可,今王子乃请行数月之丧。数月之与期年,多寡则有间矣。若此者是耶?非耶?"孟子晓之说:"王子之请,与短丧之事不同。王子生母之丧,压于嫡母之尊,情固无穷,而分则有限。虽欲终三年之丧而不可得也。当此情为势屈之际,推王子报亲之心,虽加一日之丧,亦可以少尽人子一日之孝,犹胜于止而不加者,况于数月之久乎?此王子之请不容已也,乃其欲为而不能也。若我所责于齐王者,盖谓其势无所压,分无所拘，情可自尽而不尽，事所得为而不为也，岂可与王子之事例论哉？盖王子欲伸其情于分之外，而齐王乃欲杀其情于制之中，此正无三年之爱于父母，而我所谓当教以孝弟之道者也。子又附其说以成之，非与于不仁之甚者哉？"

【注】

① 财：同"材"。

13.40孟子曰："君子之所以教者五，有如时雨化之者，有成德者，有达财^①者。"

解 时雨，是及时之雨。"财"字，与"材"字同。孟子说："君子教人之心，固欲人同归于善，但人品不同，时会各异，教之所被，有不能一律而齐者，其条目大约有五。有一等人，造诣既深，真积既久，所少者点化之功耳。君子迎其将得之机而启发之，由是触之即应，感之即通，怡然理顺，有不自觉其契悟之速者矣。譬如草木之生，栽培已至，及此时而得雨以润之，便畅茂条达而不可遏，这叫做'如时雨化之者'。此君子之一教也。其次养虽未充，而天资纯粹，德性可以渐磨，君子则因其德而造就之，节其过，引其不及，涵育熏陶，务有成全其德器，这叫做'成德'。此又君子之一教也。其次德虽未优，而天资明敏，才识可以扩充，君子则因其材而诱进之，矫其偏，使归于正，开导启迪，务有以疏通其未能，这叫做'达材'。此又君子之一教也。"

"有答问者，有私淑艾者。此五者，君子之所以教也。"

解 淑，是善。艾，是治。承上文说："君子因人而施教，不但成德达材而已。又有一等人，师非专师，学非常学，偶因其一言之质正，一事之咨询，遂就其问而答之，以释其疑，以解其惑，此虽未至终日与言，而大叩则大应，小叩则小应，是亦训迪之所加矣。答问非君子之一教乎。又有一等人，居不同地，生不同时，但溯其觉人之余休，传世之余泽，私窃其善而师之，以饬其躬，以砥其行，此虽未尝及门受业，然或见而知之，或闻而知之，均一化诲之所及矣。私淑艾，又非君子之一教乎？合此五者而观之，学者之材质虽殊，要皆有曲成之术，后生之遭逢虽异，无往非造就之仁，其为教一而已矣。所以说，此五者，君子之所以教也。"盖圣贤之教人，如天地之生物，各因其材而笃焉。是以天地无弃物，圣贤无弃人，有世教之责者，所宜深念也。

13.41 公孙丑曰："道则高矣，美矣，宜若登天然，似不可及也，何不使彼为可几及而日孳孳也？"孟子曰："大匠不为拙工改废绳墨，羿不为拙射变其彀率。"

解　公孙丑苦于入道之难，因问于孟子说："道不可以无传，教当使人易入。乃若夫子之道，峻极而不可逾，纯粹而无可议，则诚高矣，美矣。学者非不欲勉强以求之也。然仰钻徒切，从入无阶，就如登天的一般，虽欲企而及之，势不能也。夫子何不别为卑近易行之法，使道之高妙者，稍有持循之方，而学者得以孳孳焉用力以求至乎？"孟子晓之说："道有一定之体，教有一定之法，何可贬也？不观之曲艺乎？大匠以此为教，众工以此为学，虽有拙工，大匠教人以制器，工有巧拙，宜不必拘于成法矣。然绳墨者，制器一定之则也。大匠以此为教，众工以此为学，虽有拙工，大匠亦不能因其拙而废弃绳墨，别改为简便之法也。非不可改也，成法所在，不可得而改也。羿教人以射，射有巧拙，宜亦不拘于成法矣。然彀率者，射者一定之则也，羿不能舍此以教，弟子不能舍此以学，虽有拙射，羿亦不能因其拙而更易彀率，别变为迁就之术也。非不欲变也，成法所在，不可得而变也。夫大匠与羿，其教人尚有一定之法，况君子立教，又非曲艺所可比者，岂能废成法而别为卑近之说以徇人哉？"

"君子引而不发，跃如也，中道而立，能者从之。"

解　跃如，是踊跃见（xiàn）于目前的模样。承上文说："由曲艺观之，教人者，固皆有不易之法矣。然道虽不容少贬，而理则不容终藏。是以君子立教，但告以务学的方法，不告以得道的妙处。如教人以致知，使知此道而已，而知之精细的去处，则待其自悟，未尝轻示之也；教人以力行，使体此道而已，而行之纯熟的去处，则待其自化，未尝强聒之也。就如射者引弓至满而不发矢的一般，虽其至道之妙，不容以轻传，而上达之机，固已指示于言意之表，其所不发者，殆踊跃著见于吾前矣。夫引而不发，则斯道若隐而难知，而跃如之妙存焉，则其理固显而易见，非难非易，无过不及，昭昭然揭中正之矩以示人，特人不知所从耳。惟善学者，由其所引之端，究其不发之蕴，为能因言见道，灼然明向往之途。体道成身，确然敦践履之实，高不失之太过也，卑不失之不及也，而道之中立者，始于是乎有从入之地矣，岂以不可几及为患哉！"夫道一而已矣，自阻，则苦其登天之难；自勉，则契其跃如之妙，是在学之者，有力有不力耳，公孙丑乃欲贬道以徇人，何其所见之谬乎？

13.42 孟子曰："天下有道，以道殉身；天下无道，以身殉道。未闻以道殉乎人者也。"

解　以死随物，叫做殉。孟子说："君子一身，与道为体者也。身固不能离道，道亦不能离身，观其出处而可知矣。当夫明良交会为天下有道之时，正吾身应运而出之候也。身既出，则道不容以或违，以身靖献于上，即以道而致其君也。以身表率于下，即以道而泽其民也，此道紧紧随身，盖身显而道与之俱显矣，肯负其行道之志乎？若明良不作，为天下无道之时，正吾道不可则止之日也。道既屈，则身不容以不退，上无以成正君子之功，则卷怀以独善也。下无以究泽民之用，则敛德以自全也，此身紧紧随道，盖道隐而身与之俱隐矣，肯变其守身之节乎？夫以道殉身，以身殉道，是君子出处进退，无往而不与道俱也。此吾之所尝闻者也。若夫身显而道不能行，惟知枉道以求合，道屈而身不能隐，惟知希世以取容，此乃以道殉人。苟且以赴功名之会，一鄙夫患失之事，妾妇顺从之行而已，我实未之闻也。"当是时列国策士，驰骛于功利之场，惟知以身之显晦为欣戚，而不知以道之用舍为进退。孟子所以有感而为是言也。

13.43 公都子曰："滕更之在门也，若在所礼而不答，何也？"孟子曰："挟贵而问，挟贤而问，挟长而问，挟有勋劳而问，挟故而问，皆所不答也。滕更有二焉。"

解　滕更，是滕君之弟。挟，是恃己骄人的意思。公都子问于孟子说："滕更以国君之弟，来学于夫子之门墙，若当在礼貌之中，而每有质问，夫子拒而不答，果何故哉？"孟子晓之说："学者之从师也，不贵执求教之礼，而贵有受教之诚。盖师也者，师其道也，不可以有挟也。若矜其爵位，挟贵而来问；矜其才能，挟贤而来问；或挟长而问，恃其年加于我；或挟有勋劳而问，恃其有功于我；又或挟故而问，恃有故旧于我。五者之中，但有一件，其求教之意，便不诚笃。虽有所问，皆在所不答也。今滕更来学，而不免有挟贵、挟贤之意，挟此二者以骄其师，则不胜其满足之念矣，此我所以不答其问者，正欲矫其矜己、夸人之失，而发其尊师重道之情也，岂为吝教乎哉？夫滕更以国君之弟而有向道之心，其贵其贤，亦可嘉矣。"孟子因其有挟而遂不答，可见位高不可耻于下问，贤智不可以之先人，惟虚己受教，斯可以来天下之善，集众思而广忠益矣。

13.44 孟子曰："于不可已而已者，无所不已；于所厚者薄，无所不薄也。其进锐者，其退速。"

解　孟子说："君子立身行己，固不可不用其心，亦不可过用其心，以处事言之，凡是有关于纲常，切于性分，此在所当为而不可已者也。若于此不可已者，顾止之而不为，则志怠于因循，气衰于鼓舞，其究必至于逡巡畏缩，视天下之事，无一件可担当，而无所不可已矣，岂能有任事之力乎？以待人言之，凡人有情爱相属，分谊相维，此在所当厚而不可薄者也，若于此所当厚者，顾薄之而罔恤，则惇睦之意微，刻薄之私胜，其究必至于残忍少恩，视天下之人，无一人可亲厚，而无所不可薄矣。岂复有胞与之情乎？以为学言之，功固有所当进，亦有所当循。若志意太高，工夫太骤，其始非不勇猛锋锐，而气过激则易衰，力已竭而难继，奋发未几，而怠惰随之，其退必速矣，岂能望其成功于终乎？"夫是三者，颓靡自委者，固不足以有为，急邃无序者，亦同归于废弛。君子如欲有为于天下，岂可不惩其太过、不及之弊，而酌施为缓急之宜哉！

13.45 孟子曰："君子之于物也，爱之而弗仁；于民也，仁之而弗亲。亲亲而仁民，仁民而爱物。"

解　孟子说："人物之生，本同一气，而亲疏厚薄，分则悬殊，惟其分之殊，而用恩自不能无序矣。故其于物也，取之有时，用之有节，推其心岂忍一物之失所乎？然但爱之而已，而未必有治教渐磨之泽，则爱之而弗仁也。其于民也，所欲与聚，所恶勿施，推其心，岂忍一夫之不获乎？然但仁之而已，而未必有天伦维系之恩，则仁之而弗亲也。夫仁而弗亲，非故靳其恩于民也。以民视亲，其亲疏自不同矣。君子隆一本之恩以亲其亲，而因推亲亲之念以仁其民，自不得以待吾亲者，而概施之民也。使于民亦亲之，则何以别于吾亲乎，此所以仁之而弗亲也。爱而弗仁，非故靳其恩于物也。以物视民，其贵贱则不同矣。君子扩其民胞之度以仁其民，而因推仁民之心以爱乎物，自不得以爱吾民者，而概施之于物也。使于物亦仁之，又何以别于吾民乎，此所以爱之而弗仁也。"夫亲亲、仁民、爱物，统而言之，则均谓之仁。分而言之，则各有其等。此君子之仁，所施虽甚博，而所操则甚约，惟其举此加彼，善推所为而已。世有以其所不爱，及其所爱，恩及禽兽而功不至于百姓者，岂不悖哉！

13.46 孟子曰："知者无不知也，当务之为急；仁者无不爱也，急亲贤之为务。尧、舜之知而不遍物，急先务也；尧舜之仁不遍爱人，急亲贤也。"

解 孟子说："人君之治天下，知以明理，仁以爱人，二者不可偏废。然有要焉，不可不知也。盖知者通达万变，于天下之事，固无所不知。若事事而求其知，则不胜其劳，而事亦有所难治。惟于庶事纷纭之中，求其所当务者。如关治道之大体，系民生之切务，惟以此为急，而励精以图之，则弘纲既举，细目自张。凡众务之杂陈于前者，自然次第举行，而事无不治矣。其为知也不亦大乎！仁者包含遍覆于天下之人，固无所不爱，然人人而用其爱，则不胜其烦，而爱亦有所难周。惟于众人泛爱之中，求其人之贤者。如德可以正君而善俗，才可以修政而立事。惟以此为急，而虚己以亲之，则众贤在位，庶事自理。凡群庶之待惠于我者，自然德泽旁流，而爱无不治矣。其为仁也，不亦溥乎！果何以征之，尝观诸尧、舜矣。若钦明，若濬哲，古今称大知者，至尧舜而极，然岂能物物而遍知之哉？其所急者，亦惟先务是图。如授人时，治洪水，齐七政，辑五瑞之类是已。此外一日万机，虽未尝不加之意，而政教之大纲，不与存焉。即尧、舜之智，亦有所不暇图耳，况智不如尧、舜者乎？曰如天，曰好生，古今称至仁者，亦至尧、舜而极，然岂能人人而偏爱之哉？其所急者，亦惟亲贤是务，如尧以不得舜为己忧，舜以不得禹、皋陶为己忧是已。此外百工庶职，虽未尝不加之意，而赞襄之重寄不与存焉。即尧、舜之仁，亦有所不暇及耳。况仁不如尧、舜者乎？欲知仁智之要务，诚不可以尧、舜为法矣。"

"不能三年之丧，而缌、小功之察；放饭流歠，而问无齿决。是之谓不知务。"

解 察，是详审。放饭，是纵意吃饭。流歠（chuò），是长饮无节。齿决，是以齿啮断干肉。承上文说："观尧、舜之所急，则知仁，知各有所当务矣。

乃若知不急先务，仁不急亲贤，而惟琐细之事是图。譬之丧服，三年之丧，是重服；缌麻三月、小功五月，是轻服。制服者，谨其重而后及其轻可也。乃今于父母重丧，不能自尽，却于缌麻小功之服，讨论之必详焉。又譬之饮食，放饭长饮，是大不敬；齿决干肉，是小不敬。饮食者，慎其大而后及其小可也。乃今于放饭、流歠之大过，不知自检，却于干肉无齿决之礼，讲求而不置焉。若此者，察察为明，虽若详于细微之事，而惛惛莫辨，实则昧于缓急之宜，舍重而图轻，得小而忘大，真乃不知务之人矣。"仁知不知所务，何以异此，此尧、舜智不遍物而知，而光被四表；仁不遍物而爱，而泽及群生。惟其知务故也。人主欲识为治之大体，宜于此留意焉。

尽心章句 下

14.1 孟子曰："不仁哉，梁惠王也！仁者，以其所爱及其所不爱；不仁者，以其所不爱及其所爱。"

🔴 **解**　孟子说："天地以生物为心，而人君奉天子民，固当以好生为德，乃若残忍少恩不仁哉，其梁惠王乎？盖仁者之心，主于爱人，故其用爱无所不至。亲其亲矣，而又推亲亲之心以仁民；仁其民矣，而又推仁民之心以爱物。笃近以举远，由亲以逮疏。充其一念恻怛之良，必至于无所不爱而后已，这是以其所爱及其所不爱也。不仁之人，偏于惨刻，故其惨刻亦无所不至。暴殄百物未已也，而害且移之百姓，毒痛百姓未已也，而害且移之至亲。薄者薄矣，而厚者亦薄；疏者疏矣，而亲者亦疏。充其一念忿戾之私，必至于众叛亲离而后已，这是以其所不爱及其所爱也。今惠王所为若此，安能免于不仁之祸哉。"

公孙丑曰："何谓也？""梁惠王以土地之故，糜烂其民而战之，大败，将复之，恐不能胜，故驱其所爱子弟以殉之，是之谓以其所不爱及其所爱也。"

🔴 **解**　糜烂，是血肉溃败。公孙丑问说："夫子讥梁惠王为不仁，谓其以所不爱，及其所爱，此何说也。"孟子答说："人君以土地视民，则所重在民，而土地为轻；以民视子弟，则所厚者在子弟，而民为薄。此差等之较然也。今惠王始初以土地之故，争地以战，则驱无辜之民，毙于锋镝之下，使之肝脑涂地，而遭糜烂之殃；既也以大败之故，欲复战而恐不能胜，则驱所爱之子弟，殉于行陈之间，使之身先士卒，而冒死亡之患。是其因土地而荼毒生灵，既播其恶于众，因生灵而贻祸骨肉，又割其爱于亲，此之谓'以其所不爱及其所爱也'。残忍如是，非不仁而何哉？"是时列国务于战争，轻人命如草菅，不止梁惠王为然。孟子举其不仁之甚者，以示戒也。

14.2 孟子曰："《春秋》无义战，彼善于此，则有之矣。征者，上伐下也，敌国不相征也。"

解　这是孟子追论春秋诸侯无王之罪，以警戒当时的意思。说道："大凡征伐之举，必天子出命以讨罪，诸侯承命以行师，方可谓之义战也。若《春秋》之书，所载战伐之事，固非一端，然或书名以示贬，或书人以示讥，无有一件以为合义而许之者，但就中容有假尊王之名，窃攘夷之号，兴兵致讨，为彼善于此者。如召陵之师，责包茅之不贡；城濮之役，遏荆楚之侵陵。此类是也。然此特比于叛义悖理之举，为少优耳。何尝足以为尽善乎？彼其所以无义战者，何也？盖征者，以上伐下之名，惟天子得以专之也。若同为诸侯，势均力敌，不相上下，这叫做敌国。敌国之中，如有强侵弱，众暴寡者，当上告天子，听命诛讨，无有相征伐之理。使敌国相征，则为擅兴师旅而无王矣，今春秋之时，皆敌国相征，非有以上伐下之权，犯义于纪，乃王者之罪人也，安得有义战乎？宜孔子之致严于书法也。

14.3 孟子曰："尽信《书》则不如无《书》。吾于《武成》，取二三策而已矣。仁人无敌于天下，以至仁伐至不仁，而何其血之流杵也。"

解　《武成》，是《周书》篇名。策，是竹简。流，是漂流。杵，是舂米的杵子。孟子见当时好杀之徒，多藉口于武王伐纣之事以自解，故辩之说道："书以纪事为义，本欲传信于天下后世者也，然亦有事掩于虚词，词浮于实事，而不可尽信者，学者惟识其大义足矣。若但执过甚之言为实，信为必然之事，不惟无以明圣贤之心，且适滋后人之惑矣。岂如无《书》之为愈哉？何以见《书》之不可尽信也。彼《武成》一书，乃武王伐纣既归，而史官作以纪事者也。其简篇固为甚多，吾于其间，仅取其所称奉天伐暴、反政施仁之二三策而已矣。自此之外，如所谓'血流漂杵'之一言，以理断之，仁人之师，上奉天讨，下顺民心，天下自然莫与之敌，今以武王之至仁，伐纣之至不仁，必有兵不血刃，而人自归附者，何至与商纣师徒为敌，至使血流漂杵，若是之惨酷乎？即此推之，《武成》之不可尽信也明矣。今乃有指古训，以逞其杀戮之心，如时君世主之为，非惟得罪于天下，实得罪于武王也。"

14.4 孟子曰："有人曰：'我善为陈^①，我善为战。'大罪也。国君好仁，天下无敌焉。南面而征北狄怨，东面而征西夷怨，曰：'奚为后我？'"

解 孟子见当时之臣，务导君以战伐之事，故警戒之说道："兵凶战危，本非国家之利也。如有人自夸其能，说：'我善为陈，而整饬行伍；我善为战，而决胜交锋。'斯人也，上不顾国家之安危，而惟引君于贪忿；下不恤生民之利害，而惟陷人于死亡，乃负天下之大罪，不容于有道之世者也。夫善战、善陈，不过一人之敌而已。诚使国君好仁而不嗜杀人，以宽代虐，以治易乱，则天下之民，皆将望之而为君，而人自无与为敌者矣。奚用此善陈、善战之臣为乎？我尝有感于商周之事矣，昔成汤征葛伯也，南面而征，则北狄怨；东面而征，则西夷怨。都相顾而说：'我等四方之人，均一憔悴于虐政者也，汤兴吊民伐罪之师，何不先来救我，以甦重困，而使我独后于他人乎？'夫以成汤之师一出，而人心冀望如此，谁敢抗之者哉？好仁无敌，此正其一验矣。"

"武王之伐殷也，革车三百两^②，虎贲三千人。王曰：'无畏！宁尔也，非敌百姓也。'若崩厥角稽首。"

解 革车，是兵车。虎贲，是勇士。若崩厥角，是叩头至地，如兽角崩坠有声一般。承上说："昔武王伐殷纣也，革车止三百两，

【注】
① 陈（zhèn）：同"阵"，排兵布阵。
② 革车：代兵车的一种。两（liàng）：同"辆"。

而车马未见其盛，虎贲止三千人，而士卒未见其多，宜乎其易敌矣。然观武王入殷之初，与商民说：'尔等不必畏惧，我今伐纣，为他恣行暴虐，使尔等困苦不堪，故来安宁尔等，非与百姓为仇敌也。'商民闻之，欢欣感激，都来武王面前，稽首至地，就如兽角崩坠一般。夫王言一布，而人心倾服如此，又谁敢抗之者哉？好仁无敌，此又其一验矣。"

"征之为言正也，各欲正己也，焉用战？"

解　承上文说："所谓仁人无敌于天下者，其故何哉？盖征之为言，以己之正，而正人之不正者也。如葛伯无道，成汤则以大义正之；商纣不仁，武王则以大义正之。于时百姓为暴君所虐，苦不聊生。方欲仁人以仁义之师，来正己之国也，故未至而望若云霓，既至而喜若时雨，如四夷之延颈以待，商民之稽首以迎，有不俟兵威之加而自服矣，焉用战为乎？"然则人臣不以汤、武望其君，而但以战陈之事，邀功启衅，使上下均被其殃，其罪真不容于死矣。用人者可不以之为鉴也哉！

14.5 孟子曰："梓匠、轮舆，能与人规矩，不能使人巧。"

解　孟子说："君子设教以觉人，有可以言传者，有不可以言传者，在学者之自得而已，不观诸曲艺乎？彼木工有梓匠，车工有轮舆，其教人之法，但能与之以规，曰如此而为员；与之以矩，曰如此而为方。循其一定之制，导之使从，这是其可能者也。若由规矩而熟之，不疾不徐，不甘不苦，机发于心，而妙应于手，乃所谓巧也。斯则不泥于成法之中，而又不出于成法之外；师不得以言而传于弟子，弟子不得以言而受于师。惟在人之自悟何如耳，安能以此而教人哉？"然则圣贤之道，下学可以言传，即规矩之谓也。上达必由心悟，即巧之谓也。学者要当会道于心，以俟其自得之机，岂可求道于言，而疑其有不传之秘哉？

14.6 孟子曰："舜之饭糗茹草^①也，若将终身焉；及其为天子也，被袗衣^②，鼓琴，二女果^③，若固有之。"

解 糗（qiǔ），是干饭。袗（zhěn）衣，是彩妆锦绣之衣。二女，即尧女娥皇、女英。果，是侍侧。孟子说："常人之情，处贫贱则多慕于外，处富贵则易动于中。惟是大舜方其隐于侧微之日，所饭者干糗，而粗粝不堪，所茹者野蔬，而齑盐不足，其贫贱极矣。舜之心，乃不以此为忧，而安于所遇，若将守穷约以终身焉，非惟不冀未来之富贵，且忘见前之贫贱矣。及其升于帝位之时，被五章之服，而有黼衮以华其躬，鼓五弦之琴，而有音乐以适其性，且侍之以尧之二女，而内助又得其人，其富贵极矣。舜之心，亦不以此为喜，而视之欿然，若己之所固有而无与焉。非惟不追已往之贫贱，且忘见在之富贵矣。穷达之遇不同，而圣心之天常泰，此正所谓大行不能加，穷居不能损者也。非有得于性分之理，恶能不移于外物之感哉。"

【注】

① 饭：吃饭。茹（rú）：吃。

② 被（pī）袗衣：被，同"披"，披在身上；袗衣，绘绣有文采的华贵衣服，指天子所穿的盛服。

③ 果（wǒ）：通"婐"，侍候。

14.7 孟子曰："吾今而后知杀人亲之重也：杀人之父，人亦杀其父；杀人之兄，人亦杀其兄。然则非自杀之也，一间^①耳。"

解 孟子见当时列国仇杀无已，有感而说："我以前但知杀人之亲为不可，而不知其祸之甚重也。自今而后，乃知杀人亲之重矣。何也？夫亲莫大于父兄。人之有父兄，犹我之有父兄也。今人但知杀人之父兄，便以为快，不知天道有好还之理，人情无不报之仇。杀人之父，人亦必杀其父；杀人之兄，人亦必杀其兄。然则初心本非忍于自杀其父兄也，此往彼来，其中特间一人耳。其实与手刃父兄者，何以异乎！"夫始于戕人之亲，而终于自戕其亲，

【注】

① 一间（jiàn）：谓相距极近。间，间隙。

为人子弟者，当惕然省矣。苟能反而观之，则爱人之亲者，人必爱其亲，敬人之亲者，人必敬其亲，其理不可以例推也哉！

14.8 孟子曰："古之为关也，将以御暴；今之为关也，将以为暴。"

解　关，即今各处钞关①。孟子说："事有在古为良法，而在今为敝政者，不特大者为然，即关市亦有可见者矣，何也？古之为关者，重门击柝，以时启闭。故有异言者，则讥察②之；有异服者，则讥察之。将以御止暴客，警备非常而已，初未尝征其税而为暴也。今之为关者，讥防不谨，而税课是图，商货之出必有征，商货之入必有征。古人御暴之处，适为今人行暴之资而已。如此，安望行旅有即次之安，商贾怀出途之愿乎？"即是推之，凡以私而害公，因利而害义者，将不止于关市之一事矣，世道不重可慨哉！

14.9 孟子曰："身不行道，不行于妻子；使人不以道，不能行于妻子。"

解　孟子说："斯道本通于人己之间，以此行己，以此率人，皆未有能外是道者也。如使身不行道，纲常未立，伦纪弗修，则己既不正，焉能正人？虽妻子至近，欲责使妻尽妻道，子尽子道，亦将导之而不化矣，况其远者乎？如使人不以道，工作非时，奔走无节，则己所不愿，焉能强人？虽妻子至亲，欲责使妻供夫命、子供父命，亦将驱之而不从矣，况其疏者乎？然则欲道之即行，令之即从无他，惟在本诸身者，皆合于道而已。诚合于道，虽家邦可达，蛮貊可行，而奚有于妻子之率从哉？"

14.10 孟子曰："周于利者凶年不能杀，周于德者邪世不能乱。"

解 孟子说："君子处世非难，自处为难。盖世之邪正系乎人，而德之修否存乎我也。故人之为生，有遭凶荒而饥死者，由于利之不足耳。苟使家有余资，廪有余粟，财货如此充盈，虽当凶荒之年，可无匮乏之患，必不至饥饿转徙，而罹死亡之祸矣。是周于利者之足以自赡如此。人之修身有当邪世而摇乱者，由于德之不足耳。苟使仁义备诸己，道德积诸躬，将见识趣高明，持守凝定，虽当淫诐之世，亦有贞固之操，必不至改其素行，而从邪慝之俗矣，是周于德者之足以自立如此。"然君子不幸而遭邪世，又非徒卓然自守，能立于风靡波流之际，为可贵也。必将拨乱反正，以抒其素所蓄积而后已，是世道且待我以易，而人心不至于陷溺者也。若止于硁硁自全，以独善其身，则斯世终何赖乎？此又孟氏未发之意也。

14.11 孟子曰："好名之人，能让千乘之国。苟非其人，箪食、豆羹见于色。"

解 孟子说："观人者，不当据其迹，而当察其心；不徒徇其名，而当考其实。彼让人之所难能也，以千乘之国让人，尤人之所难能也，然有一等好名之人，心在于窃虚声，则虽千乘之国，可以取于人也，亦将辞之而不居；心在于猎美誉，则虽千乘之国，未可以与人也，亦将委之而不吝。若此者，非真能轻视富贵，而忘得失之念也，不过矫情饰貌，而干廉让之名耳。这等干名的人，原其诈伪之心，若将以人为可欺，而本无能让之实，则其真情固难掩。盖真能让国的人，表里一致，始终一节，自然没有破绽处。苟非其人，虽能让千乘之大国，而于一箪之食、一豆之羹，这样的小节，得之则喜，失之则怒，反不觉其计较之念见于颜色之间矣，是非能舍于大，而不能舍于小也。前日之让国为名誉所强也，故不胜其矫饰之私；今日之动色，乃真情所发也，故难掩于轻忽之际。"此观人者，当察其心，而不可轻信其迹，当考其实，而不徒徇其名也。

14.12 孟子曰："不信仁贤，则国空虚；无礼义，则上下乱；无政事，则财用不足。"

解　孟子说："为国之道固多端，而致治之要有三事，是在人君知所重，而急图之耳。今夫国之所恃以光重者，以有仁贤为之辅也。苟信任弗专，而存一猜疑之心，或外亲而内疏，或始合而终间，则贤者皆隳（huī）志解体，望望以去，而朝廷之上，无复有所倚赖矣，国其有不空虚者乎？国之所恃以纲维者，以有礼义为之防也。苟纵肆弗检，而自坏中正之制，则名分无以辨，民志无以定，将上逼下僭（jiàn），日入于悖乱而终莫之救矣。国其有不乱者乎？国之所恃以充裕者，以有政事为之具也。苟废坠弗修，而全无经理之方，则其源无以开，其流无以节，将民贫国耗，日忧于匮乏，而终莫之赡矣。财用其有能足者乎？"夫论治法固三者均重，而论治人，惟仁贤为先，人君诚能取仁为辅，任贤勿贰，则礼义由之以出，政事由之以立，而盛治可必臻矣，尚何乱与不足之足患哉？

14.13 孟子曰："不仁而得国者，有之矣；不仁而得天下者，未之有也。"

解　孟子说："天下虽有适然之数，终不能胜必然之理。且如不仁之人，本不可以得国也，然或遘昏庸之会，逞私智之巧，上以力而胁其君，下以术而愚其民，则以一夫之身而盗千乘之国者，容有之矣。如田恒之于齐，三卿之于晋是也。若以不仁而得天下者，吾恐四海若是之广，兆民若是之众，欲以力制之，而至柔者不可以威屈；欲以术愚之，而至神者不可以计欺。求其能成混一之举，而遂侥幸之图者，自古以来，未之有也。其必如三代之仁，而后可望天下之归耳。"盖天命之不可妄干，神器之不可虚据如此。

14.14 孟子曰："民为贵，社稷次之，君为轻。"

（解）孟子说："大凡国之所恃以立者有三：曰民，曰社稷，曰君。人皆知君为尊，社稷为重，而不知民之所系，更甚切也。以我言之，民虽至微，然民为邦本，本固邦宁[①]。虽无可尊之势，而有可畏之形，民其至贵者也。社稷虽系一国之镇，然民以土为供，而报祀为民生而报也。民以食为天，而祈谷为民命而祈也，不可与民而并论矣，所以说'社稷次之'。至于君虽为神人之共主，然临抚兆庶，皆由于民心之爱戴也；保守疆土，皆由于社稷之安宁也，又不可与二者而并论矣，所以说'君为轻'。"夫君、民、社稷轻重之等有如此，为人君者，可不以民社为重，而日兢兢以计安之乎？

"是故得乎丘民而为天子，得乎天子为诸侯，得乎诸侯为大夫。"

（解）丘民，是田野间小民。承上文说："吾所谓民为贵者，何以见之？盖田野小民，其势则微，其分则贱，若无足畏，然其心未可以易得也。若使能得丘民之心，群黎百姓，无不心悦诚服，则民心之所归，即天意之所向，可以履帝位而为天子矣。若夫天子虽至尊贵，然得天子之心，而为天子所宠遇，不过得为五等之诸侯而已，岂能比于得丘民之心者哉！诸侯虽亦尊贵，然得诸侯之心，而为诸侯所信任，亦不过得为三命之大夫而已，又岂能比于得丘

【注】

① 民为邦本，本固邦宁：见《尚书·五子之歌》："皇祖有训，民可近，不可下。民惟邦本，本固邦宁。"

民之心者哉！"夫以得天子、诸侯之心，犹不若得丘民之心，是可见民心之向背，所关为最重也。吾谓民为贵者，盖有见于此耳。

"诸侯危社稷，则变置；牺牲既成，粢盛既洁，祭祀以时，然而旱干水溢，则变置社稷。"

【注】

① 恒旸（yáng）：久晴不雨。

② 淫潦：久雨不晴。

③ 壝（wéi）：古代祭坛四周的矮墙。

④ 天子作民父母，而为天下王：出自《尚书·周书·洪范》。

解 承上文说："吾谓君轻于社稷者为何？盖诸侯之立，所以主社稷也。苟或诸侯淫佚无道，致敌国之侵陵而动摇其社稷，则当变易君位，更置贤者以主之，而人君不能有常尊矣。君位之存亡，系于社稷之安危，是可见社稷为重，君为轻也。吾谓社稷轻于民者为何？盖社稷之立，所以佑民生也。苟牺牲既成，粢盛既洁，克备其享献之物，春焉而祈，秋焉而报，不愆其祭祀之期，君不失礼于神，神宜造福于民也。乃不能御灾捍患，或恒旸① 而旱干，或淫潦② 而水溢，则当毁其坛壝③ ，更易其地以祀之，而社稷不能有常享矣。社稷之更置，系于生民之利害，是可见社稷虽重于君而轻于民也。"合而观之，国以民为贵，不益可见乎？尝考《书经》有云："天子作民父母，而为天下王。"④ 则知君为最贵。孟子乃谓民贵于社稷，君为轻者，何也？盖《书》之言，所以示万世之为臣者，不可不知君道之尊。孟子之言，所以示万世之为君者，不可不知民社之重；知民社之重，而兢业以图存，乃所以自成其尊也。

14.15 孟子曰："圣人，百世之师也，伯夷、柳下惠是也。故闻伯夷之风者，顽夫廉，懦夫有立志；闻柳下惠之风者，薄夫敦，鄙夫宽。奋乎百世之上，百世之下，闻者莫不兴起也。非圣人而能若是乎？而况于亲炙之者乎？"

解 亲炙，是亲近熏炙。孟子说："行造其极之谓圣人，而谓之圣人，不但可为法于当时，虽自一世递至百世，犹可以师表于无穷也。所谓百世之师，谁足以当之？伯夷、柳下惠者，是其人也。盖伯夷虽往，而清操如在。故今闻其风者，即愚顽之夫，亦变而有知觉；怯懦之夫，亦变而有立志，无不以其清为师者也。柳下惠虽往，而和德如存。故今闻其风者，即偷薄之夫，亦变而为敦厚、粗鄙之夫，亦变而为宽大，无不以其和为师者也。夫以伯夷、柳下惠振起于百世之上，时不为不久，而清风和气，能使百世之下，闻者莫不感发而兴起此，岂可以倖致哉？盖伯夷圣之清，柳下惠圣之和，其德既已造于圣人地位，所以能师表百世，而感人于无穷也。自非圣人求其感人于当时且不可得，而况能感人于百世之下乎？以百世之下，犹尚感发如此，况幸而生当其时，亲炙其清和之范，日囿于熏陶之中，其渐摩变化，将不知当何如者，岂但闻风而兴起乎哉？"此所以称为"百世之师"也。学者欲有闻于世而垂模范于后人，可不以圣人为法乎？

14.16 孟子曰："仁也者，人也；合而言之，道也。"

解 孟子说："天下之理，存之于心则为仁，措之于事则为道，而要之皆切于吾人之身者也。故人皆知吾性之有仁矣，而不知仁非他也。在天为生物之心，在人为有生之理，乃即人之所以为人者也。盖人有是形，必有所以纲维。是形者，仁是也。非仁，则形骸虽具，不过有是血肉之躯而已。人有是气，必有所以主宰是气者，仁是也。非仁，则气体徒充，是亦蠢然之物而已。所以说仁也者，人也，求仁于人之外不可也。然仁，理也；人，物也。单说人，则物固无所恃以立；若单说仁，则理亦无所恃以行。惟是以仁之理，合于人之身，性依形以附丽，而率性之动始彰。气载理以推行，而践履之能始著。大而天常人纪，小而日用事为，坦然为天下古今共由之道，即此而在矣，道岂非合仁与人而为言者哉？"夫有此人，即有此仁，则仁固非由于外至，而体此仁，即成此道，则道亦不可以远求矣。世之外心以求仁，外身以求道者，岂不惑哉？

14.17 孟子曰:"孔子之去鲁,曰:'迟迟吾行也! 去父母国之道也。'去齐,接淅而行,去他国之道也。"

解　孟子说:"君子当去国之日,固以洁身为贵,尤以合道为难。昔者孔子仕鲁不合,尝去鲁矣。其去鲁也,自言说:'迟迟吾之行也。'殆有去而不忍遽去者焉。夫义不可留,即当勇退,乃迟迟其行者,非濡滞也。盖鲁为父母之国,以恩为主者也。若一不合而急遽以去,其如显君相之失何?故宁过于缓,无过于急,用意忠厚,去父母国之道当然也。及其仕齐不合,亦尝去齐矣。其去齐也,炊不待熟,以手承水取米而行,时刻不少停焉。夫义不可留,固所当去,乃不俟终日,非急迫也。"盖齐为他国,以义为主者也,若义不合而迁延不去,其如失自重之道何?故宁过于急,无过于缓,见几明决,去他国之道当然也。夫孔子之去国,迟速各适其宜如此。此所以为"时中"之圣,而非一节之士可及也。

14.18 孟子曰:"君子之戹于陈蔡之间,无上下之交也。"

解　君子,指孔子说。"戹"字,与"厄"字同,是穷困的意思。孟子说:"孔子大圣,抱道终身,宜乎行,无不得,何至困穷?然当时辙环天下,至陈、蔡二小国之间,乃绝粮七日,从者病,莫能兴,其厄甚矣,何以至此?盖君子处世,上而君用之,则其交在上;下而臣荐之,则其交在下。惟有上下之交,故无困厄。"当时陈、蔡二国,上不知孔子,而无能用之君;下不知孔子,而无能荐之臣。上下无交,是以道不行,而不免于厄耳。此于孔子之道固无所损,而陈、蔡二国之君既不能举,又不能养,使饥饿于我土地,其简贤弃礼,不足与有为可知矣。

14.19 貉稽曰:"稽大不理于口^①。"孟子曰:"无伤也,士憎兹多口^②。《诗》云'忧心悄悄,愠于群小'^③,孔子也;'肆不殄厥愠,亦不陨厥问'^④,文王也。"

解 貉稽,是人姓名。理,是赖。"憎"字,当作"增"字,是增益的意思。悄悄,是忧患的模样。愠,是怒。肆,是发语辞。陨,是坠。问,是声誉。昔貉稽问于孟子说:"人之誉望显扬,本赖于众口,今稽每遭人之讪谤,是于众口甚无所利赖也,奈何?"盖未免有尤人之意,而不知自反。故孟子答说:"毁誉由人,不可必修为在我所当尽。虽为众口所讪何伤乎?夫为士者道修而不能保,其谤之不兴,德高而不能必;其毁之不来,较之常人,众口之讪,愈益多耳。试把自古两个圣人增兹多口的来说。孔子,圣人也。然在当时,上下无交,谗毁时有,或讥其栖栖为佞,或笑其累累无依。沮于晏婴,毁于武叔,且不免见愠,而重为世道忧。那《邶风》上说:'忧心悄悄,愠于群小。'此孔子之谓也。文王,圣人也。然在当时,蒙难正志,明夷利贞^⑤,或高忌其文明,或卑訾其柔顺,谮于崇侯,拘于羑里,亦不免见愠,而终不为圣德累,那《绵雅》^⑥上说:'肆不殄厥愠,亦不殒厥问。'此文王之谓也。夫以文王、孔子之圣,而多口且如此,况其下者乎?"由是观之,人患不能为孔子、文王耳。群小之可忧,愠怒之不殄,固无伤也。子亦求尽,其在我者而已,何以不理于口为病哉!

14.20 孟子曰:"贤者以其昭昭,使人昭昭;今以其昏昏,使人昭昭。"

解 昭昭,是明。昏昏,是暗。孟子说:"自古圣贤之治,如《尧典》'克明峻德'而推之以'亲睦九族,平章百姓,协和万

【注】

① 不理于口:不顺于他人之口,即被他人说得很坏。

② 多口:多嘴多舌。

③ 忧心悄悄,愠于群小:见《诗经·邶风·柏舟》。

④ 肆不殄(tiǎn)厥愠,亦不陨厥问:见《诗经·大雅·绵》。肆,故,所以;殄,杜绝,消灭;厥,其,指狄人;陨,坠,丧失;厥,指文王;问,通"闻",声闻,名誉。

⑤ 明夷利贞:出自《易经·明夷卦》:"明夷。利艰贞。"

⑥《绵雅》:指《大雅·绵》一诗。

邦'。《大学》自'明明德'，而推之以齐家、治国、平天下，由己及人，自内达外，都有个本原。故贤者欲求于天下，必先求于身，省察克治在我之明德既明，然后有法制、禁令，以使家国天下之人，同归于明德。这便是'以其昭昭，使人昭昭'。今之为治者则不然，不求诸身，而求诸天下，未能省察克治，以自明其德，徒然乃以法制、禁令责人，以其身之所无，欲使亲睦于家，平章于国，协和于天下，必无是理也。这便是'以其昏昏，使人昭昭'。"夫有诸己而后求诸人，是以躬行率之，贤者之治，所以不令而从也。暗于己而求明于人，是以刑政驱之，今之治所以虽令不从也。然则有治人之责者，可不先于自治乎？

14.21 孟子谓高子曰："山径之蹊间，介然用之而成路。为间不用，则茅塞之矣。今茅塞子之心矣。"

解 径，是小路。蹊，是人行处。介然，是倏然之顷。用，是由。路，是大路。为间，是少顷。高子虽由于孟子之门，而用心不专。孟子恐其不足以入道，故教之说："理义之在人心若大路然，本无障蔽然，然要在学者时时省察，不使一息间断，则良心方长为我有，不观山径之蹊乎？山中小径可容人迹之处，本非大路，若使倏忽之顷，往过来续，由之者不息，则向之小路从新开辟，可以成荡荡平平之大路矣。及其既成路之后，使少顷之间，人迹罕至，由之者不继，则茅草乘间而生，将前路都阻塞了，反不如小路之可行矣。夫此一山径之蹊，介然共由，则成路甚易；为间不用，则阻塞不难。可见义理即人心之大路，物欲即人心之茅草，存亡出入之机，亦只在一念须臾之际，不可不慎也。今子本心未尝不明，向道亦非无路，但存养未几，而放失继之，聪明为耳目所蔽，湛一为攻取所乘，就如茅草之塞路一般。路以茅塞，或有他径可由，心以茅塞，将一物无所见，一步不可行矣，可不知所儆惕哉？"孟子此言，不独为高子而发，实古帝王危微精一之旨，理乱得失之机；后之有天下者，能时时讲明学问，以培养此心；亲近君子，以维持此心，庶可免于茅塞，而所行皆正路耳。

14.22 高子曰："禹之声，尚文王之声。"孟子曰："何以言之？"曰："以追蠡。"曰："是奚足哉？城门之轨，两马之力与？"

解 声，是音乐。尚，是高出的意思。追，是钟纽。蠡（lǐ），是啮木虫，钟纽将绝，有似为虫所啮的模样，故叫做蠡。轨，是车辙迹。高子问于孟子说："先圣王如夏禹、周文王所作之乐，虽一般是治世之声，然自今日观之，禹之声比文王之声似高出于上，而不可几及者。"孟子诘之说："子以禹之声过于文王，果何所据而云然？"高子答说："乐之优劣，视人用之多寡何如耳？吾观禹之钟纽，如虫啮而欲绝，此必爱慕其音而用之者多，故至于此。若文王之乐则不然，即便见他不及禹处，吾言非无所据也。"孟子乃晓之说："我只道子有独得之见闻，所以能为出奇之议论。若止据追蠡之迹，是奚足以知圣乐哉？试以车辙言之，城门车辙之迹，独深于城中，子之所明知也。然城门之轨，岂是一车两马之力，遂能使其独深乎哉？盖城中之途，车可散行，故其辙迹浅。城门惟容一车，众车莫不由之。岁月既久，往来者众，而车辙之迹不求深而自深也。然则禹之乐作于千余年之前，虽不多用，而纽自敝。文王之乐，作于千余年之后，虽多用而器犹新。盖时之先后不同，正犹车辙之浅深，以地之广狭为异耳。岂有所优劣于其间哉！"夫闻乐可以知德，圣人本无不盛，高子未知圣人之德，宜乎不能观乐之深矣。

14.23 齐饥。陈臻曰："国人皆以夫子将复为发棠[1]，殆不可复？"孟子曰："是为冯妇也。晋人有冯妇者，善搏虎，卒为善士，则之野，有众逐虎，虎负嵎，莫之

【注】

[1] 发棠：发，开仓救济；棠，齐国地名，在今山东青岛即墨区附近。

敢撄。望见冯妇，趋而迎之。冯妇攘臂①下车，众皆悦之，其为士者笑之。"

解 搏，是徒手搏击。之野，是适野。负，是依。嵎，是山曲。撄，是触。初，孟子居齐时，适值岁饥，孟子劝王发棠邑之仓以赈民矣；至此又饥，国人复有发棠之望。陈臻乃问于孟子说："齐国之人，向因夫子一言，得蒙赈济之恩；今岁复告饥，民间就以发棠之请当了故事，指望夫子再为之言。"由臻观之，国人之属望②虽殷，君子之自处当重，殆似不可复请也。孟子答说："这是齐王的恩泽，我只可偶一言之。若要国人欢喜，重复进言，是为冯妇之所为而已。昔晋人有冯妇者，善能徒手搏虎，既而悔其所为之非正，能痛改前业，卒为善士，似可为善变矣。忽一日行至野中，见众人赶逐一虎，虎急而依负山曲，据险自固，众人遂无敢撄触其怒者。正忙乱间，望见了冯妇，是惯能搏虎之人，喜其可恃，相与趋走而迎之。冯妇此时若改悔之意果坚，便当绝谢众人，去而不顾矣。乃不觉故态复形，自车中攘臂而下，急欲逞技于众人之前，那众人每感他为己而下车，见他遇虎而不惧，谁不喜悦。殊不知旁观是众人，若读书知礼义而为士者，方笑其为善不终，可止而不知止矣。使我今日复请发棠，虽可以慰齐人之望，安知为士者不以我为冯妇乎？"盖是时齐王已不能用孟子，孟子亦将去齐，故其所言如此。使果君臣合道，谏行言听，则发棠本救民之事，何难再请而自比于冯妇也。

14.24 孟子曰："口之于味也，目之于色也，耳之于声也，鼻之于臭①也，四肢之于安佚②也，性也，有命焉，君子不谓性也。"

解 孟子说："世之人谁不知有性命，但君子之言性命，偏与众人相反。众人言性，则于情欲一边，皆认之为本体，而务求必得。众人言命，则于道理一边，皆归之于气数，而不肯用功，若君子则异是焉。且如口、目、耳、鼻、四肢，是五者，乃人所具之形体也。夫既各有所司，则亦各有所嗜。口之于滋味，目之于采色，耳之于音声，鼻之于香臭，四肢之于安佚，这几件乃吾人有生之初，自然禀受的，无一人而不具是形，亦无一形而不同是欲，岂可谓之非性乎？然其间有得有不得，亦有得之，而品节限制不能如意者，其权都是造物主张，不可以智力而能性也，而命存乎间矣。夫命存于性之中，则性当为主，君子何以独不言性？"盖嗜欲之心，本人所易溺。若又言性以自恣，则一切非礼之玩好，分外之营求，皆将以为性之所有，而贫贱思富贵，富贵生骄侈，无所不至矣。君子以寡欲为心，所以将前项适己自便之事，故意推开，言命不言性也。

"仁之于父子也，义之于君臣也，礼之于宾主也，智之于贤者也，圣人之于天道也，命也，有性焉，君子不谓命也。"

解　承上文说："君子虽有不言性之时，然除了形体嗜欲之外，又有当以性为重，不可自委者。且如仁主于爱，而属于父子义；主于敬，而属于君臣；礼以恭为主，而属于宾主；智以别为主，而属于贤者；圣人纯亦不已，而天道属于圣人。这几件都是彼此相合，天地间尽有由不得自己的，顺逆常变，视其所遇；清浊厚薄，视其所禀。岂可谓之非命乎？然皆生理之固有，物则之同然。不以圣而丰，不以愚而啬，命也，而性存乎其间矣。夫性存乎命之中，则命当为主，君子何以独不言命。盖性分内事，本人所难尽，若又言命以自诿，则一切扶持，人纪变化气质之功，皆独以为命之所制而过高者，流于异端不及者，安于暴弃，无所不至矣。君子以成德为行，所以将前项希圣尽伦之事，一概承当，言性不言命也。"以上二节之意相反而实相成，盖人惟能安命而后能立命，能忍性而后能尽性，此克己复礼，寡欲养心，为圣学相传之至要与。

【注】

① 浩生不害：浩生，姓；不害，名。

14.25 浩生不害①问曰："乐正子，何人也？"孟子曰："善人也，信人也。""何谓善？何谓信？"曰："可欲之谓善，有诸己之谓信。"

解 浩生不害，是齐人姓名，他平日知乐正子之贤，乃问于孟子说："知弟子者莫若师，乐正子之在夫子之门久矣，他是何等的人？"孟子答说："人之造诣，固由资禀，也要学力据乐正子之所至，则可谓之善人，亦可谓之信人矣。"不害又问说："如何叫做善？如何叫做信？"孟子答说："人性本有善而无恶，遇着善人善事，自然有欣喜欢爱之心，此人情之所同也。若其人立身行己，合乎天理人心，但见其可欲，而不见其可恶，则其有善无恶可知矣，此所以谓之善也。至于好善恶恶，本是有生以来，真真实实的念头，着不得一毫虚假。若其人躬行实践，能自慊而无自欺，善皆实有于我，而无矫饰，则其实心实行可知矣，此所以谓之信也。吾谓乐正子为善人、信人，亦验其造诣之所至而已矣。"

"充实之谓美，充实而有光辉之谓大，大而化之之谓圣，圣而不可知之之谓神。乐正子，二之中，四之下也。"

解 承上文说："乐正子之善、信固有可称，然义理无穷，圣贤的学问尚不止此。盖善虽实有，而蓄积未充，未足为美也。惟是真积日久，而悉有众善。那方寸之中，充满快足，无少间杂，则章美内含，不徒一善成名而已，这个叫做美。然内虽充积而外无可观，未足为大也。惟是积久而著，蓄极而通畅于四肢，发于事业而不可遏，则诚中形外，已至于广大高明之域矣，这叫做大。然大而未能浑化，犹有迹也。惟由大而化之，有日新之至德，而无矜持之劳，有富有之大业，而无作为之迹，则是不思不勉，而能从容中道矣，这叫做圣。夫大而未至于圣，犹可知也。惟圣则不可得而知，至德纯于不^①显，而意象之俱忘，大业溥于无外，而声色之尽泯，是乃无方无体，神妙不可窥测者矣，这个叫做神。夫善信之上，犹有此四等，故学者必由善、信而驯至于圣、神，然后为人道之至极也。若乐正子之为人，有可欲之善，而无矫伪之私，其造诣所至，盖在善、信二者之中，至于美、大、圣、神的地位，则资禀有限，学力未充，犹在四者之下也。使不以善、信自足，而以美、大、圣、神自勉，则他日所就，亦岂可量乎？"观孟子此言，可见道无终穷，学无止法。以成汤之圣，犹日新而不已；以成王之贤，犹缉熙于光明。甚哉！务学之不可以已也。

【注】

① 不：同"丕"，大。

12.26 孟子曰："逃墨必归于杨，逃杨必归于儒。归，斯受之而已矣。"

解 孟子说："吾儒之于异端，距之不严，则无以尽闲邪之义；待之不恕，则无以开反正之端。二者必不可废也。方今杨、墨之徒，执迷不悟，固难望其以吾道为依归矣。如使天理未尽梏亡，人心不终锢蔽，为墨氏之学者，知兼爱之为非，欲逃而去之，则其势不得不别寻简便的门路，而归之于杨；为杨氏之学者，知为我之为非，欲逃而去之，则其势不得不反求中正的道理，而归之于儒。盖杨、墨虽同归于异端，然墨氏务外而不情，杨氏太简而近实，故其变而从道，难易不同如此。夫吾儒之所以痛排杨、墨者，但以杨、墨之能害道耳。今既以渐来归，则为吾儒者，惟当悯其陷溺之久，取其悔悟之新。以杨而来者，吾则以儒受之，使去其害义者，以就吾之义而已矣；以墨而来者，吾则以儒受之，使去其害仁者，以就吾之仁而已矣。岂可追其既往而复与之辩哉？"盖未归之前，异端与吾道为敌，既归之后，异端与吾道为徒，此所以圣贤立教，每于距绝之中，存招徕之意，言易入而道易行也。

"今之与杨、墨辩者，如追放豚，既入其苙，又从而招之。"

解　放豚，是走出去的猪。苙，是猪圈。招，是用绳拴缚四蹄。孟子又说："方今之世，既难得辟邪卫道之人，即有知吾道之为是。杨、墨之为非，能倡其说而与之辩者，却又以一切先入之成心，不平之客气，务要与他相持，到底不肯放宽。杨既归于我矣，犹咎其昔日为我之非义；墨既归于我矣，犹咎其昔日兼爱之非仁。深恶痛绝，既不容之于门墙；责备求全，又不假之以声色。就如追赶放逸的豚猪一般，既入其苙围而制之，使不得奔突亦可矣；又从而拴缚其四蹄，使一步不可行焉。"如此，不惟隘吾兼容并包之量，而且阻人迁善改过之门。故已归者，苦其严而思复叛；未归者，畏其严而不复来。吾道之不明于天下，不惟异端害之，而儒者科条太密，门户太高，亦当交任其责矣。有卫道之心者，可不慎所以待之哉。

14.27 孟子曰："有布缕之征，粟米之征，力役之征。君子用其一，缓其二，用其二而民有殍，用其三而父子离。"

解　殍，是饿死的人。离，是离散。孟子说："为人君者，天下之财力，皆其财力，其势不容不用乎民。所贵取之以时，不至于横征虐使，俾民不堪命耳。自古征赋之制有三件，一件叫做布缕之征，是取百姓每蚕织之利以为用，如今之丝绢、麻苎是已。一件叫做粟米之征，是取百姓每田入之利以为用，如今之夏税、秋粮是已。一件叫做力役之征，是取百姓每丁夫之力以为用，如今之当差、做工是已。这三件，君子虽例得取之于民，然每于催科之中寓抚字之意。如布缕取之于夏，则粟米力役在所缓；粟米取之于秋，则布缕力役在所缓；力役取之予冬，则布缕粟米在所缓。但用一件以充国之用，常缓二件以宽民之生，故上无诛求督责之扰，下无饥馑流亡之患，赖有此耳。苟一时而并用其二，则小民奔命不给，有饥死而转于沟壑者矣。一时而并用其三，则小民室家难保，将父子逃亡而散于四方矣。"夫使百姓困穷离析，无以聊生，虽欲责之以常赋，驱之以往役，谁复有能供其令者乎？危亡之祸可立至矣。然则用一缓二之规，人君不独爱其民，实自爱其国也。

14.28 孟子曰："诸侯之宝三：土地，人民，政事。宝珠玉者，殃必及身。"

解　孟子说："万物中难得而可贵者，都叫做宝。然宝得其宝则安，宝失其宝则危，不可不慎也。试以诸侯之宝言之，诸侯控一国之尊，享千乘之富，珍奇非不足于府，玩好非不足于前，然其所当宝重而爱惜者，不过三件而已。彼国有土地，锡（cì）之天子，传之先人，乃基业之所由系，非是则无以立国矣。此第一件当宝也。国有人民，赋税为我供，缓急为我使，乃根本之所由固，非是则无以守位矣。此第二件当宝也。国有政事，利以之兴，害以之除，乃纪纲之所由植，非是则无以保土地而理人民矣。此第三件当宝也。诸侯能知此三者为国大宝，而念念谨守，时时修饰，使之无一些玷缺损坏之处，将见国祚巩于磐石，遗泽传之子孙，不止于一身无患而已。至于珠玉，饥不可食，寒不可衣；若以之为宝，而徒取给于耳目之玩，则内以嗜欲丧志，外以征求剥民，攘夺将兴，危亡立至，此身且不免于受殃，而况能常有珠玉哉！"可见有国家者，求利必生害，多藏必厚亡。所以，自古帝王抵璧于山，投珠于渊；不贵难得之物，不蓄无用之器；其能保身以及民，保民以及国，有由然也。后之人君，可不知所取法哉！

14.29 盆成括仕于齐，孟子曰："死矣盆成括！"盆成括见杀，门人问曰："夫子何以知其将见杀？"曰："其为人也小有才，未闻君子之大道也，则足以杀其躯而已矣。"

解　盆成，是姓；括，是名。昔盆成括方仕于齐，孟子逆料他说："我观盆成括，非享寿禄之器，今虽进用，乃死亡之日近矣。"既而盆成括有罪见杀，门人问说："死生有命，非人所可预知。今夫子果何所据，而能察见未来，知括之将见杀也。"孟子答说："我于括之死，非揣以适然之数，乃断以必然之理也。夫人不贵有才而贵闻道，道苟得闻，则必善用其才，以此济事，而亦以此保身。今括之为人，儇巧捷给，不过小有才耳，于君子仁义忠信之大道，茫然其无闻也。既未闻道，而使之一旦进用，处必争之地，乘得志之时，则其势必至于恃才妄作、启衅招尤，适足以取杀身之祸而已矣。我所以预知其败者为此故也，岂有他术哉！"是可见人之有才，本不足为害，惟不求合于道，而专用其才，则大者乱国，小者杀身，反不若朴拙无能之为愈也。取才者尚其审诸。

【注】

① 腰站：古代驿站的中间站，以供临时休息或换马。

② 直：同"值"。

14.30 孟子之滕，馆于上宫，有业屦于牖上，馆人求之弗得。或问之曰："若是乎从者之廋也？"曰："子以是为窃屦来与？"曰："殆非也。夫子之设科也，往者不追，来者不拒。苟以是心至，斯受之而已矣。"

解 上宫，是往滕国去的腰站①。业屦，是织屦将成的。廋，是藏匿。昔孟子将往滕国，馆过于上宫之地。当时偶有织屦将成置于牖户之上，忽然遗失，馆人寻求而不得，或人遂疑为门人窃取以去，乃对孟子说："夫子从者，何其善匿人之物如此？"盖以穿窬（yú）之心，而度（duó）圣贤之徒也。孟子答说："未成之物，直②得几何？据子之意，得毋谓我之门人，专为窃取一屦而来与？"或人自悟其非，说道："我固知从者为游学而来，非为窃屦而来也。但夫子设立科条以待学者，往者之失，则必不追咎，以塞其自新之路；来者之勤，则必不拒绝，以阻其向化之机。只据眼前，苟以求亲师友从事学问之心而来，斯容受以教诲之而已矣。然则谓从者窃屦而来，固非也。谓夫子能保其往，是岂可哉？"夫或疑从者之窃屦，其见陋矣。至于论圣贤之设科，不追既往，实与前章"归斯受之"之意同，此记者所以有取而载之也。

14.31 孟子曰："人皆有所不忍，达之于其所忍，仁也。人皆有所不为，达之于其所为，义也。"

解 孟子说："立人之道曰仁与义，此人所固有者，惟在识其端而推广之耳。今夫恻隐之心人皆有之，故见可哀可矜之事，便惨然有所不忍，此仁之端也。但为气拘物蔽，有不忍于此，而或忍于彼者，则仁即为之壅遏矣。必自其所不忍达之于其所忍，使地无远近，情无亲疏，遇疾苦一般矜怜，遇患难一般悯恤，这才是吾心全体之仁。盖仁主于慈爱，而世间当爱之物甚多，不可以一念之恻隐，便谓之仁也。羞恶之心，人皆有之，故见可愧可耻之事，便毅然有所不为，此义之端也。但为气拘物蔽，有不为于此，而或为于彼者，则义即为之扞格① 矣。必自其所不为，达之于其所为，使事无大小，时无顺逆。见利必不敢以苟求，见害必不敢以苟免，这才是吾心全体之义。"盖义主于有断制，而世间当断之事甚多，不可以一念之羞恶便谓之义也。

"人能充无欲害人之心，而仁不可胜用也。人能充无穿窬之心，而义不可胜用也。"

解 穿，是穿穴；窬，是逾墙，皆为盗的事。承上文说："如何是人皆有所不忍，达之于其所忍，彼不仁之事，至于处心积虑，要坑害人，此乃最刻毒的心肠，人皆有所不忍者也，能由此而推之，凡一切自私自利，不便于人之事，其类不同，同归于害人，务要件件体贴，将此心不忍的念头，扩充到极处，则仁之全体在我，由是而亲亲、仁民、爱物，无往非此心之贯彻，而仁之为用，不可胜穷矣。如何是人皆有所不为，达之于其所为，彼不义之事，至于穿穴逾墙而甘为盗贼，此乃最卑污的行止，人皆有所不为者也，能由此而推之，凡一切瞒心昧己不合天理之事，其类不同，同归于穿窬，务要件件检点，将此心不为的念头，扩充到极处，则义之全体在我，由是而正家、正国、正天下，无往非此心之运量，而义之为用，不可胜穷矣。"

"人能充无受尔汝之实，无所往而不为义也。士未可以言而言，是以言铦之也；可以言而不言，是以不言铦之也。是皆穿窬之类也。"

解　尔、汝，是轻贱的称呼。铦（tiǎn），是探取人情，如以舌去铦取物件的模样。孟子说："仁义在人，固不可不充矣。然义之为道甚广，而充之为事多端，尤当推类以至于尽者也。彼人以尔汝轻贱之称加于我，我乃不以为辱，而甘心受之，是其贪昧隐忍，即穿窬之心也。然其中或有惭忍而不肯受之之实，是其知耻一念，即不为穿窬之心也。必自此心而充之，思我为人所轻之故，而反己自修，以去其可耻之行，是能充无受尔汝之实矣。夫卑污苟贱之事，既有所不为，则光明正大之义，自无所不协，安往而不为义乎？然不但行己当慎，即一语一默，亦有不可苟。设使士人于应酬之际时未可以言，而乃轻躁以发言，这是故意开端，要人来答我，以言探取人情者也；时既可以言，而乃缄默以不言，这是故意落后，要人来问我，以不言探取人情者也。若此者，比之无受尔汝事甚微，而人易忽矣，自我观之，是皆穿窬之类也。盖盗贼以穿窬探取人之物，士人以语默探取人之情，其为心术，同一暗昧，同一阴险，何差别之有乎？人必类推至此而悉去之，然后真能充无穿窬之心者也。"孟子此章之旨最为精微。盖人无智愚、贤不肖，无不有此仁义之心，但众人一念之差，止是看得些小阴骘，以为无害于仁；细微举动，以为无害于义。卒之人品化而为禽为兽，功效流而为杂霸、杂夷，其几皆决于此，不可不慎也。

14. 32 孟子曰："言近而指远者，善言也；守约而施博者，善道也。君子之言也，不下带而道存焉。"

解　孟子说："人之为言，固不可失之浅陋，然使其高谈阔论，只顾耳边好听，而不切于事理，未可为善言也。惟所言者，切近精实，若不足以动听，而其旨则包藏深远，愈探而愈无穷，这等言语才是彻上彻下，可以垂世而立教者也，非善言而何？人之为道，固不可失之狭小，然使其好大喜功，只顾外面粉饰，而其中漫无所守，未得为善道也，惟所守者，简要省约，若不足以致用，而施之则功用溥博，愈推而愈不匮。这等的道理，才是有体有用，可以经世而宰物者也，非善道而何？求其能是二者，其惟君子乎？我观君子之言，止据目前常见之事，平平敷衍，若不下于衣带之近，然天命之精微，人道之奥妙，不越此浅近之论以该括之，而道无不存焉。"夫以带视道，其远近为何如者？乃君子不下带而道自存，信乎为言近指远之善言也。

"君子之守，修其身而天下平。人病舍其田而芸人之田，所求于人者重，而所以自任者轻。"

解　承上文说："我又观君子之守，止就一身，本分之内，暗然自修，初无责效于人之意。然内而百官象其德，外而万民顺其治，不越此身范之端，而天下自平矣。夫以身视天下，其博约为何如者，乃君子修其身而天下平，信乎为守约施博之善道也。这等看来，可见人必先治己身，而后可以治人，与农夫必先芸己田，而后可以芸人田，事虽异而理则同耳。今不务守身，而徒欲施博，其为病就如舍己之田不芸，只管替人芸田的一般。所求于人者甚重，而所以自待其身者却甚轻。如责人为子尽孝，而自己孝不如人，却不知愧；责人为臣尽忠，而自己忠不如人，却不知勉。颠倒谬妄如此，其去君子之善道不亦远乎？"孟子此言，专为战国君臣惑杨朱、墨翟之横议，慕管仲、晏子之近功，欲使立言者必本六经，为治者必法三代，而惜乎古道既远，至今终不可复也。

14.33 孟子曰："尧舜，性者也；汤武，反之也。动容周旋中礼者，盛德之至也。哭死而哀，非为生者也。经德不回，非以干禄也。言语必信，非以正行也。"

解 回，是邪曲。孟子说："圣人之德，要其终，固无优劣之殊，而原其始，实有安勉之异。以尧、舜言之，其知为生知，其行为安行，此乃是天生成的，其初无亏欠，反后来亦不假修习性之之圣也。以汤、武言之，其知则思而后得，其能则勉而后中，此乃自己成习的。其初虽有亏欠，后来却能复还本体，反之之圣也，所谓性之之事何如？时乎动容之际，则周旋曲折，无不中礼，岂有意于中哉？乃盛德之至，自然与礼而妙合也。时乎哭人之死，则哀痛惨怛若不胜情，岂有意于为生者哉？乃其天性之慈，自然为死而兴哀也。所行者皆经常之德，而无所回邪，岂以干禄之故哉？率性而行，自然趋于正直，非勉强要做好人，以求闻达于人也。所言者皆信实之言，而无所虚妄，岂以正行之故哉？"根心而言，自然符于践履，非勉强要行好事，以求践其言也。是其优游于成法之中，而不事勉强，顺适于天命之内，而相为合一，盖性焉安焉之德如此。

"君子行法，以俟命而已矣。"

解 承上文说："所谓反之之事何如？彼天理当然叫做法，吉凶祸福叫做命。法所当自尽，而命不可必得者也。反之之君子，凡一身所行，如上文动容之礼，哭死之哀，经德之正，言语之信，虽不能自然而然。然其心只知这天理中有一定之规矩，毫发不可逾越，而事事之所率循，念念之所执守，举不出于此。由此而获吉与福，是命之通也，固俟之而无所徼求；由此而罹凶与祸，是命之塞也，亦俟之而无所规避。是虽未至于无心，而亦不出于有为。"盖复焉执焉之德如此，夫以行法俟命之君子，比于性之之圣，规模虽有广狭，从人虽有安勉，然论道统，则汤、武同归于执中，论心法则尧、舜不敢以自圣，此忧勤惕励，为圣学相传之要也。

14.34 孟子曰："说大人，则藐之，勿视其巍巍然。堂高数仞，榱题数尺，我得志弗为也；食前方丈，侍妾数百人，我得志弗为也；般乐饮酒，驱骋田猎，后车千乘，我得志弗为也。在彼者，皆我所不为也；在我者，皆古之制也。吾何畏彼哉？"

解　八尺，叫做仞。榱题，是椽头。方丈。是桌面摆列方广有一丈。孟子说："今布衣游谈之士，欲进说（shuì）于王公大人之前者，往往视大人太尊，视己太卑，不胜其畏惧之心。所以理为势屈，而言不尽意耳。自我言之，彼虽尊贵，那进言之人，只合藐视而轻忽之，切勿将他巍巍然可畏之气象看在眼里，则志意舒展，而言语得尽矣。所以然者何哉？彼大人者，堂有数仞之高，榱题有数尺之长，不过宫室华美而已，我若得志，必不为此侈靡之事也。食前有方丈之广，侍妾有数百之众，不过声色艳丽而已，我若得志，必不为此奢纵之事也。般（pán）乐逸游而饮酒，驱驰车马而田猎，且每一出游，则后车随从者有千乘之多，不过快意适观而已，我若得志，必不为此荒亡之事也。而在彼之声势气焰赫然动人者，皆我所不屑焉；而在我者，居天下之广居，立天下之正位，行天下之大道，其所抱负操持，皆千古圣贤之法制。是我重而彼轻，我大而彼小矣，吾何畏彼之有哉？此吾当藐视之也。"是时战国游士，意气非不盛，谈吐非不高，然其心只知有诸侯之尊，而多方以中其欲，曲意以希其宠，所以到底止成就得顺从之妾妇；而孟子独能以道德自重，义命自安，宜其为狂澜之砥柱也。

14.35 孟子曰："养心莫善于寡欲。其为人也寡欲，虽有不存焉者，寡矣。其为人也多欲，虽有存焉者，寡矣。"

解　欲，是口鼻、耳目、四肢之欲。孟子说："人之有心，乃具众理，而应万事之本，诚不可不养，然养心之功，不可他求，只要见得心本至虚，而为欲所累。心本至灵，而为欲所昏，将一身中口鼻耳目四肢之欲，寡之又寡，不使其放纵而无所节制，这便是养心极好的方法。吾儒一生学问，一生人品，举系于此。如使其为人也，能知养心之要，而为寡欲人焉，则外感不杂，内境常清，泰宇定而天光发，心未有不存者也。虽有不存，不过暂失之耳，不亦寡乎？如其为人也，不能知养心之要，而为多欲人焉。则物感既摇，中心无主，嗜欲深而天机浅，心未有能存者也。虽有存焉，不过偶得之耳，不亦寡乎？"夫人心道心，迭为消长如此，信乎养心莫善于寡欲也。然寡欲不特可以养心，而神完气固，亦可以保身，况人君者，心为万化之原，身为万民之主，其关系尤重，而保守尤难，寡欲之功，尤不可不深念也。

14.36 曾皙嗜羊枣，而曾子不忍食羊枣。公孙丑问曰："脍炙与羊枣孰美？"孟子曰："脍炙哉！"公孙丑曰："然则曾子何为食脍炙而不食羊枣？"曰："脍炙所同也，羊枣所独也。讳名不讳姓，姓所同也，名所独也。"

解　曾皙，是曾子之父。羊枣，即今软枣肉。细切，叫做脍。昔曾皙在生之日，好食羊枣，既殁之后，其子曾参每见羊枣，思起父之所好，便舍置而不忍食，盖孝子不忘亲之心如此。公孙丑乃疑而问于孟子说："肉中有脍炙，果中有羊枣，二者之中，孰为美乎？"孟子答说："二者固皆可食，论其味，则脍炙尤美也。"公孙丑又问说："脍炙既美于羊枣，在曾皙亦必嗜脍炙矣。曾子于脍炙则食之，于羊枣则不食，充其思亲之念，何忍于脍炙，而独不忍于羊枣也？"孟子答说："人之所好不同，情之所感自异，以脍炙为美而嗜之，乃众人之所同也。以羊枣为美而嗜之，此曾皙之所独也。惟其为众人所同嗜，虽与众共食，而不忍之心自无所形，惟其为父之所独嗜，则触物有感，而思亲之念自不可遏，此所以一食一不食也。譬之讳名者，敬亲之名，而不敢轻犯，未尝并亲之姓而讳之，非重于名，而轻于姓也。盖姓是一家所同，名乃一人所独，故名可讳，而姓不可讳也。知讳亲之名，不可概同于姓，则羊枣之思，岂得并及于脍炙也哉？"夫观于思其所嗜，既可以见孝子恻怛之情，观于思所独嗜，又可以见孝子专一之念矣。学者当体其心，不可徒泥其迹也。

14.37 万章问曰："孔子在陈曰：'盍归乎来！吾党之士狂简，进取不忘其初。'孔子在陈，何思鲁之狂士？"孟子曰："孔子'不得中道而与之，必也狂狷乎！狂者进取，狷者有所不为也。'孔子岂不欲中道哉？不可必得，故思其次也。"

解 狂简，是志大而略于事。进取，是求望高远。万章问于孟子说："昔者孔子在陈国之时，知道之不行，尝自叹说：'我初周流天下，本为行道计也。道既不行，何不归来于我鲁国乎？盖吾党后学之士，大段资性狂简，激昂于意气，而阔略于事为。充其志，直欲进而取法古人，终身以为向往，不肯改变其初心，其狂如此，尽可副我传道之望，此我所以有感而思归也。'夫士而曰狂，未便是高世绝俗之品，乃孔子在陈，独思想鲁之狂士，其意何居？"孟子答说："孔子之思狂士，非其本心，殆有所不得已耳。孔子尝说：'道之所贵者中，诚得中道之人而与之，吾之愿也。今既不得其人，其必得狂狷之士乎？盖狂者，志向高明，而期望甚远。狷者，持守贞固，而有所不为，得这两样人，激厉裁抑之，庶乎可进于中道也。'观孔子之言如此，此其心岂不欲得中道之士哉？世教衰微，中行之士，不可必得，而斯道又不可以无传，不得已而求其次，此所以思及于狂士也。然则狂狷虽未至于中行，中行而下，固资质之最高者矣。孔子思之，何莫非为道之心哉。"

"敢问何如斯可谓狂矣？"曰："如琴张、曾晳、牧皮者，孔子之所谓狂矣。""何以谓之狂也？"曰："其志嘐嘐然，曰'古之人，古之人'。夷考其行，而不掩焉者也。"

解 琴张、曾晳、牧皮，都是孔子门人。嘐（xiāo）嘐，是志大言大的模样。夷，是平。掩是覆盖的意思。万章又问孟子说："狂士之思，固非圣心之得已，然当时在鲁之士亦多矣。敢问如甚么样人，斯可谓之狂士乎？"孟子答说："当时孔子弟子在鲁者，如琴张、曾晳、牧皮这样的人品，俱是孔子之所谓狂士矣。"万章又问说："有狂之名，必有狂之实，敢问何所考验而遂称之为狂也？"孟子答说："欲知狂之所以为狂，惟于其志愿观之，则可见矣。其志嘐嘐然夸大，卑视今世之士，以为不足称数，动辄称说'古之人，古之人'。论学术，必以古圣贤之道德自期；论事功，必以古帝王之经济自任。其志大言大如此。及因所言，以考其所行，则志大而不能充其志，言大而不能践其言。平日所自许者，却多有空缺处，不能一一掩盖得来。"狂之为狂盖如此，此则践履虽歉于笃实，而志愿则极其高远，稍裁抑之，至于中道不难矣。此孔子所以致思也。

"狂者又不可得，欲得不屑不洁之士而与之，是狷也。是又其次也。"

解　孟子又答万章说："孔子之思，狂士固有取于志愿之高矣。乃其思及于狷，亦自有说，盖中行而下，狂士最高，这等样人，世间亦不常有。惟狂者又不可得，于是思得不屑不洁之士，操履极其谨严，廉隅不肯少贬，一切卑污苟且之事，有玷于行谊，有浼于名节者，深恶而不屑，为得这等样人而与之，志虽不足，守则有余，此所以谓之狷也。以中行之士律之，下狂士一等，此又其次焉者矣。"夫中行不得而思及于狂，狂又不得而思及于狷，其取人愈恕，而为道之心愈益加切矣，是岂孔子得已哉？

"孔子曰：'过我门而不入我室，我不憾焉者，其惟乡原乎！乡原，德之贼也。'"曰："何如斯可谓之乡原矣？"曰："何以是嘐嘐也？言不顾行，行不顾言，则曰：古之人，古之人。行何为踽踽凉凉？生斯世也，为斯世也，善斯可矣。'阉然 [①] 媚于世也者，是乡原也。"

【注】
① 阉然：曲意逢迎的样子。

解　憾，是恨。"原（yuàn）"字，与"愿"字同，是谨愨（què）的意思。踽踽，是独行的模样。凉凉，是薄。阉，是闭藏。万章又举孔子之所恶者，问于孟子说："孔子尝云：'人情不见亲厚，则怨恨易生，若过我之门，不肯入我之室，我亦无恨于彼者。惟是于乡原之人为然。盖乡原之为人，似德非德实害乎德，方以其不见亲就为幸，何恨之有？'孔子深恶乡原之人若此，敢问其所为何如，便称之为乡原乎？"孟子答说："欲知乡原之为人，惟观其讥诮狂狷之言可见矣。其讥诮狂者说：'何用如此，嘐嘐然也？言夸大而不过其行，行阔略而不顾其言，每事便说："古之人，古之人。"何其大言而不惭耶。'其讥诮狷者说：'何必如此，踽踽然独行，凉凉然寡薄，举一世之人，一无所亲厚为哉！人既生于斯世，则但当为斯世之人，使举世之人，皆称以为善人可矣，何必生今而慕古，远众以为高哉！'夫观其讥狂狷之言如此，既不为狂者之绝俗，亦不为狷者之洁己，惟阉然深自闭藏，与时俯仰，以求亲媚于一世之人者。这乃是乡原之行也。孔子所以深恶之者，盖为此耳。"

万章曰："一乡皆称原人焉，无所往而不为原人。孔子以为德之贼，何哉？"曰："非之无举也，刺之无刺也，同乎流俗，合乎污世，居之似忠信，行之似廉洁，众皆悦之，自以为是，而不可与入尧、舜之道，故曰'德之贼也'。"

解　万章又问孟子说："一乡之人，公论所出，今一乡皆称为原人，是其为人无所往而不谨厚矣。谨厚为士人之美行，孔子乃深恶之，谓其为德之贼，何哉？"孟子答说："人之处世，心术贵于光明，行己贵于正直。若乡原之为人，欲明指其失而非之，则掩覆甚周，无可举之显过，欲伺察其恶而刺之，则闭藏甚密，无可刺之深奸。惟只与时浮沉，混同于流俗，随众委靡，苟合乎污世。其立心本无忠信之实，而深情厚貌，恰似诚笃不欺一般；其行事本无廉洁之操，而好名能让，恰似清介有执一般。此正其阉然求媚于世的去处。故一乡之众，喜其软熟，皆欣然悦之，称以为善人，彼亦遂以为自以为是，居之不疑，迷而不悟，是以病根深锢，终其身汨没于斯世，而不可与入尧、舜之道。夫尧、舜之道，大中至正之道也。今乡原窃其近似，而淆其本真，在己既不觉其非，在人又皆惑其伪，非德之贼而何！此孔子所以深恶之也。"

"孔子曰，恶似而非者：恶莠①，恐其乱苗也，恶佞，恐其乱义也；恶利口，恐其乱信也；恶郑声②，恐其乱乐也；恶紫，恐其乱朱也；恶乡原，恐其乱德也。"

【注】
① 莠（yǒu）：狗尾草。
② 郑声：春秋时期郑国的流行音乐。

解 孟子又告万章说："乡原之为人人皆称之，而孔子独恶之，非无谓也，为其似是而非耳。孔子尝说，天下有真是者，人皆知其为是，有真非者，人皆知其为非，此不足以惑人，无可恶也。惟似是而却非是，反乱天下之真是者，此为可恶耳。试举其类言之，莠草似苗非苗，所以莠为可恶，恐其乱真苗也。佞口似义非义，所以佞为可恶，恐其乱真义也。利口似信而实非信，所以恶利口者，恐其乱信也。郑声似雅乐实非雅乐，所以恶郑声，恐其乱雅乐也。紫色似朱而实非朱，所以恶紫色者，恐其乱朱也。至于乡原，不狂不狷，似若有得于中行，然非之无举，刺之无刺，实不可与入圣道，将使天下之人迷谬于名实，而不知所适从，皆自乡原启之，则所恶于乡原者，固以其似德非德，而反乱乎德也。"由孔子此言观之，其所以恶乡原而斥其为德之贼者，其意益可见矣。

"君子反①经而已矣！经正，则庶民兴；庶民兴，斯无邪慝矣。"

【注】
① 反：同"返"。

解　经，是常道。孟子又告万章说："乡原虽足以乱德，而邪说终不能胜正，君子于此，固自有绝之之术焉。彼纲常伦理之懿，为天下古今所共由者，这叫做常道。常道不明，斯邪说所由盛也。君子欲辟异端，而息邪说，只是将此常道见之于躬行，施之于政教，使之昭如日星，坦如道路，与天下共由之而已矣。大经既反而归于正，则化本端而民有所观，感治具张而人有所持循，莫不勃然兴起，惟吾常道之是遵矣，庶民岂有不兴者乎？庶民既兴起于常道，则是非明白，无所回互，彼似是乱真之邪慝，虽足以惑世，而斯民灼然有定见，确然有定守，皆知真是之所在，自不为其所惑矣，尚何邪慝之足患乎？"夫观孔子之思狂狷，可以见传道之心；观孔子之恶乡原，可以见卫道之志。其惓惓一念，无非为斯道计焉耳。孟子发其蕴于万章，而又终之以辟邪之术，此所以有功于圣门也。

14.38 孟子曰："由尧、舜至于汤，五百有余岁；若禹、皋陶，则见而知之；若汤，则闻而知之。"

解　见知、闻知，俱指知道说。孟子说："斯道之统，必待人而后传，而圣人之生，实间出而不偶。吾尝溯观往昔，世道凡几变矣，中间有数的几个圣人，大率五百年而一出。这数圣人者，生不一时，而道则相继。惟其有见知者，以开其先；是以有闻知者，以继其后也。试举而言之：自尧、舜以精一之旨，相授受于唐虞，而万世道统之原，实自此始。由尧、舜以来至于汤计其时，盖五百有余岁，汤出而尧、舜之道统始有所传，非汤生而能知尧、舜之道也，由有祗台[1]之禹、迈种[2]之皋陶。此二圣臣者当明良喜起之时，与尧、舜会聚于一堂，亲见其道而知之，是以成汤得以其建中之极，而追溯其执中之传。"盖闻之禹与皋陶而知之者

【注】

[1] 祗台（yí）：出自《尚书·禹贡》："锡土姓，祗台德先。"敬悦的意思。

[2] 迈种：出自《尚书·大禹谟》："皋陶迈种德，德乃降，黎民怀之。"勉力树德的意思。

也，此汤之得统于尧、舜者然也，向非有禹、皋陶见知，汤亦安能上接夫尧、舜之统哉。

【注】

① 莱朱：商汤的贤臣。

② 太公望：即姜子牙，姜姓，吕氏，名尚，字子牙，尊称太公望。

③ 散宜生：周文王的贤臣。散宜，姓；生，名。

④ 耿光：光明。

> "由汤至于文王，五百有余岁，若伊尹、莱朱 ①，则见而知之；若文王，则闻而知之。"

解 承上文说："汤得闻尧、舜之道，固于禹、皋陶有赖矣。由汤之时，历数以至于文王，计其时亦五百有余岁。文王出，而成汤之道统始有所传，亦非文王生而能知成汤之道也。由有阿衡若伊尹，左相若莱朱，此二圣臣者，当一德咸有之日，与成汤交修，终始亲见其道而知之，是以文王得以其小心之诚，而远继乎制心之学，盖闻之于伊尹、莱朱而知之者也。此文王之得统于成汤者然也。向非伊尹、莱朱之见知，文王亦安能上接夫成汤之统哉！"

> "由文王至于孔子，五百有余岁，若太公望 ②、散宜生 ③，则见而知之；若孔子，则闻而知之。"

解 承上文说："文王得统于汤，固于伊尹、莱朱，有赖矣。由文王之时，历数之以至于孔子，计其时亦五百有余岁。孔子生，而文王之道统，斯有所传，孔子亦非无自而得统于文王也。盖由有太公望、散宜生者，疏附先后，亲炙其缉熙敬止之范，有以见而知之，是以孔子继其道于数十世之下。于贤者识其大，于不贤者识其小，觐耿光 ④ 于未泯，幸斯文之在兹，乃得闻而知之也。则孔子所以得统于文王者，又于太公望、散宜生而有赖矣。"夫由尧、舜以至于孔子，道统之所以不绝者，皆赖见知者以开于前；则今日欲传孔子之道，岂可无见知之人乎！

> "由孔子而来至于今，百有余岁，去圣人之世，若此其未远也，近圣人之居，若此其甚也，然而无有乎尔！则

亦无有乎尔！"

🔴 承上文说："由群圣相承之统观之，必有见知者以开其先，然后有闻知者以继其后，道统所以相继而不绝也。乃自孔子以来至于今，论其时世不过百有余岁，去圣人之生时，若此其未远也，非若时不相及而不得见也。论其居处，自邹至鲁，壤地相接，近圣人之居，若此其甚也，非若地不相邻而不可见也。宜若有得于见知之真者矣，然求之当今之世，其于孔子之道，已无有见而知之。若禹、皋之于尧舜，伊、莱之于汤，吕^①、散之于文王者矣，则五百余岁之后，去圣人之世渐远。近圣人之居，不知当何如者，岂复有闻而知之，如汤之于尧、舜，文王之于汤，孔子之于文王者哉？然则文王以来，相承之统，其可使之寥寥无传耶，吾盖不能以无忧矣。"孟子此言，虽不以见知自居，而自任之意，实不容掩。又以见夫天理、民彝不可泯灭，百世之下必有神会而心得之者，所以明其传之有在，而俟后圣于无穷也。

【注】

① 吕：即太公望，又叫吕尚。